개정판

현대무역영어

한주섭 | 장흥훈 | 고용기 | 한재필 공저

도서출판 두남

개정 서문

본 “현대무역영어”가 대학의 무역 및 통상전문가 양성을 위한 기본 교재로서 그 역할을 담당하여 온지도 벌서 6개성상이 흘렀다. 그간 국제시장을 목표로 하는 수다한 무역 및 통상전문가를 위한 지침서로서 많은 사랑을 받아왔음은 공저자 모두의 영광된 일이며 또한 무역영어에 대한 연구열을 드높이는 별미를 제공하였음은 독자제현에게 심심한 감사의 뜻을 전하는 바이다.

국제시장에서의 상거래관행은 살아 숨쉬는 듯 나날이 쉴새없이 변동하는 동태적 성격을 가지고 있다. 이에 본서 역시 끊임없이 그 핵심적 내용을 가다듬어 실무계에 보답하는 노력을 전개하는 의무감을 공감하고 그 실천적 노력을 꾸준히 전개하여 왔다.

일반적으로 무역영어의 기본은 통지력, 설득력 및 증거력을 구비하는 무역영어서한작성을 위한 것이 그 대종을 이루고 있으며 본서 역시 그 출발점에서 이에 대하여 중점적 안목을 경주하는 노력의 산물을 집대성하는데 그 근본적 노력을 다 하였다. 그럼에도 무역서한의 효과를 고양하는 노력의 일환으로 저자들은 백방으로 연구에 연구를 거듭하면서 무역서한에서 통상적으로 잘못 사용되는 용어를 추가하는 결실을 1차적으로 달성하였음은 무역영어 서한작성에서의 오류를 경감하는 실마리를 제공하였다고 할 것이다.

국제무역 및 통상업무 수행에 준거하여야 하는 국제무역실무, 관행, 관습 및 법리가 새로이 등장하고 업무에 활용되게 되었음은 70년대를 거점으로 INCOTERMS, UCP 및 ISBP, ISP 98, CISG 등 국제규칙이 쉴 사이 없이 등장하고 있는 것이다. 이에 저자 등은 본서에 국제상거래 관련 국제규칙에서 상용되고 있는 특수용어를 발굴하여 그 의미를 제시하는 2차적 노력을 실천하는 쾌거를 달성하였다.

이제 무역 및 통상전문가는 국제상거래 관행, 관습, 법리에 전문적인 능력을 갖추는 한편 세계시장은 꿰뚫어 보는 능력을 가지지 않으면 안 되는 시점에 있는 것이다. 세계시장에서의 흐름을 파악하는 일은 극히 광범위한 자료를 수집하여 관련 산업 및 특정기업의 신용상태와 전문성을 갈음하는 다양한 정보자료를 얻을 수 있는 것이다. 이러한 자료를 손쉽게 얻을 수 있는 원천은 증권금융시장에 관한자료이라고 하여도 과언은 아니다. 국가별, 산업별, 기업별 주가를 좌우하는 거의 완벽에 가까운 판단자료를 CNN MONEY, FOX BUSINESS, CNBC, BLOOMBERG 등에서 제공하고 있기 때문이다.

이들 자료는 모두 영문으로 되어 있으며 지역(북미주, 중남미주, 유럽대륙, 동남아제국과 극동지역 3개국)별 경제적 여건을 가름하고 산업별 및 특정 대상기업의 경영능력, 재정상태 및 거래물건에 대한 상세한 내용을 파악, 성공적인 무역 및 통상업무수행을 위한 주요자료로 활용할 수 있는 것이다.

위에서 명시한 자료의 원천에서 적절한 문언을 발굴하여 특수전문용어를 해설하여 이해를 돕도록 평이하게 해설하여 놓았다. 이로써 저자 등은 본 "현대무역영어"가 대망의 무역 수 조 억만달러 달성의 꿈을 이루는 주춧돌이 되기를 바라며 독자제현의 아낌없는 진언을 부탁드린다.

끝으로 본서의 개정을 쾌히 허락한 도서출판 두남의 전두표 사장님과 그 작업을 주관하는 편집진에게 심심한 사의를 표한다.

2014년 8월

공저자 식

머 리 말

무역영어는 '수출 아니면 죽음'이라는 국가적 현실을 타개하고 국제시장에서 수출산업의 국제경쟁력을 증진하는 주요 수단으로 인식되어지고 있는 것이다. 그러므로 본서는 대학의 경상계 교과과정에서 필수불가결의 교과목이라 할 수 있다. 국제무역거래에서 모든 의사소통이 영문무역통신으로 이루어지게 되며 거래제의에서부터 시작하여 대금결제가 성공적으로 완결될 때까지 전 과정에서 다양한 관계당사자와 끊임없는 영문통신문으로 상호 의사를 전달해야 되기 때문에 무역영어는 필수불가결의 과목이다.

여기에 국제적 차원의 경영활동을 수행하는 모든 기업에서는 국제적 감각의 영문서한 작성능력을 극대화하기 위한 노력을 경주하고 있는 이유가 있는 것이다. 국제성기업의 경영관리자는 물론 대부분의 기업종사자는 영문으로 작성되는 서한의 문언을 이해하고 이를 활용할 수 있는 능력을 갖추어야 한다. 또한 무역영어는 국제화시대에서의 계속기업(going concern)의 이념을 실현하는 근본적 기능을 가지고 있음도 이해하여야 할 것이다.

본서는 이러한 시대적 요청에 따라 특별히 무역거래에서 국제적으로 널리 활용되고 있는 모범서한을 수집·분석하여 서한의 효과적 의사전달기법을 제시하고 있는 것이다. 본서는 수많은 국내외 자료를 이용하여 이루어졌음을 밝히지 않을 수 없다. 이들 중 대표적인 것은 Gartiside의 Model Business Letters, Eckersley의 English Commercial Practice and Correspondence, Reid & Wendlinger의 Effective Letters 그리고 Himstree & Baty의 Business Communication이 주요 자료로 이용되었다.

세계가 하나의 커다란 시장으로 발전하여 가는 세계화시대에 세계시장의 주역으로 활약하려는 푸른 꿈을 가진 모든 세계기업경영관리자 지망생은 물론 국제무역전문가로서의 자질을 갖추는데 본서는 필수불가결의 지침서가 될 것임을 확신하는 바이다.

끝으로 본서의 출판을 쾌히 허락하여 주신 도서출판 두남의 전두표 사장님과 관계직원들의 정성어린 수고에 심심한 감사의 뜻을 전합니다.

2008년 2월

공저자 식

차 례

Chapter 01 무역영어서한의 본질

Chapter 02 무역서한의 외형

Chapter 03 신규거래관계의 창설

Chapter 04 조회 및 회답(Inquiries and Replies)

Chapter 05 일반무역거래협정 및 대리점계약

Chapter 06 청약과 수락(Offer and Acceptance)

Chapter 07 주문 및 이행(Orders and Their Fulfillment)

Chapter 08 상업신용장

Chapter 09 선적 및 선적절차(Shipping and Shipping Procedure)

Chapter 11 환어음의 취결

Chapter 12 손해배상청구 및 조정(claim and Conciliation)

Chapter 13 기타 통신서한 Miscellaneious Business Letters

01 Chapter 무역영어서한의 본질

1. 무역영어서한의 기능
2. 효과적 무역영어서한의 구비조건
3. 통상적으로 잘못 사용되는 용어
4. 국제상거래관련 국제규칙에서의 특정 용어의 해석
5. 증권금융시장에서 사용되는 특수용어

Chapter 01

무역영어서한의 본질

무역서한(전자메시지 포함)을 효과적으로 작성할 수 있는 능력은 기업의 중요한 자산이라 할 수 있다.[1] 그 이유의 하나는 기업의 대부분의 거래가 서한의 형식으로 이루어지므로 모든 기업의 종업원은 그들의 아이디어를 서면에 기록하여 문서화할 필요성이 있기 때문이다. 둘째로 효과적인 서한작성자는 그들의 능력을 이용하여 고객, 종업원 및 일반 공공 이익관계자와의 양호한 관계를 증진함으로써 기업이 판매액과 이익을 증대할 수 있음을 들 수 있다. 그러므로 기업에 있어서 우수한 서한을 작성할 수 있는 인력을 다수 확보하고 있는 것은 기업의 성공적인 경영활동을 영위하는 요체가 될 것임이 분명하다.

특히 무역거래는 국가를 달리하는 원격지간의 거래에 속하므로 거래당사자간에 직접적인 상면에 의하여 상담을 진행하기란 극히 어려우며 대부분 서한이 주요 통신매체를 이루고 있다.

그러므로 무역거래활동에 있어서 서한은 가장 유용하고 보편화 된 통신방법이다.

1. 무역영어서한의 기능

무역영어서한은 무역거래에서의 특수목적을 달성하기 위한 '메시지'가 포함되어 있으므로 외국의 거래당사자로부터 호의적인 반응을 유발하기 위한 능력 여

1) J. Harold Janis, Edward J. Kilduff & Howard R. Dressner, Business English, Barnes & Noble, 1956, p. 3. 현재 지면서한보다 전자메시지(electronic message)를 전송하여 국제간에 무역거래가 성행하고 있는 추세이나 지면서한과 그 내용에 있어서 전혀 다르지 않다.

하에 따라 성패가 달려 있다고 할 수 있다. 그러므로 무역영어서한은 두 가지 기능, 통지력(to inform), 설득력(to influence)을 갖추어야 한다.[2)]

(1) 통지력

무역서한은 중요한 메시지를 담고 있지 않으면 실효성은 상실되고 만다. 효과적인 서한을 작성하려면 적절한 정보·자료를 수집하여 명료성, 정확성 및 간결성 있게 표현하여야 한다. 특별한 내용이 담겨 있지 아니한 메시지는 서한의 독자에게 시간적 낭비를 초래할 뿐만 아니라, 아무런 정보도 통지하지 못하게 된다. 한편 너무 많은 내용을 담고 있는 메시지는 역시 독자의 시간낭비의 원인이 될 뿐만 아니라 중요한 내용을 애매모호하게 함으로써 비효과적이다. 메시지는 문장구조, 용어사용 및 구두점법 등을 정교하게 표현하지 않으면 본래의 의미가 왜곡될 가능성이 있게 된다. 그러므로 서한의 작성에 임하기 전에 명료한 사고와 정확한 표현을 위한 준비를 함으로써 효과적인 무역업무의 통신을 기할 수 있게 된다.

(2) 설득력

무역서한의 메시지는 정보를 제공하는 기능 이외에도 독자의 태도와 행동에도 영향력을 발휘하여야 한다. 대금청구를 위한 서한은 수금의 효과를 가져와야 하고 거래제의를 위한 서한은 요구되는 정보사항을 담고 있어야 하며 구매유도를 위한 서한은 주문을 접수하게 되어야 한다.

이러한 요망하는 반응을 얻기 위해서는 서한작성자도 영어에 대한 적절한 지식을 갖추어야 하며 인간의 특성에 관하여도 적절한 이해가 있어야 한다. 서한작성자는 특히 독자의 관심점에 대하여도 충분히 파악하고 있어야 하며 독자의 감정 등의 심리적인 상태를 가능한 충분히 연구하도록 한다.

위에서 본 바와 같이 효과적인 서한의 중요성은 다음의 네 가지로 요약할 수 있다.

① 서한을 통하여 독자에게 적시 적절한 정보를 제공하여 줌으로써 기업의

2) *Ibid*, p. 3.

업무활동을 수행하도록 하며 기업의 발전을 위하여 필요한 업무를 추진토록 한다.

② 서한작성업무는 기업활동의 주요원가를 이루고 있으므로 이러한 투자가 낭비되어서는 안 된다. 그렇다고 하여 양질의 서한작성에 더 많은 비용이 유발되는 것도 아니며 오히려 비용절감의 근원이 되는 예가 허다하다.

③ 서한이 독자에게 양호한 인상을 주게 되면 공공관계에 커다란 영향을 끼치게 됨으로써 양호한 판매환경이 조성된다.

④ 효과적인 서한을 작성할 수 있는 능력을 갖춘 자는 직업상 성공의 열쇠를 쥐는 결과가 된다.

(3) 증거능력

무역서한은 상대방에게 정보를 전달하고 독자의 태도와 행동에 영향력을 발휘하는 것 이외에도 상호간에 의사소통내용에 대한 증거능력이 있다.

의사소통을 하는 방법에는 전화와 같이 구두로 할 수도 있지만 이런 경우에 miss communication의 가능성도 있고 혹시 정확한 의사전달이 되었다 하더라도 근거가 남지 않기 때문에 추후에 상대방이 부인하는 경우 증거능력이 없다.

따라서 무역서한을 통한 의사소통은 추후 양자간의 이견이 있을 경우에 의사소통한 내용을 확인하는 능력을 갖추고 있기 때문에 증거능력이 있다.

2. 효과적 무역영어서한의 구비조건

위에서 효과적 서한작성의 중요성에 대하여 논의하여 보았다. 그러면 효과적 서한의 구비조건은 무엇인가 알아보자.

무역영어서한에서는 Shakespeare의 작품에서와 같이 우아한 미사여구를 필요로 하지는 않으며 다만 평범한 어휘로서 명료하고 이해하기 쉬운 메시지 표현이 특징적이다. 그러나 여기에서 평범한 어휘의 서한작성이란 어떤 사실을 둔감하고 매력이 없는 형태로 단순히 상술하는데 그치라는 것은 아니다. 우리가 일단 서한을 작성하게 되면 그 독자와의 사이에 인적 관계가 형성된다는 사실을 이해하여야 한다.[3] 그러므로 서한의 독자에 대한 인적인 특성을 간과할 수 없을 뿐만 아니라 그들의 감정적 움직임을 주시하여야 한다. 그러나 많은 사람들이 그들 본래의 성품이 온화하고 우호적인 경우에도 책상에 앉아서 서한을 작성하려고 할 때에는 아주 생판 다른 사람으로 변모하여 버리고 마는 경우가 허다하다. 그들은 무역영어서한에서는 특수한 영어가 사용되는 것으로 착각하고 있는 것 같다. 그러므로 무역영어서한에서도 역시 우편을 통하여 대화(conversation)를 하고 있다는 사실을 인식하여야 함에도 불구하고 냉혹하고 초연한 자세에서의 어조(tone)로 비인간적(impersonal) 문장구조를 구사하기가 일쑤이다.

무역영어서한 작성의 비결이란 단순하며 평이하고 자연적 표현방법으로 우호적인 인적 관계에서 서로 대화하는 것과 같이 글을 쓰는 것이다. 그러므로 서한은 대화에서와 마찬가지로 인간미 넘치는 분위기를 살릴 수 있어야 한다.[4]

(1) 효과적 서한의 기본조건

효과적인 무역영어서한의 작성을 위한 지침은 다음과 같다.

[1] 독자의 관심점을 연구하라.

서한은 무엇보다도 좋은 첫 인상을 만들 수 있어야 한다. 이러한 목표를 달성하기 위해서는 독자의 입장에서 귀하가 발송한 서한에 대하여 어떻게 느끼게 될 것인가를 면밀히 검토하여야 한다. 또한 독자의 욕구, 희망, 관심점, 문제점 등을 충분히 파악하여 이에 대하여 어떻게 대처할 것인가를 조심스럽게 연구하는 것도 중요하다. 서한을 보낸다고 하는 것보다 받는다고 하는 입장에서 귀하가 작성한 서한을 검토해야 할 것이다. 여기에서는 “I” 또는 “We”보다는 “You”의 태도에 의한 표현이 더욱 강조된다.

---

3) L. Gartside, *Model Business Letter*, MacDonald & Evans, 1978, p. 1.

4) “Your letter has been received.” 보다는 “I have received your letter.”가 훨씬 따뜻한 감이 들며 대화에서는 “It is regretted that the goods cannot be delivered today”라고 하기보다는 “I am sorry we cannot deliver the goods today”의 형식이 더욱 부드러운 문체이다. 때로는 서한작성자를 We 또는 I 대신에 The Writer라고 하는 사람도 많으나 비인간적 표현이므로 삼가야 한다.

② 적절한 어조를 선택하라.

서한이 그 목적을 달성하려면 적절한 어조(tone)를 사용하여야 한다. 서한작성에 임하기 전에 먼저 독자에게 어떠한 방법으로 영향을 미칠 것인가에 대하여 주의 깊게 생각해 보지 않으면 안 된다. 즉, 이 서한에서 무엇을 기대하고 있는가를 자문(自問)하여 보고 이에 따라 적합한 표현법을 강구할 일이다. 서한은 기대효과에 따라서 설득적(persuasive), 사과적(apologetic), 강행적(obliging) 및 확정적(firm)인 것 등으로 구분되며 이에 따라 적절한 어조의 사용이 필요하다.

③ 자연미와 성실성을 갖춘 서한을 작성하라

서한작성에는 독자와 그들이 가지는 문제점에 대하여 진정한 의미에서의 관심을 표명하여야 한다. 그리고 귀하가 서한에서 말하려고 하는 내용을 성실하게 독창적(original)인 어휘와 방법으로 천명하여야 한다. 귀하는 타인이 되어서는 안되며 귀하 자신이어야 한다. 그러므로 귀하가 말하고자 하는 사항은 서한에서도 전화에 의한 대화에서와 같이 자연미를 잃지 않도록 문장이 전개되어야 한다.

Instead of	Say
• have pleasure in informing you.	• I am pleased to tell you(or, to say).
• We do not anticipate any increase in prices.	• We do not expect prices to rise.
• Please favour us with an early expression of your views.	• Please let us have your opinion soon.
• Please be good enough to advise us.	• Please tell(or, inform) us.

④ 서한은 명료하며 사실에 직결되도록 써야 한다.

서한은 귀하가 말하려고 하는 점을 명료하게 정리하여 독자가 이해하기 쉽도록 대화의 형식으로 꾸밈없이 써야 한다. 서한의 메시지는 되도록 짧게 표현되어야 하며 and, but, however, consequently 등 문장을 길게 만드는 접속사

(conjunction)는 피하여야 한다.

5 서한은 예의 바르고 사려가 깊도록 써야 한다.

서한에서의 예의라고 하는 것은 your kind inquiry, your esteemed order, your valued custom 등과 같은 공손한 문구를 사용하는 것을 의미하는 것이 아니고 거래처를 위하여 사려 깊음(considerate)을 나타내고 있어야 한다. 특히 상대방의 무리한 요구를 효과적으로 거절하면서도 미래에 있을 거래의 기회를 상실하지 않도록 하는 중요한 요소가 된다.

모든 접수되는 서한에서 응답을 필요로 하는 것은 신속히 처리하여야 한다. 가능한 한 서한을 접수한 일자에 회신하여야 한다. 만일 그 서한이 신속히 처리될 수 없는 것일 경우에는 그 이유를 설명하는 회답을 함으로써 능률적인 인상을 주어 높은 수준의 신용을 유지하도록 한다.

모든 회신에서는 상대방의 의견을 이해하고 존중하는 태도를 취할 것이며 나만이 옳다고 하는 마음가짐은 버려야 한다. 상대방의 제안이 우둔하고 그 판단이 불공평하다고 인정되는 경우에도 공격하지 말고 자제력을 발휘하여 재치 있는 회신을 하여야 한다.

6 불필요한 문구는 삭제되어야 한다.

귀하가 의도하는 메시지를 효과적으로 상대방에게 전달하려면 필요한 말 이상은 쓰지 않도록 하여야 한다. 현대의 기업가들은 수많은 서한을 접수하고 읽지 않으면 안 되므로 메시지는 서한의 목적과 직결되도록 작성되어 사실을 직감할 수 있는 것이 아니면 효과적인 의사소통이 곤란하다.

Instead of	Say
• Please see that inquiry is conducted to determine the reason.	• Please find out the reason.
• We express our regret at being unable to fulfil your order on this-ness.	• We are sorry we cannot meet your present order immediately.

① 불필요한 형용사와 부사를 삭제하라.

형용사와 부사는 그것이 중요한 의미를 가지는 때에만 사용하여야 한다. 다음 예문에서 이탤릭체의 어휘는 삭제되어야 한다.

- The question is under *active* consideration.
  (Say instead, *The question is being considered.*)
- The invoice is *definitely* correct.
- I *rather* think the price is too high.
- The *true* facts are as stated.
  (A fact is a thing known to be true.)
- We face a real danger.
- We enclose *herewith*.

② 불필요한 전치사적 문구는 회피하여야 한다.

다음 문장에서 전치사적 문구는 동의어인 단어로 대체되어야 한다.

Instead of	Say
• We are writing *with reference to*	• about
• The information is needed *in connection with*	• for
• We shall be *in a position to*	• able
• *In the course of* the next few days	• during

③ 채워 넣기 식의 문구는 삭제하라.

다음의 채워 넣기 식의 문구는 특별한 의미를 갖지 않는 한 쓰지 말아야 한다.

It will be appreciated that……
It should be noted that……
I am to point out that……

7 상업적 통어(通語)의 사용을 피하라

상업적 통어(commercial jargon)는 한때 널리 사용되었던 적도 있지만 고전적인 표현이며 메시지 해득에 번거로움만 줄 뿐이다. 그러므로 서한의 목적에 도움이 되는 감정을 넣어 주는 것이 아닐 때에는 삭제하여야 한다.

훌륭한 서한작성자는 상업적 통어를 쓰지 않으며 명료하고 정확한 메시지를 전달하는데 필요한 말밖에 쓰지 않는다.

Instead of	Say
Openings	
• Adverting to your favour • Re(your letter) • The writer wishes to acknowledge	• Referring to your letter OR • Thank you for your letter
• We are in receipt of • We beg to acknowledge • We have to acknowledge	• We have received
• We beg to inform you • We beg to thank you	We are writing to inform you We thank you
• Your esteemed favour to hand • Your letter to hand • Yours to hand	• We have received your letter
Endings	
• The favour of your early reply will oblige	• I shall be glad to hear from you soon
• Assuring you of our best attention at all times • We beg to remain • We remain • Awaiting the favour of your early reply	Omit all these

Miscellaneous

- as per
- at your earliest convenience
- enclosed please find
- idem., inst., prox., ult.
- if it is within our power
- it will be our constant aim
- of even date
- as per
- at your earliest convenience
- enclosed please find
- idem., inst., prox., ult.
- if it is within our power
- it will be our constant aim
- of even date
- only too pleased to
- per
- please be good enough to advise us
- same
- take an early opportunity
- take into consideration
- under consideration
- yesterday's date
- your communication
- your good self
- your favour
- your of the 15th
- under separate cover

- according to
- as soon as you can
- I(We) enclose (are enclosing)
- name the month
- if we can
- we shall try
- of today
- according to
- as soon as you can
- I(We) enclose (are enclosing)
- name the month
- if we can
- we shall try
- of today
- very glad to
- by
- please tell us
- your letter, the goods, etc.
- act promptly
- consider
- being dealt with
- yesterday
- your letter, phone message, etc.
- you
- your letter
- your letter of the 15th
- separately, or better still, by registered post, etc.

(2) 강력한 호소력을 갖는 서한작성법

웅변에서 가장 중요한 부분은 첫째도 행동(action), 둘째도 행동, 그리고 셋째도 행동이다.[5] 그러므로 생동감 넘치는 메시지를 쓰는 것은 효과적 서한작성의 비결이라 할 것이다.

[1] 구체적 행동동사

서한에서 강력한 호소력을 갖는 메시지를 쓰기 위해서는 구체적 행동동사(specific action verb)를 활용하여야 한다. 동사에는 두 가지가 있다.

첫째로, 행동을 표현하는 행동동사와 둘째로, 존재의 상태를 표현하는 존재동사행동(being verb)이다. 행동은 독자의 관심을 증진시킨다. 그러므로 문장에 생동감을 불어넣어 독자에게 강력한 호소력을 가지도록 하려면 존재동사 대신에 행동동사로 바꾸어야 한다.

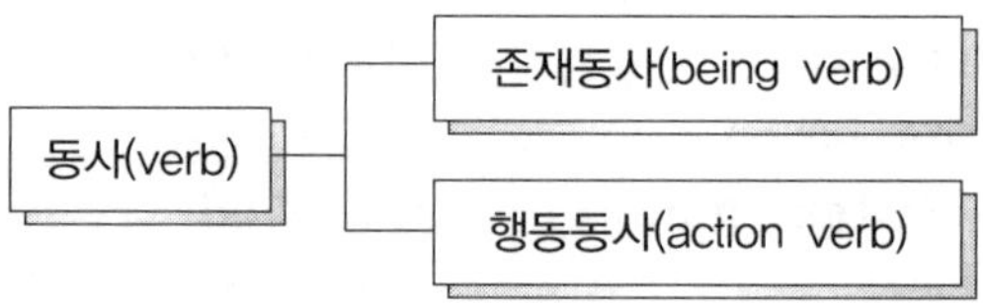

다음의 문장에서 동사의 성격을 알아보자.

① There *was* a week of discussion of commodity prices by the delegate.

위의 문장은 존재동사를 사용하고 있으므로 호소력이 약화되어 있다. 그러므로 이 문장에 생동감을 불어넣으려면 다음과 같이 존재동사를 행동동사로 바꾸어야 한다.

The delegates discussed commodity prices for a week.

② There *was* a demonstration of the new oscillator by Mr. Knight.

위의 문장은 존재동사를 쓰고 있으므로 행동요인이 명사 속에 감추어져 있으므로 그 호소력이 약화되어 있다. 이제 본동사의 was를 다음과 같이 행동동사 demonstrate로 바꾸게 되면 숨겨진 행동을 뚜렷하게 나타낼 수 있으며 강력한 호소력을 가지게 된다.

Mr. Knight demonstrated the new oscillator.

---

5) James M. Reid, Jr. & Robert M. Wendlinger, Effective Letters ; A Programm for Self-Instruction, 2nd ed., McGraw-Hill, p. 47.

or

The new oscillator was demonstrated by Mr. Knight.

③ A quick *reply* to a customer's letter is necessary for a clerk.

이 문장에서는 행동이 명사에 감추어져 있으므로 이를 행동동사로 다음과 같이 바꾸면 명료하고 강력한 호소력을 가지게 된다.

A clerk must (should) reply quickly to a customer's letter

or

A customer's letter must be answered quickly by a clerk.

④ Faulty *reproduction* of the negatives is the *cause* of the *decline* in our picture quality.

이 문장에는 세 가지의 행동요인, 즉 reproduce, cause 그리고 decline 이 명사 속에 감추어져 있다. 이를 행동동사를 쓰면 다음과 같이 바꿀 수 있다.

- The negatives were reproduced with faults, causing the decline in picture quality.
- Picture quality declined because the negatives were reproduced with faults.
- Faulty reproduction of the negatives caused the decline in picture quality.
- Faulty reproduction of the negatives caused picture quality to decline.

또한 행동동사는 일반적 행동동사(general action verb)와 구체적 행동동사(specific action verb)로 구분하여 볼 수 있다. 존재동사보다는 행동동사가 강력한 호소력을 가지는 것은 분명하나 행동동사에서도 구체적 행동사가 일반적 행동동사보다 행동의 빛깔을 구체적으로 표현하여 주므로 명료한 의미와 강력한 호소력을 가진다.

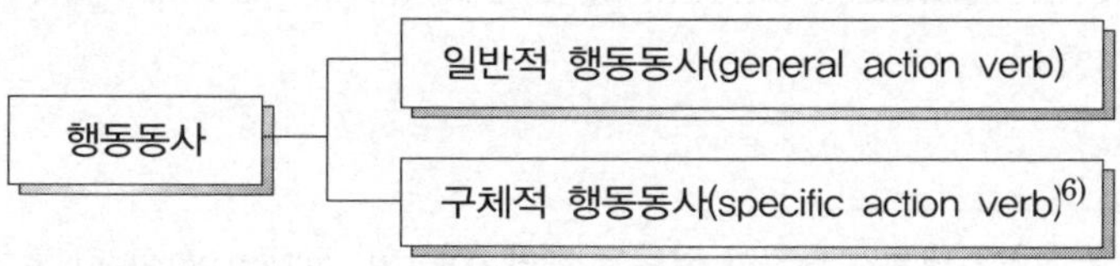

예를 들어, to increase와 to climb을 비교하여 보면 to climb이 구체성을 더 띠고 있다. 그러므로 다음 문장에서 구체적이고 강력한 의미를 가지는 것은 ③이 된다.

① The market averages were up four points on Thursday.
② The market averages increased by four points on Thursday.
③ The market averages climbed four points on Thursday.

to go와 to mail의 경우는 다 같이 행동동사이나 to go는 여러 가지 방법이 있으므로 구체성을 띠고 있지 못하는 일반적 동사이며, to mail의 경우 명백한 행동을 구체적으로 나타내고 있으므로 구체적 동사이다. 그러므로 다음의 문장에서 ②가 강력한 호소력을 가질 뿐만 아니라 통지력도 크다.

① The sales manager's message went to The West Coast office on Monday.
② The sales manager's message was mailed to The West Coast office on Monday.

다음의 문장을 검토하여 보자.

The delivery of the stock certificates should be accomplished by you not later than noon, Thursday.

위에서 본동사는 to accomplish는 그 의미상 다양한 성격을 띠고 있는 일반적 동사이므로 강력한 호소력을 갖지 못한다. 이 문장에서 숨겨져 있는 구체적 행동은 명사에 의하여 표현되어 있는 delivery이다. 그러므로 delivery의 동사 to deliver를 사용하여 다음과 같이 고침으로써 강력한 의미를 갖는 문장으로 바꿀 수 있다.

You should deliver the stock certificates not later than noon, Thursday.
or
The stock certificates should be delivered by you not later than noon, Thursday.

---

6) 구체적 행동동사는 행동의 빛깔이 있다고 하여 colorful action verb라고도 함.

다음의 문장을 비교하여 보자.

A. 일반적이고 미약한 호소력을 가지는 문장

① Placement was achieved by the janitor in the case of four bulletin boards which are in the recreation room.
② Some reduction of costs was effected by this office early this month.
③ There are certain problems which confront the panel.
④ At the trade fair, the Scurry-Meadows model home was the favorite exhibit of the delegates.
⑤ The new restrictions will be under the committee's careful examination.
⑥ An agreement of the three negotiators occurred on May 16.
⑦ *Loss* of 50 percent of your capital *was* the result of an accident *which came about* in a collision of two trucks on the thruway.
⑧ Fleepox Powder is a substance which can be of damage to your skin.
⑨ Rapid gas flow is a factor for us to consider when we design the pipe system.
⑩ Early last month, mechanization of the production line was established by the Riley Instrument Company.
⑪ The gyrocompass system has an automatic feature of aligning the platform with the proper heading.
⑫ The rod will be of great interest to Dr. Fortnight.
⑬ This sales message should be something of vital concern to all our personnel.
⑭ A certification of this agreement is one of our needs.
⑮ This contract has a requirement that it be signed by you by June 8.
⑯ This makes it necessary for us to refuse your request with regret.
⑰ It is my opinion that….

B. 구체적이고 강력한 호소력을 갖는 문장

① The *janitor placed* four bulletin boards in the recreation room.

and

Four *bulletin boards were placed* by the janitor in the recreation room.

② This *office (partly) reduced* costs early this month.

and

Some *costs were reduced* by this office early this month.

③ Certain *problems confront* the panel.

and

The *panel is confronted* by certain problems.

④ Of all the exhibits at the trade fair, the delegates liked (admired) the Scurry-Meadows model home the best (most).

⑤ The *committee will* carefully *examine* the new restrictions.

and

The new *restrictions will be* carefully *examined* by the committee.

⑥ On May 16, the three *negotiators agreed* (on May 16).

⑦ *You lost* 50 percent of your capital when (because) *two* of your trucks (accidentally) *collided* on the thruway.

or

A thruway *accident* between two of your trucks *caused* you to lose 50 percent of your capital. (This revision is not as good as the first.)

⑧ Fleepox *Powder can damage* your skin.

or

Your *skin can be damaged* by Fleepox Powder.

⑨ *We should consider* rapid gas flow when we design the pipe system.

⑩ Early last month, the Riley Instrument Company *mechanized* the production line.

or

Early last month, the production *line was mechanized* by the Riley Instrument Company.

⑪ The gyrocompass *system* automatically *aligns* the platform with the proper heading.

⑫ The *rod* will greatly *interest* Dr. Fortnight.

or

Dr. Fortnight will be greatly interested in the rod.

⑬ This sales *message should* vitally *concern* all our personnel.

or

All our *personnel should be* vitally *concerned* with this sales message.

⑭ *We need* a certification of this agreement.

or

We need to certify this agreement.

⑮ This *contract requires* your signature by June 8.

or

You are required to sign this contract by June 8.

or

You must (should) sign this contract by June 8.

⑯ Regretfully, *we must refuse* your request.

or

We regret that *we must refuse* your request.

⑰ I think (feel, believe) that …….

2 생동감 있는 문장

문장에서의 주어는 행동의 주체이어야 생동감이 넘치는 능동적 문장이 되며 보다 큰 호소력을 가진다.[7)]

다음 문장을 살펴보자.

① The staff wrote the report.
② The report was written by the staff.

문장에서 행동의 주체가 주어로 되어 있을 때 이를 능동적 문장(active sentence)이라 한다. 그러나 행동의 대상이 문장의 주어로 되어 있으면 수동적 문장(passive sentence)이라고 한다. 이러한 관점에서 ①은 능동적 문장이며, ②는 수동적 문장이다. 수동적 문장은 주어가 행동자로 표현되지 못하므로 강력한 호소력을 갖지 못하므로 ①의 능동적 문장을 권한다.

---

7) 능동적 문장(active sentence)은 문장의 형태를 설명하는 용어이며 능동태(active voice)는 동사의 형태를 구분하는 용어이다.

수동적 문장

① The information has just been received by us.
② It is indicated that a diversification of products will be begun by this competitor.
③ It is suggested by Mr. Forbes that your consideration be given to the findings in this report.
④ It was a matter of company policy which was the forcing factor in our action which resulted in a reduction of office staff.
⑤ It was felt by both investigators that our questions would be answered by a single phone call.
⑥ Your check will be sent upon receipt of the enclosed form.

능동적 문장

① The *information has just arrived.*
or
We (I) *just received* the information
② Apparently, this *competitor will begin (start)* to diversify his products.
or
It seems (We think) that this *competitor will begin* to diversify his products.
③ *Mr. Forbes suggests* that *you consider* the findings in this report.
④ Company *policy forced* us to reduce the office staff.
⑤ Both *investigators felt* that a single phone *call would answer* our questions.
⑥ We (I) will send your check when we (I) receive the enclosed form.

3 구체적 어휘의 사용

문장에서 그 메시지가 명료성을 가지려면 독자에게 엄밀한 의미를 전달하여 주는 어휘를 선택하여야 한다. 그러므로 모든 어휘는 구체적 성격을 가진 것이어야 한다.

① Thank taking care of this matter for me.
② Thank for writing the letter of reference for me.

위의 문장에서 taking care of this matter는 너무 일반성을 띠고 있으므로 효과적으로 엄밀한 의미를 전달하지 못한다. 무역영어서한 작성에서 구체적 어휘를 사용하여 구체적으로 의미를 전달하는 것은 독자에게 그 내용을 명백히 이해할 수 있는 기회를 증대하게 되므로 대단히 중요하다. 구체적 의미를 갖는 어휘는 동사뿐만 아니라, 명사, 형용사, 부사 등에서도 찾아볼 수 있다. 다음의 예를 참고하라.

일반적 의미를 가진 어휘	구체적 의미를 가진 어휘
① course	① physics
② educational	② worthwhile
③ principles	③ morals
④ to pay	④ to refund
⑤ to produce	⑤ to manufacture
⑥ to send	⑥ to deliver
⑦ color	⑦ pink
⑧ better	⑧ more efficient
⑨ as soon as possible	⑨ by June 17
⑩ here	⑩ in Korea
⑪ to hit	⑪ to kick
⑫ big	⑫ 350 pounds

3. 통상적으로 잘못 사용되는 용어

다음에 무역서한 작성자가 일반적으로 오류를 범하기 쉬운 용어에 대하여 살펴보기로 한다.

***Accompanied by ~ (~ 와 동반되다) accompanied with ~ (~이 첨부되다, 동봉되다)**

"Accompanied by"는 사람이 포함되어 있는 경에 사용되며 "Accompanied with"는 사물이 연관되어 있을 때 사용된다.

ex. He was accompanied by his secretary.
(그는 그의 비서와 동반하고 있다.)
The letter was accompanied with check.
(그 서한은 수표가 동봉되어 있다.)

그런데 무역서한에서는 무역서류를 인격화하여 "if accompanied by the following documents"의 경우와 같이 "with"대신에 "by"를 사용하고 있음을 주의하여야 할 것이다.

***Affect(영향을 미치다) effect(결과)**

Affect는 동사로서 영향을 미치다(to influence)를 뜻하며 effect는 결과(result)를 의미하는 명사이다. 또한 effect는 동사로서 ~ 를 일으키다. ~를 해내다. 이행하다. (bring about)의 의미를 가지기도 한다.

ex. The change does not affect his pay.
(그 변화는 그의 봉금에 영향을 미치지 못한다.)
What effect will the change have?
(그 변화로 인하여 어떠한 결과가 야기될까요?)
The manager wants to effect a change in the schedule.
(그 경영자는 일정표상에 변화를 원하고 있다.)

***All together(모두 함께), altogether(전혀, 전연, 완전히, 전적으로)**

All together 는 전체가 하나 되어, 모두 함께(in one group)를 의미하며 Altogether는 완전히 전적으로(completely, or wholly)를 의미하나다.

ex. The answer is altogether correct.
(그 답은 전적으로 옳다.)
The employees were all together.
(종업원 모두가 함께 하였다.)

***Already(이미, 벌써), all ready(완전히 준비되어 있는)**

Already는 이미, 벌써(at a previous time)를 뜻하고 all ready는 완전히 준비되어 있는(completely ready)의 의미를 가진다.

ex. The employee had already left for home.
(그 종업원은 이미 집으로 출발하였다.)

The machines are all ready for use.
(그 기계는 사용할 수 있도록 완전히 준비되어 있다.)

***Among(3 이상 사이에), between(2 사이에)**

Among은 셋 또는 그 이상 사이에 대하여 사용하고, Between은 둘 사이에 대하여 사용하여야 한다.

ex. Divide the earnings among the six workers.
(수입을 여섯 삼의 작업자 간에 분배하시오.)
Divide the earnings between the two workers.
(수입을 두 사람의 작업자 사이에 분배하시오.)

***Amount(양), number(수)**

돈이나 낱개로 셀 수 없는 돈 (money)과 물건(things)등에는 amount를 그리고 낱개를 셀 수 있는 것은 number를 사용한다.

ex. The amount of discussion has been noticeable.
(토의된 내용의 양은 주목할 만하다.)
The number of workers has been increased.
(작자의 수는 증가되었다.)

***Anyone(~ 중 어떤 사람 또는 어떤 물건), any one(~ 중 어느 주가 또는 어느 물건)**

어떤(any)을 강조할 때에는 anyone을 사용하고 사람 또는 사물(one)을 강조할 때에는 any one 을 사용할 것이며 반드시 다음에 of 로 시장된 문언이 뒤따라오게 된다.

ex. Does anyone have a pencil?
(어떤 사람[누가]이 연필을 가지고 있는가?)
Any one of our machines will be satisfactory.
(우리 기계 중 어느 것도 만족스러울 것이다.)

***Anxious(걱정스러운, 걱정되는), eager(열망하는, 갈망하는)**

Anxious는 심히 염려(great concern), 의심스러움(doubt), 걱정·근심(worry), 또는 근심·걱정·불안(anxiety) 등이 포함되어 있는 경우에만 사용하여야 한다.

ex. The manager is eager to participate.
(그 경영자는 감가하기를 열망하고 있다.)

He is anxious about the lack of security.
(그는 안전성 결여 대하여 걱정하고 있다.

무역서한에서 종종 심히 갈망하고 있음을 나타내는 문언에서 anxious라는 어휘를 사용하고 있음을 볼 수 있는데 염려, 의심, 걱정 또는 근심의 사실이 포함되어 있는 경우를 제외하고는 사용하여서는 안 된다.

ex. We are very much anxious to receive your order on electric blankets 에서 anxious는 잘못된 표현임을 인식하여야 한다.

*As ~ as (~ 만큼 ~ 하다.)

As ~ as는 긍정적인 비교를 할 때에 사용하고 부정적인 비교에는 so ~ as를 사용할 것이다.

ex. The old machine is as good as the new one.
(그 중고기계는 새것 만 큼이나 좋다.)
The old machine is not so good as the new one.
(그 중고기계는 새것 만 큼 좋지 않다.)

*Balance(나머지), remainder(나머지)

Balance는 장부회계(ledger account)상의 차변(debit)과 대변(credit)간의 차이 즉 차변 잔액 또는 대변 잔액을 설명할 때 또는 부채금액에 관계되는 경우 사용하고, remainder는 남겨진 것(left over)에 관한 경우에 사용하여야 한다.

ex. The unpaid balance is $1,000.00.
(미지급계정잔액은 $1,000입니다.)
Our staff can complete the remainder of the work in an hour.
(우리 직원은 그 나머지 일을 한 시간 안에 완수 할 수 있다.)

*Can(할 수 있다.), may(해도 좋다)

can은 능력(capability) 또는 힘(power)을 지칭하며, may는 허락(permission)을 지칭한다.

ex. We can do this work easily.
(우리는 이 일을 쉽사리 할 수 있다.)
You may talk with the superintendent now.
(당신은 지금 그 우두머리 [통례적으로 감독자, 관리자 등 국장, 부장, 처장,

중고등학교 교장]에게 말씀하셔도 됩니다.)

***Complement(보충하여 완성하다), compliment(경의를 표하다, 칭찬하다)**

Complement 는 완성하다.(complete) 또는 다른 것을 완성하거나 적합화하는 것 (that which completes or suits another)을 의하며, compliment는 칭찬하는 말(words of praise)이다.

ex. The clerk was complimented for his success.
(그 사무원은 그의 성공에 대하여 칭찬을 들었다.)
This shipment is a complement to our last series of orders.
(이 선적 분은 우리 회사 주문의 마지막 부분 보충 분이다.)

***Compare to(~와 비교하다) compare with(~와 비교하다)**

Compare to 는 유사성(similarity)을 지적하는 데 사용하고 compare with는 차이점(difference)을 지적하는데 사용하여야 한다.

ex. He compared Kennedy to Lincoln.(유사성 지적)
(그는 Kennedy와 Lincoln을 비교하여 같은 사람이라 하였다.)
He compared Kennedy with Lincoln.(차이점 지적)
(그는 Kennedy와 Lincoln을 비교하여 다른 사람이라 하였다.)

***Continual(계속적), Continuous(계속적)**

행동이 continual하다고 한다면 계속(continuity)에 있어서 계획적인 중당(planned for breaks)이 있는 경우이고 continuous는 행동이 똑같이 중단이 없는 경우에 사용된다.

ex. The clock has run continuously for four years.
(그 시계는 4년간 쉴새없이 계속하여 가동되었다.)-중단하지 않고.
The mechanism for raising and lowering the garage door has given continual service for four years.
(그 차고문은 올리고 내리는 기계장치는 4년간 계속적으로 서비스를 제공하였다.)-부단히 차고 문을 올리고 내리지는 않았다는 의미이다.

***Correspond to(~ 와 일치하다) correspond with(~ 와 의사소통하다. 통신하다, 소식을 주고받다)**

만일 One thing corresponds to another 라고 하였다면 it matches or has similarity의 의미를 가지는 것으로 해석되며, correspond to 는 필적하다. 어울리다.(match) 또는 유사성을 가지고 있다.(has a similarity)의 의미를 가지는 것으로 해석되며, correspond with 는 편지를 쓰다, 편지를 교환하다.(write, exchange letters)를 의미한다.

ex. His recommendations correspond to mine.
(그의 추천서는 나의 것과 일치한다.)
I have corresponded with him about the job.
(나는 그 일에 대하여 그와 서시왕래를 하여 왔다.)

그러나 무역서류에서는 correspond with 가 ~ 와 일치하다. 의 의미로 사용되고 있음을 유의하여야 한다.

***Credible(믿을 만한, 있음직한), creditable(신용 있는, 신뢰할 만한)**

Credible은 어떤 사실에 대해 믿을 만한 (believable)의 의미를 가지며, Creditable은 신용이 있어 신뢰할 만하다는 뜻으로서 상업적 신용가치가 있는 (worthy of commercial credit)이라는 뜻을 의미한다.

ex. The explanations were credible.
(그 설명은 믿을 만하다.)
He did a creditable job for us.
(그는 우리를 위하여 신뢰할만한 일을 하였다.)

***Consensus(중론. 일반적 의견)**

Consensus는 대다수의 의견일치를 뜻하는 중론(general opinion)을 의미하므로 consensus of opinion이라고 표현하는 것은 장황한 표현에 지나지 않다.

ex. The consensus was that we should give up the project.
(중론은 우리가 그 사업을 포기하여야 한다는 것이다.)

***Contact(접촉하다)**

Contact 는 접촉하다(touch), 접견하다(meet)를 의미하다 다만 구어체 (colloquial)에서만 의사소통하다(communicate)의 의미를 가지므로 "서신연락을 하다"의 의미로는 서신에서 사용하여서는 안 된다.

ex. Please write to us when there is exceptional demand for electric

blanket in your market.
(귀 시장에 전기담요에 대한 예외적인 수요가 있는 경우에는 서신연락을 바랍니다.)
이때에 contact us라고 하여서는 안 된다.

***Deal(거래, 부정거래, 밀약)**

Deal 이라는 용어는 상사에서는 거래(transaction or exchange)를 뜻하는 용어의 대체어로서는 부적절하다.

ex. You can make a good profit from this transaction (not "deal").
(당신은 이 거래에서 상당한 이익을 올릴 수 있습니다.)

이때에 transaction을 deal이라는 용어로 대체하여서는 안된다.

***Differ from (~ 와 성격이 다르다) differ with(의견이 ~와 다르다)**

성격(characteristics)에 관한 것을 거론할 때에는 differ from을 사용하고 의견의 불일치(the ideal of disagreement)를 거론할 때에는 differ with를 사용하다.

ex. This machine differs from that machine.
(이 기계는 저 기계와는 그 성격상 다르다.)
Mr. Kim differs with his senior person.
(김씨의 의견은 그의 상사와는 다르다.)

***Eminent(저명한, 훌륭한, 탁월한), imminent(절박한, 급박한, 임박한, 촉박한)**

Eminent는 유명한, 저명한의 의미를 가지고 있으며, imminent는 금세 발생할 상황(about to happen)의 의미를 가진다.

ex. An eminent scientist will address the group.
(한 저명한 과학자가 군중 앞에서 연설을 하도록 되어 있다.)
A merger seems imminent.
(통합이 급박한 같이 보인다.)

***Father(더 멀리, 더 앞으로), further (한층 더)**

Farther는 거리(distance)에 대하여 그리고 further는 범위 또는 정도(extent or degree)에 대하여 거론할 때 쓰인다.

ex. You have to go one mile father.

(당신은 1말일 더 가야 합니다.)
Can you pursue that idea any further?
(당신은 그 발상을 더 한층 실천에 옮길 수 있습니까?

***Infer(추론하다), imply(암시하다)**

Infer는 결론을 유도하다(draw a conclusion), imply(귀띔하다. 암시하다.)를 의미한다.

ex. I infer from your letter that conditions have improved.
(나는 귀 서한을 통하여 조건이 향상되었다고 추론합니다.)
Do you mean to imply that conditions have improved?
(당신은 조건이 향상되었다고 암시하고 있음을 의미합니까?)

***Kindly(친절하게)**

Kindly라는 말은 피하고 그 대신에 please의 사용을 권장한다.

ex. Please fill out the attached from.
(첨부된 양식을 기로하여 (채워)주시오.)

이때 please 대신에 kindly를 사용하여서는 안된다.

***Same(같은 사람, 또는 물건 - 대명사)**

무역서한과 업무보고서에서는 same을 대명(pronoun)로서 사용하지 말 것이다.

ex. Thanks for lending me the gook. ; I have read it (not "same") thoroughly.
(그 책을 빌려주어서 고맙습니다. ; 나는 그 책을 완전히 독파했습니다.)

***Sometime(어느 시점에서), some time(얼마 동안)**

sometime은 시계나 달력에서의 시점(a point of time)을 거론할 때 사용할 것이며 some time은 시간 단위 수(number of time units)를 거론할 때 사용할 것이다.

ex. Come to the office sometime this afternoon.
(오늘 오후 어느 시점에 사무실에 오시오.)
I will pay the account sometime next month.
(나는 그 계정을 다음 달 중 어느 날 지급할 것입니다.)
We have not seen him for some time.

(우리는 그를 어마 도안 보지 못했습니다.)
Some time has elapsed since we saw him.
(그를 만나 본지가 얼마 동안 지나갔습니다.)

***Unique(유일한), complete(전부의, 완전한), perfect(완전한)**

이들 용어는 형용사(adjective)로서 비교급(comparative) 및 최상급(superlative) 형태를 가지고 있지 않다. 유일한(unique)란 말은 그 종류가 단일한 것을 의미하기 때문이다. 완전한(complete or perfect)의 용어도 같은 내용으로 완전성 그 자체가 비교대상이 되지 않는다. 다만 단일하거나 그렇지 않거나(either unique or not), 완전하거나 그렇지 않거나(either complete, perfect or not)일 뿐이다.

ex. His score is perfect. (not "more perfect")
(그의 점수는 완전하다.) 더 완전하다 또는 가장완전하다는 있을 수 없음을 유의 하여야 한다.)
The plan is unique.(not “more unique” or “most perfect”)
(rm 계획은 유일하여 비교할 만한 것이 없다.) -더 유일하다 또는 가장 유일하다는 있을 수 없음을 유의하여야 할 것이다.

***Until, Till (~ 까지) By, Before (~ 까지)**

Until, till은 시간 계속의 뜻을 가지고 있으므로 wait, stay 등과 같은 계속의 뜻을 나타내는 동사 되에 쓰인다. By는 완료 또는 종지의 시한을 나타냄으로 finish, come, reach 등의 완료 또는 종지의 의미를 나타내는 동사와 함께 쓰인다. Before는 by의 경우와 유사하여 완료 또는 종지의 의미를 가지므로 완료 또는 종지의 뜻을 나타내는 동사 뒤에 쓰이며 또한 이 이외에도 개시의 뜻이 있으므로 start, think 등과 같은 개시의 뜻을 가지는 동사 뒤에 쓰인다. 그러므로 Until, Till은 계속의의미를 가지나 By, Before는 계속의 의미를 가지지 않는다고 하는 것이다.

ex. I shall stay here until I have finished the work.
(나는 일을 끝낼 때까지 여기에 있겠다.)
I will wait until tomorrow.
(나는 내일까지 기다리겠다.)
He did not go until morning.
(그는 아침까지 가지 않고 있었다.)

The ship will arrive by five o'clock.
(그 배는 5시까지 도착할 것이다.)
Finish this works by tomorrow.
(이 일을 내이까지 끝내시오.)
I will let you know by Monday.
(월요일까지는 알려드리지요.)
By the time (that) we had walked five miles, I was exhausted.
(5마일 걷는 시점에서 나는 탈진하고 말았다.)
Think well before you decide.
(결정하기 전에 잘 생각하라.)

그러나 무역서한에서는 이러한 구분을 찾아 볼 수 없다는데 주의하지 않으면 안 된다. 즉 Until, Till을 By를 대신하여 사용하고 있는 예가 허다하기 때문이다. 예를 들면 Until, Till이 선적과 관련하여 earlier than 또는 not later than의 의미를 가진 By, Before를 대신하여 사용하고 있는 것이다. 이는 국제무역관행으로서 널리 인식되고 있으며 특히 신용장 통일규칙 제3조에서 다음과 같이 규정하고 있음을 유의할 것이다.

"The words "to", "until", "till", "from", and "between" when used to determine a period of shipment include the date or dates mentioned, and the words "before" and "after"exclude the date mentioned."

"The words "from" and "after" when used to determine a maturity date exclude the date mentioned."

ex. Shipment should be made until (till) the end of August.
(선적은 8월말까지 이루어져야 한다.)

***Wait for(~ 을 기다리다) wait on(~ 에게 서비스하다)**

Wait for는 ~ 을 기다리다 는 뜻이고 wait on은 ~ 에게 서비스하다, ~ 을 도와주다의 의미를 가지고 있으므로 혼돈하여 사용하여서는 안 된다.

ex. We are waiting for Mr. Kim.
(우리는 김 씨를 기다리고 있다.)
He is waiting on us.
(그가 우리에게 서비스하고 있다.)

간혹 서비스 카운터 대기하고 있으면 그곳 담당자중 한사람이 May(can)I help you?라고 물어오는 수가 있다. 이때에 그에게 원하는 일을 다시 부탁하는 것은 인력과 시간의 낭비임으로 현재 자기 일을 담당하여 일하고 있는 분을 지적하여 That person is waiting on me. (저 사람이 내일을 처리하고 있습니다.)라고 대답하면 된다.

*While(~ 하는 동안)

While은 ~ 함과 동시에 (at the same time that ~)의 의미를 가지는 것이므로 "but", "though", "although", 그리고 "whereas", 등을 대체하여 사용하지 말 것이다.

ex. You do the work while I type these documents.
(내가 이 서류들을 타자하는 동안 당신은 그 일을 처리하십시오.)
One man likes his work, but (not "while") the other doesn't.
(어떤 이는 그의 일을 즐겨하지만 다른 이는 그렇지 않다.)
Although (not "while") we realize that your account is overdue, we think you should not pass up this opportunity.
(우리는 당신의 계정 지급만기일이 경과된 것으로 알고 있지만, 당신은 이번 기회를 놓쳐서는 안 된다고 생각한다.)

*You(당신)

나("I") 또는 일반적인 사람(people in general)을 의미하려고 할 때에 "you"를 사용하여서는 아니 된다. 잘못하면 자기를 깔보거나 저평가하는 것으로 오해할 수 있기 때문이다.

ex. "I or people can scarcely interpret this data."라고 하는 말을
(나 또는 사람들은 이 자료를 거의 해득할 수 없다.)
"You can scarcely interpret this data."라고 해서는 안 된다.
(당신은 이 자료를 거의 해득할 수 없다.)

일반적으로 영문법상 you로서 나를 포함하여 일반대중을 나타내는 경우를 인정하고 있는데 이는 독자의 판단의 여백을 많이 남겨두는 문학작품 등의 표기법에서 인정되나 무역서한 등의 법률적 문언에서는 분쟁의 소지가 되므로 사용을 삼가야 할 것이다.

4. 국제상거래관련 국제규칙에서의 특정 용어의 해석

국제상거래에서 가장 중요한 관점은 국제상거래 관례, 관습 및 법리에 따라 양 당사자 간에 체결된 계약조건을 엄격히 준수하는 일이라 할 것이다. 그러므로 국제상거래관련 국제규칙을 올바로 이해하는 것은 이와 관련하여 분쟁의 발생을 예방하는 지름길이 되는 것이라 할 것이다. 그러므로 국제규칙에서의 특징적인 용어의 의미를 연구하는 것은 매우 중요하다.

(다음의 문항은 신용장 관련 용어에 관한 것 입니다. 전문적인 사항은 제외하고 주로 용어의 의미만을 깨우쳐 줄 것이며 본서 제8장 상업신용장 부분과 연계하여 지도하는 것이 바람직합니다.)

*Banking day (은행일)

Banking day means a day on which a bank is regularly open at the place at which an act subject to these rules is to be performed.

은행일이란 UCP 600에 의한 행동을 이행할 목적으로 은행이 정기적으로 개점하는 일자를 의미한다. 여기에는 다음의 2가지 원칙이 담겨져 있는 것이다.:

은행일은

① 주말 또는 은행휴무일을 제외한 영업일을 의미한다.
② 본 규칙에서 요구하는 기능, 즉 신용장 발행, 변경, 통지, 인수·지급, 매입 등의 업무를 수행하기 위한 영업일을 의미한다.

위에서 2번째 원칙은 은행이 토요일 아침에 인출 및 저축 등의 업무만을 위한 경우 신용장 등의 특수 은행거래의 경우 은행일에 해당되지 아니한다.

ex. The issuing bank shall have a maximum of five banking days following the day of presentation to determine if a presentation is complying.
(발행은행은 제시가 일치하는 가의 결정에 제시일 다음 일자를 기산일로 하여 최고 5 은행일을 향유할 수 있다.)

*to honour (인수·지급하다.)

Honour means:

a. to pay at sight if the credit is available by sight payment.
b. to incur a deferred payment undertaking and pay at maturity if the credit is available by deferred payment.
c. to accept a bill of exchange("draft") drawn b the beneficiary and pay at maturity if the credit is available by acceptance.

인수·지급(honour)의 개념은 전혀 국어로 번역하기에는 접합한 용어를 발견하기 어렵다. Black's Law Dictionary에서 "to honour"는 "to pay or to accept and pay"이라고 해석하고 있으므로 이를 "인수·지급"이라고 해석하는 것이 가장 적합한 것으로 판단된다.

"to honour"는 한국의 민중서관 발행 영한사전에 상업상의 용어로서 "(어음을) 인수하다." "(기일에) 지급하다."의 뜻으로 해석하고 있다. 또한 UCP 600에서와 같이 "일람출급", "연지급 유발 또는 인수 및 만기일에 지급"을 의미하는 3가지를 동시에 만족하는 국어 상의 용어는 없다고 할 것이나 "인수·지급"이 가장 그 본질적 의미에 가까운 것으로 판단된다.

한편 UCC 5-102(a)(8) Definition에서 신용장에서의 Honor는 발행은행이 신용장에서의 약속의 이행을 위한 지급 또는 유가물의 인도를 의미한다고 규정하고 Honor가 발생하는 조건을 별도의 규정이 없는 한 ①지급 ②인수신용장의 경우 환어음의 인수와 만기일에 지급 ③연지급의 경우 연지급의 유발과 만기일에 이행하는 것이라고 다음과 같이 규정하고 있다.:

"Honor" of a letter of credit means performance of the issuer's undertaking in the letter of credit to pay or deliver an item of value. Unless the letter of credit otherwise provides, "honor" occurs (i) upon payment, (ii) if the letter of credit provides for acceptance of a draft and, at maturity, its payment, or (iii) if the letter of credit provides for incurring a deferred obligation, upon incurring the obligation and, at maturity, its performance.

그러나 사실 UCP 600에서 이 용어는 다음의 3가지 행위를 포괄하는 의미로 사용하기 위하여 인위적으로 생성한 것이라고 할 수 있다.:

① 일람출급
② 연지급확약의 유발 및 만기일에 지급
③ 수익자발행 환어음의 인수 및 만기일에 지급

그러므로 "honour"의 용어는 신용장의 사용가능성에 대하여 종류별 구분에 있어서 실제로 "지급", "인수", 또는 "연지급"의 방식으로 각각 그 이용가능성을 명시하는 복합적 의미를 가지는 것이다. 그러므로 "인수·지급"(honour)이라는 용어는 개별 신용장의 사용가능성을 규정하여 구분하는 데에는 부적합하다.

ex. We agree with you that all drafts drawn under and in compliance with the terms of this credit will be duly honoured on presentation to the drawee.
(우리는 귀하에게 이 신용장의 조건에 의하여 일치하여 발행된 모든 환어음이 피발행인에게 제시되는 즉시 인수·지급될 것임을 합의하는 바이다.)

*to negotiate (매입 또는 구매하다)

Negotiation means the purchase by the nominated bank of drafts (drawn on a bank other than the nominated bank) and/or documents under a complying presentation, by advancing or agreeing to advance funds to the beneficiary on or before the banking day on which reimbursement is due to the nominated bank.

일반적으로 "to Negotiate"의 의미는 다양하게 해석되어진다. 실제 국제상업사회 (Int'l Commercial Community)에서의 활용되고 있는 것만 하여도 다음과 같다.:

① "to transact business"(거래하다.),
② "to bargain with another respecting a purchase and sale"(매매에 관련하여 타인과 교섭하다),
③ "to sell and discount negotiable paper"(유통가능어음의 매도 또는 할인하다.)
④ "to transfer an instrument in the form that the transferee becomes a holder"(양수인이 소지인이 되는 형식으로의 증서양도하다.)

Negotiation이라는 용어는 문제점을 내포하고 있다. 현대적 언어를 통하여 신용장의 운영원리를 설명하는 것은 극히 쉬운 일이라 할 것이나, negotiation credit과 관련하여 그 개념을 설명하는 것은 부연설명을 필요로 한다. negotiation은 국제상업사회에서 여러 가지 의미를 가지고 있으므로 이에 대하여 잘 못 이해하기가 쉽다는 것이다.

영어의 negotiate는 상거래상대자와의 계약을 체결하기 위한 "상담"이라는 뜻으로 사용되고 있기 때문이다. 금융가의 관행에 의하면 본래 "Negotiation"의 의미는 "매입 또는 매도"이라는 뜻 보다는 "유통시키다"는 뜻으로 이해하고 광의로 환어음발행인이 대급수취를 위하여 배서하여 은행에 제시하여 수리되도록 함으로써 유통시킨다는 뜻을 담고 있으며 협의로는 환어음발행인이 환어음에 배서하여 제3자에게 양도한다는 의미를 가지고 있다. 이러한 이유에서 국내에서 선적서류와 환어음을 은행에 제시하여 수리되도록 한다는 의미로 "네고"라고 하는 외래어가 무역업무를 주관하는 국제금융가에서 종종 사용되고 있음을 볼 수 있는 것이다.

이러한 이유에서 무역거래실무에서 의사소통에 많은 혼란을 유발하는 근원이 되어 왔다. ICC의 은행기술실무위원에서는 UCP 400의 개정과정에서 to negotiate를 to purchase로 대체하여 사용하려는 시도가 있었으나 불어의 어휘상 상충되므로 부적합한 면이 발견되어 UCP에서의 전용용어로 사용되지는 못하였으나 negotiate/purchase의 표기를 한동안 사용하였던 것도 이러한 이유에서 연유되었다고 할 것이다. UCP 600에서는 Negotiation을 Purchase를 의미하는 것으로 규정하기에 이른 것이다.

ex. Drafts drawn and negotiated in conformity with the terms of the credit will be duly honoured on due presentation to the drawee. (신용장조건에 일치하여 발행되어 매입된 환어음은 피발행인에 제시되는 즉시 정히 인수·지급될 것이다.)

*Presentation(제시)

Presentation means either the delivery of documents under a credit to the issuing bank or nominated bank or the document so delivered.

제시의 개념은 2가지의 상황의 경우를 살펴 볼 수 있다.

즉 본 조문에서

① "delivery of documents under a credit"이라고 명시되어 있는 경우에는 서류가 발행은행 또는 지정은행에서 실제로 접수하여야함을 의미한다. 그러므로 수익자나 지정은행이 서류를 우편송달하기위하여 우체국에 또는 인도를 위하여 택배회사 등에 전달하는 경우는 제시에 해당하지 아니한다.

② "the documents so delivered"이라고 명시되어 있는 경우에는 은행은 모든 서류가, 실제로 심사를 시작하기 이전에는, 제시되었는지를 결정할 수 있

는 입지에 있지 않음을 의미하는 것이라고 해석된다.

이러한 서류의 제시와 관련하여 UCP 600 sub-Article 35(2)을 살펴볼 필요가 있다. 지급, 연지급, 인수, 매입은행이 일치하는 제시가 이루어 졌다고 판단하여 발행은행 또는 확인은행에 서류를 송부하였다면 그 서류가 전달과정에서 분실되었을 경우에도 발행은행 및 확인은행은 이에 대하여 인수·지급 또는 매입의 책임을 지고 있다고 다음과 같이 규정하고 있는 것이다.

If a nominated bank determines that a presentation is complying and forwards the documents to the issuing bank or confirming bank, whether or not the nominated bank has honoured or negotiated, an issuing bank or confirming bank must honour or negotiate, or reimburse that nominated bank, even when the documents have been lost in transit between the nominated bank and the issuing bank or confirming bank, or between the confirming bank and the issuing bank.

ex. The draft shall be duly honoured on presentation.
(환어음은 제시되면 즉시 정히 인수·지급될 것이다.)

*** "Promptly", "Immediately", "As soon as possible"("즉시" 등의 용어)**

Unless required to be used in a document, words such as "prompt", "immediately", or "as soon as possible", will be disregarded.

"즉시" 등의 용어

신용장에서 선적. 서류의 인도, 등과 관련하여 "즉시"(promptly, immediately, as soon as possible)이라는 용어가 종종 사용되고 있는데 그 용어의 적용범위가 확대되었다. 예를 들어 "신용장에서 수익자는 선적 후 "즉시" 약정된 선적서류를 송부하여야 한다"고 하였다면, 수익자는 그들 선적서류를 선적일자 이후 서류제시를 위하여 규정된 기간 이내에 송부할 것을 요구하고 있는 것으로 해석되는 것이기 때문이다. 이러한 용어가 서류에 사용되도록 요구되지 아니하는 한, 즉시라고 하는 용어는 무시된다. 그러므로 발행의뢰인이 선적서류를 특정 기간이내에 송부되도록 원한다면 그 일자를 특정하여야 한다.

ex. Documents must be presented as soon as possible(promptly or immediately) after the date of issuance of the bills of lading or other shipping. documents.

(서류는 선화증권 또는 여타의 선적서류 발행일자 이후 즉시 제시되어야 한다.)

위에서의 문언이 약정되어 있을지라도 서류는 별도의 지시가 없는 한 발행일자 이후 21일 이내에 제시되어야 하는 것으로 해석되며 즉시 등의 어휘는 무시되기 때문이다. 그러므로 다음과 같은 문언으로 제시일자를 확실히 할 필요가 있다.

ex. Documents must be presented within 10 days after the date of issuance of the bills of lading or other shipping documents.
(서류는 선환증권 또는 여타의 선적서류 발행일자 이후 10일 이내에 제시되어야 한다.)

*** "on or about"(~일자경에 또는 이와 유사한 표현)**

The expression "on or about" or similar will be interpreted as a stipulation that an event is to occur during a period of five calender days before until five calendar days after the specified date, both start and end dates included.

이들 용어는 특정일자(specified date)로부터 전후 5월력일의 기간이내에 이행될 것을 규정한 것으로 해석하며, 이때에 전후 양단일자(both end days)는 포함되는 것으로 한다.

ex. Shipment will be made on or about January 10, 200__.
(선적은 200__년 1월 10일 경에 이행될 것이다.)

위의 문언에서 10일 경이란 10일을 전후하여 5월력일에 해당하며 양쪽 끝 일자가 포함되는 것으로 되어있으므로 다음의 계산에서 총 11일이 된다. 여기에서 월력일이란 공휴일을 포함함을 의미한다.

5, 6, 7, 8, 9, **"10"** 11, 12, 13, 14, 15,
(양단일) (양단일)

*** "to", "until", "till", "from", and "between"(까지", "부터", 및 "간에")**

1 선적일자

The words "to", "until", "till", "from" and "between" when used to determine a period of shipment include the date or dates mentioned, and the words "before" and "after" exclude the date mentioned "to", "until", "till", "from", and "between"이라는 용어가 선적기간을 결정하기 위하여 사용되는 경우 명시된 당해일자 혹은 일자들을 포함하고, "before"와 "after"용어는 당해 일자를 제외한다.

ex. Shipment should be made from the 5th of December to(until, till) the 15th of December, 200__.
Shipment should be made between the 5th of December and the 15th of December, 200__.
(선적은 12월 5일에서 12월 15일 사이에 이행되어야 한다.)

이들 용어는 선적기일과 만기일과 관련하여 상이하게 규정하고 있음을 주의하여야 한다. 선적기일과 관련하여 "after" 와 "before"는 해당 일자가 제외되는데 "from", "to", "until", "till", "between"은 포함되는 것으로 규정하고 있다.

ex. Shipment should be made within 30days from December 20.
(선적은 12월 20일 로부터 30일 이내에 이행되어야 한다.)

위의 문언은 "선적은 12월 20일을 포함하여 30일 이내에 이루어 져야한다고 해석되어 30일의 기간은 12월 20일을 포함하여 30일이 되는 것이다.

ex. Shipment should be made within 30 days after(or before) December 20.
(선적은 12월 20일 이후 30일 이내에 이행되어야 한다.)

위 문언은 "선적은 12월 20일은 제외하여 12월 20일 이후(또는 그 이전) 30일 이내에 이행되어야 한다. 그러므로 선적기일이 "after"와 "before"의 경우는 "from"의 경우보다 1일이 더 길다.

② 만기일

The words "from" and "after" when used to determine a maturity date exclude the date mentioned)

만기일을 결정하기 위하여 "from"과 "after"라는 용어가 사용된 경우에는 명시된 일자를 제외한다. 그러므로 "from"의 경우에는 선적기간에 관련된 경우와 만기일에 관련된 경우가 상반된다는 사실을 주의하여야 할 것이다. "after"의 경우에는 선적기일 및 만기일에 관련하여 모두 당해일자를 제외하고 있을 유의 할 것이다.

ISBP *for the Examination of Documents under Documentary Credits 2007 Revision for UCP 600, Para. 43 (d): Drafts and Calculation of Maturity Date, Tenor -*

UCP 600 article 3 provides guidance that where the words "from" and "after" are used to determine maturity dates, the calculation of the maturity commences the day following the date of the document, shipment or other event,

i.e., 20__ days after or from March 1 is March 11.

ex. This documentary credit is available by negotiation of your draft at 50days after (from) the date of shipment.
(이 화환신용장은 선적일자 이후 50일에 귀측 발행 어음의 매입이 가능하다.)

이 문언은 선적일자 다음 일자를 기산일로 하여 50일째 되는 일자에 매입이 허용된다는 의미인 것이다.

*** "first half", "second half" ("전반", "후반")**

The terms "first half" and "second half" of a month shall be construed respectively as the 1st to the 15th and the 16th to the last day of the month, all dates inclusive.

어느 달의 "전반(first half)"과 "후반(second)"이라는 용어는 각 해당 월의 1일부터 15일까지, 그리고 16일부터 말일까지로 각각 해석되며, 이에 모든 일자가 포함된다.

어느 달의 "초순(beginning)", "중순(middle)", "하순(end)"이라는 용어는 그 달의 1일부터 10일, 11일부터 20일, 21일부터 말일까지로 각각 해석되며, 이에 모든 일자가 포함된다.

***Partial drawing (분할 대금인출(청구))**

Partial drawing은 본래 분할선적 대금청구를 위하여 환어음을 발행하는 경우 신용장금액의 전액이 아니라 일부 금액에 해당하는 서류와 함께 환어음제시를 의미한다. 그런데 현재 신용장 거래에서 환어음을 발행하지 않고 서류만 제시하여 인수·지급 및 매입을 요구할 수 있게 되었다. 이러한 상황 하에서 수익자는 서류만을 제시하는 경우에도 신용장의 조건에 일치하는 제시로서 인정되어 환어음을 발행하지 않고 서류만을 제시하여 신용장 대금을 인출(청구)하는 사례가 비일비재하다.

그러나 'drawing'이란 어음의 발행을 의미함으로 서류만을 제시하는 경우에는 적합하지 않은 용어이다. 그럼에도 신용장거래에서 대금의 청구는 오랜 기간 환어음을 발행하여 왔기 때문에 대금의 인출(청구)은 환어음의 발행이라는 관념상의 틀을 벗어나지 못하여 환어음이 발행되지 않는 경우에서도 그대로 대금인출(청구)이라는 의미로 사용되고 있는 것이다.

그러므로 Partial drawing은 신용장금액 보다 적은 금액을 인출하기 위한 제시를 의미한다.

(A Partial drawing is a presentation made for less than the full amount of the credit…)

5. 증권금융시장에서 사용되는 특수용어

일일 외환거래액이 수천억불을 상회하는 현 증권금융시장의 동태를 살필 수 있는 능력을 갖추지 않고서는 국제시장에서의 무역거래를 효과적으로 성사시키기는 극히 어렵다. 세계 모든 국가에서 중견 기업을 포함하여 믿을 만한 거래대상기업은 증권시장에 상장되어 있는 경우가 일반적이기 때문이다.

증권시장의 대세를 가름하고 산업분야별 관련 기업의 전망을 파악하는 것은 현대 무역인의 필수 능력이라 할 것이다. 그러므로 증권금융시장에 관한 정보를 발표하는 CNN Money, Fox Business, CNBC, Bloomberg 등 관련 국제기관이 제시하는 정보는 매우 유익한 정보자료가 된다.

문제는 이들 정보는 모두 영문으로 되어 있음으로 여기에서 사용되는 영어표기 특수용어의 해득능력을 갖추는 것이 무엇보다도 중요하다.

다음에 그 유형별 문언을 살펴보기로 한다.

(1) The **S&P(Standard & Poors) 500** (INDEXSP:.INX)①, **Dow Jones Industrial Average** (INDEXDJX:.DJI)②, and **Russell 2000** (INDEXRUSSELL:RUT)③ all made record highs on Black Friday④ before dipping late in the day. The NASDAQ Composite (INDEX NASDAQ:.IXIC)⑤ also made a new post-dot-com-bubble⑥ high as tech

stocks showed significant out performance.⑦

요지 S&P500지수, 다우존스 산업 평균지수 및 러셀 2000지수는 모두 검은 금요일 당일 늦게 하락세를 보이기 이전까지는 사상 최고가를 기록하였다. 나스탁 지수 또한 기술주가 대단한 성과를 나타냄으로써 정보기술주 거품이후 신 고가를 기록 하였다.

용어해설

① The S&P 500 (INDEXSP:INX)는 대규모 자본 미국 주식을 가름하는 최선의 유일한 척도이다. 그 지수에는 미화 약 1조6000억 달라의 지수자산을 포함하여 기준이 되는 5조1400억 달라 이상이 계상되어 있다. 이 지수에 500개의 최우량기업이 포함되어 있으며 자본시장에서 활용가능 자본의 약 80%를 점유하고 있다. 이지수에는 500개의 대표적인 기업이 포함되어 있음으로써 사용가능한 시장자본총액의 약 80%를 점하고 있다.

참조 코스피200지수(KOSPI 200 Index)는 한국을 대표하는 주식, 즉 우량종목 200개 종목의 시가총액을 지수화한 것이다. 한국거래소 유가증권시장(Stock Market)의 보통주 전 종목 가운데 시장 대표성, 유동성(거래량), 업종 대표성(업종은 9개 업종으로 구분)을 기준으로 시가총액 상위군의 거래량이 많은 종목 서열에 따른 200 종목이 편입된다. 지수 산출은 1990년 1월 3일을 기준시점으로 하여 이날의 시가총액을 100.00 포인트로 정하고 현재의 시가총액과 그 증감을 산정하며 장 운영 시간 동안 매 2초마다 산출하여 발표한다.
개장 30분 전(일반적으로 오전 8시 30분)부터는 단일 가 매매에 따른 체결가격을 추정한 예상지수가 발표된다. 한편 2007년부터는 대주주의 지분, 보호예수 물량 등 비유동성/비유통 주식수를 산출에서 제외하여 시세 반영률을 높였다. 채용종목 편입, 퇴출, 상장폐지 및 증자에 의한 추가상장, 감자, CB/BW의 행사 등으로 인한 추가상장 등이 있으면 기준 시가총액을 수정하여 지수의 일관성을 유지하고 있다.

② **Dow Jones Industrial Average** (INDEXDJX:.DJI)은 Industrial Average, Dow Jones, Dow Jones Industrial, Dow 30 또는 단순히 Dow이라고 하는데, 주식시장지수이다. 여기에서 평균(average)이란 가격-가중평균이며, 주식분할, 및 기타 조정의 효과를 보정하기 위한 것이다. 현재 그 평균은 scaled 평균이다. Dow의 가치는 그 구성주식의 가격의 실제평균이 아니며, 제수(除數)로 제한 그 구성주가의 합계라고 하는 것이다. 그럼으로 이는 구성 주식이 분할 또는 배당을 할 때마다 그 지수의 모순되지 않는 가치를 창출하기 위하여 변화한다.

③ **Russell 2000** (INDEXRUSSELL:RUT)

Russell 2000 지수는 미국 시가총액의 소규모 자본 부분을 측정한다. Russell 2000은 Russell 3000 지수의 작은 부분인데 그 지수의 총시장 자본형성분의 약 10%에 해당 한다. 여기에는 시장자본 및 현지수참가분의 복합 수치에 근거하여 최소규모의 금융증권 약 2000개가 포함되어 있다. Russsel 2000 지수는 소규모 자본에 대한 포괄적이고 편견 없는 지표를 제공하도록 구성되어 있다. 그러나 매년 대규모 증권이 소규모 자본기회조합의 성취도와 특징을 왜곡시키지 않도록 재구성하고 있다.

④ The NASDAQ Composite (INDEXNASDAQ)은 3000개 기업 이상을 포괄하고 있는 NASTAQ 증권시장에 열거되어 있는 보통주식 및 이와 유사한 유가증권(예하면 ADRs, Tracking Stcks, Limited Partnership Interests)의 증권시장지수이다. 또한 이는 미국에서 기술기업 및 성장기업의 주식성취도의 지표로서 고도로 추종되어 인식되고 있다. NASDAQ 증권시장에는 미국 및 비미국 기업이 수록되어 있는바 그 지수는 전적으로 미국의 지수는 아니다.

참조 1986년 한국정부는 중소기업법에 의하여 공적거래자산의 진흥을 위한 시장조직(market organization)법을 통과시켰다. 이로서 중소기업은 공공시장에서의 주식거래에 의하여 자본을 융통할 수 있는 수단이 제공되었으며 또한 투자자에게는 새로운 투자방편을 활용할 수 있는 시장조직이 구성되었다.

1996년 KOSDAQ 증권시장(Securities Exchange)이 설립되어 전자화함으로써 KOSDAQ은 증권시장에서 활용하게 되었다.

⑤ black Friday:

미국 및 구주제국에서 이를 검은 금요일(Black Friday, 블랙 프라이데이)이라고 하는데 11월의 마지막 주 목요일인 추수감사절 다음날 미국에서 연중 가장 큰 규모의 쇼핑이 행해지고 있다. 소매업체의 경우, 1년 매출의 70%가 이 날 이루어지고 있음으로 'black'이라는 표현은 이날이 연중 처음으로 흑자(black ink)를 기록하는 날이라는 데에서 유래되었다.[8] 최근에는 대부분의 주요 소매업체들이 이른 시간에 개장을 하여 공휴일 쇼핑 시즌을 개시하는 할인 판매를 실시하며, 영국 연방 국가의 박싱 데이와 비슷하다.[9] 블랙 프라이데이는 연방 공휴일이 아니지만, 캘리포니아 주와 여러 주에서는 추수감사절 다음 날을 주 정부 직원들에게 공휴일을 제공하며, 여러 주에서는 콜럼버스의 날로 대체하기도 한다.

---

8) "Pima County in Arizona Replaces Columbus Day with Black Friday", 2013-09 작성.

9) Boxing Day: 복싱데이는 크리스마스 다음날인 12월26일입니다. 권투와는 전혀 관계가 없습니다. 'boxing'이란 단어가 이 때에는 포장(작업) 혹은 상자꾸러미의 뜻으로 사용된 것이죠 이 날은 사회에서 힘들고 궂은 일을 하는 직원·우편배달부·환경미화원 등의 계층에게 성탄절 선물을 상자(Christmas box)에 넣어 주는 풍습 때문에 boxing Day라 부른 것이다.

⑥ new post-dot-com-bubble high: dot-com-bubble(거품) 이후 신고가
Dot-com Bubble(거품) 또는 기술거품(tech bubble)은 초기에 "Dot-coms" 라고 불리었던 internet 기업주식의 투기성 거품이었다. 1987년 증권시장 좌초위기를 감수하여야 했으나 그후 즉각적으로 글로발 증권시장은 새로운 전자 NASDAQ 주식거래방식에 의하여 거래되었던 컴퓨터와 기타 기술연관 주식이 주도하는 상승시장추세에 힘입어 주가는 회복되었다.

⑦ out performance: 큰 성과, 대단한 성과.

---

(2) Asia's benchmark stock① index posted② the first monthly loss since August as GrainCorp Ltd. (GNC)③ plunged by a record after the Australian government rejected a takeover bid by a foreign rival.

요지 아시아의 벤치마크 주가 지수는 GrainCorp Ltd. (GNC)가 오스트랄리아 정부의 외국계 경쟁사에 의한 인수입찰(takeover bid)참여 거절조치로 인한 여파로 기록상 급락함에 따라 지난 8월 이후 최초로 월간 손실을 기록하였다.

용어해설

① benchmark stock:
표준증권을 의미한다. 여기에서 표준이라는 개념은 유가증권(security), 상호기금(mutual fund) 또는 투자관리자(investment manager)의 성취도를 측정할 수 있는 표준(standard)을 의미한다. 일반적으로 광역시장(broad market)과 시장세부분(market-segment) 증권과 채권(bond)지수는 이러한 목적을 위하여 사용된다.
어떤 투자의 성취도를 평가하는 경우 이를 적절한 표준(benchmark)과 비교하는 것은 중요하다. 금융가에는, 특정 투자의 성취도를 가름하는데 S&P 500, Dow Jones Industrial Average, Russel 2000 지수와 경쟁자의 기금을 포함하여 12가지의 지수를 사용하고 있다.

② post: …를 게시하다. 공시하다. 비난하다.

③ GrainCorp Ltd.:
GrainCorp는 1010년에 설립된 오스트랄리아 증권거래소 100대 기업군에 속하는 기업이다. 동사는 New South Wales 정부의 농업부로 출발하였다.

---

(3) The MSCI Asia Pacific Index① rose 0.1 percent to 142.01 at 9:05 p.m. in Hong Kong. Trading volume has slumped② in the past two months after prices surged③ 6.4 percent in September. More than $8 trillion has been added to the value of global equities this year, the biggest increase since 2009, as central banks④ took steps to shore up ⑤ economies worldwide.

요지 MSCI 아시아 태평양 지수는 9시5분 Hong Kong에서 0.1% 상승 142.02에 이르렀다. 거래량은 9월에 주가가 6.4% 급상승한 후 지난 2개월에 걸쳐 부진하여 급격히 축소되였다. 동주식의 글로발 시가총액은 금년도에 미불화 8조 달라가 증액되었으며 중앙은행이 세계경제의 버팀목 역할확대 절차를 수행함으로써 2009년 이후 가장 큰 규모의 증가세를 나타내고 있다.

용어해설

① the MSCI Index:
MSCI 지수는 Morgan Stanley Capital International이 창안한 것이다. MSCI 지수는 각기 다른 측면에서 글로발 주식시장의 성취도를 측정한다. MSCI 지수는 현제 MSCI Barra가 관리하고 있다.
MSCI 세계지수(world index)는 글로발 존재를 나타내고 있는 1,500개 기업의 시장성취도를 측정하고 있다. 그런데 본 MSCI 세계지수에는 신흥시장국가의 주식은 제외하고 있으며 이로서 이는 개발선진세계지수(developed world index)라고 한다. 신흥시장을 포함하는 세계지수는 MSCI AC World Index라고 하는데 "AC"는 모든 나라(All Country)를 의미하는 것이다.
② slump: 떨어지다. 빠지다, 쇠퇴하다. 폭락하다. 급격히 쇠태하다.
③ surge: 급등하다. 파도가 일다.
④ central bank: 중앙은행 reserve bank: 미국에서는 Federal Reserve Bank (연방준비은행)가 중앙은행역활을 담당하고 있다.
⑤ shore up: …를 지주로 버티다. …에 버팀목을 대다. ; shore: 버팀목, (하천, 호수, 바다) 물가, 해안

---

(4) The Stoxx Europe 600 Index① climbed 0.1 percent to 325.36 at 11:37 a.m. in London, trading near its highest level since May 2008. The gauge② has risen 0.9 percent in November. Standard & Poor's 500 Index③ futures advanced④ 0.2 percent today following the Thanksgiving holiday yesterday.

요지 Stoxx Europe 600 지수는 런던에서 오전 11시 37분에 0.1% 상승하여 325.36이 되었으며 그 거래 규모는 2008년 5월 이래 최고 수준에 이르게 되었다. 그 규모는 11월에 이르러 0.9% 상승하였다. S&P 500 선물지수는 어제 추수감사절 휴일 다음날 오늘 0.2% 상승 개선되었다.

용어해설

① The STOXX Europe 600 Index:
Stoxx 지수는 STOSS Ltd에 의하여 금융기구와 기타 환거래기금(Exchange Traded Funds: ETFs), 상호기금(mutual funds), 선물거래(futures) 및 Options, structured products 및 기타 목적에 따른 사용을 위하여 면허된 것이다.
STOXX Europe 600 Index는 STOXX Europe Total Market Index (TMI)에서 유입된 것으로서 STOXX Global 1800 Index의 부분집합에 해당한다. STOXX Europe 600 Index는 유롭의 18개국 Austria, Belgium, Czech Republic, Denmark, Finland, France, Germany, Greece, Ireland, Italy, Luxembourg, the Netherlands, Norway, Portugal, Spain, Sweden, Switzerland, 그리고 the United Kingdom의 대, 중, 소 자본화 기업을 대표하고 있다.

② Guage: 규모, 척도, 기준, 규격, 표준,

③ advance: 진전되다, 성장하다. (개선이 포함됨)

④ S&P 500 Intex Futures:
지수선물거래(Intex Futures)는 주식 또는 재정지수(financial index)에 대한 선물거래지수(futures index)를 의미한다. 각 지수에는 선물계약의 가격을 결정하는 데에는 각기 다른 주가수익율이 적용될 수 있다. 예를 들면, S&P 500 Index는 미국에서 가장 많이 사용되는 지수선물거래계약(Index futures contracts)이며 일정기간 주식거래의 위험을 연계(hedge)하기위하여 많이 쓰이고 있다.

참조 한국의 주가지수 선물거래 (stock index futures)
증권시장에서 매매되는 전체 또는 일부 주식의 가격수준인 주가지수를 매매대상으로 하는 선물거래, 다수의 회사주식을 하나로 묶어 가중평균해 산출한 주가지수를 매매하는 선물거래로, 주가지수선물 1단위당 거래금액이 표준으로 정해져 있다.
따라서 전체 주식을 대상으로 산출하는 지수를 거래하는 경우 시장 전체의 주식을 거래하는 것과 같은 효과가 있으며, 소수 품목으로 구성된 지수를 거래하는 경우 그종목들을 거래하는 것과 같은 경제적 효과가 있다.
통화선물 등 다른 선물거래와는 달리 거래할 현물이 존재하지 않으므로 최종결제시 실물의 입출고 없이 결제가 모두 청산거래로 이루어지는 특징이 있다.
우리나라의 주가지수선물러래제도는 주가변동성의 증대와 주식투자의 기관화 현상심화 등으로 인해 주가위험을 회피할 수단을 제공할 필요성이 날로 커짐에 따라, 1995년 5월부터 주가지수선물거래시장이 공식적으로 개설되었다.
선물거래대상은 삼성전자, 포항제철 등 200개 우량종목 주가를 기준으로 산출한 한국주가지수(KOSPI) 200이며 결제시점에 따라 3월물, 6월물, 9월물, 12월물 등 4가지가 거래되고 매매단위는 5000만 원이다.
예를 들어 9월에 대금결제가 이뤄지는 KOSPI 200지수 9월물을 거래한다고 할 때, 현제 KOSPI 200 지수가 1100인데 9월에 1200으로 오를 것으로 예상하는 경우 현시점에서 1200이나 그 보다 싼 값에 KOSPI 200지수를 매입하는 것이 바로 주가지수선물래이다.

---

(5) "With the short trading day in the U.S. and the Thanksgiving holiday, volume is low and there aren't many impulses for① big moves before next week," said a portfolio manager② . "Sentiment③ is still very positive, with investors keeping an eye on economic data and many betting on a year-end rally④."

요지 미국에서 거래일단축과 추수감사절 휴일이 맞물려 거래량은 적었으며 다음 주 이전에 큰 움직임이 있음직한 충동도 많지 않다고 선택적자산(투자자산)관리자는 언급하였다. 많은 투자자들의 감상은 경제자료에 눈을 돌리고 있고 또한 연말에 상승회복될 것이라고 확신하고 있음으로 아직도 매우 긍정적이다.

용어해설

① inpulse for: …에 대한 자극, 충격, 충동, 욕구 ; 투자자에게 자극이 될 만한 사항은 여러 가지 있으나 다음의 두 가지 용어는 눈여겨 볼만하다. (1)어닝쇼

크(Earning Shock)란, 기업의 실적이 예상 기대치보다 못한 것을 일컫는 말이다. (2)반대개념은 기업실적이 기대치보다 높은 실적을 발표하였을 경우로서, 어닝 서프라이즈(Earning Surprise)라고 한다.

② portfolio manager: 선택자산 관리자
③ sentiment: 의견, 의향, 감상, 소감
③ rally: (주가) 다시 회복하다.

---

(6) Apple Inc. climbed① 0.8 percent in early New York trading after a report showed the company sold three of every four smart phones in Japan last month.

S&P 500 futures expiring in December advanced 0.3 percent to 1,809.10 at 7:20 a.m. in New York. Dow Jones Industrial Average contracts added 51 points, or 0.3 percent, to 16,125. The S&P 500 climbed 27 percent this year, and the Dow gained 23 percent, after the Federal Reserve refrained② from tapering③ its third round of economic stimulus④.

요지 Apple의 주가는 지난 달 일본에서 매 smart phone 4개중 3개는 그 회사제품이 판매되었다는 보고가 있은 이후 초기 New York 증권시장 거래에서 0.8% 상승하였다.
12월 만기 S&P 500 선물은 뉴욕에서 7시 20분에 0.3% 진전되어 1,809로 되었다. Dow Jones 지수는 51 points 또는 0.3% 추가되어 16,125로 되었다. 연방준비은행의 경제적 자극(촉진책)을 위한 제3차 라운드 축소억제조치가 있은 이후 S&P 500는 27%, Dow는 23% 각각 상승하였다.

용어해설

① climb: 상승하다.
② refrain from: …를 삼가다.
③ taper: 차차 줄이다. 축소하다.
④ economic stimulus: 경제적 자극(촉진책) ; stimulus: 격려, 자극, 고무, 유인.

---

(7) Fed Minutes

Minutes① of the last Fed meeting released on Nov. 20 showed that officials are considering scaling back② their $85 billion in monthly bond③ purchases "in coming months" if the economy improves as anticipated.

요지 연준 회의록
11월 20일에 발표된 지난 연준 회의 회의록에서 관계관은 경제가 예상한 바데로 개선된다면 오는 수개월내에 월별 공채(또는 사채)매입규모 850억불을 축소 환원할 것을 고려하고 있다는 사실을 발표하였다.

용어해설

① Minute: [문서] 의사록, 회의록, 초안, 초고, 메모, 기록, 비망록, : 분, 촉각, 잠깐
② scale back: 축소하여 환원하다, scale down: 축소하다.
③ bond: 공채, 사채, 채권

---

(8) Investors will await reports on manufacturing and home sales next week, and the November release of non-farm payrolls① on Dec. 6. Janet Yellen, who will replace② Ben S. Bernanke as chairman of the Fed, has said she will ensure③ monetary stimulus④ isn't removed too soon to support economic recovery in the U.S. There are no economic reports scheduled for today.

요지 투자자들은 제조업 및 주택판매 보고서와 12월 6일 비농업부문 고용인명부에 관한 11월 발표자료를 기다릴 것이다. 연준 이사장으로서 Ben S. Bernanke 후임으로 교체하게될 Janet Yellen은 언급하기를 그녀는 미국에서 경제회복을 지원하기 위하여 그렇게 금세 금융촉진책을 제거하지 않을 것임을 확약할 것이라고 하였다.

용어해설

① payroll: 금료 지급명부, 금료 지급총액, 종업원 명부

② replace: …를 교체하다.
③ ensure: …을 책임지다, 보증하다. 보장하다. [미국] insure
④ monetary stimulus: 금융촉진(책) → Quantitative ease(양적완화)

---

(9) Stocks slid① in the final hour of trading Monday as weak holiday sales raised concerns about② the state of the consumer.

The Dow Jones industrial average, the S&P 500 and the Nasdaq all ended lower. Despite the selling, the Dow managed to close above 16,000 and the S&P 500 held 1,800. But both indexes briefly dipped below③ those psychologically important levels in the last few minutes prior to the closing bell before recovering.

요지 주식은 월요일 거래 마감시간에 휴일 판매의 약세로 인하여 소비자의 상태에 대한 걱정을 제기하게 됨에 따라 하락하고(밀리고) 말았다.
Dow, S&P 및 Nasdaq 모두 하락 마감하였다. 그러한 판매실적에도 불구하고 Dow는 16,000 이상에서 마감을 견지하였으며 S&P 500은 1,800을 유지하였다. 그러나 양 지수는 대략 마감종소리 이전 마지막 몇 분 동안 회복되기 전에 그 심리적으로 중요한 수준 이하로 하락하였었다.

용어해설

① slid: (slide의 과거 및 과거분사), 미끄러지다. 밀리다. (가격) 하락하다.
② concerns about: …에 대한 걱정 ; (동)consern about: …에 대하여 걱정하다. concern : …에 관계하다.
③ dip below: …밑으로 까라 앉다.

---

(10) Why the sell-off①? There wasn't a lot of economic or corporate news Monday. But the National Retail Federation did report that shoppers spent an average of 4%② less over the holiday weekend, the first decline in spending since 2009.

요지 왜 주식의 급격한 매도로 인하여 주가가 폭락하는가? 월요일 경제 또는 기업 뉴스가 많지 않았다. 그러나 National Retail Federation은 구매자가 2009년 이래 소비지출이 최초로 감소세를 나타낸 휴가 주간을 통하여 평균 4%적은 지출을 하였다고 보고하였다.

용어해설

① the sell-off: 주식의 대량매출로 인한 주가의 급격한 하락
② an average of 4%: 평균 4%

---

(11) Stocks slumped① Thursday, with the Dow losing 114 points, as investors stepped back② after propelling③ markets 5% higher in just three days. The dollars strengthened versus the euro, dragging④ down dollar-traded oil, gold prices and stocks.

요지 주식은 목요일 꼭 사흘 만에 시장이 5% 상승하도록 추진한 연후에 투자자가 뒤로 물러남으로써 Dow가 114 points 하락하는 슬럼프에 빠졌다. 달라는 euro에 강세에 있게 되어 달라로 거래되는 유류, 금값 및 주식은 끌어내리게 되었다.

용어해설

① slump: 쿵하고 떨어지다. 수렁에 빠지다. 쇠퇴하댜. 기가죽다. 슬럼프에 빠지다.
② step back: 한걸음 뒤로 물러서다.
③ propel: …를 나아가게 하다. 추진하다. 촉구하다. 몰아내다.
④ drag: (무거운 짐)을 끌다. ~ down: 끌어 내리다. ~ up: 끌어 올리다.

---

(12) Stocks rallied① Monday and Wednesday as investors moved away② from worries about Europe's debt crisis spreading and instead opted to③ scoop up④ issues hit in lost week's massive sell-off.⑤ Tuesday brought some selling, but it wasn't enough to take away from the week's gains. After such an advance stocks were adrift⑥ through

most of Thursday before turning lower near the close.

요지 주식은 월요일 과 수요일에 투자자들이 유롭에 만연되어 있는 부채위기의 우려에서 벗어나고 그 대신 실종된 주간의 대량 주식매출로 인한 급격한 주가하락에서 당면하는 문제점을 퍼올리기를 선택하였으므로 주가가 다시 회복되었다. 화요일에는 약간의 매도를 불러왔지만 그러나 그것으로 그 주간의 이득을 삭제하는 데에는 충분하지 않았다. 그러한 진전이 있은 연후에 주식은 목요일 대부분 마감시간 임박하여 하락으로 전환하기 이전에 표류하였다.

용어해설

① rally: 주가가 다시 회복하다.
② move away: 떠나다, 나가다. 출발하다.
③ opt to: …하기를 선택하다.
④ scoop up: 퍼내다. …을 푸다.
⑤ sell-off: 주식의 대량매출로 인한 주가의 급격한 하락
⑥ adrift: 표류하는, 마음내키는 데로, 어찌할 바를 몰라서

---

(13) Stocks inched① higher Monday, as the market honed② in on some notable mergers and tried to build on the momentum③ from Friday's better-than-expected jobs report. The Dow Jones Industrial Average, S&P 500 and Nasdaq all ticked④ up slightly. The strong jobs report showed the U.S. unemployment rate fell to 7% in November – the lowest level in five years – as more people said they were getting jobs and joining the labor force. Stocks surged⑤ Friday on that news.

요지 주식은 월요일 어떤 주목할 만한 인수합병에 대하여 예민하여지고 또한 금요일에 있었던 예상보다 나은 직업보고서에서 모멘텀을 구축하려는 노력에서 약간의 상승세를 나타내었다. Dow, S&P 및 Nasdaq은 모두 약간의 상승 움직임이 있었다. 강세의 직업보고는 미국의 실업율이 11월에 7%대로 하락하였음을 보여주었다. – 5년내에 가장 낮은 수준 – 많은 사람들은 그들이 직업을 얻었으며 그리고 노동력에 참여하였다고 말하였다. 주식은 그요일에 그러한 소식에 따라 급

상승하였다.

용어해설

① inch: 조금씩 움직이다.
② hone: 예민하게 하다. 연마하다.
③ momentum: 타성, 탄력, 계기, 요소
④ tick: 움직이다. 작동하다. 똑딱거리며 지나가다. ~up: 위로 움직이다. ~down: 아래로 움직이다.
⑤ surge: (물가) 급등하다. ; 큰 파도, 동요,

---

(14) Stocks tumbled① Wednesday as investors bet② that a new U.S. budget deal raises chances the Federal Reserve might start to scale③ back its support for the economy soon. The Dow Jones industrial average fell nearly 130 points. The S&P 500 and the Nasdaq both lost more than 1%.

요지 주식은 수요일 투자자들이 새로운 미국 예산처리 건이 연준으로 하여금 곧 경제를 위한 그들의 지원을 낮추기 시작할 기회를 증대하게 될 것이라고 믿고 있으므로 하락하였다. Dow는 거의 130 포인트 하락하였다. S&P와 Nasdaqu는 모두 1%이상 잃고 말았다.

용어해설

① tumble: 넘어지다. 굴러떨어지다. 떨어트리다.
② bet: (돈을 걸고) 주장하다. 내기하다. (on, upon) …에 [돈]을 걸다.
③ scale: 껍질을 벗기다. (미 속어) 줄이다. 깎다. (down) …을 일정 비율로 줄이다. (up)늘리다.

---

(15) Congressional negotiators reached budget compromise① late Tuesday that would prevent another government shutdown②, if approved by the House and Senate. The deal would set spending levels, reduce the deficit and relieve some of the arbitrary③, forced spending cuts.

Some analysts say the deal could make the Fed more likely to announce it will begin trimming④ its $00-billion-a-month bond purchases as early as next week. Fed chairman Ben Bernanke has said repeatedly that uncertainty about fiscal policy is a threat to the economy.

요지 하원의 협상자들은 만일 상원에서 승인한다면 또 다른 정부폐쇄를 방지하게 될 수 있는 예산절충안에 화요일 늦은 시간 합의하였다. 그 협상은 지출수준을 설정하고, 적자를 줄이고 어떤 자유재량의 강제적인 지출 축소를 완화할 수도 있을 것이다. 그런데 몇몇 분석자들은 그 협상이 연준으로 하여금 월 00십억불의 국채매입을 빠르면 다음주 중에 축소를 시작하게 될 것이라고 공표하게 할 수 있을 것이라고 말하고 있다. 연준 총재 버낸키는 반복적으로 국가세입정책의 불확실성은 경제에 위협이 된다고 말하고 있다.

용어해설

① budget compromise: 예산절충안
② government shutdown: 정부폐쇄
③ arbitrary: 임의의, 자유재량의, 독단적인, 전제적인, ; 할증요금
④ trim: 여분의 것을 잘라내다, (예산안)삭감하다, 제거하다, 편의에 따라 수정하다.

---

(16) "This budget agreement probably increases the odds① of a taper② sooner rather than later," said Ryan Larson, head of equity trading② at −Asset Management. Still, many investors say the Fed will remain on hold③ at next week's policy meeting, despite a recent run of strong employment data. The general consensus is that Fed vice chair Janet Yellen, who has been nominated to succeed Bernanke and is awaiting final approval from the Senate, will begin tapering early next year.

요지 이 예산합의는 멀지않은 가까운 시기에 축소의 가능성을 아마도 증대한다고 −자산경영연구소의 증권거래담당책임자 RL은 언급하고 있다. 아직도 많은 투자자

들은 연준이 다음 주의 정책회의에서 최근 지속되고 있는 강력한 고용자료에도 불구하고 그 세를 유지하여 잔존할 것이라고 말하고 있다. 일반여론은 연준 총재 버냉키를 계승자로 임명되어 상원의 최종 인준을 기다리고 있는 연준 부총재 Janet Yellen은 내년 초기에 축소를 시작할 것이라는 것이다.

용어해설

① odds: 가망성, 확률, 승산, ; 차이, 불균등, 불평등
② eqquity trading; 주식거래 ; ~ties: 보통주 (common stock), 주식, 지분
③ taper: 작은 초, 약한 빛 ; to taper: 작아지다. 줄어들게 하다.
④ remain on (in, to, of) …으로 잔존하다.
⑤ hold: (명) 위력, 위세, 장악, 세력, 지배력 ; to hold: 잡다. 쥐다.
⑥ general conssensus: 일반 여론
⑦ to succeed: 계승하다. 성공하다, 목적이 달성되다.

기타 FRB(Federal Reserve Bank)-연방준비은행 ; FRS(Federal Reserve System)-연방준비제도 ; FOMC(Feral Open Market Committee)-연방공개시장위원회 ; FRB(Board of Governors of FRS)-연방준비제도이사회

---

(17) Fear & Greed Index①

What's moving. Twitter (TWTR) shares bucked② the downward trend and rose slightly. The stock even hit an all-time high of $53.87 earlier in the day. Twitter, which has more than doubled from its IPO price ③, was a top trending ticker④ on StockTwits.

요지 두려움 및 욕심지수(심리지수)
동태는 어떠한가? TWTR 주식은 하향추세에 저항하여 약간 상승하였다. 주식은 일중 초기에 $00.0의 항시 고점을 점하기까지 하였다. 그것은 그 IPO가격의 2배가 넘는 것이며 TWTR에서 최상의 흐름시세이었다.

용어해설

① Fear & Greed Index: 심리지수(두려움 및 욕심지수) → 투자자들은 두려움과 욕심의 두 가지 정서에 영향을 받는다. 만일 과도한 두려움을 가지면 주식은 실제의 가치 이하로 침몰하며 또한 너무 욕심을 부리면 주식가격을 과도하게 제시하게 된다. 현 시장에서의 투자자 정서는 어떠한가? CNNMoney의

심리지수(두려움 및 욕심지수)는 이를 명백하게 제시한다.

② buck: 완강하게 반대하다, 반항하다.

③ IPO Price: (Initial public offering) → 기업이 그들의 주식을 증권시장 일발대중에 판매할 때의 최초 제시가격을 의미한다.

④ trending ticker: 추세표시기 ; trend: (명) 추세, 유행, 기울기. ; (동) 기울다. 향하다. ; ticker: 전신수신인자기, 시세표시기, 시계

02 Chapter 무역서한의 외형

Chapter 02

무역서한의 외형

1. 서한의 구성요소(Parts of the Letter)

무역서한은 자기회사를 대표하는 얼굴이라고 할 수 있다. 그러므로 서한의 구성요소를 균형 있게 배열하여 자기회사에 대해 좋은 인상을 갖도록 하여야 한다. 현대 무역영어서한은 타자(typing)되는 것이 일반적이며 사선형(indented style)이 오랫동안 관례로 되어 왔다(예시 3). 그러나 현재에 있어서 타자시간의 절약을 위하여 직선형(예시 4)이 광범위하게 사용되고 있다.

무역서한의 구성요소는 필수적으로 기재되어야 할 기본요소(basic parts)와 필요에 따라 기재되는 보조요소(supplementary part)가 있는데, 전자는 기본적으로 필히 기재하여야 하며 누락이 되면 매사에 불성실하다는 인상을 주므로 유의하여야 한다.

(1) 기본요소(Basic Parts)

1) Letterhead(서두)

서두는 수신인에게 발신인의 주소와 회사의 명칭을 알려서 회신하는데 도움을 주기 위한 것으로 대부분 전체 용지의 1/5 상당에 회사의 특성을 살린 인상적인 내용을 미리 인쇄하여 두었다가 사용한다.

예시 1

Parts of the Letter

(1) Letterhead

⑧ Reference

(2) Date

(3) Inside

⑨ Attention Line

(4) Salutation

⑩ Letter

(5) Body of the Letter

(6) Complimentary

(7) Signature

⑪ Identification

⑫ Enclosure

⑬ Mailing Directions

⑭ Carbon Copy

⑮ Postscript

예시 2

Specimen Business Letter

(1) Letter head	**KOREA IRON & STEEL CO., LTD.** MANUFACTURERS & EXPORTERS C.P.O. BOX 2983 SEOUL, KOREA CABLE ADD. "KOREASA SEOUL" TELEPHONE (02) 724-4249~4259 TELEX NO. KISWIRE 28227S
⑧ Reference Number	Your Ref. _______ Our Ref. F-31
(2) Date	October 10, 20__81
(3) Inside Address	Messrs. Wilson & Co. 33 Liberty Street. New York. N.Y. 10005 U.S.A
⑨ Attention Line	Attention of Mr. John Smith
(4) Salutation	Dear Mr. Smith
⑩ Letter Subject	Iron & Steel Products
(5) Body of the Letter	Your name and address have been given us by the Chamber of your city as large importers of Iron & Steel Products, and we are writing you with a keen desire of opening an account with you. We are long-established, leading manufacturers and exporters of the above products with…………………
(6) Complimentary Close	very truly yours.
(7) Signature	KOREA IRON & STEEL CO., LTD. Iksoo Han Iksoo Han Export Manager
⑪ Identification Marks	IH-sj
⑫ Enclosure Notation	Encl. Price List
⑬ Mailing Directions	Air Mail
⑭ Carbon Copy Notation	C.C. The Empire Trading Company in New York
⑮ Postscript	P.S. 10 % discount can be made for a large order

여기에 기재되는 사항은 다음과 같다.

① Firm Name(회사명)
② Address(주소), P.O. Box No.(우편사서함번호)
③ Cable Address(전신약호), Telex No.(국제가입전신약호),
Telephone No.(전화번호), Facsimile No.(팩스번호)
④ Codes used(사용암호명)
⑤ Line of Business(영업종목)
⑥ Branch(지점, 지사, 출장소)
⑦ Trade Mark(상표)

2) Date(발신일자)

발신일자는 회답을 하거나 추후 재차 언급하게 될 때 필요하므로 반드시 기재되어야 한다. 위치는 Letterhead 다음에 오며 표시방법은 다음과 같이 한다.

February 22, 20___ ················(미국식)
22nd February, 20___ ············(영국식)

특히 유의해야 할 점은 월을 Jan., Feb.와 같이 약어를 쓰지 않는 것이 좋으며 서수부호(ordinal sign)는 미국식에서는 생략을 하고 영국식에서는 st, nd, rd, th를 붙이고 있다. 일자의 표기법은 다음과 같다.

Wrong	Right
• Jan. 21, 20_	• January 21, 20___
• Apr. 1, 20___	• April 1, 20___
• 21th June, 20___	• 21st June, 20___
• 23th May, 20___	• 23rd May, 20___
• 6/3 20___	• June 3, 20___ 3rd June, 20___

문장 안에서는 on the 22nd of July, on the twenty-second of July와 같이 쓴다.

3) Inside Address(수신인명 및 주소)

Inside Address는 Date Line보다 2~10행 아래 기재하며 봉투가 파손 또는 분실된 때 회답을 하기 편리하도록 하거나 창봉투(window envelope)를 사용할 경우 봉투에 수신인의 주소와 성명을 재차 기재하는 불편함을 방지하기 위하여 기재하는 곳이다. 기재내용은 첫째 줄에는 수신인의 칭호와 이름(특정인이 없으면 첫째 줄은 생략한다), 둘째 줄에는 회사명, 셋째 줄에는 번지, 동이나 가로명(街路名), 넷째 줄에는 시와 도 또는 주명, 우편번호를 쓰고 다섯째 줄에는 국명을 쓰기도 한다.

* 기재형식 : 서신의 형식에 따라 Block Form(수직형)과 Indented Form(사선형)이 있으며 회사명이 길 때에는 다음 행에 쓴다.

1 수신인명 주소의 표기형식

① Block form with open punctuation(수직식 개방구두점 형식)

Mr. John J. Jeffries
The Alpha. Corporation
125 Bolton Road
Fresno 3, California
U.S.A.

② 수신인명을 모를 경우(수직식 개방구두점 형식)

The sales manager
Mandarin Textile Corporation
P.O. Box 58774, Taipei
Taiwan

③ Indented form with closed punctuation(사선식 폐쇄구두점 형식)

John Smith Esq.,
  167 Sanders Road,
    Buffalo, New York 14216

④ 회사명이 길 경우(수직식 개방구두점 형식)

The East American General
Life Insurance Company
Real Estate Department
326 West 20th Street
New York 10, New York

[2] 존칭(Title)

존칭은 수신인의 사회적 지위에 알맞게 사용되어야 하며 성별(sex), 학위(degree), 직업(occupation), 직위(status)에 따라 다음과 같이 표시한다.

① Mr.

Mr.는 Mister의 약자로 여성을 제외한 모든 남성들에게 신분의 고하를 막론하고 널리 쓰이는 존칭이다.

Mr. Thomas T. Towne
Mr. Ronald Reagan(President)

② Miss.

Miss는 결혼하지 않은 여성에 대한 존칭이며 또한 결혼했는지의 여부가 확실하지 않거나 이혼한 여성이 결혼 전의 자기 이름을 사용할 때도 씌어진다. 복수는 Misses이며 보통 The와 함께 표시한다. 근래에 와서는 Ms.를 써서 결혼 여부를 엄폐하는 관습도 생기고 있다.

Miss Virginia Mackin
The Misses Jane and Mary Smith

③ Esq.

Esq.는 Esquire의 약자로 남자에게 씌어지며 영국 계통에서 많이 사용하고 미국에서는 법률가, 영사, 대리공사 등에 사용한다. 표시방법은 Mr.와는 다르게 성명 뒤에 comma를 찍고, 약자로 Esq.라고 쓰며 이때 Mr.나 Dr. 등을 같이 쓰지 않는다.

Wrong	Right
• Esq. William H. Smith	• William H. Smith, Esq.
• Mr. George Holt, Esq.	• George Holt, Esq.

④ Messrs.

Messrs.는 Messieurs[mésərz]의 약자로 불어이며 Mr.의 복수이다. Messrs.는 회사이름이 2 사람 이상의 남자나 이들이 조직한 회사로서 회사명이 사람의 이름으로 이루어진 경우에 붙이고, 사람의 이름과 관련없는 회사명의 경우에는 붙이지 않는다.

Wrong	Right
• Messrs. Pacific Company, Inc.	• Pacific Company, Inc.
• Brown and Smith	• Messrs. Brown and Smith
• James & Company	• Messrs. James & Company

⑤ Mrs.

Mrs.는 Mistress의 약자로 기혼여성(married woman), 미망인(widow) 또는 이혼한 부인(divorcee)에게 사용하는 존칭이다. 보통 남편의 이름 앞에 Mrs.를 붙여 사용하나 때로는 First Name은 여자의 이름을 따고 성은 남편의 성을 사용하기도 한다.

Mrs. John J. Jarrow ························ 기혼여성
Mrs. Helen H. Jarrow ····················· 미 망 인

⑥ Mmes.

Mmes.는 Mesdames[méidæm/meidáːm]의 불어에서 온 약자로서 둘 이상의 여자들만으로 조직된 회사와 둘 이상의 여성들에 대한 존칭으로 사용된다.

Mmes. White & Johnson

⑦ Dr.

Dr.는 Doctor의 약자로 박사학위를 가진 사람이나 의사에게 남녀 구별없이 사용하는 존칭이다.

Dr. Roy R. Rowley
Roy R. Rowley, Ph.D.

참고로 박사학위에는 다음과 같은 것들이 있다.

M.D.(Doctor of Medicine), Ph.D.(Doctor of Philosophy), Ed.D(Doctor of Education), D.D.S.(Doctor of Dental Surgery), L.L.D.(Doctor of Laws), D.D. (Doctor of Divinity), Litt. D.(Doctor of Letters or Literature), etc.

⑧ Professor(Prof.)

Professor는 대학교수나 대학교수를 지낸 사람에게 사용하는 경칭이다.

Professor Hilton
Prof. Helen H. Hamilton

⑨ President

President와 같은 직책명은 성명 뒤에 써서 그 사람의 직책을 나타낸다.

Mr. Edward A. Wallace, President
Mr. James B. Bricker, Export Manager

참고로 많이 쓰이는 직책명은 다음과 같은 것들이 있다.[10)]

회 장	Chairman (of the board directors)
사 장	President
부 사 장	Vice President = Executive Vice President
대 표 이 사	Representative Director
전 무 이 사	Managing Director = Senior Managing Director
상 무 이 사	Executive Director = Managing Director
이 사	Director
(상 임) 감 사	(Standing) Auditor
부 장 (지배인)	Manager
총 무 부 장	General Affairs Manager = Administration Manager

10) 여기에 설명된 직책명은 일반적인 표기방법이며, 직책명칭은 조직에 따라 다소 달리 표현되기도 한다.

수 출 부 장	Export Manager = Manager of Export Department
수 입 부 장	Import Manager
인사(노무)부장	Personnel (Labor) Manager
경 리 부 장	Finance Manager = Treasurer = Accounting Manager
영업(판매)부장	Sales Manager = Business Manager = Operations Manager
공 장 장	Factory Manager = Plant Manager = Mill Manager
지 점 장	Branch Manager = Office Manager
과 장	Section Chief = Section Head = Section Manager
수 출 과 장	Export Section Chief
차 장	Assistant Manager = Sub-manager
부 장 대 리	Acting Manager
대 리	Pro Manager = Deputy Manager
계 장	Chief = Chief Clerk
감 독 (주 임)	Supervisor

⑩ Rev.

Rev.는 Reverend의 약자로 목사나 종교인 등의 성직자들에 사용되는 존칭이다. Bishop, Dean, Archbishop와 같은 높은 직책일 때에는 The Very Reverend, The Most Reverend나 The Right Reverend를 성명 앞에 붙이며, 이름을 생략하고 성만 쓰는 경우에는 Mr.나 Dr.를 Rev. 다음에 써주고 The가 오면 약자를 쓰지 않는다.

Rev. Mr. Norman
Rev. Dr. Norman
The Reverend Doctor Norman
The Reverend Philip B. Norman

⑪ Hon.

Hon.은 Honorable의 약자로서 장관, 국회의원, 법관, 외교관 등 사회적으로 높은 지위에 있는 사람들에게 사용하는 존칭으로 다음과 같이 쓴다.

Hon. James R. Snow
Hon. Mr. Show
The Honorable James R. Snow

⑫ Excellency

Excellency는 나라를 대표하는 국가원수인 대통령, 왕, 대사 등에 사용하는 존칭으로 다음과 같이 쓴다.

His Excellency
The Ambassador of Korea
Washington D.C. 20052, U.S.A.

3 주소(Address)

번지 앞에 No.나 #(Number)를 붙이거나 시 다음에 city를 붙여 쓰지 않는다. 우리는 번지 다음에 comma를 붙이는 관습이 있으나 영미식은 그렇지 않다. 또한 미국이나 영국식은 우리의 경우와는 달리 번지로부터 시작하여 가(街), 동(洞), 시(市), 도(道), 국명(國名) 등과 같이 역순으로 주소를 표기하고 있음을 유의하여야 한다.

320-12 2-Ga, Jongro-Gu, Seoul, Korea 110-121
240 Honje-Dong, Seodaemun-Gu, Seoul, Korea 120-090

주소에는 우편번호가 중요한 요소이며 우편의 신속한 배달을 위하여 반드시 기재하여야 한다. 미국에는 Zip Code가 있고 영국에는 Post Code라고 하여 미국의 경우 주 다음에 쓰도록 되어 있으나 우리의 경우 Korea 다음에 빈칸 올려서 쓰고 밑줄을 긋는 것이 좋다.

■ 주소에 쓰이는 약어

Assn. Association(협회) Pl. Plaza(광장)
Ave. Avenue(남북으로 뻗은 도로) P.O. Box. Post Office Box(우편사서함)
Blvd. Boulevard(굽은도로) Prov. Province(도, 주, 성)
Bldg. Building(건물) Rd. Road(로)
c/o care of(참조, 수신) R.F.D. Rural Free Delivery (농촌무료배달)
Dept. Department(부) Sect. Section(과, 부)
Div. Division(부, 국) Sq. Square(광장)
Dr. Drive(자동차로) St. Street(동서로 뻗은 도로)
Hwy. Highway(고속도로) Ter. Terrace(대지로<臺地路>)

Mfg. Manufacturing (제조) Ter. Territory (속령<屬領>, 준주<準洲>)

■ 영국의 우편구역표시

Abbreviations for postal zones in London

E.	East	S.E.	South-East
N.	North	S.W	South-West
W.	West	E.C.	East-Central
N.W.	North-West	W.C.	West-Central

■ 미국의 주명과 약어

State abbreviations in U.S.A.

Alabama	Ala.	AL	Montana	Mont.	MT
Alaska		AK	Nebraska	Nebr.	NB
Arizona	Ariz.	AZ	Nevada	Nev.	NV
Arkansas	Ark.	AR	New Hampshire	N.H.	NH
California	Calif.	CA	New Jersey	N.J.	NJ
Canal Zone		CZ	New Mexico	N.M.	NM
Colorado	Colo.	CO	New York	N.Y.	NY
Connecticut	Conn.	CT	North Carolina	N.C.	NC
Delaware	Del.	DE	North Dakota	N.Dak.	ND
Florida	Fla.	FL	Ohio*		OH
Georgia	Ga.	GA	Oklahoma	Okla.	OK
Guam		GU	Oregon	Oreg.	OR
Hawaii*		HI	Pennsylvania	Pa.	PA
Idaho*		ID	Puerto Rico		PR
Illinois	Ill.	IL	Rhode Island	R.I.	RI
Indiana	Ind.	IN	South Carolina	S.C.	SC
Iowa		IA	South Dakota	S.Dak.	SD
Kansas	Kans.	KS	Tennessee	Tenn.	TN
Kentucky	Ky.	KY	Texas	Tex.	TX
Louisiana	La.	LA	Utah*		UT
Maine*		ME	Vermont	Vt.	VT
Maryland	Md	MD	Virginia	Va.	VA
Massachusetts	Mass.	MA	Virgin Islands		VI

Michigan	Mich	MI	Washington	Wash.	WA
Minnesota	Minn.	ME	West Virginia	W.Va.	WV
Mississippi	Miss.	MS	Wisconsin	Wis.	WI
Missouri	Mo.	MO	Wyoming	Wyo.	WY

4) Salutation(서두인사)

Salutation은 본문을 쓰기 전의 인사말이며 Inside Address에서 2~3행 아래 왼쪽 Marginal Line에서부터 시작한다.

서두인사는 "How do you do?" "How are you?" 정도의 형식적인 인사말이며 인사말은 아래와 같이 여러 가지가 있고, 회사나 단체로 보낼 때 영국에서는 Dear Sirs, Dear Sir가 쓰이고 미국에서는 Gentlemen : 이 널리 쓰이고 있다.

수 신 인		보 기	
		남 자	여 자
회 사 나 단 체		Dear Sirs. Gentlemen :	Dear Mesdames : Ladies :
개 인	모르는 사람	Dear Sir,	Dear Madam,
	아 는 사 람	(My) dear Mr.~ :	(My) Dear Miss~ : (My) Dear Mrs.~ :

Salutation에서 성과 이름을 다 쓰는 것은 좋지 않으며 참고로 친밀도가 약한 순서부터 강한 순서로(in order of decreasing formality) 예시하면 다음과 같다.

• 수신인이 Walter Howard 남자일 때

Sir, My dear Sir, Dear Sir, My dear Mr. Howard, Dear Mr. Howard, My dear Howard. Dear Howard My dear Walter. Dear Carl

• 수신인이 Virginia Mackin 여자일 때

Madam : My dear Madam: Dear Madam : My dear Mrs. Mackin : Dear Mrs. Mackin : My dear Virginia : Dear Virginia :

구두점(punctuation)은 comma나 colon이 사용되어지나 영국에서는 comma, 미국에서는 colon이 주로 사용되므로 Sir일 때에는 comma(,)를 Gentlemen일 때는 colon(:)을 찍는 것이 좋다.

5) Body of the Letter(본문)

본문은 서한의 핵심을 이루는 가장 중요한 부분으로서 이 본문의 길고 짧음에 따라 각 구성요소의 배치를 적절히 조정해야 한다.

본문은 Salutation에서부터 2행(Double space) 정도 띠며 보통 행과 행 사이는 1행(Single space)으로 하고 Paragraph 사이는 Double space로 한다. comma(,) 뒤에는 1자, period(.) 뒤에는 2자를 띠며 각 행의 끝 부분은 될 수 있는 대로 맞추되 분철법(syllabification)의 원칙에 따라 둘로 나눌 수 있다.

분철할 때는 끊는 글자 다음에 hyphen(-)을 붙이고 나머지를 다음 행으로 옮기는 데 make, ship과 같은 one syllable의 경우나 인명, 금액, 국명은 분철해서는 안 된다. 접두어나 접미어는 분철할 수 있고 2중자음(double consonant)이 있을 때도 분철할 수 있다. 분명치 않을 때는 사전을 참조한다.

접두어의 경우	접미어의 경우	2중자음의 경우
dis-content re-sale ab-normal im-possible	state-ment prompt-ness favor-able	compel-led ship-ping sun-ny ab-breviate

6) 결문인사(Complimentary Close or Closing)

결문인사는 본문이 끝난 다음의 관습적인 인사말로 본문의 마지막 행의 2행 아래의 중앙에서부터 쓰기 시작한다. 영어의 “Good-bye”에 해당하며 여불비례(餘不備禮), 즉 용건만 적었을 뿐 그 외의 예를 못 갖춘다는 의미로 편지 끝에 쓰는 관용적인 말이다. 결문인사는 수신인에 따라 다음과 같이 구분해서 사용한다.

<table>
<tr><th colspan="2">수 신 처</th><th>보 기</th></tr>
<tr><td colspan="2">회사 또는 단체</td><td>Yours very truly, Very truly yours, Yours truly,
Truly yours, Yours respectfully, Respectfully yours</td></tr>
<tr><td rowspan="2">개 인</td><td>모르는
사 이</td><td>Yours very truly, Very truly yours, Yours truly,
Truly yours, Yours faithfully, Faithfully yours</td></tr>
<tr><td>잘 아는
사 이</td><td>Yours cordially, Cordially yours, Yours sincerely,
Sincerely yours, Yours friendly, Friendly yours,
Yours gratefully, Gratefully yours</td></tr>
</table>

위의 결문인사 중 현대무역서한에서 가장 널리 쓰이고 있는 것은 서두인사에 따라서 다음 두 가지가 있다.

Salutation	Closing
• Dear Sir(s)	• Yours faithfully-격식을 갖춘-
• Dear Madam	• Your Sincerely
• Dear Mr. Harris	

7) Signature(서명)

서명은 서한에 대한 책임소재를 밝히며 법률상의 효력을 부여하는 매우 중요한 부분이다. 위치는 Complimentary Close의 2행 밑에 주로 4행으로 구성된다. 제1행에는 발신회사명을 모두 대문자로 타자하며, 제2행에는 3~4행에 걸쳐서 서한책임자가 서명하고, 제3행에서는 서명의 오독(誤讀)을 막기 위해 서명자의 성명을 타자하며, 제4행에서는 서명자의 직책을 타자하게 된다. 제1행의 발신회사명은 상대방이 늘 거래하는 회사일 때에는 서두에도 있기 때문에 중복을 피해 생략하기도 한다.

서명에는 여성의 경우 Mrs. Miss에 의하여 결혼여부를 나타낼 필요성이 있을 때를 제외하고는 직위를 같이 써서는 안 되며 다만 서명만으로 족하다. 예를 들면 Mr. J. Platt 또는 Professor R. Butler의 형식으로 서명하지 말아야 한다. 또한 서명은 항상 동일한 것으로 하여야 한다. 어느 때는 Eric Castle이라고 하였다가 E. Castle로 하는 것은 좋지 않다.

1 회사의 직책상의 자격으로 Sign할 때(회사를 대표하는 입장)

Very truly yours,

for THE DAEHAN TRADING COMPANY. LTD.

Gildong Hong

Gildong Hong
Sales Manager

2 개인자격으로 Sign할 때

(친한 친구간이나 늘 거래하는 친한 상대방일 때에는 회사명을 생략함)

Sincerely yours,

Iksoo Han

Iksoo Han
President

3 대리서명

서한에 타자된 사람이 직접 서명하지 않고 다른 사람이 서명하는 경우이며 대리서명에는 정식대리서명과 약식대리서명이 있다. 전자의 경우는 회사로부터 위임장(power of attorney)을 부여받은 서명권자가 서명하는 것을 말하고, 후자는 대리서명권이 없는 자가 단순히 회사와의 관계가 있음을 표시하기 위해 하는 서명으로 결국 모든 책임은 서명자와는 관계없이 회사가 지게 된다.

① 정식서명의 경우

이때는 회사명 앞에 per pro.나 p.p.(Latin어의 per procuration의 약자로 by authorization의 뜻이다)를 표시하고 서명을 하게 된다.

Yours faithfully,
per pro. THE KOREA TRADING CO., LTD.

Seonghwan Jo

Seonghwan Jo
Export Manager

Yours truly,
p.p. THE UNION BANK, LTD.

John Brown

John Brown
Acting Manager

② 약식대리서명

이때는 회사명이나 개인 이름 앞에 For(영국식), By, Per(미국식)를 표시하며, 서명자의 직책은 쓰지 않는다.

Yours truly,
For THE HANKUK TRADING CO., LTD.

Sudong Jeong

Sugong Jeong

Very truly yours,
KOREA GAS COMPANY, LTD.
By Seongik Lee

[1] 여성의 서명

여성의 경우 기혼일 때에는 Mrs.를 미혼일 때는 Miss를 괄호를 해서 이름 앞에 붙인다. First Name이나 Second Name이 약자로 쓰일 때에는 남녀의 구별이 안 되므로 꼭 표시를 하여야 하며 표시가 없는 여성 이름의 경우에는 미혼으로 간주한다.

Very truly yours,
THE SAMSUN TRADING CO., LTD.

Soonil Kim

(Mrs.) Soonil Gim
Import Manager

기혼의 경우 Signed Name에서는 여성의 First Name을 사용하고 Typed Name에서는 남편의 이름을 사용하는 것이 보통이다.

Faithfully yours,
THE ALPHA CORPORATION

Robert H. Stone

(Mrs. Robert H. Stone)

(2) 보조요소(Supplementary Parts)

1) Reference Number(참조번호)

참조번호란 서한을 발송하거나 수신할 때, 서신의 File이나 조회에 도움을 주기 위해서 일정한 양식으로 기재하는 기호나 번호를 말한다. 큰 회사에서는 지역별·품목별 및 회사별로 구분해서 정리해 놓으면 거래의 신속 및 시간절약을 기할 수 있다. 표시방법은 다음과 같다.

① Your Ref. Our Ref. F-31
② In replying, please refer to ST3-3456
③ In your reply, quote our reference No. 123/00

①에서 Your Ref.가 공란으로 되어 있다는 것은 상대방 회사에서 받은 편지가 없기 때문에 참조할 편지가 없다는 뜻이고, F-31은 다음에 이 편지에 대해서 언급할 때에는 이 번호를 인용해 달라는 뜻이다. 여기에서 F는 Footwear의 머리글자로 당사의 신발류를 표시한다.

②에서 S는 당사의 상호인 Samho Trading Co., Ltd.의 회사를 나타내고 T3는 Trade Section, 즉 무역 3부를 뜻하며 3,456번째의 서신이란 뜻이다.

③에서 00은 2000년을 말하며 2000년도 123번째 서신번호임을 인용해 달라는 뜻이다.

이들에 대한 회답에서의 인용은 다음과 같이 한다.

① Your Ref. F-31(letterhead에서)
② In reply to your letter No. ST 3-3456, we are pleased to mention…(본문에서)
③ Thank you very much for your inquiry of October 3, your Ref. 123/00.(본문에서)

2) Attention Line(참조인란)

특히 대규모의 회사에서는 서한이 도착했을 때 특정인이나 부서를 명시해 놓지 않으면 서신이 업무담당자의 손에 쥐어지기까지는 많은 시간과 노력이 소모되는 경우가 허다하다. 따라서 서한이 담당자에게 신속·정확하게 전달될 수 있도록 특정인이나 부서를 표시해 두는 곳을 Attention Line이라고 하는데, Inside Address 2행 정도 아래에 표시하는 것이 가장 일반적이며 Underline을 하기도 한다.

- Attention : Mr. Thomas McCarthy
- *<u>Attention of Export Manager</u>*
- ATTN : Mr. Robert, President

3) Letter Subject(표제명)

하루에도 수많은 서한을 받고 처리해야 하는 회사에는 내용을 읽기 전에 무슨 용건인가를 미리 알려준다면 내용파악이 훨씬 수월할 것이다. 위치는 Salutation 1~2행 밑에 오며 Salutation과 동일한 행에 오기도 한다. Underline을 하는 것은 더욱 효과적이며 Re나 Subject를 붙여서 제목임을 분명히 하는 수도 있다.

- *<u>Offer Sheet No. 10 Amended</u>*
- Subject : Your L/C No. ASB-321021
- 100 Bales of Silk Goods by S.S. "ARIRANG"

4) Identification Marks(서한작성책임자 식별기호)

이것은 서한작성책임에 관련된 자의 성명의 머리글자를 표시하며 후일에 어떤 오류가 발생하였을 때 책임소재를 명확히 하기 위한 것이다. 위치는 Signature Section의 1~2행 아래 Left Margin에서 쓰기 시작하며 작성자가 서명까지 하고 타자수가 타자했을 때는 작성자와 타자수의 머리글자를 기입하고, 각각 다를 때는 서명자, 작성자, 타자수의 것을 각각 기입하며, 작성자가 서명 및 타자했을 때는 작성자의 머리글자만으로 족하다. 연결은 Colon(:), Stroke(/), Dash(-)로 한다.

① 수출부장 Jo, Seonghwan씨가 작성해서 서명하고 Kim, Soonja양이 type한 경우
JS : KS, JS/ks 또는 JS-ks

② 수출부장 Jo, Seonghwan씨가 작성해서 사장 Kim, Yeonsu씨가 서명하고 Kim, Soonja양이 type한 경우
KY-JS-KS 또는 JS : KY : KS

③ 수출부장 Jo, Seonghwan씨가 작성, 서명 및 타자한 경우
JS

④ 속기사가 속기하여 타자수가 타자 친 경우 속기사와 타자수의 머리글자를 각각 타자 쳐 명시한다.

5) Enclosure Notations(동봉물 표시)

서한에 Check(수표), Bill of Lading(선화증권) 등 중요한 서류를 동봉할 때 동봉물표시를 해보내면 분실되었을 경우 근거가 될 뿐만 아니라 책임을 면할 수도 있고 상대방이 받지 못했을 때 조회하는데 편리하다.

위치는 Identification Marks 1~2행 아래에 타자하는데 Enclosure(Inclosure) 및 그 약자를 사용하여 Enclosure, Enclosures, Enc., Encs., Encl., Encls. 및

Inclosure, Inclosures, Inc., Incl., Incls로 단·복수에 따라 적절히 사용한다.

Enclosure : A Check for US$1,000.00
Encls. 2 Bills of Lading
1 Invoice

6) Carbon Copy Notations(사본송부표시)

본 서한을 수신인 이외에 제 3 자에게 송부함을 알릴 필요가 있을 때에는 Enclosure Notations 다음 행에 Copy to C.C., CC Copies to(복수일 때)라 표시하고 적는다. 수신인이 사본 송부처를 잘 모를 때에는 주소나 전화번호를 적어두는 것이 좋다.

Copy to Mrs. Arnold Sleetor, Paris Branch
C.C.–Mr. George H. Comroy
Royce City Camera Shop (Tel 6638)

Copies to (or CC)
The Oklahoma Publishing Co.
The Empire Trading Co., Ltd.

7) Postscript(추신)

서한을 다 작성한 후 다른 사항을 추가할 필요가 있거나 특히 본문의 중요사항을 강조하고자 할 때 이용하며, 만일 추가사항이 길 때에는 발신자의 부주의를 나타내므로 이럴 때는 다시 작성하는 것이 좋다.

추신은 본문 마지막 행에서 5, 6행 아래에 P.S. : PS : 라 표시하고 추가되는 내용을 기재한다.

P.S. : Only 2,000 dozen of Canned Mackerel are kept in stock. An early order is advisable.
PS : 10% discount on the above item can be allowed for order of 4,000 boxes or more.
P.S. 〔Postscript : Post Scriptum(Latin)〕

8) Mailing Directions(우편종별표시)

서한을 우송함에 있어서 그 종별을 표시해 주면 후일에 본 서한을 참조하거나 우편료계산에 도움이 된다. 위치는 Identification Marks 밑에 또는 Enclosure Notations 밑에 Air Mail(항공우편), Registered Mail(등기우편), Special Delivery (속달) 등을 표시한다.

AHN-ST	AHN-ST
AIR MAIL	ENCS.-3
	Registered

9) Continuation Sheet(or Additional Sheet : 추가면)

본문을 용지 한 장에 다 적을 수 없을 때에는 부득이 Continuation Sheet를 사용하게 된다. 이때는 첫 장과 같은 크기, 색깔 및 종이질의 용지를 사용해야 하며 Letterhead가 기재되어 있지 않은 것이라야 한다.

추가되는 본문은 적어도 3줄 이상이어야 하고 위에서 약 1.5인치(약 3.8cm)아래에 수신인의 이름(이름이 없을 때에는 수신회사명), Page Number 및 발신일자 3가지를 Horizontal Arrangement(수평배열) 또는 Vertical Arrangement(수직배열)로 배열한다.

본문은 heading(머리)에서 적어도 2행 이상의 간격을 두고 쓰기 시작한다.

Horizontal Arrangement
　Mr. Henry A. Smith-2- March 12, 20__

Vertical Arrangement
　Messrs. Optorg & Co.
　Page 2
　21st May, 20___

Complimentary Close나 Signature만 둘째 장으로 넘기는 것은 좋지 않으므로 이때는 본문을 늘이든지 줄이든지 조정해야 한다. 1면 끝에 P.T.O.(Please turn over)라고 표시하고 뒷면에 계속 쓰는 경우도 가끔 있으나 이는 상대방에게 기분을 상하게 할 우려가 있다.

2. 서한의 형식(Styles of the Letter)

무역서한에서는 위에서와 같은 구성요소들을 어떻게 배치하느냐에 따라 여러 가지 형식으로 구분되며, 본문 이외에 각 행 끝마다 구두점(punctuation)을 찍느냐 안 찍느냐에 따라 몇 가지로 구분된다.

(1) Indented Style with Closed Punctuation (사선식 폐쇄형 구두점 형식)

Indented Style(사선식)은 보수적이고 오랜 관습에 대한 존경을 표시하는 형식으로 영국에서 주로 사용하고 있다. 이 형식에서는 각 구성요소를 사선식으로 안으로 들여 쓰기(indention)하여 type하며, 각 행 끝에 구두점을 찍음(closed punctuation)으로서 type하는데 많은 시간이 걸리는 단점이 있다. 본문에서는 각 절의 첫 행을 들여 쓰고 2행부터는 Left Margin에 일치시킨다.

(2) Block Style with Mixed Punctuation(수직식 절충형 구두점 방식)

Block Style(수직식)은 특히 미국에서 많이 쓰고 있는 형식으로서 이 형식에서는 각 구성요소의 Left Margin을 수직으로 배열하고 Inside Address와 Salutation, Salutation과 Body of the Letter, 본문의 각 Paragraph 사이는 Double Space로 한다. Block Style은 일반적으로 Mixed Punctuation을 사용하고 있는데 이 절충식 구두점은 Salutation 뒤에 colon(:)이나 comma(,)를 찍고 Complimentary Close 뒤에 comma를 찍는 것 이외에는 본문 이외의 모든 구성요소의 행 끝에 구두점을 생략하는 방법이다.

(3) Full Block Style with Open Punctuation (완전수직식 개방형 구두점 방식)

Full Block Style(완전수직식)은 Complete Block Style이라고도 불리며 최근 들어 바쁜 업무 속에서 시간을 절약할 목적으로 그 사용이 증가하고 있다.

이 형식에서는 서한의 모든 구성요소를 Left Margin에 일치시켜 서한의 Left Margin이 일직선을 이루는 특징이 있다. 이 형식은 보통 Open Punctuation(개방적 구두점)이 수반되는데, 이 구두법은 본문 이외의 모든 구성요소의 행 끝에 구두점을 생략하는 방법이다. Full Block Style은 Block Style의 변형이다.

(4) Semiblock Style(반수직식)

Semiblock Style(반수직식)은 Block Style에서 본문의 각 Paragraph의 첫줄만 안으로 들여 쓰기(indention)하고 나머지 구성요소는 Block Style과 동일하다. 이 형식에서는 Date Line이 중앙에 오기도 하며 보통 Mixed Punctuation을 수반하여 널리 씌어지고 있는 형식이다.

(5) Overhanging Style(돌출식)

Overhanging Style(돌출식)은 Hanging Indention Style이라고도 하며, 이 형식에서는 본문에서 각 Paragraph의 첫 줄을 Left Margin에 일치시키고 2행부터는 5행 이상 안으로 들여 쓴다. 나머지는 Semi block Style과 동일하며 이 형식은 일상 서한으로는 적합하지 않고 권유장, 수금장 기타 결재서한에 쓰인다.

(6) Simplified Style(간략식)

Simplified Style(간략식)은 미국의 National Office Management Association에서 서한작성의 능률에 중점을 두고 작성된 형식으로 Full Block Style에서와 같이 모든 구성요소를 Left Margin에 일치시켜 Left Margin이 일직선을 이루며 Salutation과 Complimentary Close를 생략하는 형식이다.

보통 Open Punctuation을 수반하여 사용한다.

예시 3 Indented Style with Closed Punctuation (사선식 폐쇄형 구두점 방식)

THE BUSINESS EDUCATION WORLD
270 MADISON AVENUE, NEW YORK
Caledonia 5-3421

June 16, 20__

Professor Sukeo Kitasawa.
Oita College of Commerce,
Oita, Japan.

Dear Professor Kitasawa :

Professor C.R. Anderson, of the University of Illinois, has told us of your interest in business correspondence and of your new book on the subject.

Enclosed are some samples of the monthly problems in business correspondence published for students by the Business Education World. So far as we know, no such service as this is being given anywhere else in the world. I do not urge you to use this service in your own school, because the business situations would differ greatly from those to which your students are accustomed, but in the United States, Canada, and some of the U.S. and British possessions they are very popular. Even though they will not be immediately useful to you, they will perhaps interest you.

We publish monthly problems in junior business practice and book-keeping, as well as in business correspondence. Samples of the student pamphlets in those subjects are enclosed.

A sample copy of the Business Education World is being sent to you separately. We do not publish during July and August. The next issue will come out early in September. The subscription price for Japan is $1.50 a year, for ten issues. I feel sure that you will find the magazine of very great interest.

Very truly yours.
Dorothy M. Johnson
Assistant Editor

dmj : co.

예시 4

Block Style with Mixed Punctuation
(수직식 절충형 구두점 방식)

THE PACIFIC TRADING CO., INC.
EXPORTERS & IMPORTERS
SAN FRANCISCO 5, CALIFORNIA
U.S.A.

May 22, 20__

The Tokyo Trading Co., Ltd.
21 Honcho, Nihonbashi, Chuoku
Tokyo, Japan

Gentlemen :

We are desirous of forming a connection with you for the purchase of the Japanese Porcelain wares, Potteries and Chinawares for the sale in our country.

If you are interested, please send us a few representative samples and prices as soon as possible. It is absolutely necessary that you should quote us your lowest prices as the competition is very keen and we sell only to the largest volume buyers. Kindly quote us prices C.I.F. San Francisco or F.O.B. your nearest port, with the weights and measurements of your packing cases so that we may be able to figure the freight properly.

For references, we refer you to the First National Bank of San Francisco, and would be pleased to have your immediate and favorable reply.

Very truly yours,

THE PACIFIC TRADING CO., INC.
William A. Austin
President

WAA. DF

예시 5 **Full Block Style with Open Punctuation**
(완전수직식 개방형 구두점 방식)

BARNES & NOBLE Inc.

BOOKSELLERS · PUBLISHERS 105 FIFTH AVENUE NEW YORK 3, N.Y.

Telephone
AIGONOUIN 58100
Cable Address
BAROSING. NEW YORK
JOHN W. BARNES
President

July 17, 20_99

Educational Services
1730 Eve Street, N.W.
Washington 6, D.C.

Attention : Textbook Department

Gentlemen :

The main office of Barnes & Noble places stock orders and special orders for books of all publishers for our retail stores.

I find that we have not always received directly from the publishers the latest important information needed for accurate book service to our customers.

Will you please keep on your permanent mailing list our name as noted above to receive all new catalogue and all announcements of new publications, new editions, price changes, and similar notices?

I shall be very grateful for your cooperation in helping us to maintain good book service.

Very truly yours

John W. Barnes (Signed)
John W. Barnes (Typed)
JWB : edw

예시 6 **Semi-block Form with Open Punctuation (반수직식 개방형 구두점 방식)**

NORTHWESTERN UNIVERSITY
LAKE SHORE DRIVE AND CHICAGO AVENUE
CHICAGO

October 28, 20___

Professor Sukeo Kitasawa
c/o The Yuhodo. Limited
Tokyo, Japan

Dear Professor Kitasawa :

On my return from six month's leave of absence in Europe I find the copy of your "Modern Business Correspondence" on my desk.

I want to thank you for your kindness in sending me the book. I am sorry not to have been able to acknowledge it sooner.

Professor McKelvery and I have examined the book with a great deal of interest. You are to be congratulated upon the completeness and understanding with which you have treated the subject, and the book should prove unusually helpful to its users.

Sincerely yours

Walter K. Smart
Walter K. Smart
Professor of English

WKS : OR

예시 7

Overhanging Style(돌출식)

KOREA TRAVEL BUREAU

HEAD OFFICE: 23 NAMDAEMUNRO, SEOUL, KOREA

Mr. R.W. Hemphill
Hemphill Travel Service
1201 West Forth Street July
20__, 20___
Los Angeles 17, Calif.
U.S.A.

Dear Mr. Hemphill :

AROUND THE WORLD TOUR VIA U.S.A.,
MEXICO, KOREA, JAPAN AND ALASKA

In reference to your letter of June 24, we have made a tentative itinerary for the subject party in Korea.

This is quite a unique project covering U.S.A. Mexico, Korea and Japan, which must be an exciting and interest provoking trip to the tourist.

Enclosed are a copy of the itinerary for the first visit portion and a copy each for Plan "A" and Plan "B" for the second visit portion.

We have mapped out these two plans keeping in mind that you are interested in visiting off-the-beaten-track places rather than the usual tourist spots. Your comments or suggestions as to these two plans would be highly appreciated.

The tour fares are quoted on the attached sheet. We trust our terms will meet your expectations.

We sincerely look forward to hearing from you soon.

Yours very truly,

KOREA TRAVEL BUREAU, ING.

Donghan Gim
Donghan Gim
Western North America Section

DL-SK

예시 8

Simplified Style(간략식)

NATIONAL OFFICE MANAGEMENT ASSOCIATION
I MAIN STREET
BUSYTOWN. U.S.A.

May 9, 20___
The Hanyang Company, Ltd.
42 Galhyeon-Dong, Eunpyong-Gu
Seoul 122-050, Korea

There's a new movement under way to take some of the monotony out of letters given you to type. The movement is symbolized by the Simplified Letter being sponsored by NOMA.
Notice the left block format and the general positioning of the letter. We didn't write "Gentlemen : " nor will we write "Yours truly," or "Sincerely yours."
Are they really important? We feel just as friendly to you without them.

Notice the following points :
1. Date location
2. The address
3. The subject
4. The name of the writer

We hope you'll have good luck with better (Simplified) letters.

Edward H. DuBois
Edward H. DuBois
Correspondence Supervisor

3. 봉투(Envelope)의 기재방법

(1) 봉투의 종류

봉투는 소형인(6 3/4호 봉투 6 1/2 by 3 5/8 inches)과 대형인 10호 봉투(9 1/2 by 4 1/8 inches)가 쓰이고 있는 데 여러 가지 서류를 동봉해야 하는 경우 10호 봉투가 많이 사용되고 있다.

(2) 주소기재방식

주소는 서한이 Block Style로 작성되어 있으면 Block Style로 기재하고 Indented Style로 되어 있으면 Indented Style로 하여야 한다.

[1] Return Address(반송용 주소)

서한이 배달불능인 경우에는 반송되어 돌아오게 되는데, 따라서 봉투 앞면의 왼쪽 상단 2행정도 밑에 발신자의 이름과 주소를 기재한다. 3행일 때에는 Double Space로 하고 4행 이상일 때는 Single Space로 타자한다.

[2] Receiver Address(수신인 주소)

수신인 주소는 이에 의해서 서한이 배달되므로 정확하게 써야 하며, 위치는 세로 중심선에서 약간 왼쪽으로 치우쳐 쓰기 시작하고, 가로 중심선에서 1~2행 아래에서 쓰는 것이 좋다. 인명과 회사명이 나오면 인명을 먼저 쓰고 회사명과 부서명이 나올 때는 회사명을 먼저 쓴다.

[3] Mailing Directions(우송지시사항)

우송편, 기타 지시사항으로 봉투 오른쪽 위 부분에서 우표 밑쪽에 다음과 같이 표시한다.

Air Mail (항공편)
Registered (등기)
Special Delivery (속달)

Surface Mail 또는 Sea Mail (보통우편 : 선편)
Via Hong Kong (Hong Kong 경유)
Fifth Class Mail (제 5 종 우편)

4 Remarks(주의사항)

수신인이나 우체국에서 취급시 주의해야 할 사항으로 봉투의 왼쪽 아래 부분에 다음과 같이 표시한다.

Private ; Personal (친전)
Confidential (비밀)
Private and Confidential (비밀친전)
Urgent ; Immediate (지급)
Printed Matter (인쇄물 재중)
Photo Only (사진재중)
Sample of No Value (무상견품)
Attention of Mr. Smith (Smith씨 참조)
Please forward to Mr. Kapur (Kapur 씨께 전송바람)
Express (속달)
Special Delivery (특별배달)
Post Restante (불어 : 우체국 유치)
Please Hand Cancel (자동소인기 사용금지)

예시 9

Addressing Envelope(Block Style)

Block Style

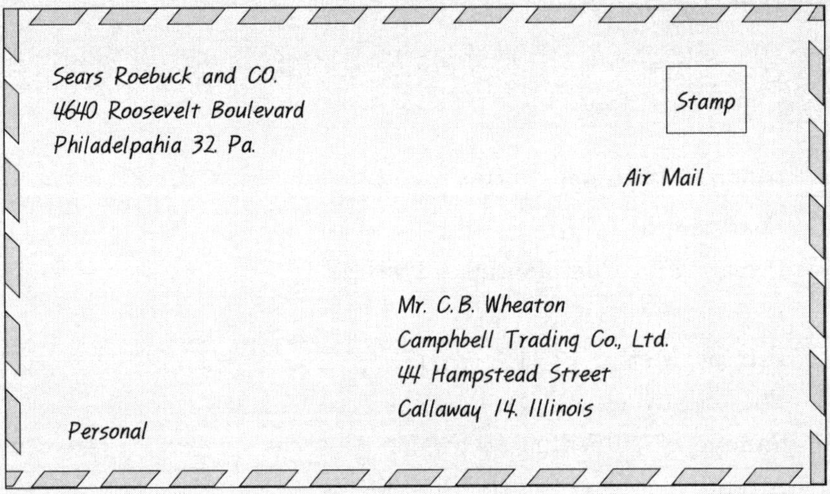

Indented Style

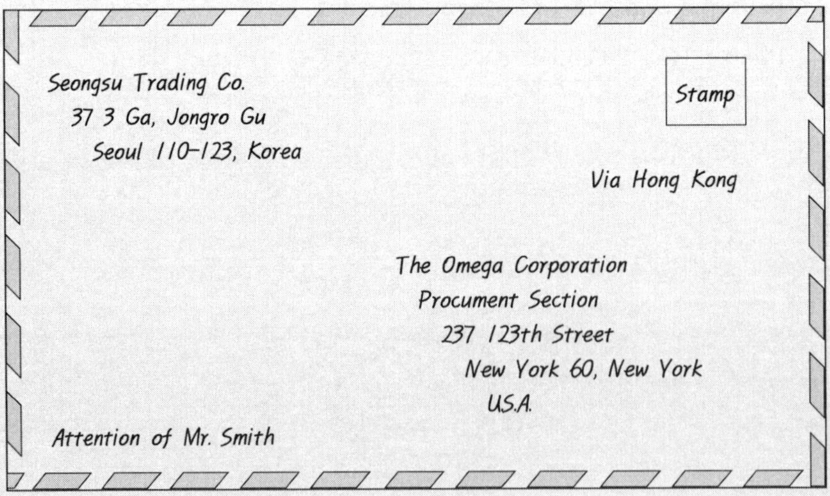

(3) 편지 접는 법과 넣는 법(Folding and Inserting Letter Sheet)

① 소형봉투(6 1/2 by 3 5/8 inches)에 넣을 때

Letterhead가 있는 위쪽을 1/4인치 가량 남기고 밑에서 위로 접은 다음 (A), 가로를 약 3등분하여 오른쪽 끝을 안으로 접는다(B), 다음 왼쪽 끝을 접은 다음(C), 마지막 접은 곳을 먼저 넣는다(D).

A B C D

② 대형봉투(9 1/2 by 4 1/8 inches)에 넣을 때

Letterhead가 있는 위쪽을 1/4인치 가량 남기고 밑에서 위로 1/3 정도 접은 다음에(A), 위를 밑으로 접어(B) 마지막 접은 곳을 먼저 넣는다(C).

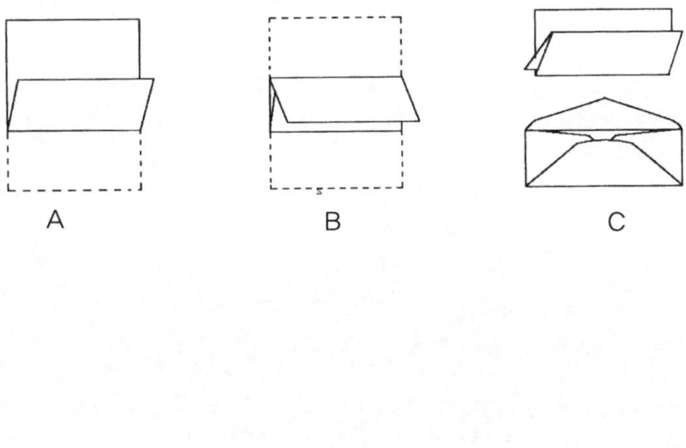

A B C

Chapter 03

신규거래관계의 창설

1. 거래관계의 개설
2. 권유장
3. 신용조회

Chapter 03

신규거래관계의 창설

상품을 외국에 수출하려고 할 때에는 어느 시장에 수요가 있으며 수입시에는 품질, 가격, 선적조건면에서 어디에서 수입하는 것이 가장 유리한가를 확인하기 위하여 시장조사를 실시하여야 한다. 시장조사는 해외지점 또는 출장소, 거래처 및 대리점, 신문·잡지를 통하여 필요한 시장정보를 수집함으로써 실시할 수 있다. 또한 우리나라의 무역협회나 무역투자진흥공사(KOTRA) 및 재외공관의 상무관실은 유효한 자료의 공급원으로 널리 활용되고 있다.

1. 거래관계의 개설(Establishing Business Relations)

(1) 거래처 소개의뢰

Market Research가 끝나면 각종 기관과 자료를 통해서 새로운 거래처를 선정하게 되는데 개개 아래와 같은 기관 또는 자료를 이용하게 된다.

① 국내외의 상공회의소(Chamber of Commerce), 한국무역협회(Korea Traders Association)

② 외국환은행(Foreign Exchange Bank), 상업흥신소(Commercial Enquiry Agency)

③ 해외영사관 및 주한외국영사관(Foreign Embassies in Korea), 대한무역투자진흥공사(KOTRA)

④ 상공인명부(directory) 및 출판물, 신문, 동업자(fellow merchants) 등

Directory는 각국별로 수없이 많으나 몇 가지 예를 들면 다음과 같은 것이

있고 그 중 Kelly's Directory는 매우 유명하다.

- Kelly's Directory of Merchants, Manufacturers and Shippers of the World(London)
- British Standard Exporters(London), Lloyd's Directory(Birmingham)
- Thomas Register of American Manufacturers(New York)
- Register of Merchants, Manufacturers and Shippers(Japan)
- Canadian Trade Index(New York and Toronto)
- Bottin Mondial(Paris)
- Korea Trade Directory(Korea)

소개의뢰를 할 때에는 다음과 같은 내용으로 서한을 작성하는 것이 좋다.

① 상대방의 주소·성명을 알게 된 경로
② 당사의 업종과 취급상품 및 그 규모
③ 거래처 소개의뢰취지와 희망사항
④ 당사의 신용조회처(credit reference)
⑤ 상대방의 협력을 요청

(2) 거래처 소개

국내외의 수출입업자로부터 소개의뢰를 받게 되면 해당 품목의 취급을 희망하는 업자를 직접 소개하거나, 직접 문의할 수 있도록 회사명과 주소 등 모든 참고자료를 제시해 준다.

① 거래처명 주소
② 호의적인 논평과 기타 조언
③ 계속 협조적 문언

(3) 거래제의(Proposing Business)

거래제의를 할 때에는 다음과 같이 서한을 작성하는 것이 좋다.

① 상대방의 주소성명을 알게 된 경로
② 수출 또는 수입희망품목, 가격, 지급조건 등
③ 신용조회(credit inquiry)를 위한 신용조회처(references) 제시
④ 거래개설 유도

Model Letters

예시 1 거래처 소개의뢰

27th December, 201__

The Korean Trading Co. Ltd.
Seochoku, Seoul, Korea
Gentlemen:

We are pleased to① introduce ourselves to you as② one of most reputable exporters of Automobiles of various kinds who have been engaged in③ sale of this line④ for more than fifty years in European countries under the name of GGAABB enjoying a good sale, and are now desirous of⑤ expanding our market to your district.

The inclosed catalogue shows full kinds of automobiles now enjoying a good sale and we will appreciate it if⑤ you will kindly introduce us to the reliable importers who are interested in⑥ doing business with us for this line.

As for our business standing, we are allowed to refer you to⑦ the Hana Bank, Ltd. Seoul Main Office, located at 1, Chong-Ro, Seoul.

We solicit⑧ your close relationship with us for the mutual advantage and eagerly await your kind reply.

Sincrely yours,
The GGAABB Trading Co. Ltd.
Berlin, Germany

요지 당사는 유럽에서 잘 알려져 있는 독일의 자동차 수출상이며 귀 지역에 시장을 확대하려고 하며 믿을 만한 수입상을 소개하여 주시기 바라며 폐수출상은의 경영상황은 지정 신용조회 은행에 의뢰하면 잘 알려 줄 것이며, 신속한 통보가 있기를 기대함.

용어해설

① **be pleased to** : 기꺼이 …하기를 원하다. ; hsve the pleasure of… 또는 take pleasure in … ing.
② **introduce .A… to you as B.**: 귀사에게 .A…를 .B…라고 소개하다. ; recommend us to … : 폐사를 …에게 추천하다.
③ **be engaged in** : …에 종사하다. ; be occupied in [or with] … ; engagement: 약속, ; undertaking: 확약
④ **line** : 제품계열, 상품매매업종,
⑤ **be desirous of …ing** : …하기를 원하다.
⑥ **appreciate it if…** : …하면 감사드리다. …하여주시기 바라며 감사드립니다. → We will appreciate it if you will do something. We will be obliged if you will do something. ; 귀사의 협조에 대하여 극히 감사드리다. → We highly appreciate your cooperation.
⑦ **be interested in …ing** : 기꺼이 …하기에 흥미를 가지다. ; be interested in import of your goods.→ 귀사의 상품 수입에 흥미를 가지고 있다.
⑧ **refer you to…** : 당신에게 …를 조회처로 제시하다. ; 신용-Credit, 재정상 황-Financial Standing, 경영상황-Management Standing)에 대한 조회 처로서 은행을 제시하는 경우 Bank Reference이며, 거래상사 또는 동업 조합 등의 경우 Trade Reference라고 한다.
⑨ **solicit** : 염원하다. 예: solicit your close relationship-당신의 긴밀한 관계를 염원하다. ; solicit you for giving us close relationship

Model Letters

예시 2 면직물수입업자의 소개의뢰(A)

23rd April, 20____

London Chamber ① of Commerce
London, England

Gentlemen :

We are long-established ② exporters of all kinds of cotton ③ goods and have wide and close connections with the leading ④ manufacturer here.

As we are now desirous of ⑤ extending ⑥ our business to your market, we shall be much obliged ⑦ if you will introduce ⑧ us to some reliable firms ⑨ in your city who are interested in this line of business. ⑩

As to ⑪ our credit standing, Korea Exchange Bank. ⑫ Seoul will supply necessary information. ⑬

We thank you for your trouble in advance, ⑭ and earnestly await your reply.

Truly yours,
Iksoo Han
Export Manager

IS-sj

요지 당사는 면직물의 전통있는 수출업자로 당지에 있는 많은 제조업자들과 밀접한 관계 를 맺고 있는 바 이들 품목에 관심있는 확실한 회사를 소개해 주시기 바랍니다. 당사의 신용상태에 대해서는 한국외환은행에서 필요한 자료를 제공해 드릴 것입니다.

※ 이 서한은 The Korea Trading Co., Ltd.가 London Chamber of Commerce에 보낸 서한으로 순서에 맞게 소개를 바라는 의도가 여실히 표현되어 있다. 다만 Closing Phrase에서 상투적인 면이 없지 않다.

용어해설

① **Chamber**[tʃéimbə] : 「회의소, 회의실, 방, 침실」 Chamber of Commerce 상업회의소, Korea Chamber of Commerce and Industry ; KCCI 대한상공회의소.

② **long-established** : 설립한 지가 오래된, 전통있는 The firm is enjoying a reputation well established 「그 회사는 확고한 평판을 받고 있습니다.」

③ **cotton**[kɔtn] : 「면, 면사」 cotton goods 면직물, cotton yarn 면사, cotton mill 면직공장, cotton plant 목화농장, silk goods 견직물, knitted goods 편물, canned goods 통조림 제품, canned fruit 과일통조림, woolen goods 모직물, spot goods 현물, future goods 선물.

④ **leading**[líːdiŋ] : 「일류의, 굴지의, 우수한, 주요한」 leading manufacturers [mǽnjufǽktʃərəz] : 굴지의, 제조업자들, 같은 뜻으로 prime ; A 1[éiwʌn] prominent ; influential 등이 있다.

⑤ **are desirous of** : 「~을 열망하다. 갈망하다」같은 뜻으로 of 다음에 동명사가

온다. of 대신에 to를 놓을 수도 있으나 이때에는 to 다음에 동사가 온다.
We are desirous to open an account with you. 「귀사와 거래개설을 열망하고 있습니다.」

⑥ **extend A to B** : 「A를 B까지 확장하다, 넓히다, A를 B에게 베풀다, (기간) A를 B까지 연장하다」
We should like to extend our business to your market.
「당사의 사업을 귀시장에까지 확장하고 싶습니다.」
Thank you for hospitality you extended to us.
「당사에 베풀어 주신 호의에 대해 감사드립니다.」
Please extend the date on your letter of credit to the end of May.
「귀사 신용장 일자를 5월 말까지 연장해 주시기를 바랍니다.」

⑦ **oblige**[əbláidʒ] : 「고맙게 여기게 하다, 부득이 ~하게 하다」
We shall(=should ; would) be obliged if~ 「~면 고맙겠습니다」
They were obliged to sell their stocks to pay for the goods.
「동 상사는 상품대금을 지급하기 위하여 주식을 팔지 않을 수 없었다.」

⑧ **introduce A to B** : 「A를 B에게 소개하다」 introduce는 3형식 문장으로 쓰며 introduce B A와 같이 4형식으로 쓰지 않는다. 목적어 A가 길 때에는 introduce to B A와 같이 도치된다.

⑨ **firm**[fəːm] : 「명 회사, 상사(=concern ; house), 형 확고한 부 단단히」
reliable firm 신뢰할 만한 회사, firm offer 확정오퍼.

⑩ **this line of business** : 「이 영업종목」 line은 「영업, (직업의) 부문, (상품의) 종류, (신용의) 한도」 line of credit 「신용공여한도」

⑪ **as to** : 「~에 관하여, ~에 관한」 이와 같은 뜻으로 as for ; regarding ; concerning 등이 있으며 as for는 문장 앞 부문에서만 사용한다.
as to our credit standing 「당사의 신용상태에 관해서는」

⑫ **Korea Exchange Bank**(=KEB) : 「한국외환은행」

참조 참고로 우리나라 주요 은행의 영어표기는 다음과 같다.
The Bank of Korea(=BOK) 한국은행
The Export-Import Bank of Korea ; THE KOREA EXIM BANK 한국수출입은행
The Korea Development Bank 한국산업은행
Seoul Bank 서울은행
KorAm Bank ; Korea-America Bank 한미은행
Shinhan Bank 신한은행
Hana Bank 하나은행
Peace Bank of Korea 평화은행
Housing and Commercial Bank 주택은행
Industry Bank of Korea 기업은행

Kookmin Bank 국민은행
Korea First Bank 제일은행
Chohung Bank 조흥은행
Hanvit Bank 한빛은행

⑬ **information**[ínfəméiʃən] : 「정보, 자료, 소식, 통지, 참고사항」 information은 단수로만 쓴다. three pieces of information 「자료 3가지」 all kinds of information 「각종 정보」for (your) information 「참고로」 a lot of(=much) information 「많은 정보」

⑭ **in advance** : 「미리, 먼저, 앞서서」여기서는 장차 소개해 주는 데에 수고(trouble)에 대해 미리 감사한다는 뜻으로 쓰였으나 이러한 표현은 상대방에게 압박감을 주므로 피하는 게 좋다. we~in advance의 의미를 다소 완화시켜 보면 We thank you for the anticipated courtesy of your attention 「장차 베풀어 주실 귀사의 배려에 대해 감사드립니다.」

예시 3

면직물수입업자 소개(B)

10th May, 20____

The Korea Trading Co., Ltd.
20 3Ga, Jongro, Jongro-Gu
Seoul 110-123, Korea

Dear Sirs

In reply to ① your letter of 23rd April, we are pleased to ② recommend ③ you the following firm :

Wilson & Co., Ltd.
88 Cannon Street, London, WC2B 6AB

This firm has been long established and enjoys a good reputation ④ as one of the leading importers of cotton goods.

We are happy to recommend this firm and shall be pleased to supply further information should it be required. ⑤

Faithfully yours,

S Samson

S. Samson
Secretary ⑥

요지 4월 20일자 귀서한에 대한 회신으로 Wilson & Co., Inc.를 추천해 드리며 이 회사는 전통있고 호평을 받고 있는 굴지의 면직물 수입업자이다.

※ 이 서한은 Model Letter No. 1에 대한 회신으로서 London Chamber of Commerce가 The Korea Trading Co., Ltd.에게 거래처를 소개하고 있다. Closing Phrase에서 계속 협조적 문언을 제시하고 있음은 상대방회사에게 거래를 더욱 촉진시킬 수 있는 Melting Point라 할 수 있겠다.

용어해설

① **in reply to** 「~에 대한 회신으로, 회답으로」 in reply to your letter〔cable, order, offer, inquiry〕of July 30, 「7월 30일자 귀서한〔전보, 주문, 청약, 조회〕에 대한 회답으로」

② **are pleased to** : 「기꺼이, 기쁘게~하다, ~하게 되어 기쁘다」별 의미는 없으나 문장구성을 부드럽게 해 준다. have the pleasure in〔of〕~ing도 같은 뜻이나 전자가 더 Modern Style이다.

③ **recommend**[rèkəménd] : 「추천하다. 권하다. 충고하다」 recommend A B 「A에게 B를 추천하다, 권하다.」
Can you recommend Miss Kim as a good typist? 「김양이 훌륭한 타자수라고 추천하실 수 있습니까?」

④ **reputation**[rèpjutéiʃən] : 「평판, 명성, 호평, 덕망」 *cf.* reputable[répjutəbl] 「평판이 좋은」 repute[ripjúːt] 「평판, 명성, 신용, (수동태로) 평판을 받다」 enjoy(=have) a good reputation 「호평을 받다」
We have enjoyed a good reputation for the past three decades. 「당사는 지난 30년간 좋은 평판을 받아 왔습니다.」 decade[dékeid] 「10년, 10」This firm enjoys a first class reputation. 「이 회사는 최고의 호평을 받고 있다.」
The firm is reputed to be possessed of considerable amount of capital. 「동 회사는 상당한 금액의 자본금을 소유하고 있는 것으로 평이 나 있습니다.」
This house has too bad a reputation. 「이 상사는 악평을 받고 있습니다.」
too, so 등이 형용사를 꾸밀 때 관사 a는 명사 앞으로 온다.

⑤ **should it be required** : 필요하다면
여기서 should는 subjunctive past(가정법 과거)로 if it should be required의 뜻이다. Should it be required는 If it should be required에 비해 문어적이며 「만일 필요하시다면」와 같이 강한 가정을 나타낸다.

⑥ **secretary**[sékrətri] : 「서기관, 서기, 비서, 장관(미국)」 Secretary General 「사무총장」

예시 4

잡화의 수입업자 소개의뢰(A)

May 14, 20____

The Chamber of Commerce of
the United States
1244 East 42nd St.
New York, N.Y. 10017
U.S.A.

Gentlemen :

We are exporters of General Merchandise ①, particularly toys, bamboo products ②, shall ③ buttons, stationery ④, etc ⑤., but having no connections in your market ⑥ at present ⑦, we are looking for reliable firms with whom we can enter into business relations ⑧.

We should therefore, appreciate ⑨ it very much, if you would let us know the name of any reliable firms enjoying a good reputation in your city who are interested in importing our goods.

As to our credit standing, we wish to refer ⑩ you to the attached letter of recommendation ⑪ by the Korea Chamber of Commerce and Industry.

Your cooperation in this matter would be highly appreciated ⑫ and we look forward to an early reply.

Yours truly,
Sangsoo Han
Sangsoo Han
Export Manager

Encl. Letter of Recommendation

요지 당사는 완구, 죽제품, 조가비단추, 문구, 기타 일반상품에 대한 수출업자로 확실한 회사들을 물색하고 있는 바, 상품수입에 관심있는 확실한 업자를 알려주시면 감사하겠습니다. 당사의 신용상태에 관해서는 대한상공회의소 추천서를 참조하시고 조속한 회답을 고대합니다.

※ 이 서한에서는 신용조회에 상당한 시일이 소요되므로 대한상공회의소 발행 추천서로 갈음하고 있는 것을 찾아볼 수 있다.

용어해설

① **merchandise**[mə́ːtʃəndaiz] : 「(집합명사), 상품」단수로만 사용한다. general merchandise 「일반상품」 *cf.* merchandising 「상품화계획」 : 미국의 마케팅협회(AMA)의 정의에 따르면 "merchandising이란 적정한 상품 또는 service를 적정한 장소와 시기에 적정한 수량과 가격으로 계획하는 것"이라고 하고 있다. 환언하여 demander(수요자)의 요구에 합치할 수 있도록 제품을 조정하기 위하여 maker(제조회사) 또는 상인에 의해서 수행되는 모든 활동이라고 할 수 있다.

② **product**[prɔ́dəkt] : 「제품, 생산품」 bamboo[bæmbúː] products 죽제품.

③ **shell**[ʃel] : 「조가비, 조개, (알, 씨 등의) 껍질, 포탄」shell button[bʌtn] 조가비 단추. *cf.* pigtoe shell「핵구(진주양식용 패구)」

④ **stationery**[stéiʃənəri] : 「문방구」stationery shop 「문구점」 *cf.* stationary 「고정된, 정지한, (복수) 상비군」

⑤ **etc.**(=et cetera [et sétərə] : 「기타, ~등, ~따위」etc. 앞에는 and를 붙이지 않고 comma를 찍으며 영어의 and so on 또는 and so forth와 같은 뜻의 Latin어이다.

⑥ **Market**[máːkit] : 「시장, 시세(=market price), 시황(=market condition) 동 매매하다. 시장에서 팔다」in your market 「귀 시장에서」
We are in the market for your products if they suit our trade.「귀사의 제품이 당사의 영업에 합당하다면 매입할 용의가 있습니다.」be in the market for (=be ready to buy)
As the market is rising, please cable your acceptance immediately. 「시황이 상승하고 있으므로 승낙을 즉시 타전해 주십시오.」
We have marketed over 1 million U.S. dollar's worth of the goods every year. 「당사는 매년 그 상품을 미화 1백만달러어치 이상을 판매해 왔습니다.」

⑦ **at present** : 「지금, 현재」now와 같은 뜻으로서 무역서한에서는 now로 대치하는 것이 좋다. *cf.* for the present ; for the time being 「당분간, 현재로서는」
We do not need any more goods at present.
「당사는 이제 더 이상의 물품이 필요없습니다.」
That quantity will be enough for the present.
「수량이 그 정도면 현재로서는 충분합니다.」

⑧ **enter into business relations with** : 「~와 거래관계를 맺다」좀 간결한 표현으로서 open an account with, do business with 등이 있다.

⑨ **appreciate**[əpríːʃieit] : 「고맙게 여기다, 감사하다. 진가를 알다」 appreciate it 「감사드리다」 여기서 가목적어 it 대신에 if절 이하를 gerund(동명사)로 변형시키면 간결한 문장을 구성할 수 있다. 즉 이 문장은 We should(=would ; shall) appreciate your letting us know~goods로 할 수 있다.

(원문) We would appreciate it if you supply us with the following items within July.
(개작) We would appreciate your supplying us with the following items within July.
「아래 품목들을 7월 이내로 공급해 주시면 감사하겠습니다.」

⑩ **refer**[rifə́:] : 「조회하다, 문의하다, 참조하다. 언급하다」
We wish to refer you to Korea Exchange Bank, Seoul regarding our credit standing.「당사의 신용상태에 관해서는 서울에 있는 한국외환은행에 조회하시기 바랍니다.」

⑪ **letter of recommendation** : 「추천서」 letter of introduction 「소개장」 letter of application[æ̀plikéiʃən] 「지원서」

⑫ **~would be highly appreciated** : 「~면 매우 감사하겠습니다」 business letter는 상대방의 self-interest를 위해서 쓰여진다는 인상을 주기 위하여 "We" attitude가 아니라 "You" attitude로 작성하는 것이 좋다. 결국은 당사의 이익을 위하는 business technique이라고 볼 수 있다. 따라서 이 문장도 We would highly appreciate your cooperation in this matter가 순서이나 첫번째, 두번째 절의 We가 2번이나 있기 때문에 your로 바꾸는 것이 좋다. 번역할 때는 「본건에서 귀사께서 협조해 주시면」과 같이 「~하면」등으로 한다.
"We" attitude : We are pleased to send you our samples by Air Parcel Post.
"You" attitude : You will be pleased to find our samples by Air Parcel Post.
"We" attitude : We will dispatch your albums by August 8.
"You" attitude : Your albums will reach you by August 8.

예시 5

잡화의 수입업자 소개(B)

June 4, 20____

The Samhan Trading Co., Ltd.
15 3Ga. Eulji-Ro, Jung-Gu
Seoul 100-20__3, Korea
Attention of Mr. Han

Dear Mr. Han :

A

In reply to your inquiry① of May 14, we are pleased to suggest ② the following firms who may by interested in importing the merchandise you handle ③.

B

The Oriental Fancy ④ Goods Co., Inc.
250 Fourth Ave., New Your 10, N.Y.
Messrs. ⑤ Adam & Co. Ltd.
35 4th St., New York 10, N.Y.

C

Although the above firms are of good repute. ⑥ we do not assume ⑦ any responsibility for their credit. They will supply you with ⑧ references ⑨ upon your request.

D

If you want to obtain any additional information, please do not hesitate to contact ⑩ us.

Very truly yours,

George H. Scott
George H. Scott
Secretary

요지 5월 14일자 귀 문의에 대한 회신으로 The Oriental Fancy Goods Co., Inc.와 Messrs. Adam & Co., Ltd. 두 회사를 소개해 드리며 상기 회사들은 호평을 받고 있지만 신용에 대한 책임은 지지 않겠습니다. 자료가 더 필요하시면 연락해 주시기 바랍니다.

※ 이 서한은 Model Letters No.3에 대한 회신으로서 The Chamber of Commerce of United Sates가 The Samhan Trading Co., Ltd에 보낸 서한이다. 이 서한의 순서를 보면 A에서는 서한작성동기 및 소개문언, B에서는 거래처명 및 주소, C에서는 세평 및 기타 등에 관한 조언, D에서는 협조적인 문언으로 끝을 맺고 있다.

용어해설

① **inquiry**[inkwaiəri] : 「문의, 조회, 신문」 inquiry는 미국식 표현이고 enquiry는 영국식 표현이다.
The firm you inquired about went bankrupt owing to their heavy debts.
「귀사가 조회한 그 회사는 막중한 부채로 파산되었습니다.
There were many visitors who wished to inquire after the patient.
「그 환자를 문병하러 온 방문객들이 많이 있었다.
We are very sorry that we are unable to supply you with goods you inquired for.
「귀사가 요구하신 상품을 납품해 드릴 수 없어 매우 죄송스럽습니다.」
Please inquire into the matter promptly, and report your findings to us.
「미안하지만 그 건을 신속히 조사해 보시고 결과를 당사에게 보고해 주시기 바랍니다.」

② **suggest**[sədʒést] : 「권하다, 소개하다, 제안하다, 암시하다」 suggest는 4형식으로는 쓸 수 없고 반드시 3형식으로 써야 한다.
They suggest us that we ship the products as soon as possible. (*wrong*)
They suggest to us that we ship the products as soon as possible. (*right*)
「그들은 당사가 가능한 한 속히 동 제품을 적송해야 한다고 당사에게 부탁합니다.」 여기에서 ship 현재형을 쓴 것은 subjunctive present(가정법 현재)에서 명령, 요구, 제안, 희망, 주장을 나타내는 명사절에서는 가정법 현재동사(또는 원형)가 사용되기 때문이다. *cf.* It is very important that your acceptance be cabled upon receipt of this offer. 「이 오퍼를 접수 즉시 귀사의 승낙을 타전해야 함은 매우 중요합니다.」
We suggest a punctual shipment of our order.
「당사 주문품을 적시에 선적하시도록 제안합니다.」

③ **handle**[hǽndl] : 「취급하다, 처리하다, 대우하다. 자루, 손잡이」같은 동사로 manage, deal with, treat 등이 있다.

④ **fancy**[fǽnsi] : 「장식적인, 공상의, 명 공상, 환상 동 상상하다」 fancy goods 「잡화」, 잡화를 general goods, sundry goods sundries라고도 한다. sundry 「여러 가지의, 잡다한」

⑤ **Messrs.**[mésəz] : 「Mr.의 복수, ~분들」불어 messieurs에서 온 말로 남자들 이름 앞에나 2인 이상의 사람들이 조직한 회사명에 인명이 있을 때 붙인다. 인명과 관련 없는 회사명의 경우에 분별없이 붙이는 것은 잘못이다. 회사명에

문법이 틀리게 구성되어 있어도 임의로 고쳐서는 안되며, 회사명 앞에 the의 유무, 구두점도 그대로 표기해 주어야 한다. Adam & Co., Ltd.는 Adam(사람이름)을 중심으로 이루어진 회사.

⑥ **of good repute** : 「평판이 좋은」, 「of+추상명사」는 형용사로서 보어역할을 한다. of good repute는 reputable로 바꿔 쓸 수 있다.

⑦ **assume**[əsúːm] : 「(책임 등을) 지다, 떠맡다, 가정하다, 추측하다」assume any responsibility[repɔ́nsəbíliti] for 「에 대해 어떠한 책임도 지다」

⑧ **supply A with B** : 「A에게 B를 제공하다, 공급하다, 납품하다」supply와 같은 단어에 provide와 furnish가 있으며 위와 같은 용법으로 사용된다.
We are unable to supply you with the goods you ordered. 「귀사가 주문한 물품을 공급해 드릴 수 없습니다.」

⑨ **references**[réfərənsiz] : 「신용조회처」또는 a reference라고 단수로도 쓴다. 그냥 reference라고 쓰면 「참고조회, 문의」의 뜻이 된다.
Your name was given to us by the Union Trading Company as a bank reference. 「유니온 무역회사가 귀 은행을 은행조회처로 당사에 알려왔습니다.」
For reference we are sending you our revised price list. 「참고로 당사의 개정된 가격표를 보내드립니다.」

⑩ **contact** 명 [kɔ́ntækt] : 「동[kəntǽkt] : 「접촉, 연락, 교제, 접촉하다, 교제하다」
I made many useful social contacts while in Canada.
「제가 캐나다에 있을 동안 유익한 사회인사들을 많이 만났습니다.」
Please contact me by phone as soon as you arrive in Seoul.
「서울에 도착하는 대로 전화 연락해 주시기 바랍니다.」
contact는 직접 상면하여 대담한다는 뜻이 있으므로 서신 등에 의한 관계에는 피하여야 한다.

예시 6

위탁판매조건으로 거래제의(A)

5th May, 20_____

The Samdo Ind., ① Co.
38 Honje-Dong, Seodaemun-Gu
Seoul 120-090

Dear Sirs,

We are anxious to ② extend the market for our nylon manufactures which at present enjoy only a limited sale ③ in Korea.

We are therefore writing to suggest that you allow us to send a representative ④ selection of our manufactures 'on consignment'. ⑤

We would allow you commission of 8% on gross proceeds ⑥ and expect to receive your accounts sales, ⑦ with payments, at the end of each three-monthly period following the month of delivery.

In accepting our proposal you assume no risks since we ourselves would meet all expenses connected with the return of any goods unsold ⑧ On the other hand, the arrangement would enable you to offer your customers an attractive range of modern manufactures at very reasonable prices.

If you are interested in our proposal, we suggest a formal agreement ⑨ on the lines of the model agreement enclosed.

Yours faithfully,

H. Samson

요지 한국에 당사의 Nylon 제품의 판매가 소량에 지나지 않아 시장을 확장코자 하오며 총매출액의 8% 수수료로 위탁매매거래를 제의합니다. 판매잔품반환에 관련되는 비용도 당사가 부담하여 귀사에 위험이 없으니 당사의 제안에 흥미 있으시면 동봉해 드린 예시 협정서의 품목들에 대한 정식협정서를 권해 드리겠습니다.

※ 이 서한은 Samson & Co., Ltd가 The Samdo Ind., Co.에 보낸 것으로 위탁판매조건의 거래제의를 하고 있으며 모든 조건이 The Samdo Ind., Co.에 매우 유리하게 되어 있으나, 신용조회도 해보지 않고 성급하게 대표적인 선정품까지 보내주겠다고 하는 것은 speculative한 면이 없지 않아 위험성이 있다.

용어해설

① **Ind.**(=Industrial)[inʌstriəl] : 「공업의, 산업의」 Ind., Co. 「공업회사」

② **are anxious to** : 「~을 열망하다, 갈망하다」 to 다음에 동사가 오며 to 대신에 for나 about가 올 때는 명사 that가 올 때는 clause가 온다.
그러나 anxious는 great concern, doubt, worry 또는 anxiety가 있는 경우에만 사용할 것이며 무역서한에서는 되도록 desirous 등의 표현이 합당하다.
We are anxious for the merchandise to be shipped promptly. 「당사는

동 상품이 신속히 적송될 것을 희망합니다.」
We are anxious about the punctual shipment.「제 때에 선적이 될른지 염려스럽습니다.」
We were anxious that 3% discount off your price list should be allowed if possible.「가능하다면 귀사의 가격표에서 3% 할인이 이루어지기를 갈망하였습니다.」

③ **sale** :「판매, 매각, 매상액, 대매출, 경매」a limited sale「소량의 판매」Not for sale「비매품」, For sale「매물」, Sale on credit「외상판매」, salesman [séilzmən] 판매원, *cf.* Salaried man「월급장이」

④ **representative**[rèprizéntətiv] :「대표적인, 대표하는, 표현하는, 대표자」representative selection「대표적인 선정품」여기서는 Nylon의 각종 제품 중에서 대표적으로 선정한 품목을 말한다. “당사가 그 회사의 대리점이다”라는 뜻으로서 다음과 같이 표현할 수 있다.
- We represent the firm
- We are representatives of the firm.
- The firm is represented by us.
- We are their agents.
- We hold their agency.

⑤ **consignment**[kənsáinmənt] :「위탁, 위탁판매, 적송품」on consignment「위탁판매품으로, 위탁으로」consign은「위탁판매하다」의 뜻으로 indent「매입위탁」과 반대되는 뜻이며 seller가 buyer가 앞으로 상품판매를 위탁할 때 쓰는 용어이다. 위탁자, 화주를 consigner or consignor라고 하며, 수탁자, 수화인을 consignee, 위탁판매시 함께 보내는 위탁판매송장을 consignment invoice라고 한다.

⑥ **gross proceeds** :「총매출액」비용이나 수수료를 공제하지 않은 전체의 판매대금을 말한다. gross는「전체의, 전부의, 거칠은」이외에 12dozens, 즉 144 pieces를 1gross라고 한다.

⑦ **account sales** :「매출계산서」gross proceeds에서 제비용이나 수수료를 공제하고 consignor가 실제로 수령할 금액의 내역을 적은 계산서를 말한다.

⑧ **the return of any goods unsold** :「판매잔품의 반환」팔고 남은 물품을 반환하는 데 관련되는 모든 비용을 부담하겠다는 문장이다.

⑨ **a formal agreement** :「정식협정서」model agreement에서 품목, 기타 거래조건에 관한 협의를 거쳐 실제로 거래에 적용될 거래일반조건협정서, 즉 agreement on general terms and conditions of business를 말한다.

예시 7

위탁판매거래승낙(B)

12th May, 20_____

Messrs. Samson & Co., Ltd.
Ushfield House, Liverpool
United Kingdom

Dear Sirs,

We thank you for your letter of 5th May and accept with pleasure your proposal to send us a representative selection of your nylons on a consignment basis. We find your suggested terms satisfactory and shall be glad to receive your formal agreement for signature. ①

We have been in the textile market here for ② the past fifteen years and believe that with our reputation and connections we can serve you well. Our showrooms, situated in the centre of the town, also offer admirable facilities ③ for display. With these advantages we do not expect to have any difficulty in selling your consignment at good prices ④ and hope that in handling this, your first transaction with us we shall not in any way ⑤ disappoint you.

Yours faithfully,

Seonghwan Jo

요지 위탁판매조건으로 Nylon 제품의 대표적인 선정품을 송부해 주시겠다는 제의를 승낙하오며 제의한 거래조건이 만족스러우며 서명용 정식협정서를 보내주시기 바랍니다. 당사는 지난 15년간 섬유제품을 매입해 왔으며 당사의 전시장이 도심지에 위치하고 있어 좋은 가격으로 귀사의 위탁품을 판매할 수 있을 것이며 귀사를 실망시켜 드리는 일은 없을 것이다.

※ Model Letters No.5는 Samson & Co., Ltd의 거래제의를 The Samdo Ind., Co.가 쾌히 수락하는 서한임.

용어해설

① **for signature**[signitʃə] : 「서명용」 협정서는 주로 정 · 부본(original and duplicate)

2통을 작성하여 상대방에 보내면 서명하여 duplicate를 반송하게 되는데, 상대방에게 보내는 것이 곧 서명용이 된다.
Please return the duplicate with your signature and seal.
「귀사의 서명날인을 하여 부본을 반송해 주시기 바랍니다.」

② **have been in the textile market** 「섬유제품을 매입해 왔다」 be in the market for ; be ready to buy something 「~을 매입할 작정이다」
본문에서는 have been in the market for textile for the past fifteen years로 할 수 있으나 for가 연속되어 중복을 피하고 있음을 볼 수 있다.

③ **facilities**[fəsílitiz] : 「설비, 시설, 편의」 admirable[ǽdmərəbl] facilities for display 「전시를 위한 훌륭한 설비」 facility 「솜씨, 재능, 쉬움, 재간」

④ **at good prices** : 「좋은 가격으로」여기서는 채산이 맞는 높은 가격을 뜻한다.

⑤ **in any way** : 「어떠한 경우에도」

Useful Expressions

A. Opening Clauses(서두구절)

1. Through (the courtesy of)……, we have learned that you are the leading importers of…….
   ~을 통해서(~의 호의로) 귀사가 ~에 대한 일류의 수입업자임을 알게 되었습니다.
2. Your name and address have been give us by (=through)…… as interested in importing…….
   ~의 수입에 관심있는 회사로서~가 귀사명과 주소를 보내왔습니다.
3. We are long-established exporters of…… and have wide and close connections with…….
   당사는 ~에 전통있는 수출업자로서 ~와 폭넓고 밀접한 관계를 가지고 있습니다.
4. We owe your name to…… who told us that you are looking for…….
   ~를 통해서 귀사를 알게 되었으며 귀사가 ~을 (수입업자나 수출업자 등을) 모색중이라고 당사에게 전해 주었습니다.
5. We understand from… that you wish to…….
   ~에서 귀사가 ~하고 싶다는 것을 알았습니다.
6. Your name has been recommended to us by…… as the exporters(or importers) specializing in…….
   귀사는 ~을 전문으로 하는 수출업자(또는 수입업자)라고 ~가 당사에게 추천해 주었습니다.
7. We are indebted for your name and address to…… and we are writing you with a keen desire of opening an account with you.

~통해서 귀사명과 주소를 알게 되었으며 귀사와 거래 개설할 열망으로 귀사에게 서한을 드립니다.

8. Your advertisement in the…… issue of Korea Trade Directory was noticed and we are pleased to introduce ourselves as exporters of the goods you handle.
   Korea Trade Directory ~월호에서 귀사의 광고를 알았으며, 귀사가 취급하는 상품의 수출업자로서 당사를 소개하는 바입니다.
9. Your name has been introduced to us by…… in your city as large exporters of…….
   귀사에 있는 ~에서 귀사가 ~의 대수출업자라고 당사에게 소개해 주었습니다.
10. We heard from…… that you are desirous of…….
    ~를 통해서 귀사가~하기 원한다는 것을 알았습니다.

B. Introduction of our firm(자사소개)

1. Our annual sales are over US$3,000,000 and we are enjoying a good reputation because of the excellent quality and competitive prices of our goods.
   당사의 매년 매상고는 미화 3백만달러 이상이며 당사 상품의 품질이 우수하고 가격이 저렴해서 호평을 받고 있습니다.
2. Our paid-in capital is registered at the Seoul district court as 300 million won.
   당사의 납입자본금은 서울 지방법원에 3억원으로 등기되어 있습니다.
3. We have been exporting (or importing) over 30 million US dollar's worth of goods every year.
   당사는 매년 미화 3천만 달러어치 이상의 상품을 수출(수입)해 왔습니다.
4. We handle only the best and finest quality in the said field.
   당사는 언급한 분야에서 최상의 품질의 상품만을 취급하고 있습니다.
5. Our factory is now running at full capacity and monthly production capacity exceeds 400 metric tons.
   당사 공장을 현재 완전가동중이며 월 생산능력은 400메트릭 톤이 넘습니다.
6. We can also supply you with the products on D/A basis.
   어음인수도 조건으로 동 제품을 역시 제공해 드릴 수 있습니다.
7. All the items listed in our catalog are kept in stock and ready for shipment upon your request.

당사의 상품목록에 기재된 모든 품목은 재고로 보유하고 있으며 요구하시면 곧 선적해 드릴 준비가 되어 있습니다.

8. As we are closely connected with reliable wholesalers here, we can do considerable import business with you.
   여기의 신뢰할 만한 도매업자들과 긴밀한 관계가 있으므로 귀사와 상당히 많은 수입거래를 할 수 있습니다.
9. Our prices are more competitive than those any other competitors quoted.
   당사의 가격은 다른 경쟁회사들이 제시한 것보다 더 경쟁적입니다.
10. Should your merchandise turn out a good seller, you can expect large orders from us.
    귀사의 상품이 잘 팔린다면 당사로부터 대량주문을 기대하실 수 있습니다.

C. Request or Proposal(요청 또는 제의)

1. We would appreciate it if you introduce to us some reliable firms who are interested in importing (or exporting)…….
   ~의 수입(수출)에 관심 있는 신뢰할 만한 몇몇 회사를 당사에게 소개해 주시면 감사하겠습니다.
2. We shall be obliged if you send us a list of importers and wholesalers in the said field.
   언급한 분야에 수입업자나 도매업자의 명단을 보내 주시면 감사하겠습니다.
3. We shall be grateful to you if you inform us of some reliable firms in your city.
   귀사에서 신뢰할 만한 몇몇 회사를 알려 주시면 감사하겠습니다.
4. You will be pleased to find the following firms who are interested in handling garments.
   의류취급에 관심 있는 아래 회사들을 소개합니다.
5. If you are interested in our products, please write us your reply.
   당사 제품에 관심이 있다면 당사에게 회답해 주시기 바랍니다.
6. Would you please supply us with your price list and catalog?
   가격표와 상품목록을 제공해 주시기 바랍니다.
7. If you find any items of special interest to you, we will airmail samples free of charge upon receipt of your notice.
   귀사께서 특별히 관심 있는 품목이 있다면 통지를 받는 즉시 무료견품을 항공

우송해 드리겠습니다.

8. If you fall in with our proposal, let us have a chance to serve you.
   당사의 제안에 동의하신다면 귀사에 봉사할 기회를 주십시오.
9. As we are a quantity buyer, would you please allow us some discount?
   당사는 대량으로 구입하는 업자이므로 할인을 해주시기 바랍니다.

D. Closing Clauses(결미구절)

1. We look forward to your favorable reply.
   귀사의 호의적인 (유리한) 회답을 고대합니다.
2. Your prompt and careful attention to our proposal would be highly appreciated.
   당사의 제안에 대해 신속하고도 세심히 배려해 주시면 매우 감사하겠습니다.
3. We sincerely hope that through your assistance we shall be able to build up business relations with traders of your country.
   귀사의 협조를 통해서 귀국의 무역업자들과 거래관계를 수립할 수 있기를 충심으로 바랍니다.
4. May we expect to hear from your soon.
   귀사로부터 회답해 주시면 매우 감사하겠습니다.
6. Please reply on the above matter as soon as possible.
   위 문제에 관해 가능한 한 빨리 회답해 주십시오.
7. Your positive cooperation in this matter would be greatly appreciated.
   본 건에서 적극 협조해 주시면 매우 감사하겠습니다.
8. Your prompt attention to this matter would be much appreciated.
   본 건에 대해서 신속히 배려해 주시면 매우 감사하겠습니다.
9. We trust that mutually satisfactory business relations would be shortly established.
   상호간에 만족스런 거래관계가 곧 이룩될 줄로 믿습니다.

연습문제

1. 대한 무역진흥공사를 통해서 귀사가 견직물과 운동구의 수입에 관심 있음을 알게 되었습니다.

힌트 대한무역투자진흥공사 : the Korea Trade and Investment Promotion Corporation
견직물과 운동구 : silk goods and sporting goods

2. 당사가 취급중인 상품은 국내 일류의 제지공장 제품이며 그러므로 귀사가 제시한 물품의 가장 신뢰할 수 있는 품질을 귀 고객들에게 제공할 수 있습니다.

힌트 일류의 제지공장 : first-rate paper mills
제품 : manufactures ; products
가장 신뢰할 수 있는 품질 : the most reliable quality

3. 당사는 최초 2005년에 미화 3백만달러의 자본금으로 설립되어 4개의 유사회사를 합병하여 현재의 The Eagle Trading Co., Ltd.의 상호로서 재조직하고 자본금을 미화 3천만달러까지 증자하였습니다.

힌트 ~의 자본금으로 : with a capital of~,
합병하여 : by merging, ~의 상호로서 : under the name of~

4. 귀 도시 주재 한국영사에 의해 면직물의 대수출업자로서 귀사명이 추천되었으며 귀사와 거래개설 열망으로 서한을 올립니다.

힌트 주재~한국영사 : the Korean Consul stationed in~
~열망으로 : with a keen desire of~

5. 당사는 화학실험장치 제작에 기반을 굳힌 회사이며, 이에 오랜 경험과 연구를 기울여 왔습니다. 당사에서 제공하는 어느 것이나 솜씨나 기능에 있어서 뛰어난 것임을 확신하셔도 좋습니다.

힌트 화학실험장치 : chemical laboratory equipments,
~에 기반을 굳히다 : be well established in~, 뛰어나다 : excel,
확신하다 : rest assured ; be assured

6. 무엇보다도 두 가지 점에 대해 알고 싶습니다. 하나는 당사의 상품을 최종적으로 공급받게 될 소비자들의 기호이며, 다른 하나는 그 상품에 대한 수요가 어느 정도인가 하는 점입니다.

힌트 최종적으로 : ultimately ; finally, 기호 : taste

7. 최근 원사가격이 상당히 올랐지만 당사는 귀사의 주문을 종전 가격으로 조달해 드릴 수 있습니다. 그 까닭은 원재료의 가격인상 전에 이미 면직물을 대량 구입해 놓았기 때문입니다.

힌트 원사가격 : price of ray cotton, 오르다 : soar ; advance ; rise,
원재료 : raw material

8. 귀사의 상품이 가격과 품질면에서 당 시장에 적합하다고 입증되면 귀사의 제안을 수락할 용의가 있습니다.

힌트 적합하다고 입증되다 : prove suitable,
~할 용의가 있다 : be prepared to~

9. 귀사는 카메라 수입업자로서 아주 평판이 좋으므로 귀사와 거래관계를 맺고 싶습니다. 이에 당사의 상품목록과 가격표를 보내드림으로써 당사를 귀사에 소개하는 바입니다.

힌트 이에 : accordingly

10. 무역에서 광범위하고 다양한 경험을 가지고 있으므로 당사는 매입대리점으로서 귀사와의 수입거래를 가장 효과적인 방법으로 수행할 수 있다고 확신합니다.

힌트 광범위하고 다양한 경험 : a wide and varied experience,
수행하다 : take care of ; conduct

2. 권유장(Circular Letter)

Circular Letter는 Sales Letter라고도 하며 거래처 또는 일반대중을 상대로 그들로 하여금, 판매하고자 하는 상품을 매입하도록 권유 또는 설득시키는 일종의 광고문 형식이다. Circular Letter는 Attractive Look이 있어야 하는데 이를 위해서는 가능한 한 수신인의 이름을 알아서 Personal Touch로 작성되어야 하고 양질의 종이를 사용하여야 한다. 그러나 봉투를 봉하면 관심을 더 끌게 된다.

poor	good
• Dear Reader : • Dear Customer :	• Dear Mr. Smith :

Circular Letter를 작성할 때는 다음과 같이 쓰는 것이 좋다.

첫째로, Reader가 관심을 가지고 읽어 나갈 수 있도록 흥미를 유발시켜서 권유하는 상품에 마음을 파고들게 하여야 한다(arousing interest). 그렇지 못할 때는 다 읽어보지도 않고 휴지통(waste-paper bin)에 버려질 것이기 때문이다.

둘째로, 상품을 사고 싶도록 욕구를 느끼게 하여야 한다(creating desire). 이를 위해 다른 상품에 비해 상품의 우수성을 강조하고, 특수한 재료의 사용이나 편리함, 유용성 등을 Reader의 입장에서 강조하여야 한다.

셋째로, 사실이나 시험결과 판매실적이나 실수요자들(end-users)의 증거 등을 제시하며 꼭 사야겠다는 확신을 고취시켜야 한다(inspiring conviction). 공장이나 전시장 시찰의 기회제공, 회사의 책임보증 등도 좋은 방법이다.

넷째로, 위와 같은 확신을 행동에 옮길 수 있도록 유도하여야 한다(inducing action). 마지막 절에서는 주문을 하라든가, 이를 위한 양식(form)을 제공한다든가, 특별할인을 해준다든가와 같이 행동으로 유도시킨다.

다음의 Circular Letter에서는 이와 같은 사항에 중점을 두어 작성이 되어 있으며, 몇몇 서한에서는 4단계로 구분해 보았으니 잘 연구 검토해 보기 바란다.

Model Letters

예시 1 속기용 녹음기 주문권유장

3nd June, 20____

The Sudo Trading Co.
I.P.O. Box 3764
Seou., Korea
Dear Mr. Jo.

Interest

Have you ever thought how much time your typist wastes in taking down your letters? It can be as much as a third of the time she spends on correspondence. ① why not record your dictation on our "save this time for other jobs she can be doing while dication is in progress?

Desires

You will be surprised how little it costs. For fifty two weeks in the year your Stenogram ② works hard for you, without lunch breaks ③ or holidays. You can't ever give it too much ④ to do. And all for less than an average month's salary for a secretary. It will take your dictation at any time, and any where-after office hours, at home, or even while you are travelling. It does away with ⑤ mistranscription in shortahand and can even do away altogether with typewriting since recorded messages can be posted.

Conviction

The Stenogram is efficient, dependable, time saving and econo mical and, backed as it is by our international reputation for reliability, is in regular use in thousands of offices all over the country. It gives superb ⑥ reproduction quality every syllable chear as a bell. It is unbelievably simple to use. You just slip in a preloaded cassette, press a button, and your Stenogram is ready to record dictation, instructions, interviews, telephone conversations, or what you will. nothing could be simpleror more efficient either.

	Our unique after-sales service contract ensure lasting operation at the peak of efficiency. ⑦
Action	Some of your business friends are sure to be using the Stenogram. Ask them about it before you place an order : ⑧ or, if you prefer, fill in the enclosed prepaid card and we will arrange for Mr. James Baron, our representative for your area, to call and give you a demonstration ⑨. Just state a day and time.

Yours faithfully,

요지 귀하의 타자수가 편지를 받아쓰는데 많은 시간이 소모되는 바 Stenogram을 사용하면 시간을 1/3로 줄이고 그녀가 다른 일도 할 수 있습니다. Stenogram은 저렴하고 비서평균월급보다 적고 때와 장소에 구애 없이 받아쓸 수 있으며 녹음된 내용이 제시되므로 속기시 오기를 방지하고 타자업무까지도 처리하여 줍니다. Sterogram은 경제적이며 각국의 수많은 회사에서 사용중이고 받아쓰기, 지시, 인터뷰, 전화대화 등 뭐든지 기록해 냅니다.
주문하시기 전에 문의해 보시고 마음에 드시면 카드에 기입해 주십시오. 그러면 대표자를 보내서 보여드리겠습니다.
* 영국의 James & Co.가 The Sudo Trading Co.에 보낸 권유장으로 action에서 요금선급카드를 동봉하여 기입하라는 주문유도를 하고 있다.

용어해설

① **Correspondence** :「서신, 편지, 통신, 일치」
We have a great deal of correspondence to deal with.
「당사는 처리해야 할 편지가 많습니다.」
We have been in correspondence with the firm regarding the item.
「당사는 그 물품에 관해서 그 회사의 서신왕래를 해 왔습니다.」
There is not much correspondence between samples and the products arrived.
「견품과 도착한 제품간에는 일치하는 것이 하나도 없습니다.」
동사로서 correspond with 하면 …와 서신왕래가 있다는 뜻이다. 무역거래에서는 …와 일치하다(correspond to)sms 뜻으로도 쓰이고 있다.
cf. correspondent「거래처, 통신원, 통신인」correspondent bank「환거래은행」외환거래에 관한 계약을 하고 외환거래를 하고 있는 해외에 있는

은행을 말한다.

② **Stenogram** : 스태너그램. 말로 불러주거나 각종 대화 등을 하면 녹음이 되며 타자되어 나오는 기계이름.

③ **break** : 「휴식, 중지, 새벽, 운수 (동) 부수다, 깨뜨리다, 부서지다」 without lunch breaks and holidays 「점심시간이나 휴일도 없어」
We have an hour's break for lunch at our office.
「우리 회사에 점심시간은 1시간이다.」
The employees were working hard since 8 a.m. without a break.
「종업원들은 오전 8시부터 쉬지도 않고 열심히 근무하고 있었다.」

④ **Can' t~too much** : 「아무리 ~해도 지나치지 않는다.」
You can't ever give it(=Stenogram) too much to do.
「스태너그램에게 아무리 많은 일을 주어도 척척 다 해낸다.」
We can not praise him too much.
「우리는 그를 아무리 칭찬해도 지나치지 않는다.」

⑤ **do away with** : 「제거하다(=get rid of), 폐지하다(=abolish)」
It(=Stenogram) does away with mistranscriptions in shorthand.
「스태너그램은 속기에서의 오기를 방지해준다.」

⑥ **superb** : 「최고의, 훌륭한, 굉장한」 superb reproduction quality 「최고의 재생음」 즉 종소리처럼 매 음절이 명확한 재생 음을 얻을 수 있다는 뜻이다.

⑦ **at the peak of efficiency** : 「최대의 능률로」

⑧ **place an order** : 「주문하다」 주문처 앞에는 전치사 with를 쓴다.
We are pleased to place an order with you for 2,000 dozen of fountain pen. 「만년필 2천 다스를 귀사에 주문합니다.」

⑨ **demonstration** : 「실연, 논증, 실물설명, 전시」 give you a demonstration 「실물을 보여드리다.」

예시 2 "리라이언스" 고체타이어 주문권유

3rd May, 20_____

The Sungho Trading Co.
C.P.W Box 2734
Seoul, Korea

Dear Sirs,

Interest — Reports from all over the world confirm what we had known before we put the now famous "Reliance" solid tire on the market ①-that it is the fulfillment of every car owner's dream.

Desires — You are of course well aware of the weaknesses of the ordinary air-filled tire-punctures, ② split outer covers under sudden stress ③ and a tendency to skid on wet road surfaces, to mention some only of the motorist's chief complaints. Our "Reliance" tyre enables you to offer your customers a tire that is beyond criticism ④ in those vital qualities of road-holding and reliability.

Conviction — We could tell you a great deal more about these tires, but prefer you to read the enclosed copies of reports from racing drivers test drivers and motor dealers and manufacturers.⑤

Action — You are already aware of our terms of dealing, but to encourage you to lay in ⑥ a stock of the new solid "Reliance." we are prepared to allow you a special discount of 3% on any oredr received by the end of this month.

Yours faithfully.

요지 "Reliance" 고체 타이어의 출현은 모든 차주들의 꿈을 이룩한 것인 바, 펑크, 갑자기 누르면 찢어지는 외부 커버 및 젖은 노면에서 미끄러지려는 경향 등이 있는 보통 공기 타이어의 약점이 하나도 없습니다.
신 고체 타이어의 비축을 권장하기 위해 금 월말까지 주문하시면 3% 특별할인을 해 드릴 용의가 있습니다.
※ 여기서는 할인으로써 주문을 유도하고 있다.

용어해설

① **put something on the market** : 「판매하려고 ~을 내 놓다.」 Before we put the now famous "Reliance" solid tire on the market. 「지금 유명한 Reliance 고체 타이어를 판매하기도 전에」 *tire(미국), tyre(영국)
② **puncture** : 「(타이어의) 펑크, 찌른 상처 (동) (타이어가) 펑크나다.」
③ **split outer covers under sudden streess** : 「갑자기 누르면 찢어지는 외피」
④ **a tire that is beyond criticism** : 「흠잡을 데 없는 타이어」

⑤ **motor dealers and manufacturers** : 「자동차매매업자 및 제조업자」

⑥ **lay** : 「shgek, (알을)낳다, (세금)부과하다」, 과거 및 과거분사는 laid, lay in 「비축하다, 간직해 두다」 to encourage you to lay in a stock of the new solid "Reliance" 「신 고체타이어」 "Reliance"의 재고비축을 권장하기 위해서」

예시 3 실타이트 난방기구 설치권유

3rd December, 20____

Mr. Yanghwan Gim
104-406 Jangan-Dong
Dongdaemun-Gu, Seoul 130-020
Korea

Dear Mr. Gim,

Interest	What would you say to a gift that gave you a warmer and more comfortable home, free from draughts ① and a saving of over 20% in fuel costs?
Desire	You can enjoy these advantages not just this year but every year, simply by installing our "Sealtite" panel ② system of double glazing. ③ Can you think of a better gift for your entire family? The enclosed folder ④ will give you some of the reasons why "Sealtite" is the most completely satisfactory double-glazing system on the market, thanks to ⑤ a number of features not provided in any other system.
Conviction	Remember that the panels are precision ⑥ made, by experienced craftsmen who do nothing else, to fit your particular windows. Remember, too, that you will be dealing with an old-established company that owes ⑦ its success to the satisfaction given to scores of thousands of its customers. There is no need for you to make up your mind now. We would rather you didn't. First let us give you a free demonstration in your own home without any obligation

	⑧ of any kind, but if you are looking for an investment with an annual average return ⑨ of over 20%, here is your opportunity.
Action	If you post the enclosed card to reach us by the end of this month, we can complete the installation ⑩ for you in good time before winter sets in.

Yours sincerely.

요지 외풍이 없고 20% 이상 연료비 절감을 가져다주는 실타이트 2중유리 창틀설비는 수많은 독창적인 특징 때문에 잘 팔리고 있습니다.
본 설비는 노련한 직공들에 의해 정밀 제작되었으며 수많은 고객들에게 만족감을 주었습니다. 우서나 하등의 부담없이 귀댁에 실물을 보내드리겠으니 동봉한 카드를 이 달 말까지 당사에 도착하도록 우송해 주시면 겨울이 다가오기 전에 설치완료할 수 있습니다.

용어해설

① **draught**[draːft] : 「외풍, 통풍, 초안, 환어음」 영국에서 쓰는 단어이며 미국에서의 draft와 같은 말이다. free from draughts 「외풍이 없는」 FPA(free from particular average 「분손부담보조건 ; 단독해손부담보조건」 단독해손(해상손해를 단독으로 부담하는 경우)인 분손은 원칙적으로 담보하지 않고 전손(total loss), 공동해손(general average) 및 선박의 좌초, 침몰, 화재 및 충돌사고에 의한 분손만을 책임진다.
② **panel**[pǽnəl] : 「벽널, 창틀, 배심원들, 소위원회」 "Sealtite" panel system 「실타이트(난방기구인 기구이름) 창틀설비」
③ **glaze**[gleiz] : 「유리판을 끼우다, 유리로 덮다. 명 오짓물, 유약」 double glazing 「2중으로 유리를 낌」 "Sealtite" panel system of double glazing 「실타이트 2중유리 창틀설비」
④ **folder**[fóuldə] : 「접는 식 광고물」 *cf.* folding fan 「접어지는 부채」 flat fan 「납작한 부채」
⑤ **thanks to** : 「~덕택으로, ~에 힘입어」 thanks to a number of features not provided in any other system 「다른 설비에 없는 수많은 특징에 힘입어」
⑥ **precision**[prisíʒən] : 「정밀, 정확, 꼼꼼함」 precision made 「매우 정밀하게 제조된」 precision instruments and tools 「정밀기계 및 기구」
⑦ **owe**[ou] : 「은혜를 입다, (돈 등을) 빚지고 있다 owe A to B 「A는 B의 덕택

이다, A(돈 등)를 B(사람)에게 빚지다.」
An old-established company that owes its success to the satisfaction given to scores of thousands of its customers. 「수많은 고객들에게 만족감을 안겨 주었기 때문에 오늘날 성공을 하게 된 전통있는 회사」
We own ₩500,000 to the company. 「그 회사에 5십만원의 빚이 있다.」

⑧ **obligation**[ɔbligéiʃən] : 「부담, 책임, 부채, 계약, 증서」 without any obligation of any kind 「하등의 부담없이」
We are in urgent need of funds to meet our obligations. 「당사는 부채를 변제해야 할 자금이 긴급히 필요합니다.」

⑨ **return**[ritə:n] : 「수익, 수입, 반환」 an investment with an annual average return of over 20% 「20% 이상의 연평균 수익이 있는 투자」

⑩ **installation**[instəléiʃən] : 「설비, 임명, 취임, 가입권유 complete the installation 설치를 완료하다 cf. instal(1)ment[instɔ:lmənt] 「분할지급, 분할지급금」
We purchased the goods by monthly instalments. 「당사는 그 상품을 월부매입하였습니다.」

예시 4

노후대책계획안에 대한 가입권유

20th June, 20____

Keumgang Trading Co.
C.P.O. Box 2001
Seoul, Korea

Dear Mr. Kim.

Interest { A client ① of mine is happier today than he has been for a long time-and with good reason. For the first time since he was married ten years ago. so he tells me, he feels really comfortable about the future. Should he die within the next twenty years his wife and family will now be provided for.② For less than £1 a week his wife would receive £25 a month for a full twenty years and then £5,000 in a lump sim.③

Desire	Such protection would have been beyond his reach a short time ago but now, under a new and novel scheme, ④ he has been able to provide for his family. The scheme need not be for twenty years. It can be for fifteen or ten, or any other number of years. And it need not be for £5,000. It can be for much more or much less to give the protection you want.
Conviction	At the cost of a few pence a week you can buy peace of mind for your wife and children and yourself. You cannot, you dare not leave them unprotected. So let me call on you to tell you more about a scheme that so many families are finding attractive. I shall not press
Action	you to join. I shall just give you the details ⑤ and leave the rest to you. I will call at any time if you will use the enclosed prepaid reply card, and say when.

Yours sincerely,

요지 당사의 한 고객은 10년 전에 결혼해서 장래에 관해 실로 안락함을 느낀다고 말하는 바 그가 다음 20년내에 사망할지라도 그의 아내와 가족들은 자급자족하게 될 것이라고 말합니다. 1주일에 1파운드 미만의 돈으로 그의 아내는 만 20년간 매월 25파운드를 받게 되며 이렇게 하면 총액이 5천파운드가 됩니다. 이러한 혜택은 얼마전에는 불가능했던 것으로 새롭고 참신한 계획안에 의거 가족들을 부양할 수 있으며 1주일에 몇 펜스의 비용으로 마음의 평화를 누릴 수 있으니, 강제 가입토록 하지는 않을 것이며, 상세한 내용을 제공해 드릴까 합니다.

용어해설

① **client**[klaiənt] : 「단골손님(=customer), 고객, (변호사의) 소송의뢰인」

② **be provided for** : 「자급자족되다, 부양되다」

③ **lump**[lʌmp] : 「덩어리, 더미, 많음 동 총괄하다, 인내하다」 in a lump sum 「통틀어, 총액으로」 lump-sum charter 「총괄용선계약」 이것은 용선계약을 함에 있어서 A항구에서 B항구까지 계약선복(ship's space contracted)에 대해서 총금액으로 일괄해서 정하고 실제의 적재화물의 수량이나 톤수에 관계없이 지급하는 조건의 용선계약을 말하며 이때 지급되는 운임을 lump-sum freight(총괄운임)라고 한다.

한편 용선계약의 종류에는, 첫째 특정 항해를 위해서 용선하여 실제 적재수량에 대하여 운임을 지급하는 용선계약인 voyage charter(항해용선), 둘째 일정기간 동안 용선하는 형태인 time charter(정기용선), 셋째 선박임대차 계약형태로 선체만을 빌리는 bareboat charter(BBC, 나용선) 등이 있다.

④ **scheme**[ski:m] : 「계획, 안, 개요, 제도」 ; under a new and novel scheme 「새롭고 참신한 계획안(제도)으로서」

⑤ **details**[ditéilz] : 「명세, 자세한 점」 ; in detail 「상세히」 ; detailed 「상세한」
I would like to explain our claim in detail. 「당사의 클레임에 관해 상세히 설명할까 합니다.」
Please supply us with detailed information concerning their financial standing.「동 상사의 재정상태에 관한 상세한 자료를 제공해 주시기 바랍니다.」

예시 5 매우 편리한 세탁기의 매입권유

30th May, 20____

Messrs. Hudsons & Co.
Calcutta, India
Dear Mrs. Hudson,

Interest: A customer said to me recently, "Modern scientific invention is a cures ① to the human race and will one day destroy it". A rash statement ② and quite untrue for there are modern inventions which, far from being a curse, are an unmixed blessing. Our new "Aquamaster" washer

Desire: ③ is just one of them. It takes all the hard work out of the weekly wash and makes washing day a pleasure. All you have to do is to put your soiled clothes in, press a button and sit back ④ while the machine does the work. It does everything-washing, rinsing, ⑤ drying-and(we mean no offence when we say this) does it quicker and better than you can.

Come along and see the "Aquamatic" at work in our showroom. A demonstration will take up ⑥ only a few

Conviction	minutes of your time, but may enable you to banish ⑦ the dread of washing day and make life easier and pleasanter.
Action	We hope you will accept our invitation and give us the chance to show you what this latest of all domestic time-savers can do for you.

Yours sincerely,
S. A. Jackson

요지 현대의 과학발명품은 언젠가는 인류를 멸망시킬 저주의 대상이라고 한 한 고객의 말은 경솔하기 짝이 없는 말이며, 당사의 새로운 "Aquamater" 세탁기는 1주간의 세탁물 중에서 모든 고된 작업을 해냅니다.
당사의 전시장에서 "Aquamatic"이 일하는 모습을 와 보십시오. 실지 작업시간이 불과 몇 분밖에 안 걸립니다. 당사의 초청을 수락하시고 완전 국산의 최신 시간절약형인 이 세탁기가 귀하에게 봉사할 기회를 주시기 바랍니다.

용어해설

① **curse**[kə:s] : 「저주의 대상, 재앙, 욕설 동 저주하다. 괴롭히다」
② **rash**[ræʃ] : 「경솔한, 성급한, 무모한」, a rash statement 「경솔하기 짝이 없는 말」
③ **washer** : 「세탁기, 세탁하는 사람」 washing machine이라고도 한다. wash 「세탁물, 세척제, 세척」

예시 6 백화점 개장에 따른 방문권유

June 10, 20____

Sunny Hardware ① Co.
20 Victoria Street
London. E.C.4 ②

Dear Sirs,

To meet growing demand for a hardware and general stores ③ in this area we have decided to extend our business by opening a new department. The new department will carry an extensive range of hardware and other domestic requisites ④ at prices that compare very favourably with any charged by other suppliers.

In order to demonstrate the range of merchandise that will be available. we are arranging a special window display during the week beginning 24th June. The official opening will take place on the following Monday. lst July.

We hope you will visit the new department during opening week and give us the opportunity to show you that it maintains the reputation enjoyed by our other departments for giving sound value for money.⑤

Yours faithfully,
Changho Kim

요지 철물과 이들 품목에 대한 잡화점의 증가 일로에 있는 수요를 충족시키기 위해서 새로 개장하는 바 다른 공급자에 비해 유리한 가격으로 철물과 국내필요품을 취급할 것입니다. 개장되는 주일에 오시기 바라며 당사의 다른 지점이 받고 있는 평판을 보여 드리겠습니다.

용어해설

① **hardware**[há:dεə] : 「철물」 ironware라고도 한다. hardware store ; ironmonger's 「철물점」 ware가 위와 같이 접미어로 쓰일 때는 집합명사로 항상 단수로 쓰며 단독으로 쓰일 때는 "wares"와 같이 상품의 뜻으로서 복수형으로 쓴다.

chinaware 도자기 — metalware 철제그릇
tinware 양철제품 — enamelware 에나멜칠기
earthenware 토기 — table ware, dinner ware (식탁용)식기
glassware 유리그릇
footware 신발류 silver ware 은식기
underwear 내의류
soft ware 직물류

※ computer에 있어서는 기계 설비 및 장치를 hardware라고 하고, computer 작동에 사용되어지는 자료나 programs를 software라고 칭한다.

② **E. C.4** : 「동부중앙 제4구역」 London의 우편구역의 일부분이다. London시는 다음과 같이 구역을 나누어서 구역기호와 번호를 붙인다.

E.C. – East Central
W.C. – West Central
N.W. – North West
N.E. – North East
S.W. – South West
S.E. – South East
E. – East
N. – North
W. – West

③ **general store** : 「잡화점, 소매점(=retail store)」 cf. department store 「백화점」 chain store 「연쇄점」
④ **requisite**[kékwizit] : 「없어서는 안될, 필요한 명 필수품, 필수요건」 domestic requisites 「국내 필요품」
⑤ **for giving sound value for money** : 「금전에 대한 타당한 대가를 주기 위해서」

예시 7 플라스틱 핸드백 주문권유

24th May, 20____

The Tokyo Trading Co., Ltd.
Marunouchi, Tokyo

Dear Sirs,

We are taking the liberty of ① sending you with this letter a copy of our current price-list for plastic handbags. The high quality of our products is well known and universally acknowledged ② and we are confident that-a trial order would convince you that, at the prices quoted, the goods we are offering are excellent value of for money.

Form all list prices ③ we allow a trade discount of 35% and a further special discount of 5%, making 40% in all, on orders received on or before ④ 31st May. Under pressure of rising costs we shall not find it possible to extend these favourable terms beyond that date, so why not take advantage of them now and send us an immediate order.

We are offering you goods of the very highest quality on unusually generous terms and would welcome the opportunity to serve you.

Yours faithfully,
Hanjong Bae

Acting Manager ⑤

요지 당사의 플라스틱 핸드백에 대한 현재의 가격표를 동봉해 드립니다. 5월 31일 이전에 도착한 주문에 대해서는 35%의 거래할인(trade discount), 5%의 특별할인 모두 40%의 할인을 해드리오니 즉시 주문을 보내 주시기 바랍니다.

용어해설

① **are taking the liberty of** : 「실례를 무릅쓰고~하다」 take the liberty to(다음에 동사원형)라고도 쓴다. 이 구절은 별 의미가 없는 hackney expression 이므로 삭제하고 다음과 같이 개작할 필요가 있다.
We are enclosing a copy of our current price-list for plastic handbags.
「플라스틱 핸드백에 대한 현재의 가격표를 동봉합니다.」
We are pleased to enclose a copy of our current price-list for plastic handbags. 「플라스틱 핸드백에 대한 현재의 가격표를 동봉합니다.」

② **acknowledge**[əknɔ́lidʒ] : 「인정하다, 승인하다, (도착, 접수 등을) 알리다」
We can not acknowledge our mistake because the cartons themselves show no trace of damage.
「상자 자체가 파손의 흔적이 없기 때문에 당사의 잘못을 시인할 수가 없습니다.」
We acknowledge your cable of the 3rd. 「3일자 귀사 전보를 받았음을 알려 드립니다.」 여기서 We acknowledge the receipt of your cable of the 3rd로 쓰나 전자보다 conciseness가 결여되어 있으므로 피하는 것이 좋다.

③ **list price** : 「정가」 가격표(price list)에 기재된 가격을 말한다.

④ **on or before** : 「이전에」 on or before 31st May 「5월 31일 이전에」 여기서 on이 있으므로 31일을 포함한다.

$ 5 or above	5달러 이상
20 dozen and up	20다스 이상
30% or more	30% 이상
an order for not less than 20 gross	20 그로스 이상의 주문
5% up to 10% both inclusive	5% 이상 10% 까지
less than $ 5	5달러 미만
$10 and less	10달러 이하
exceeding $ 5	5달러 초과
one week or less	1주일 이내
not exceeding a total of 30days	총 30일 이내
at or below the price named	지정가격 이하로
at a price not exceeding $ 30 per 1b.	1파운드 등 30달러 이하로
on or before May 31	5월 31일 이전
on or after May 1	5월 1일 이후

from and after June 5	6월 5일 이래로
from and including today	금일부터
on and from March 2	3월 2일부터
up to and including June 20	7월 20일까지
from Monday to Friday inclusive	월요일부터 금요일까지
as of February 1	2월 1일 현재
by the end(middle, beginning) of April	4월 말(중순, 초순)까지
for 30days exclusive of Sundays and Holidays	일요일 및 공휴일을 제외한 30일간
up to $ 5 inclusive	5달러까지

⑤ **acting manager** : 「부장대리(대행)」

예시 8 승인조건부 타자기 주문 권유

The Sunil Typewriter Co., Inc. 5th March. 20_____

C.P.O. Box 2937
Seoul, Korea

Dear Sirs,

Looking through ① our records we note with regret that we have not had the pleasure of an order from you ② since last December. We hope you have had no cause to be dissatisfied either with our goods or with the way in which we have handled your orders.

We think you may be interested to know that we have recently been appointed sole agents ③ for the sale in this country of the typewriters of six of the leading manufacturers and that our stocks now include a wide range of first-class portables ④ at very attractive prices. From the catalogue enclosed you will see that the prices of these portables are very much lower than those for standard models and that we are offering very generous ⑤ terms of payment.

We should be pleased to send you any of our typewriters on approval, ⑥ at our own expense and without any obligation on your part. All we would ask is that you return within fourteen days any machines you do not wish to buy.

We look forward to the pleasure of your renewed custom. ⑦

Yours faithfully,

Jack Jacobs
Sales Manager

요지 지난 12월 이래 귀사로부터의 주문을 받지 못해 유감인 바 당사는 최근에 6개의 굴지의 회사들과 타자기에 대한 독점대리점으로 지정되어 있으며 매우 값이 싼 고급 휴대용 타자기기를 여러 가지 보유하고 있습니다. 실물점검승인조건으로 타자기 몇 대를 송부할까 하오니 원치 않는 것은 14일 내로 반환해 주시기 바랍니다.

※ 이 서한에서는 on approval로 주문권유하고 있으나 상대방의 신용이 없거나 신용상태를 모를 때는 위험하니 이런 방식의 거래는 삼가하는 것이 좋다. 이 서한의 구성면에서 볼 때 2~4절의 첫 행이 모두 We이어서 "You" attitude의 예의에 어긋난 감이 없지 않다.

용어해설

① **look through** :「검토하다, 조사하다, 훑어보다」

② **We have not had the pleasure of an order from you.** :「귀사로부터 한 건의 주문도 받지 못했다.」 이 문장은 다음과 같이 간결하게 표현할 수 있다. We have not received an order from you.

③ **sole agents** :「총대리점, 독점대리점」 총대리점은 exclusive agents(배타적 대리점)라고도 하며 본인(principal)을 독점적으로 대리할 권리가 없는 대리점을 non-exclusive agent(비배타적 대리점)라고 한다.

④ **portable**[pɔ́:təbl] :「휴대용의 운반할 수 있는」 a wide range of first-class portables「다양한 고급 휴대용 타자기」

⑤ **generous**[dʒénərəs] :「관대한, 대범한, 마음이 후한, 기름진」 very generous terms of payment「매우 관대한 결제조건」 즉 여기서는 buyer에게 매우 유리한 결제조건을 말한다.

⑥ **approval**[əprú:vəl] :「시인, 인가, 찬성」 on (your) approval「(귀사의) 실물점검조건으로」, 즉 상품을 buyer에게 송부하여 점검 후 매입여부를 결정하는 조건으로 타자기를 송부하고 싶다는 말이다.

⑦ **renewed custom** :「다시 돌봐줌」 여기서 custom은 "regular support given to a tradesman by those who buy his goods"의 의미이며 「다시 당사의 상품을 매입해 주시기를 고대합니다.」의 문장이다.

We might withdraw our custom from you owing to the severe prices of your goods, compared with your competitors in our market. 「당 시장에서 귀사의 경쟁회사들과 비교해 볼 때 귀사의 상품이 너무 고가이기 때문에 앞으로는 귀사 상품을 매입할 수 없을 것 같습니다.」

cf. custom 「관세」 the Customs 「세관」 여기서 세관의 의미로 쓰일 때는 정관사를 붙이고 C를 대문자로 하고 있음을 주의하여야 한다.

The officials in the Customs at Kimpo Airport were very particular. 「김포공항 세관원들은 매우 까다로웠습니다.」

custom house 「세관」 customs invoice 「관세송장」 exporter가 작성하여 수입국의 세관에 제출하는 것으로 부당한 가격의 수출입을 방지하기 위한 것이다.

예시 9 조립식 가구 전시장에 초대권유

12th June, 20____

Seoul Furniture Co., Ltd.
K.P.O. ① Box 3200
Seoul, Korea

Dear Sirs,

At the Ideal Home Exhibition, ② which opens at Earls Court on 21st June, you are certain to find attractive new designs in furniture, and many new ideas.

The exhibition has much to offer that you will find generally useful, but we specially invite you to see our own display on stand 26, where we shall be showing our new "Windsor" range of unit furniture. ③ The inbuilt charm of this range springs ④ from the use of solid elm ⑤ and beech, ⑥ combined with expert ⑦ craftsmanship to give a perfect finish to each piece of furniture. "Windsor" represents an entirely new order in luxury unit furniture at very modest prices and we hope you will not miss the opportunity to see it.

I am enclosing two admission tickets and look forward to ⑧ meeting you and to the opportunity to demonstrate the variety of ways in which units can be arranged to suit ⑨ the requirements of and home.

Yours faithfully,
S. A. Smith
Managing Director

요지 6월 21일부터 「얼즈 코트」에서 이상적인 가정설계를 위한 전시회가 열리는 바 관람하실 기회를 놓치지 말길 바라며 입장권 2매를 동봉하오니 찾아와 주시기를 고대합니다.

용어해설

① **K.P.O.** : 「광화문우체국 사서함」 Kwanghwamum Post Office의 약자로 C.P.O. (Central Post Office : 중앙우체국 사서함), I.P.O.(International Post Office : 국제우체국 사서함)와 함께 많이 쓰인다.

② **exhibition**[eksibíʃən] : 「전람회, 전시회, 전시, 진열품」 the Ideal Home Exhibition 「이상적인 가정설계를 위한 전시회」

③ **furniture**[fə:nitʃə] : 「가구, 비품, 부속장치, 금속부속품」 our new "Windsor" range of unit furniture 「당사의 조립식 가구인 신제품 "윈저"류」 Windsor [wínzə]는 London 서쪽에 있는 도시 이름으로 영국의 왕궁인 Windsor Castle이 있는 곳이며 여기서는 가구명으로 쓰이고 있다. cf. Windsor chair 「윈저의자」 가느다란 살로 만든 나무의자. Windsor tie 「윈저타이」 넓은 견직 넥타이 furniture는 물질명사이므로 복수로 쓰지 않고 다음과 같이 쓴다. a piece of furniture 「가구 한 점」 some pieces of furniture 「가구 몇 점」

④ **spring** : 「생기다, 솟아나다, 튕겨내다 명 봄, 샘, 탄성」 the inbuilt charm of this range springs from~ 「이런 부류의 내부의 매력은 ~ 에서 우러나온다.」

⑤ **elm**[elm] : 「느릅나무」

⑥ **beech**[bi:tʃ] : 「너도 밤나무」

⑦ **expert**[ékspə:t] : 「숙련된, 노련한, 명 전문가, 능숙한 사랑」
combined with expert craftsmanship 「노련한 기술로 조립하여」
We are pleased to introduce ourselves to you as experts in furniture manufacturing. 「당사는 가구 제조에 전문가임을 소개해 드리는 바입니다.」

⑧ **look forward to** : 「~을 고대하다」 to 다음에는 반드시 명사나 gerund가 오

며 동사의 원형은 쓰지 않는다. 여기서 forward는 부사이며 형용사로는 「선의 전방의」 동사로는 「발송하다, 송달하다」의 뜻이 있다. *cf.* forward exchange 「선물환계약」 이것은 환거래는 실질적으로 이루어지지 않고 일정기간 후 수도하기로 하고 환계약만 이뤄가는 것이다.

We have today forward three samples by air parcel post. 「항공 소포우편으로 금일 견품 3개를 발송했습니다.」

⑨ **suit**[sjuːt] : 「적합하다, 알맞다, 어울리다. 명 소송, 청원, 양복 한 벌」
to suit the requirements of any home. 「어떠한 가정이든지 요구에 맞도록」

예시 10

지점개설통지

20th April, 20_____

Hansung Trading Co., Inc.
I.P.O. Box 2234
Seoul, Korea

Dear Sir,

Owing ① to the large increase in the volume of our trade with Korea we have decided to open a branch in Seoul with Mr. Semir Haddad in charge. ② Although we feel that we have provided you with an efficient service in the past, the establishment of a branch in your country will result in your orders and enquiries being dealt with ③ more promptly. The new branch will open on 1st May and from that date all orders and enquiries should be sent to A.M. McDonald & Co., Inc., Seoul Branch, 18 4Ga Jongro-Gu, Seoul, instead of to our London office.

We take this opportunity to ④ express our thanks for your custom in the past and hope the new arrangement will lead to still higher standards in the service we provide.

Yours faithfully,
A. Richard
Personnel Manager

요지 한국과 교역량이 크게 증가됨에 따라 지점을 개설키로 하였는 바, 이 결과 귀사의 주문과 조회를 훨씬 신속하게 처리하게 될 것이오니 서울 종로 4가 18번지 A.M. McDonald & Co., Inc. 서울지점으로 이들을 보내 주시기 바랍니다.

용어해설

① **owing**[óuiŋ] : 「미지급의, 빚지고 있는, ~에 기인하는」 owing to 「~ 때문에, ~탓으로, ~덕택으로」, because of와 on account of 와 같은 의미로 쓰인다.
cf. owings 「빚, 채무」

② **charge**[tʃaədʒ] : 「책임, 의무, 보호, 짐, 충전, 보호 (복수)경비, 비용 동(요금 등)청구하다, 촉구하다, 명령하다, 비난하다, 습격하다」 in change 「책임의, 담당하고 있는」
Please consult our sales manager, Mr. Kim who is in charge of the matter.
「그 건을 담당하고 있는 영업부장 김씨에게 상의해 보시기 바랍니다.」
They charged us US $1,000 for the defective goods.
「동 회사는 하자품에 대해 당사에게 미화 1천달러를 청구하였습니다.」
Please charge these purchases to our account.
「본 매입품을 당사의 계정에 기장하시기 바랍니다.」 즉, debit note(차변표)에 기장하여 두면 결제 시에 갚겠다는 말이다.

③ **deal with** : 「처리하다, 취급하다, 거래하다, 다루다」
The establishment of a branch in your country will result in your orders and enquiries being dealt with more promptly. 「귀국에 지점이 설립되면 귀사의 주문과 조회를 훨씬 더 신속하게 처리하게 될 것입니다.」

④ **take this opportunity to** : 「실례를 무릅쓰고 ~하다」는 hackneyed expression이므로 아예 빼버리는 게 훨씬 간략하다.

예시 11 페인트 주문권유

21st October, 20____

Seoul Paint Company
29 3Ga Eulji-Ro, Jung-Gu
Seoul 100-20__3, Korea

Dear Sirs,

We think you will be interested in the new "Sealex" paint we have just introduced to the trade. A sample has been sent to you today by parcel post. ①

"Sealex" is the result of many months of careful research. It is made from a special formula ② and owes its superiority over other exterior paints to its remarkable ability to allow for the movement of those paint-peeling ③ cracks just visible to the naked eye. This quality to expand with the cracks comes from a very special combination of granite, mica and resin ④ that provides a rich, thick coating twice the thickness of that of the average finish, thus giving long-term protection ⑤

"Sealex" is available in twenty-one basic colours and, as you will see from the enclosed list, prices are surprisingly low. We are nevertheless allowing a special 5% discount to distributors ⑥ who place orders before the end of the current month ⑦ and look forward to receiving one from you.

Yours faithfully,
L. Parson
Business Manager

요지 "Sealex" 페인트 견품을 보내드리며 화강암, 운모 및 송진으로 특별배합하여 장기간 보호해 줍니다. 가격이 매우 저렴하며 이 달 말까지 주문하시는 특약점에 대해서는 5% 특별할인을 해드리겠습니다.

용어해설

① **by parcel post** : 「소포우편으로」 cf. by Air 「항공우편으로」
by Registered Air Mail 「등기 항공우편으로」 by s.s. "Miss Korea" 「증기선 미스코리아」 by Second Class Air Mail 「제2종 항공우편으로」 by Special Delivery 「속달로」 (영국) by Express

② **formula**[fɔ́ːmjulə] : 「처방, 일정한 형식, 상투문구」 It is made from a special formula. 「그것(실렉스 페인트)은 특별한 처방으로 제조되었습니다.」

③ **peel**[piːl] : 「껍질을 벗기다, 벗기다, 벗겨지다 명 껍질」
and owes its superiority over exterior paints to its remarkable ability to allow for the movement of those paint-peeling cracks just visible to the naked eye. 「또한 다른 외래의 페인트에 비해 우월한

점은 육안으로도 훤히 볼 수 있듯이 페인트가 벗겨지는 사이를 움직일 수 있도록 한 두드러진 능력에 있습니다.」

④ ⓐ **granite**[grǽnit], ⓑ **mica**[máikə] and ⓒ **resin**[rézin] : 「ⓐ 화강암, 쑥돌 ⓑ 돌비늘, 운모 ⓒ 송진, 수지, 나무진」

⑤ **thus giving long-term protection** : 「이리하여 장기간 동안 보호를 해줍니다.」

⑥ **distributors**[distríbjutəz] : 「특약점」 해외의 수출업자와 일정상품에 대한 특약수입판매협정을 하고 자기 명의로 직접 수입판매하는 상인이며 agent(대리점)는 본인을 위해서 대리 또는 중개하고 commission(수수료)을 받는다.

⑦ **current**[kʌrənt] : 「현재의, 유행의, 유통의, 흐르는 명 흐름, 전류, 기류」 of the current month 「금월의」 즉, of this month의 뜻이다. 이같은 용법으로 ultimo(=ult. ; of last month), instant(=inst. ; of this month) 및 proximo(=prox. ; of next month) 등이 있으나 해석상 이견이 발생할 수도 있어 구체적인 월을 표시하는 것이 좋다.

We offer you firm subject to your reply to be received by us by the 10th inst. (*poor*)

We offer you firm subject to your reply by the 10th May.(*good*)

예시 12

한국산상품의 주문권유

August 23, 20____

Messrs. Jims Co.
432 Broadway
New York 12, N.Y.

Gentlemen :

Through the New York Chamber of Commerce, we learned that you are one of the leading importers of Korean goods, and we have the pleasure of introducing ourselves with the hope that we may be of some service to you.

Our staff members are well trained from the start. ① Some of them have had many years of experience both at home and abroad, and others are experts in technical fields. As to the principal goods we handle and our terms of transaction, please refer to the Catalog No.34 sent to the separately. We are prepared ② to send you our samples and prices upon your request. ③

Our connections with the leading makers of various Korean goods are both intimate and extensive, enabling us to secure quality goods ④ at competitive ⑤ prices for any order you may entrust us with.

Regarding ⑥ Our credit standing, please refer to The Export-Import Bank of Korea, Seoul. If you grant us an opportunity of serving you, we shall be glad to demonstrate the standard of our service.

May we expect to hear from you promptly.

Very truly yours,
Insung Park
President

요지 New York 상업회의소를 통해서 귀사를 알게 되었으며 당사 직원들은 국내외에서 많은 경험이 있고 기술분야에서 전문가들입니다. 귀사께서 당사에 위임하시는 주문에 대해서는 저렴한 가격으로 양질의 상품을 취득하실 수 있으며 봉사할 수 있는 기회를 주신다면 탁월한 당사의 서비스를 보여 드리겠습니다.

용어해설

① **from the start** : 「처음부터」 Our staff members are well trained from the start.당사의 직원들을 처음부터 훈련이 잘 되어 있습니다.

② **are prepared to** : 「~할 용의가 있다, 각오가 있다, 준비가 되어 있다」 are willing to 와 같은 뜻이다.

③ **upon your request** : 「귀사가 요구하시면 곧, 바로, 즉시」 On (=upon)+동명사(또는 추상명사)는 as soon as one~의 뜻이 있다.
On arriving at the airport, please give me a phone call. 「공항에 도착하시는 즉시 전화해 주시기 바랍니다.」

④ **quality goods** : 「양질의 상품」 즉 품질이 죽은 상품이란 뜻이다.
We are known as quality buyer.
「당사는 품질을 위주로 매입하는 업자로 알려져 있습니다.」
We are known as quantity buyer. 당사는 대량으로 매입하는 업자로 알려져 있습니다.

⑤ **competitive**[kəmpétitiv] : 「경쟁적인, 경쟁에 의한」 at competitive prices 「경쟁적인 가격으로」 경쟁하여 이길 수 있는, 즉 저렴한 가격을 말한다.
Our prices are always competitive as we are manufacturer-exporters

of various garments.
「당사는 각종 의류의 제조업자 겸 수출업자이므로 가격이 언제나 저렴합니다.
The competition in our market is keen
「당 시장에서의 경쟁은 치열합니다.」
In quoting your prices, please bear in mind that there are many competitors in this line of goods. 「귀사의 가격을 견적하실 때는 이 분양의 상품에는 경쟁자들이 많음을 명심하기 바랍니다.」
We trust you can compete with other in quality and prices.
「품질과 가격면에서 타사와 경쟁하실 수 있으리라고 믿는 바입니다.」

⑥ **regarding**[rigáːdiŋ] : 「~에 관해서는」, ~점에서는 같은 의미의 어구로서는 in regard to ; as regards, as to ; as for ; concerning ; re ; in reference to ; referring to ; about ; on 등이 있으며 as for는 주로 사람에 대해서(. : as for me), re는 주로 제목 앞에(. : re our Order No. 321) 쓰인다.

Useful Expressions

A. Opening Clauses(서두구절)

1. We read in a recent edition of Korea Trade Directory that you are big traders of children's wearing apparel.
   Korea Trade Directory의 최신호에서 귀사가 아동용 의류의 대형무역업자임을 알게 되었습니다.
   apparel[əpærəl] 의복
2. We have been advised by the Chamber of Commerce of your city to contact you concerning the export into the United Kingdom.
   귀 도시의 상업회의소를 통해 영국에 수출하는 건에 관해서는 귀사에 연락해 보라는 통지를 받았습니다.
3. The high quality of our products is well known and universally acknowledged.
   당사 제품의 품질이 최고라는 것은 잘 알려진 사실이며 널리 인정받고 있습니다.
4. You are certain to find attractive new designs in furniture at…… Exhibition, which opens at…… on…….
   ~에(on : 월일)~에서(at : 장소) 열리는 ~전시회에 오시면 가구의 좋은 새로운 디자인들을 필히 찾을 수 있을 것입니다.
5. You may be interested to know that we have recently been appointed sole agents for the sale of…….
   당사가 최근에 판매를 위한 총대리점으로 임명되었음을 알려 드립니다.

6. Every woman dreams of having at least one really beautiful……
and here is a splendid opportunity to make that dream come true.
모든 여성들은 적어도 한 가지 이상의 실로 아름다운 ~(의복 이름이나 악세서리 등)을 갖기를 꿈꾸고 있으며 여기 그 꿈을 실현할 좋은 기회가 있습니다.
7. We have just bought form the bankrupt stock of one our competitors a large quantity rugs and carpets.
당사는 마침 경쟁회사들 중의 한 파산회사로부터 대량의 융단과 양탄자를 매입하였습니다.
※ rug는 일정한 모양을 갖고 있으며 여러 장을 이은 것이 아니라 온전한 한 장으로 마루바닥 전체를 덮지 않는다는 점에서 carpet와는 구별된다.
8. We have acquired the premises at the above address for new retail grocery store to be opened of 1st September.
당사는 상기 주소에 장소를 마련하여 9월 1일부터 새로운 소매 잡화점을 개업할 예정입니다.
9. Your ears are deafened by the ceaseless noise of typewriters and calculating machines. But thanks to our silent machines you can rid yourself of all this suffering.
타자기와 계산기의 쉴새 없는 소음 때문에 귀하는 귀머거리가 되고 있습니다. 하지만 당사의 무음기(無音機) 덕택에 이러한 모든 고통을 제거할 수 있습니다.
rid oneself of~ 「~을 제거하다」

B. Creating Desire and Carrying Conviction

1. You will be surprised to find how less it costs than that offered by any other competitors.
그것은 다른 경쟁회사들이 제공한 것보다 비용이 얼마나 덜 드는지 아시고 나면 놀라실 것입니다.
2. At the cost of a few pence a week you can buy peace of mind for…….
일주일에 몇 펜스의 비용으로 귀하는 ~에(사람) 대한 평안한 마음을 누릴 수가 있습니다.
3. Remember that…… are precision made, by experienced craftsmen who do nothing else.
~은(상품명) 그 누구와도 비견할 데 없는 노련한 장인들에 의해서 정밀 제조되었습니다.

4. In addition to the trade discount stated, we would allow you a first-order discount of 5% off the price-list.
   언급한 거래할인 이외에도 가격표에서 첫 주문에 대한 5%의 할인을 해드리겠습니다.
5. These prices specified in the price-list are 10% below current wholesale price.
   가격표에 명시된 가격은 현재의 도매가격보다도 10% 저렴합니다.
6. From the catalogue enclosed you will see that the prices of these…… are very much lower than those for standard models.
   동봉한 상품목록에서 이 ~의(상품명) 가격은 표준형의 가격보다 매우 저렴함을 알 수 있을 것입니다.
7. From all list prices we allow a trade discount of 20% on orders received on or before 31st May.
   모든 정가에서 5월 31일 이전에 접수되는 주문에 대해서는 20%의 거래할인을 해드립니다.
8. If you can offer us your best quality goods at competitive prices, we are prepared to enter into business relations with you.
   귀사께서 최상의 품질의 물품을 경쟁적인 가격으로 제공해 주신다면 귀사와 거래관계를 맺을 용의가 있습니다.
9. We specialize in the manufacture of…… and are confident that these items may find a ready market in Korea.
   당사는 ~의(상품명) 제조를 전문으로 하고 있는 바 이러한 품목이 한국에서 잘 팔릴 것이라고 확신합니다.
   find a ready market 잘 팔린다.
10. For your information, we are engaged in Import and Export, and are Representatives of various Korean manufactures.
    참고로 당사는 수출입에 종사하고 있으며 한국의 여러 제조업자들의 대리점도 맡고 있습니다.

C. Closing Clauses

1. We look forward to receiving your order from you soon.
   귀사께서 곧 주문해 주시기를 고대합니다.
2. We are offering you goods of the very highest quality and would welcome the opportunity to serve you.

귀사에게 최고 품질의 상품을 제공하겠으며 귀사에 봉사할 기회를 주시면 기쁘겠습니다.

3. This is an exceptional opportunity for you to purchase a high-quality products at prices we cannot repeat again.
   이번 기회는 당사가 다시 해드릴 수 없는 가격으로 귀사께서 최고 품질의 상품을 매입하실 수 있는 보기 드문 기회입니다.
4. We hope you will accept our invitation and give us the chance to fill your order to your satisfaction.
   당사의 권유를 수락하시고 귀사가 만족할 정도로 주문을 이행할 기회를 주시기 바랍니다.
5. Please call our warehouse to see the stock for yourself not later than Friday next, the 14th.
   14일인 다음 금요일까지 귀하 자신이 재고품을 보시도록 당사 창고에 들려주시기 바랍니다.
6. If our proposal meets your approval, please send us your price-list together with samples.
   당사 제안을 승인해 주신다면 견품과 함께 귀사의 가격표를 보내주시기 바랍니다.
7. If you are interested in our products, please write us your need as soon as possible.
   당사 제품에 관심이 있다면 가능한 한 곧 귀사가 필요한 것을 알려 주십시오.
8. All your orders by post or by telex will receive our best attention and wil be executed immediately.
   우편이나 텔렉스에 의한 모든 귀사의 주문에 대해서는 최대의 배려를 해서 즉시 이행해 드리겠습니다.
9. We hope that mutually satisfactory business relations with you would be shortly established.
   상호간에 만족스러운 거래관계가 곧 이룩되기를 바랍니다.
10. If you find any item of special interest to you, we are willing to send you samples free of charge.
    귀사께서 특히 관심있는 품목이 있으시면 무료 견품을 보내 드릴 마음이 있습니다.

연습문제

1. 당사의 목록일부를 별도로 보내 드리며 이에 귀사의 영업에 맞는 몇몇 품목이 있을 줄로 믿는 바입니다.

   힌트 별도로 : under separate cover ; separately, 귀사의 영업에 맞다 : suit your trade

2. 본 품목의 경쟁은 치열합니다만 1천 다스 이상의 주문에 대해서는 10% 인하를 해드릴 용의가 있습니다.

   힌트 치열하다 : keen, ~ 용의가 있다, be willing to ; be prepared to

3. 귀 국가와의 급속적인 무역발전을 고려하여 당사는 수출거래를 직접 수행할 목적으로 수출부를 설립하였습니다. 풍부한 자본과 무역에 대한 정통한 지식으로 귀사의 주문을 만족스럽게 이행해 드릴 수 있습니다.

   힌트 ~을 고려하여 in view of, ~할 목적으로 for the purpose of 정통한 지식 intimate

4. 시황이 침체되고 있다는 사실에도 불구하고 귀사의 제품이 가격과 품질면에서 적합하다고 판명되면 귀사의 제안을 수락할 수 있습니다.

   힌트 시황이 침체되다 : dullness rules the market ; the market is dull(=inactive), 판명되다 : prove

5. 귀지역에서 당사 제품의 판매촉진에 관한 어떤 묘안이 있다면 알려 주십시오. 당사는 가능한 모든 원조, 특히 금융적인 원조를 아끼지 않겠습니다.

   힌트 어떤 묘안 : any good idea, 금융적인 원조 : financial assistance

6. 당사는 지난 20년간 문방구의 영업에 종사하여 왔으므로 귀사 수출품의 판로에 정통하고 있습니다. 최상의 방법으로 귀사의 수입활동을 협조할 수 있는 입장에 있음을 자부합니다.

   힌트 ~에 정통하고 있다 : be quite familiar with, 자부하다 : flatter

7. 현재 가격표의 개정을 고려 중이며 그와 아울러 당사의 할인율을 10% 인하하기로 결정하였습니다. 당사의 가격표에 나타난 견적가격은 한국의 주요 항구 본선인도가격으로 양해됩니다.

   힌트 고려 중이다 : be under consideration, ~으로 양해되다 : be understood as

8. 당사의 최근 상품목록과 가격표를 동봉합니다. 가격이 다른 경쟁자들의 가격보다 훨씬 저렴하다는 것에 주목해 주십시오. 그 까닭은 당사 스스로가 상품을 제조해서 한국의 중간상인들을 전혀 거치지 않고 직접 귀사에 수출하기 때문입니다.

힌트 ~에 주목하다 : note that~, 중간상인들을 거치지 않고 : not through any middlemen

9. 당사의 재고품은 동봉한 가격표에서 보여 주는 것처럼 가능한 한 최저가격으로 귀사에게 제공되었습니다. 당사의 제품에 관심이 있으시며 필요한 것들을 편지해 주십시오. 부산도착 본선인도가격을 기꺼이 제시해 드리겠으며 아울러 선적중량, 입방용적 및 당사가 제조하는 제품에 대한 모든 필요한 자료를 상세히 알려 드리겠습니다.

힌트 ~에서 보여 주는 것처럼 : as shown in~, 입방용적 : cubic measurements

10. 영국에서 당사의 거래량의 증가에 발맞춰 런던에 새로운 지점을 설립하기로 하였는바 동 지점의 운영권을 Mr. Kim에게 맡겼습니다. 그는 지난 10년간에 걸쳐 본사 수출부 차장의 책임있는 지위를 맡아 왔습니다.

힌트 ~에 발맞춰 : in accordance with, 운영권을 ~에게 맡기다 : place the management in the hands of~

3. 신용조회(Credit Inquiry)

(1) 신용조회의 의뢰

새로운 거래처로부터 거래제의를 받거나 거래처를 선정하기 위해서는 신용조회를 하는 것이 안정하다. 신용조회를 하는 주된 이유로서는, 외국의 Buyer들의 재정상태 등이 빈약할 때는 수출대금회수에 불안을 초래하게 되며, 신용상태가 나쁜 Buyer들은 정당한 이유와 근거에 입각하지 않고 억지로 트집을 잡아 고의적으로 Claim을 제기하는 Claim Merchant도 적지 않으므로 부당하게 손해를 볼 염려도 있기 때문이다. 특히 추심결제방식인 D/A basis(어음인수도조건)의 거래인 경우에는 신용조회가 더욱 절실함을 느낀다.

신용조회는 주로 3가지 면에서 조회를 하게 되는데, 첫째는 상대방의 재정상태 전반에 걸친 자본금, 채권·채무의 비율에 대한 것, 즉 Capital이며, 둘째는 기업경영능력으로 영업상태, 경험, 경영진의 생산, 주문이행능력에 관한 것, 즉 Capacity이고, 셋째는 상대방의 상도덕으로 계약이행상태, 평판, 품질 등에 관한 것, 즉 Character이다. 이것을 3c's in credit information이라고 한다.

(2) 신용조회의 방법

신용조회는, 첫째 주로 Bank Reference, 즉 은행을 신용조회처로 하는 경우가 많으며, 둘째 Trade Reference, 즉 같은 업종에 종사하고 있는 동업자를 신용조회처로 하여 이곳에 조회하는 방법이다. 셋째는 Mercantile Credit Agency, 즉 상업흥신소를 이용하는 경우인데 신용조사를 전문으로 하고 있기 때문에 객관적인 자료를 입수할 수 있다. 미국의 Dun & Bradstreet, 영국의 Kemps, Ltd., 서독의 W. Schimmelpfeng, 프랑스의 La Saciété du Commerce, 일본의 The Teikoku Koshin Sho는 매우 유명하다.

기타 신용조회처로서는 상공회의소(Chamber of Commerce), 외국환은행이나 각종 회사의 해외지점이나 지사, 국내외의 공관 등이 있다.

신용조회를 의뢰할 때는 반드시 우표와 자사주소가 기재된 회신용 봉투(stamped addressed envelope for reply)를 동봉해 주어야 하며, 비용발생시 부담한다는 문언도 때로는 필요하다. 신용조회서한은 다음과 같은 순서로 작성하는 것이 좋다.

① 신용조사의뢰의 이유
② 신용조사대상 회사명과 소재지
③ 조사의뢰내용
④ 비밀유지 약속 및 조사비용의 부담약속

(3) 신용조회의 회답

신용조사를 의뢰받으면 그 요구에 따라 재정상태, 영업실적 및 평판 등을 조사하여 보고하며 후일에 어떤 책임전가문제에 대비하여, 타인의 신용에 관한 것이므로 책임을 지지 않는다는 문언을 기술해 둔다.

Model Letters

예시 1 **상호계산조건부 주문에 대한 신용조회**

10th February 20_____

Amsterdam Chamber of Commerce
Leidestraat 873
Amsterdam
The Netherlands

Dear Sirs,

We have been asked by Messrs. A. Griffiths Co., Amsterdam to supply goods to the value of £ ① 570 against their first order on open-account ② terms.

We have no information about this firm but as there are prospects of further large orders from them, we should like to meet the present order on the terms sought ③ if it is safe to do so. Would you therefore please let us have a report on the reputation and financial ④ standing of the firm and, more particularly your advice on whether it would be a safe risk to grant credit ⑤ for this first order. We should also like your advice on the maximum amount for which it would be safe to grant credit on a quarterly ⑥ account.

Yours faithfully,

요지 A. Griffiths & Co.가 상호계산조건으로 물품공급을 요구해 온 바 이 회사에 대한 평판, 재정상태에 관한 보고 및 이 첫 주문에 대한 조언을 해주시기 바랍니다.

용어해설

① (=pound) : 「파운드」 영국 화폐의 주통화단위, 보조통화단위는 p(=penny, pence) 「페니」이다. 20__71. 2. 15. 이전에는 £(=pound), s(=shilling), d(=penny)가 사용되어 200-20-5(200 pounds 20 shillings 5 pence)와 같이 표기하였으나 2월 15일 이후에 화폐단위가 10진법으로 바뀌면서 shilling이 폐지되고 pound와 penny가 현재 사용중이며 d도 p로 고쳐서 쓰고 있다.
£1=100p(=pence)
These cigarettes are 40p a packet. 「이 담배는 한 갑에 30펜스이다.」 이때 p는 [pi]라고 읽는다.

② **open account** : 「상호계산」 on open-account terms 「상호계산조건으로」 open account는 전에 한·일간 한·월간의 무역결제에 사용해 왔던 「청산계정」을 의미하지만 오늘날 거래가 빈번한 회사간 또는 본·지사간의 결제에 있어서 매 거래시마다 결제하지 않고 상호간의 대차금액을 각자 기장해 두었다가 일정 기간마다 대차금액을 상쇄하여 잔액에 대해 결제하는 방식이다.

③ **sought** : 요구한 「(=asked for)」
We should like to meet the present order on the terms sought if it safe to do so. 「상호계산건으로 하는 것이 안전하다면 요구한 이 조건으로 원래의 주문을 수락하고 싶습니다.」 sought는 seek의 과거분사

④ **financial**[fainǽnʃəl, fi-] : 「(재정의, 금융의), financial standing 「재정상태」 financial difficulty 「재정난」 financial aids 「금융지원」 financial statement 「재무제표」 일정한 기간 동안의 사업재정과 영업성적을 명백히 표시해 주는 서류들을 재무제표라고 하는 바 다음과 같은 것들이 있다.
Balance Sheet(B/S) 「대차대조표」 Profit and Loss Statement 「손익계산서」 Inventory 「재산목록」 Funds Statement 「자금계산서」

⑤ **credit** : 「신용, 외상판매, 신용대부, 대변」
your advice on whether it would be a safe risk to grant credit for

this first order. 「이 첫 주문에 대해 외상을 주는 것이 신중한 모험일른지 여부에 대한 귀 회의소의 조언」
Your credit is good for only £ 100.
「귀하는 100파운드까지만 외상으로 살 수 있습니다.」
We are dealing with the house on credit.
「그 상사와는 외상으로 거래하고 있습니다.」

⑥ **quarterly**[kwɔ́:təli] : 「년 4회의, 년 4회로) on a quarterly account 「연 4회 분할결제조건」

예시 2

지난번 서한에 대한 호의적 정보제공

25th February, 20_____

Bombay Iron Corporation
India

(Private and confidential)

Dear Sirs,

We have completed our enquiries relating to the firm mentioned in your letter of 10th February and are pleased to report favourably.① They are a well-founded and highly reputable firm. There are four partners ② and the capital at their command is estimated to be at least £30,000. They do a splendid trade and are regarded as one of the safest accounts in Amsterdam.

We would say that if you open an account with the firm, you will find that any undertakings they give can be relied upon. From the information we have gathered we are of the opinion ③ that you need not hesitate to allow the initial credit of £570 asked for and that on a quarterly account you could safely allow at least £3,000.

Yours faithfully,

요지 2월 10일자 서한에서 언급하신 회사에 관련되는 조회를 완료하는 바 동사의 소유자본이 적어도 3만 파운드로 추정되는 바 처음엔 요구한 570파운드까지 외상을 허용하셔도 되며 적어도 3천파운드까지는 안전하다는 견해입니다.

용어해설

① **favourably**[feivərəbli] : 「호의적으로, 유리하게」
We are pleased to report favourably. 「호의적으로 보고해 드리게 되어 기쁩니다.」 미국식으로는 [favorably]이다. 서한을 작성할 때는 spelling, Date, Salutation, Complimentary Close 등이 서로 일치하도록 유의해야 한다. 영·미식 철차상 차이가 있는 단어를 참고할 것이다.

② **partner**[pɑːtnə] : 「제휴회사, 조합원, 배우자, 짝」 There are four partners. 「4개의 제휴회사가 있습니다.」

③ **opinion**[əpíniən] : 「의견, 견해, 여론」
We are of the opinion that ~ 「~견해를 가지고 있습니다.」
동사는 opine[oupáin]
We opine that the firm you enquired about is well-established. 「귀사가 문의하신 그 회사는 확고하다는 의견입니다.」 cf. opinion poll 「여론조사」 public opinion 「여론」

영국과 미국의 용어차이

■ 상관습상의 차이

지 역 \ 구 분	to ship	F.O.B.
영 국	상품을 선적하다	본선인도(조건, 가격)
미 국	탁송하다 to ship by rail	·본선인도 F.O.B.origin ·운반인도 FOB destination

■ 철자상의 차이

구 분	영 국	미 국	뜻	예
모음삽입	• colour	• color	• 색, 그림물감	• colo(u)r conditioning
	• endeavour	• endeavor	• 노력(하다)	• Make ever endeavor to secure business.
	• flavour	• flavor	• 조미료, 맛	• flavored soda water
	• harbour	• harbor	• 항구	• harbor dues
	• honour	• honor	• 경의, 인수지불	• to honor a bill

	• mould	• mold	• 틀, 모조, 형	• molded rubber goods
	• parlour	• parlor	• 휴게(응접)실	• beauty parlor
	• aluminium	• aluminum	• 알루미늄	• aluminum bronze paint
	• judgement	• judgment	• 판결, 확정된 채무	• Leave the matter to our judgment.
	• catalogue	• catalog	• 목록	• ·catalogue of new arrival
자음중복	• instalment	• installment	• 분할불, 불입금	• installment credit
	• jeweller	• jeweler	• 보석상	• jeweler's bar
	• nett	• net	• 순이익의	• net proceeds
	• waggon	• wagon	• 화차	• wagon load
	• woollen	• woolen	• 모직물	• woolen draper
순철서자	• centre	• center	• 중심지	• cent of production(trade)
	• flbre	• fiber	• 섬유	• synthetic fiber
철자차이	• aeroplane	• airplane	• 비행기	• airplane cloth
	• cheque	• check	• 수표	• cashier's check
	• cyder	• cider	• 사과주	• cider and perry
	• cypher	• cipher	• 암호	• cipher telegram
	• defence	• defense	• 변호, 피고측	• legal defense
	• enquire	• inquire	• 문의(조회)하다	• the article for which you inquired
	• programme	• program	• 예정(시간)표	• program loan

예시 3

뉴욕 주식회사에 신용조회의뢰

25th May. 20_____

The New York Company, Inc.
123 Park Avenue
New York N.Y. 10001

Dear Sirs,

Messrs. Watson & Jones of New York wish to open an account with us and have given us your name as a reference. ① We should be grateful if you would supply us with what information you can about the firm's general standing and say whether. in your opinion, they are likely to be reliable for credit up to £ 500, and whether, they settle their accounts promptly.

We enclose a stamped, addressed envelope ② and shall be only too glad to render you a similar service should the need arise. It is hardly necessary to add that any information you supply will be treated in strict confidence. ③

Yours faithfully,

요지 New York에 있는 Messrs. Watson & Jones 회사가 당사와 거래개설을 희망하는 바 동사의 전반적인 신용상태에 대한 자료공급과 동사가 500 파운드까지 신용공여할 만큼 신뢰할 만한지 또는 결제를 신속히 하는지 말씀해 주시면 감사하겠습니다.

용어해설

① **reference**[réfərəns] : 「조회, 문의, 참조, 참고, 신원보증인」 as a reference 「신용조회처로서」 신용조회처를 뜻할 때는 a reference 또는 references와 같이 쓴다.
We will open a credit account with you if you supply a banker's reference.
「은행조회처를 제공해 주시면 귀사와 신용거래를 하겠습니다.」
For your reference, we are enclosing our sales literature.
「참고로 당사의 판매인쇄물을 동봉해 드립니다.」
literature[lítəritʃə]는 「인쇄물, 문헌」의 뜻으로 쓰이며 단수로만 쓴다.
cf. a lot of literature

② **a stamped, addressed envelope**[énvəloup] : 「 주소가 기재되고 우표를 붙인 봉투 신용조회를 의뢰할 때는 앞서 기술한 것처럼 필히 이와 같은 봉투를 보내줘야 회답이 올 확률이 많다.
cf. envelop[invéləp]「(보자기에) 싸다, 덮다, 봉하다」

③ **confidence**[kɔ̀nfidəns] : 「비밀, 신용, 신임, 안심, 확신」
Any information you supply will be treated in strict confidence.
「귀사가 제공하시는 어떠한 정보(또는 자료)도 극비로 취급하겠습니다.」
이와 같은 의미로 다음과 같이 표현할 수도 있다.

Any information you give us will be kept(=held) as strictly confidential 상대방에게 부탁할 때는 We hope you will(=would) treat(=keep ; hold) this information as strictly confidential. 등으로 표현한다.

예시 4 전 서한에 대한 호의적인 정보제공

June 4, 20____

Globe Trading Co.
LONDON
EC 4N 5AB

(Strictly private and confidential)

Gentlemen :

We are pleased to state that the firm referred to in your letter of May 25 are a small but well-known and highly respectable ① firm, who have been established in this town for more than twenty-five years.

We ourselves have now been doing business with them for over seven years on quarterly-account terms and although they have not as a rule taken advantage ② of our cash discounts, they have always paid their accounts promptly on the net ③ dates. The credit we have allowed the firm has at times ④ been well above the £ 500 you mention.

We hope this information will be helpful and understand that you will treat it as confidential.

Your truly,

요지 5월 25일자 귀서한에서 언급하신 회사와는 연 4회 분할결제조건으로 7년 이상이나 거래해 오고 있는 바 당사가 동사에게 가끔 허용한 신용공여액은 언급하시는 500파운드를 훨씬 상회하였습니다.

용어해설

① **respectable**[rispéktəbl] : 「존경할 만, 훌륭한 a small but well-known and highly respectable firm 「소규모이나 유명하고 매우 존경할 만한 회사」

동사 및 명사는 respect

② **take advantage of** : 「~을 이용하다」 although they have not as a rule taken advantage of our cash discount. 「비록 동사가 당사의 현금할인과 같은 것을 이용한 예는 없지마는」 cash discount는 exporter가 importer에게 베풀어 주는 특혜로 open account나 D/A거래로 하고 있을 때 importer가 D/P basis의 어음결제나 L/C basis의 결제를 해줄 경우에 exporter에게 유리하기 때문에 이때 cash discount를 exporter가 해주든가 importer가 요구하게 된다.

Our terms of payment are 5% off the invoice amount at 60 days after sight, but we can make you a special cash discount of 10%. 「당사의 결제조건은 일람 후 60일지급으로 송금금액의 5%할인입니다만 귀사에 10%의 특별현금할인을 해 드릴 수 있습니다.」

③ **net** : 「순, 정미의, 에누리 없는」

They have always paid their accounts promptly on the net dates.

「동사는 언제나 꼭 제 날짜에 신속히 결제를 해 주었습니다.」

Gross weight minus tare weight leaves net weight.

「총량에서 포장중량을 순량이 남는다.」

cf. net price 「정미가격」 할인이나 에누리 및 commission이 포함되지 않은 가격을 말한다.

④ **at times** : 「이따금, 때때로」 occasionally나 now and then과 같은 말이다.

cf. on time「정각에, 꼭 맞게, 제때에」 in time「시간에 맞게, 시간 안에, 늦지 않게」

예시 5 주문을 받은 후 신용조회의뢰

25th May, 20_____

Jeil Plastics Co.
129 3G, Jongro-Gu
Seoul 110-123 Korea

Dear Sirs,

We have today received an order for£1,000 worth of goods from Universal Plastics Ltd., Birmingham. They have given us the name of your company as a reference. We wish to know whether, in your opinion, they are good for ① this amount and in every way trustworthy and reliable. We shall be most grateful for any information you are able to give us.

We should of course treat as strictly confidential any advice you give us and be only too pleased to perform a similar service for you should the opportunity ever arise.② We enclose a stamped, addressed envelope for your reply.

Yours faithfully.

요지 Universal Plastic Ltd.로부터 1천파운드의 주문을 금일 받았는 바 이 금액을 지급할 수 있는지 또한 모든 면에서 신뢰할 만하며 확실한지 여부를 알고 싶습니다.

용어해설

① **good for** : 「지급능력이 있는 유효한, 안전한」
whether in your opinion, they are good for this amount.
「귀사의 견해로 볼 때 동사가 이 금액을 지불할 능력이 있는지 여부」
This cable offer is good for 3 days after time of dispatch.
「이 전보는 타전 후 3일간 유효합니다.」

② **should the opportunity ever arise** : 「기회가 오기만 하면」
Should their financial standing turn out unquestionable, we would accept their order on D/P basis. 「동사의 재정상태가 확실하다는 것이 판명되면 어음 지급도조건으로 동사의 주문을 승낙하겠습니다.」

예시 6 전 서한에 대한 불리한 정보제공

25th June, 20_____

Marek Exports Co.
P.O. Box 65
Harpenden Herts
A 15 4DL, England

(Strictly private and confidential)

Dear Sirs,

The company mentioned in your letter of 25th May has placed regular orders with us① for several years. We believe the company to be trustworthy and reliable, though we are bound to② say that they have not always settled their accounts with us on time.

Their account with us is on quarterly settlement terms, ③ but we have never allowed it to reach the sum mentioned in your letter. This to us seems to be a case in which caution is necessary.

We are glad to be of help, but ask you to ensure that the information we have given you is treated as strictly confidential.

Yours faithfully,
Dongnam Lim
Managing Director

요지 5월 25일자 귀서한에서 언급한 회사는 당사는 언제나 제때에 결제를 해오지 않았고 1천파운드까지는 허용하지 않았으며 주의를 요하는 경우라고 생각합니다.

용어해설

① **has placed regular orders with us.** : 「당사에게 정기적으로 주문을 해왔습니다.」
* 주문을 할 때 쓰는 표현은 다음과 같은 것들이 있다.
- place an order for (상품) with (주문처)
- give an order for (상품) to (주문처)
- order something (상품) from (주문처)

We are pleased to *place* our order *with* you for 2,000 dozen of fountain pen.
Would you please *give* your order for the following merchandise *to* us?
We have already *ordered* the item *from* the other supplier.

② **be bound to** : 「~할 의무가 있다, 책임이 있다」
Though we are bound to say that they have not always settled their account with us on time.
「동사는 언제나 당사와 제때에 결제해 주지 않았음을 말씀드릴 수밖에 없지만.」
The s.s. "ARIRANG" is bound for Singapore on May 3.

「아리랑호는 싱가포르로 5월 3일에 출항할 예정이다.」
s.s.「steam ship의 약어로서 증기선이란 뜻」

③ **on quarterly settlement terms** :「연 4회 결제조건으로」현재 우리나라에서 open account(상호계산)에 의한 결제는 상호계산기업이 자율적으로 정하되 1개월 이상 1년 이내로 하도록 규정되어 있으며 상호계산의 기장은 당해거래가 완료된 후 30일 이내에 행하여야 하며 상호계정의 잔액은 매결산기간 종료후 3월 이내에 외국으로 송금(대기잔액)하거나 국내로 회수(차기 잔액)하도록 규정되어 있다.

예시 7

동업자에 대한 신용조회의뢰

25th July, 20____

Sunhwa Trading Co.
I.P.O. Box 2914
Seoul, Korea

(Confidential)

Dear Sirs,

We have had a request from Messrs. Kims & Co. for supplies of our products on open-account terms. They state that they have regularly traded with you over the past two years and have given us your name as a reference.

We should count it a favour ① if you would kindly tell us in confidence whether you have found this company to be thoroughly ② reliable in their dealings with you and prompt in settling their accounts. We gather that their requirements may amount to ③ as much as £ 2,000 a quarter and should be grateful for your opinion of their ability to meet commitments ④ of this size. Any other information you can give us about this company would be very welcome. Your reply, for which we enclose an international postal reply coupon, will of course be treated in strict confidence.

Yours faithfully,

요지 Kims & Co.가 귀사명을 신용조회처로서 제공해 왔는 바 동 상사가 귀사와의 거래에 있어서 철저히 신뢰할 만했는지 여부를 비밀로 알려 주시기 바라며, 제공하시는 어떤 정보든지 환영합니다.

용어해설

① **count it a favour** : 「은혜로 여기다, 호의로 생각하다.」
We count it a great honor to serve you.
「귀사에게 봉사하게 되어 매우 영광으로 생각하는 바입니다.」

② **thoroughly**[θʌ́rəli] : 「충분히, 철저히, 전혀」 형용사는 thorough 명사는 thoroughness.

③ **amount to** : 「~에 달하다, ~에 이르다」
We gather that their requirements may amount to as much as £ 2,000 a quarter.
「동사의 요구액이 3개월마다 2천파운드 만큼 많은 액수에 달하리라고 추정합니다.」

④ **commitment**[kəmítmənt] : 「수행, 실행, 위임, 범행」
In addition, we should be grateful for your opinion of their ability to meet comments of this size. 「또한 이 정도 금액을 감당할 능력이 있는지에 대한 귀사의 견해를 알려 주시면 감사하겠습니다.」

예시 8 지난번 서한에 대한 불리한 회답

20th August, 20_____

Messrs. J. Micosancho & Gie
15 Rue Du Landy 92110
Clichy, France

(Strictly private and confidential)

Dear Sirs,

We must express surprise that the firm mentioned in your enquiry of 25th July should have given our name as a reference.
As far as we know they are a reputable firm, but we have no certain

knowledge of their financial position. It is true that they have placed orders with us on a number of ① occasions during the past two years, but the amounts involved have been small compared with ② the sum mentioned in your letter ; and even so, accounts were not always settled on time.

This, we feel, is a case in which caution is necessary and suggest that you make additional enquiries through an agency. ③ We accept your assurance that the information we have given will be treated in strict confidence and regret that we cannot be more helpful.

Yours faithfully

요지 당사가 알기로는 동사가 호평 받는 회사지만 재정 상태에 관해 확실히 아는 바가 없으며 결제가 꼭 제때에 되지는 못했습니다. 주의를 요하며 대리점을 통해 더 조회해 보시기 바랍니다.

용어해설

① **a number of** : 「약간의(=some)」on a number of occasions 「몇 차례 걸쳐서」
cf. Numbers of(=A large number of) ships run between Korea and Japan. 「많은 배가 한·일간을 왕래하고 있다.」
The number of cartons missing in the Pacific Ocean is unknown to date. 「태평양에서 실종된 상자 수는 현재까지 미상이다.」

② **compared with** : 「~와 비교해서」 cf. compared to 「~와 비유해서」
We are now comparing the prices and qualities of your commodities with those your competitors offered. 「당사는 지금 귀사 상품의 가격과 품질을 경쟁 회사들이 청약한 것과 비교하고 있는 중입니다.」

③ **agency** : 「대리점, 대리, 알선, 국(局)」 through an agency 「대리점을 통해서」 agent도 「대리점」의 뜻이지만 agency는 office 자체를 말할 때 쓰고 agent는 대인적인 경우에 쓰인다.
He will come to Korea to tap the possibility of opening an agency in Korea. 「그는 한국에서 대리점을 개설할 수 있는지 가능성을 타진하기 위해서 방한할 것이다.」
We are prepared to appoint you our Hong Kong agents at a commission of 5% on sales proceeds. 「당사는 귀사를 매출액의 5%의 수수료로 당사의 홍콩 대리점으로 임명할 용의가 있습니다.」

예시 9

상호계산거래로 전환제의

18th November 20____

Aries, Inc.
P.O. Box 3404
Monrovia Libera

Dear Sirs,

We have been well satisfied with your handing of our past orders and, as our business is growing, expect to place even larger orders with you in the future.

As our dealings have now extended over a period of nearly two years, we should be glad if you would grant us open-account facilities with, say, quarterly settlements. The arrangement would save us all the trouble and inconvenience of making numerous ① separate payments on invoice.

We can supply banker's and trade references ② should you want them.

Yours faithfully,
T.J. Smith
Sales Manager

요지 귀사와 거래를 해온지 거의 2년의 기간이 넘는 바 당사에게 상호계산, 즉 연 4회 결제의 편의를 베풀어 주시면 기쁘겠습니다.

용어해설

① **numerous**[nju:mərəs] : 「수많은, 다수의」
The arrangement would save us all the trouble and inconvenience of making numerous separate payments on invoice.
「이러한 약정은 당사로 하여금 송장금액에 대해 수없이 별도로 지급해야 하는 모든 고통과 불편을 제거해 줄 것입니다.」

② **banker's and trade references** : 「은행 및 동업자조회처」
We can supply banker's and trade references should you want them.
「귀사께서 원하시면 은행 및 동업자조회처를 제공해 드릴 수 있습니다.」

예시 10

지난번 서한에 대한 승낙

22nd November, 20_____

London Trading Co., Ltd.
69 Cannon Street
London, EC 4N 5AB
England

Dear Sirs,

Thank you for your letter of 18th November asking for the transfer① of your business from payment on invoice to open-account terms.

As our business relations with you over the past two years have been entirely satisfactory, we are quite willing to② make the transfer. We note that you will supply references if we need them, but in your case it will not be necessary.

We are pleased that you have been well satisfied with our past service and that expansion of your business is likely to lead to increased orders. You may rely upon ③ our continued efforts to give you the same high standard of service as in the past.

Yours faithfully.

요지 송금금액에서 상호계산조건으로 거래전환을 요구해 오신 11월 8일자 귀서한에 감사드리며 기꺼이 전환을 해 드리겠습니다.

용어해설

① **transfer**[trænsfə́ː] : 「전환, 양도, 전임 동 양도하다, 전임되다」
② **are willing to** : 「기꺼이~하다, ~할 용의가 있다」
③ **rely upon**(=on) : 「~을 믿다」

예시 11 결제연기의 요구

10th October, 20_____

Pan Korea Products Co., Ltd.
5, 1Ga, Myung Dong, Jung-Gu
Seoul 100-021, Korea

Dear Sirs,

I have received and checked your statement for the quarter ended 30th September and agree with the balance ① of £785.72 shown to be due.

Until now we have had no difficulty in meeting our commitments and have always settled our accounts with you promptly. We could have done so now but for the bankruptcy ② of an important customer whose affairs are not likely to be settled for some time. We should therefore be most grateful if you would allow us to defer ③ payment of your present account to the end of November. This would enable us to meet a temporarily difficult situation forced upon us by events that could not be foreseen.

During the next few weeks we shall be receiving payments under a number of large contracts and if you grant our request, we shall have no difficulty in settling with you in full when the time comes.

Yours faithfully,

요지 유력한 한 고객의 파산이 없었더라면 신속하게 결제를 할 수 있었을 텐데, 11월 말까지 계산을 연기해 주시면 매우 감사하겠습니다.

용어해설

① **balance**[bǽləns] : 「잔액, 차액, 잔고, 균형, 천평 동 차감하다, 결제하다」
and agree with the balance of £ 785.72 shown to be due.
「아울러 지급하셔야 할 것으로 보여 주신 785파운드 72펜스의 잔액에 동의하는 바입니다.」
We have still a balance of US$1,000 to your debit.
「당사는 아직도 귀사의 차변에 대해 미화 1천달러의 잔액이 있습니다.」상대방에 대해 채권이 있음을 뜻한다.」

② **bankruptcy**[bǽŋkrəpsi] : 「파산, 파탄 *cf.* bankrupt 동 파산시키다, 형 파산한, 지급능력이 없는, 명 파산자」
The company referred to in your letter went bankrupt last year owing to large losses.
「귀서한에서 언급한 그 회사는 막대한 손실로 인해서 작년에 파산하였습니다.」
Under the circumstances, bankruptcy of the house is very likely.
「이러한 상황하에서 그 회사의 파산이 거의 예상됩니다.」

③ **defer**[difə́ː] : 「연기하다, 뒤로 미루다」 defer payment of your present account to the end November. 「현재의 계산을 11월 말까지 연기하다.」
cf. deferred payment 「연지급」

예시 12 지난 번 서한에 대한 승낙

5th November
Farco London Ltd.
59, Victoria Road
Surrey, KT 6 4NQ
England

Dear Sirs,

I am replying to your letter of 10th October asking us to extend the time for payment of the amount due on our statement for 30th September. In the special circumstances ① you mention, and because of the promptness with which you have always settled with us in the past, we are willing to grant the extension and look forward to receiving your cheque in full settlement ② by 30th November

Yours faithfully,

요지 9월 30일자 당사의 계산서에서의 대금결제시기 연장을 요구하신 10월 10일자 귀 서한에 회신하오며 11월 30일까지는 전액결제분의 수표를 보내주시기 고대합니다.

용어해설

① **circumstances**[sə́:kəmstənsiz] : 「(보통 복수로 써서) 사정, 상황, 환경, 형편, 사건」
in the special circumstances you mention. 「귀사가 말씀하시는 특별한 상황하에서는」 In(=Under) no circumstances, inferior goods should not be inserted in your next shipment.
「어떤 경우라도 귀사의 다음 번 적송품 중에 불량품이 삽입되어서는 안됩니다.」

② **in full settlement** : 「전액결세로」
We enclose a check for C$2,000.00 in settlement for your sample.
「귀사의 견품대금을 결제하기 위해 캐나다 달러 2천불의 수표를 동봉합니다.」
We have drawn at sight on you in settlement of the invoice amount.
「송장금액의 결제로 귀사 앞으로 일람출급 환어음을 발행하였습니다.」
in payment for나 in payment of도 같이 쓰이나 of 다음에는 금액, 청구서, 계산서 등이 오고 for 다음에는 상품, 견품, services와 같은 단어가 주로 온다.
a check in payment for your services rendered
「베풀어 주신 서비스의 대가를 지급하기 위한 수표」

예시 13 신용조회신청양식 기입후 반송요구

18th June, 20_____

Power Plant Ltd.
WEST SUSSEX
RH10 2JY

Dear Sirs,

We thank you for your order, No. 526 of 15th June, for nylon bedspreads and pillow cases. ① You can expect delivery in about two weeks' time. Meanwhile, as your name does not appear on our books and as we should like you to take advantage of our usual credit terms, we should be glad if you would complete ② the enclosed credit application form and return it to us at once.

You will find that our nylon products are of the very highest quality and we feel sure you will be satisfied with them.

We look forward to receiving your further orders and hope that this, our first transaction together, will mark the beginning of a pleasant business connection.

Yours faithfully,

요지 귀사의 주문에 감사드리고, 귀사께서 당사가 통상적으로 하고 있는 신용거래조건을 이용해 주시면 좋겠으며 동봉해 드린 신용조회신청양식을 기입해서 즉시 당사에 돌려주시기 바랍니다.

용어해설

① **nylon bedspread and pillow cases** : 「나일론으로 만든 침대보와 베갯잇」

② **complete**[kəmplíːt] : 「완성하다, 끝내다 형 충분한, 완전한, 완성된
if you would complete the enclosed credit-application form
「동봉해 드림 신용조회신청양식을 다 기입해 주신다면」
cf. a complete set of Bills of Lading 「선화증권 전통」 선화증권은 보통 원본(original)을 3통 발행하는데 이 3통을 모두 전통(complete set 또는 full set)이라고 한다.

예시 14 지난번 서한에 대한 회신

20th July, 20_____

West Trading Co.
C.P.O. Box 2514
Seoul, Korea

Dear Sirs,

Thanks you for your courteous ① letter of 18th June. As we fully expect placing further orders, we should like to take advantage of your offer of credit facilities. We quite understand the need for references and have completed and now return your credit application form giving the names and addresses of two well-known firms with whom we have had dealings for many years, and also the name and address of our bankers. ②

We note that we may expect delivery by the end of this month of the goods already ordered and look forward to receiving them in good time. ③

Yours faithfully,

요지 6월 18일자 귀서한에 감사드리고 귀사가 제의한 신용제도의 이점을 얻기 위하여 당사가 거래해 온 유명한 2개의 회사와 당사의 거래은행의 이름과 주소를 기재하여 신용조회신청양식을 완성해서 보내며, 주문품을 이 달 말까지 인도받을 수 있을 것으로 알고 있습니다.

용어해설

① **courteous**[kə́ːtiəs] : 「예절바른, 공손한, 친절한 your courteous letter of 18th June「6월 18일자 귀사의 친절한 서한」 지난번 서한에서 신용거래조건의 거래를 고맙게 여기는 의미에서 courteous letter라고 한 것으로 사료되나 특별한 경우가 아니고는 courteous kind esteemed 등은 hackneyed expression이므로 빼버린다.
② **our bankers** : 「당사의 거래은행」또는 our bank 라고도 한다.
③ **in good time** : 「호기에, 적기에, 좋은 때에」

예시 15 은행조회처에 신용조회의뢰

18th September, 20_____

The Manager
Barminster Bank, Ltd.
LONDON, EC2Y 5BP

Dear Sir,

The Colston Engineering Co., Ltd., London, have asked for a standing credit ① of £ 1,000 but as our knowledge of the company is limited to a few months' trading on a cash-on-invoice basis, ② we should like some information about their financial and credit standing before dealing with their request.

The only reference they give us is that of their bankers-the National Bank of Nigeria, Ibadan. We shall be most grateful for any infomation you can obtain for us.

Yours faithfully,

요지 The Colston Engineering Co., Ltd.가 1천파운드의 고정신용대부액을 요구해 왔는 바 동사에 대한 재정 및 신용상태에 관한 정보를 알고 싶습니다.

용어해설

① **a standing credit**(=a credit of fixed amount) : 「고정신용대부액」언제나 외상의 상태로 유지될 수 있는 대부한도액이다.

② **on a cash-on-invoice basis** : 「송장상환급조건」이와 관련하여 주로 국내 거래의 지급조건에는 아래와 같은 것들이 있다.

· CWO : cash with order 「주문시 현금지급」
· COD : cash on delivery 「현금상환도」
· spot cash 「거래와 동시에 현금지급」
· prompt cash 「4~5일내에 즉시 현금지급」
· 3/10 E.O.M(=End of Month) 「월말 후 10일내 지급시 3% 할인」
· 5% 5 days 「5일내 지급시 5% 할인」
· net cash 「정미 현금지급」

예시 16 지난번 서한에 대한 정보제공

3rd October, 20____

Sungchang Plywood Co., Ltd.
I.P.O. Box 2974
Seoul, Korea

<u>private and confidential</u>

Dear Sirs,

We have now received from the National Bank of Nigeria the information asked for in your letter of 18th September. The company you mention is a private company ① run as a family concern ② by three brothers and was founded ③ fifteen years ago. It enjoyed a good reputation. As far as our information goes it is punctually meeting its commitments and a credit in the sum you mention would seem to be safe.

This information is strictly confidential and is given without any responsibility on our part.

Your faithsully,

요지 The National Bank of Nigeria에서 요구하신 정보를 입수하였는 바 동사는 가족이 운영하고 있는 개인회사이며 호평있고 언급하신 신용대부금액은 완전할 것 같습니다.

용어해설

① **a private company** : 「개인회사」 *cf.* private account 「개별계정」 개인이 개설한 은행예금계정

② **concern**[kənsə́:n] : 「회사, 상사, 영업, 관계 동 관계하다, 관여하다」
a private company run as a family concern by three brothers
「3형제에 의해 가족회사로 운영되고 있는 개인회사」
여기서 run은 과거분사로서 형용사임.

③ **found**[faund] : 「창설하다, 세우다, 기초를 두다」
and was founded fifteen years ago 「또한 15년 전에 창립되었습니다.」

예시 17 타자기 주문과 함께 동업자조회처 제공

23rd February, 20_____

Kyungbang Typewriter Co., Ltd.
C.P.O. Box 2845
Seoul, Korea

Dear Sirs,

Thank you for the catalogue and price-list received earlier this month. We now have pleasure in sending you a first order for ten thousand "CLOVER" portable ① typewriters, elite ② type, grey finish, at your list price of £35.50 less 25%, on your usual terms of payment.

One thousand of these machines are needed for early delivery to customers and, as we understand you have the machines in stock, ③ we should be glad if you would send them to reach us by the end of next week. We hope this will leave enough time for you to take up ④ references with the following firms, with both of which we have had dealings over many years

B. Kisby & Co., Ltd., 28-30 Lytham square,
Liverpool, 13 ;
The Atlas Manufacturing Co., Ltd., Century House,
Bristol, 5

Yours faithfully,

A.R. Mint
President

요지 통상적인 귀사의 결제조건으로 35파운드 50펜스의 정가에서 25% 공제하여 소형활자 회색의 휴대용타자기 "CLOVER" 1만대에 대한 첫 주문서를 보내 드리니 다음달 말까지 도착하도록 동품을 보내 주시기 바랍니다.

용어해설

① **portable**[pɔ́:təbl] : 「휴대용의, 운반할 수 있는」 portable typewriter 「휴대용타자기」

② **elite**[eilí:t] : 「엄선된 사람(들), 정예」 프랑스어로 쓰면 élite이다.
elite type 「소형활자」 타자기를 활자(type)의 크기에 따라 분류하면 pica [paikə] type(표준형 활자)와 elite type(소형활자)로 분류할 수 있는데, pica type는 가로 1인치에 10글자(ten characters)를 찍을 수 있는 활자의 크기를 말하며 elite type는 가로 1인치에 12글자(twleve characters)를 찍을 수 있는 활자의 크기를 말하며 이것을 micro pitch라고도 한다.

③ **stock** : 「재고(품), 주(株), 가축, 동 저장하다, 사들이다」
as we understand you have the machines in stock
「그 기계가 재고중인 것으로 알고 있으므로」
Owing to an influx of increasing orders, our stocks are nearly exhausted. 「날로 증가하는 주문의 쇄도로 인해서 당사의 재고품은 거의 바닥이 나 버렸습니다.
We have a stock on hand of several thousand dozen in each item.」
「명 품목에 있어서 수천 다스씩 재고품을 보유하고 있습니다.」
We can provide the quantity you asked for from stock.
「재고에서 요구하신 수량을 공급해 드릴 수 있습니다.」

④ **take up A with B** : 「B에 A를 조회해 보다, 이야기하다」
take up references with the following firms. 「다음 회사들에 신용조회를 해보다」
a crane taking up container boxes
「컨테이너 상자들을 들어올리고 있는 기중기」
Such packing might take up water or moisture. 「그러한 포장은 수분이나 습기가 스며들 수도 있습니다.」
We have taken up this line of products.
「당사는 이 분야의 제품에 종사하여 왔습니다.」
The crate takes up too much ship's space.
「그 나무상자는 선복을 너무 많이 차지합니다.」
The client seems to be very much taken up with your quality samples.
「그 고객은 품질이 좋은 귀사의 견품에 매우 관심이 있는 것 같습니다.」

예시 18

신용조회처를 제공하면서 상호계산제의

21st January, 20_____

Samdo Mulsan Co., Ltd.
K.P.O. Box 2122
Seoul, Korea

Dear Sirs,

I am pleased to enclose a cheque for £ 513 in full settlement of your invoice No. 826 for the stereo ① tape recorders supplied earlier this month.

My directors have good reason to believe that stereo recorders will be a popular selling line in this part of the country and, as we expect to place further orders with you from time to time, ② we should be glad if you would arrange to provide open-account facilities on a quarterly basis. ③

For information concerning our credit standing we refer you to Barclays Bank, Ltd., 25-27 The Arcade Southampton.

Yours faithfully,

A.H. Reagen
President

요지 귀사의 송장 제826호에 대한 전액결제로 금액 513파운드의 수표를 동봉하오며 귀사에 때때로 더 주문할까 하오니 연 4회 결제조건으로 상호계산 편의를 제공해 주시면 좋겠으며 Barclays Bank, Ltd.에 신용조회 바랍니다.

용어해설

① **stereo**[stériou, stíəriou] : 「입체음(=sound coming from two directions) the stereo tape recorders[rikɔ́:də] 입체음향방식 테이프 녹음기

② **from time to time** : 「이따금, 때때로(=occasionally, now and then)」

③ **on a quarterly basis** : 「연 4회 결제조건으로」 quarterly는 「3개월마다의, 3개월마다」와 같이 형용사 및 부사로 쓰이며 이와 같이 쓰이는 것에는 yearly, monthly, weekly, daily, hourly 등이 있다. annual 형, annually 부, semi-annual 「반년마다」의 semi-weekly 「반주마다의」

예시 19

불리한 정보제공

3rd October, 20____

Sunshine Wig Co.
384, Hannam-Dong, Yongsan-Gu
Seoul, Korea

Dear Sirs,

We have now received from the National Bank of Nigeria information concerning the company referred to in your letter of 18th September. This is a private company run as a family concern and operating ① on a not very large scale.

More detailed information we have received suggests that this is a case in which we would advise ② caution. You will of course treat this advice as strictly confidential.

Yours faithfully,

K. Onum
Vice president

요지 9월 18일자 귀 서한에서 조회하신 회사는 가족회사로 운영되고 소규모로 경영하고 있는 개인회사이며 당사가 주의를 주고 싶은 경우입니다.

용어해설

① **operate**[ɔ́pəreit] : 「경영하다, 운전하다, 조정하다, 작용하다, (약) 효과 있다」
a private company run as a family concern and operating on a not very large scale 「가족회사로 운영되고 소규모로 경영하고 있는 개인회사」
As machinery in our factory is operating day and night(As machines in our factory are operating day and night), we can fill your order as scheduled. 「당 공장에 기계류가(기계들이) 밤낮으로 가동중이므로, 계획대로 귀 주문을 조달해 드릴 수 있습니다.」
The ABC Company operates five factories and a coal mine in Korea. 「ABC 회사는 한국에서 5개의 공장과 1개의 탄광을 경영하고 있습니다.」
The veterinary surgeon decided to operate on the animals shipped by

the s.s. “KOREANA” 「그 수의사는 증기선 코리아나 호편으로 적송되어온 동물을 수술하기로 하였다.」

② **advise**[ədváiz] : 「충고하다, 권고하다, 조언하다, 알리다」

a case in which we would advise caution 「당사가 주의를 주고 싶은 경우」명사는 advice이다.

advise A to+동사 「A로 하여금~하도록 권하다, 충고하다」 advise A of B 「A에게 B를 알리다」 B가 절일 때는 of를 생략한다.

We advise you not to do business with the firm referred to in your letter of May 5. 「5월 5일자 귀 서한에서 조회하신 귀사와는 거래하지 않도록 조언합니다.」

Please advise us of the dispatch of the merchandise.(=Please advise when the merchandise is dispatched

「그 상품이 언제 발송되는지 당사에게 알려주시기 바랍니다.」

예시 20 주의를 주는 정보제공

18th February, 20____

Daehwa Mulsan Co., Inc.
C.P.O. Box 2723

Dear Sirs,

We have completed our enquiries concerning the firm mentioned in your letter of 10th February and regret that we must advise you to regard ① their request for credit with caution.

About a year ago an action was brought against the firm by one of its suppliers for recovery of sums due, ② though payment was later recovered in full.

Our enquiries reveal nothing to suggest that the firm is not straightforward. On the contrary, ③ the firm's difficulties would seem to be due to bad management and in particular to overtrading. ④ Consequently, most of the firm's suppliers either give only very short credit for limited sums, or make deliveries on a cash basis.

This information is of course supplied in the strictest confidence.

Yours faithfully.

요지 2월 10일자 귀 서한에서 언급하신 회사에 관하여 동사의 신용공여에 대한 요구를 주의를 가지고 대하시기 바라며 부실한 경영과 특히 외상매입거래에 기인하여 회사가 어려운 상태에 있는 것 같습니다.

용어해설

① **regard**[rigáːd] : 「대하다, 간주하다, 존중하다, 주의하다 명 주의, 존경」
regard their request for credit with caution
「동사의 신용공여에 대한 요구를 주의를 가지고 대하다」
in regard to ; with regard to ; as regards ; regarding 「~에 관하여, 대하여」
telex문에서 「RGDS」와 「TKS」가 많이 쓰이는 데 「RGDS」는 「REGARDS」, TKS」는 「THANKS」의 약어인 바, 「RGDS」는 이만 줄인다는 뜻으로 문장 말미에 쓰고 「TKS」는 감사의 뜻으로 문장 서두와 말미에 모두 쓰인다.

② **due**[djuː] : 「지급해야 할, 만기가 된, 기인한, ~예정인」
cf. dues 「요금, 세금, 회비」 dock dues 「부두사용료」
When is the steamer due at the port?
「그 배는 항구에 언제 도착할 예정입니까?」
The damage is due to your careless packing according to the surveyor's report 「감정인의 보고에 의하면 그 파손은 귀사가 포장을 잘못해서 발생하였습니다.」

③ **on the contrary** : 「반대로, 역으로」

④ **overtrading** : 「외상매입거래(=trading, especially buying on credit beyond one's means」 자금력의 한계를 벗어나 외상으로 사들이는 초과거래를 말한다.

Useful Expressions

물품공급업자의 신용조회처 요구
Supplier's requests for references

A. Opening Clauses

1. Subject to satisfactory references we shall be glad to provide the open account facilities asked for in your latter of…….
신용조회처가 만족할 것을 조건으로 ~일자 귀 서한에서 요구하신 상호계산 편익을 기꺼이 제공하겠습니다.
2. We were pleased to receive your order of…… and shall be glad to open an account with you if you will supply us

with { the names and address of your bankers. / the usual trade references. / a satisfactory reference. } ~일자 귀 주문을 접수하였으며

{ 귀사의 거래 은행명과 주소 / 일상의 동업자조회처 거래 / 만족스런 조회처 } 를 제공해 주시면 기꺼이 개설을 하겠습니다.

3. We shall be glad to accept your order of…… for immediate shipment should you send us references.
   당사에게 신용조회처를 보내 주시면 즉시선적조건으로 ~일자 귀 주문을 기꺼이 수락하겠습니다.

B. Main Clauses

1. To enable us to take up the usual references we should be glad if { you would let us have the names of two firms with whom you have had regular dealings. / send us the name and address of your bankers. }
   일상적인 신용조회를 할 수 있도록 { 단골거래를 해 오신 그 회사명을 알려주시면 / 귀사의 거래은행명과 주소를 보내주시면 } 기쁘겠습니다.

2. Subject to your providing satisfactory references we shall be glad to enter into business relations with you.
   만족스런 신용조회처를 제공해 주실 것을 조건으로 귀사와 거래관계를 기꺼이 맺겠습니다.

3. It is our practice to ask all new customers for references and we shall be pleased should you submit these as soon as possible.
   모든 새로운 고객들에게는 신용조회처를 요구하는 것이 당사의 관례인 바 가능한 한 곧 제출해 주시면 감사하겠습니다.

C. Closing Clauses

1. Any information you may give us will be held in strict confidence.
   제공해 주시는 어떠한 정보도 극비로 취급하겠습니다.

2. Any information you may grant us will be treated in strict confidence.
   제공해 주시는 어떠한 정보도 극비로 취급하겠습니다.

고객의 신용조회처 제공
Customers supply references

A. Opening Clauses

1. As requested in your letter of…… we are pleased to
   - give below the names of two dealers to whom you may refer.
   - refer you to our bankers (name and address of a bank).

   ~일자 귀 서한에서 요구하신 대로
   - 조회하실 수 있는 그 업자 이름을 아래에 제시합니다.
   - 당사의 거래은행인 ~에 조회하십시오.

2. Many thanks for your letter of……. For information concerning our credit standing, please refer to…….
   ~일자 귀 서한에 매우 감사드리며 당사의 신용상태에 관한 정보에 대해서는 ~에 조회하십시오.
3. We have completed and now return the credit application form received with your letter of…….
   ~일자 귀 서한과 함께 받은 신용정보신청양식을 다 기입하여 이에 반송해 드립니다.

B. Main Clauses

1. Should you wish to take up references.
   - Please refer to…….
   - we refer you to…….
   - the following firms will be pleased to answer your enquiries.

   신용조회를 하시려면
   - ~에 조회하십시오.
   - ~에 조회하십시오.
   - 아래 회사가 귀 조회에 응해 드릴 것입니다.
2. For information as to our financial standing, we refer you to our bankers.(name and address of a bank)the following firms.

   당사의 재정상태에 관한 정보는 {당사의 거래은행인 / 다음 회사들} ~에 조회하십시오.

3. We give below the names of { two firms who are willing to supply the information you need. / several dealers to whom you may refer for further information. }

귀사가 필요로 하는 정보를 기꺼이 제공해 드릴 두 회사의 / 더 많은 정보에 대해 조회하실 수 있는 몇몇 업자들의 } 이름을 아래 제시합니다.

C. Closing Clauses

1. We hope that beneficial business relations would be established upon taking up references.
   신용조회를 해보시고 유익한 거래관계가 수립되길 바랍니다.
2. Any expense to be incurred in connection with the matter, please charge to our account.
   그 문제에 관련하여 발생되는 어떠한 비용도 당사의 계정에 청구하십시오.

〈물품공급업자의 신용조회〉

Suppliers take up references

A. Opening Clauses

1. The ABC Company has referred us to you for information concerning its credit standing.
   ABC 회사는 동사의 신용상태에 관한 정보에 대해서 귀사에 조회해 보라고 하였습니다.
2. We have received a large order from…… and should be grateful for any information you can give us regarding their credit standing.
   ~에서 대량주문을 받았는 바 동사의 신용상태에 관해 어떠한 정보든지 보내 주시면 감사하겠습니다.
3. Your name and address have been given to us by the ABC Company as a bank reference.
   ABC 회사는 은행조회처로서 귀은행명과 주소를 알려 왔습니다.

B. Main Clauses

1. We should appreciated if you would obtain reliable information for

us as to …….
~에 관해 당사에게 확실한 정보를 입수해 주시면 감사하겠습니다.

2. We shall appreciate your giving us information regarding.
   - the standing of the firm.
   - their commercial position.
   - their solvency
   - their management and financial status.
   - the reputation for paying bills.

동사의 신용상태 영업상태 지급능력 경영 및 재정상태 어음대금지급에 관한 평판	에 관한 정보를 제공해 주시면 감사하겠습니다.

3. We shall be much obliged if you will let us know in confidence whether you found the firm a thoroughly reliable one or not.
   귀사께서 그 회사가 전적으로 신뢰할 만하다고 보시는지 여부를 비밀로 알려 주시면 감사하겠습니다.

C. Closing Clauses

1. Your reply (or answer) will be held strictly confidential.
   귀사의 회신은 극비로 취급하겠습니다.
2. You are assured of our discretion in treating your information.
   귀사의 정보를 신중히 다룰 것을 확약합니다.
3. Any information you may give us will be kept as strictly confidential.
   당사에게 제공해 주시는 어떠한 정보도 극비로 다루겠습니다.

〈신용조회에 대한 회답〉

Replies to references taken up

A. Opening Clauses

1. We welcome the opportunity to report favourably on The ABC Company.
   ABC 회사에 관해 유리하게 보고해 드릴 기회를 갖게 되어 기쁩니다.

2. In reply to your letter of…… we can thoroughly recommend you the firm you enquire about.
~일자 귀 서한에 대한 회답으로 귀사가 문의하신 회사를 전적으로 추천해 드립니다.
3. The firm about which you enquired in your letter of…… is not well known to the business circles in our district.
~일자 귀 서한에서 문의하신 그 회사는 당 지역의 실업계에서는 잘 알려지지 않고 있습니다.
4. Concerning the firm mentioned in your enquiry of……, we are of opinion that they may be rated as A 1 and would not run the least risk in doing business with the firm.
~일자 귀 조회에서 언급하신 회사에 관하여 당사는 동사가 제1급의 회사로 평이 나 있으며 동사와 거래하시는데 조금도 위험이 없으리라는 의견입니다.
5. We are pleased to report on the firm referred to in your letter of…… as follows :
~일자 귀 서한에서 언급하신 회사에 관해 아래와 같이 보고 드립니다.

B. Main clauses

1. The firm was established in…… as General Importers and Exporters of garments, with an authorized capital of ₩100,000,000 fully paid-in.
그 회사는 1억원의 수권자본을 전액 납입하여 의류의 일반 수출입업자로서 ~년에 설립되었습니다.
2. Their business policy has been very aggressive, and have wide and close connections with the manufacturers here.
동사의 영업방침은 매우 진취적이었으며 당지의 제조업자들과 폭넓고 긴밀한 관계를 가지고 있습니다.
3. The firm has maintained a current account with us for more than eight years always to our satisfaction and their latest financial statements are enclosed for your information.
그 회사는 8년 이상이나 당사가 항상 만족할 정도로 당사와 당좌거래를 유지해 왔으며, 동사의 최근 재무제표를 참고로 동봉해 드립니다.
4. According to our records, the total volume of their exports for the past year stands at high ten figure proportions in Won currency.
당사의 기록에 의하면 동사의 작년 총 수출량은 70~90억대에 이릅니다.

* high : 7, 8, 9 medium : 5, 6 moderate : 3, 4 low : 1, 2

5. Their annual sales are estimated at the amount of $…… and their payments have been often irregularly made.
   동사의 연 매출액은 금액 ~달러로 추정되며 대금지급은 가끔 불규칙적으로 이루어졌습니다.
6. We would, therefore, advise you to regard them caution when dealing with them.
   그러므로 동사와 거래하실 때에 주의를 가지고 대하시기 바랍니다.

C. Closing Clauses

1. Please note that this information is furnished without any responsibility on our part.
   이 정보에 대해 당사측에서는 아무런 책임을 지지 않음을 유의하시기 바랍니다.
2. It is understood that this information is given in confidence and without any liability on our part.
   물론 이 정보는 비밀로 제공해 드리며 당사측에 하등의 책임을 지지 않습니다.
3. We regret that we can not supply you with any favourable data regarding the firm.
   그 회사에 관한 어떤 유리한 자료도 제공해 드리지 못함을 유감스럽게 생각합니다.

연습문제

1. 동봉해 드린 최근의 동사 대차대조표에서는 자전거 및 어린이용 자전거류의 동사의 수입거래가 만족스런 상태로 운영되어 왔음을 보여 주고 있습니다.

   힌트 대차대조표 : balance sheet, 운영되어 오다 : be managed and operated

2. 동사가 당 지역의 지방도매업자들 사이에 호평을 받고 있는 것은 성실하고도 착실한 영업수행태도의 덕분이라고 믿는 바입니다.

   힌트 A는 B의 덕분이다 : (they) owe A to B, 성실하고도 착실한 : steady and sincere

3. 첨부한 양식의 공란을 채우거나 체크해서 동봉한 봉투에 넣어 반송해 주심으로써 표제의 회사에 관한 재정상태와 신뢰도에 관한 귀사의 견해를 제공해 주시면 감사하겠습니다.

   힌트 표제의 회사 : the captioned firm
   A에게 B를 제공하다 : furnish(provide ; supply)A with B

4. 조회하신 회사는 1984년에 설립되었습니다. 그 이래 민병수 사장은 간부사원들의 긴밀한 협조로 그의 사업을 현재의 위치로 서서히 끌어 올렸습니다. 현재 그의 회사는 관계시장에서 광범위한 시장을 확보하고 있습니다.

   힌트 서서히 끌어 올리다 : level up gradually
   광범위한 시장을 확보하다 : command a large share of trade

5. 당사의 기록에 의하면 조회하신 회사는 거래를 개설한 이래 당사의 청구서에 대해 틀림없이 지급해 왔습니다. 당사가 안심하고 줄 수 있는 월간 신용한도는 약 5천달러입니다. 거래에 대한 성실한 태도와 상업활동은 매우 경의를 표할 만합니다.

   힌트 틀림없이 청구서에 대해 지급하다 : never fail to meet our bills
   A는 매우 경의를 표할 만하다(가치가 있다) : A merit high esteem

6. 계정의 결제에 관하여 그 회사와의 쓰라린 경험을 당사는 생생히 기억하고 있습니다. 이곳의 풍문에 의하면 그 회사는 최근에 힘에 벅차는 투기적 거래를 시작하였습니다.

   힌트 쓰라린 경험 : the bitter experience
   힘에 벅차는 : beyond their capacity

7. 당사는 그들이 주로 어떤 업종에 종사하고 있으며 지불능력에 대한 귀사의 솔직한 견해 및 귀사에서 받고 있는 전반적인 평판에 관해 특히 알고 싶어합니다.

힌트 ~에 종사하다 : be engaged in
지불능력 : financial responsibility

8. 귀사께서 동사가 신뢰할 만하며 재정상태가 확고하다고 여기시는지 여부를 통지해 주시면 매우 고맙겠습니다. 귀사께서 제공해 주시는 여하한 정보도 극비로 취급하겠습니다.

힌트 여기다 : consider ; regard as
극비로 : as strictly confidential ; in strict confidence

9. 전에 대리점을 해왔던 한 독일회사의 이름과 주소를 제공해 드립니다. 그 회사는 신뢰할 만한 정보, 가령 동사의 판매대리점으로서 당사가 올린 성과에 만족했었는지 여부 등을 틀림없이 제공해 드릴 것입니다.

힌트 대리점을 해 왔던 : whom we used to represent
틀림없이 ~하다 : be sure to~

10. 은행 소식통들은 신용공여를 포함하여 동사가 흡족한 거래를 해왔다고 보고 있습니다. 한 은행은 5～6만 달러 정도의 잔액이 유지되어 왔다고 말합니다.

힌트 은행 소식통들 : banking sources
5~6만달러 정도의 잔액 : a medium five figure balance

Chapter 04

조회 및 회답

(Inquiries and Replies)

Chapter 04

조회 및 회답(Inquiries and Replies)

Inquiry는 영국에서는 Enquiry라고 쓰며 이 모두 「조회, 문의」라고 번역한다. 여기서의 Inquiry는 Credit inquiry와는 달리 Business inquiry 또는 trade inquiry를 뜻하며 이를 생략해서 보통 inquiry라고 부르므로 거래조회를 의미하고 있다. Inquiry는 일반적으로 Buyer가 Seller에게 상품 매입에 필요한 전반적인 정보, 상품목록(catalogue), 가격표(price-list), 견품(sample), 견적서(quotation), 수량(quality), 인도날자(date of delivery), 보험(insurance) 및 지급조건(terms of payment) 등에 대해 문의하는 것으로 주문을 위한 예비교섭단계이다.

조회서신을 작성함에 있어서는 다음의 원칙을 따라야 한다.

첫째로, 귀하가 문의하고자 하는 질문부터 시작하시오. 그러면 독자는 이 조회서신에서 요구하는 내용을 즉시 파악하게 될 것이다.

둘째로, 귀하의 요구사항을 서술적으로 기재하지 말고 의문문 형식으로 기재할 것이다.

셋째로, 조회서신은 간단 명료한 표현으로 요점을 밝힌다. 즉, 꼭 기재할 사항만을 말하고 끝을 맺어야 한다.

한편 회신에서는, 첫째 상대방의 Inquiry에 명시된 사항을 재확인하고, 둘째 catalogue, Price-list 등을 보낼 때 내용을 추가 설명하고, 셋째 조속한 주문을 하도록 시일을 알리고 거래를 이룩해 보자는 호의적인 문장으로 끝을 맺는다.

Model Letters

예시 1 손목시계에 대한 가격 및 명세서

8th April, 20_____

Kamal Sinno
P.O. Box 6572
Beirut, Lebanon

Dear Sirs,

Some years ago we bought from you a consignment of wrist watches in stainless ① steel case, with unbreakable glass. We are interested to know whether you are still making watches of this type and, if so, should be glad to have particulars, including prices for quantities of not less than two gross.(2) We should require delivery within four weeks of order.

Yours faithfully,

요지 스테인레스 강철 케이스로 된 손목시계 2그로스 이상의 수량에 대한 가격 및 명세서를 보내 주시기 바랍니다.

용어해설

① **stainless**[stéinlis] : 「녹슬지 않는, 명백한」 a consignment of wrist watches in stainless steel case. 「스테인레스 강철케이스로 된 손목시계의 위탁판매품」

② **gross**[grous] : 「그로스」 1그로스는 12dozen에 해당하며 144 pieces에 해당한다. 단수, 복수 모두 gross이다.

예시 2 전 서한에 대한 회답

Angel Co. Ltd.
Thomas Street
Manchester MA6 2QA

England

Dear Sirs,

Thank you for your enquiry of 8th April.

We are still making watches of the type referred to and welcome the prospect of your renewed custom. Owing to(1) thc increased demand for them, we can now offer these watches in a wider range than when you placed your last order.

For quantities of not less than two gross of each type our prices c.i.f. Manchester(2) are from $90 per (3) dozen for the "Popular" to $240 per dozen for the "Aristocrat". These prices are subject to a trade discount of 40% on the ex(4) works(5) cost.

The enclosed booklet contains details of all our watches and will enable you to make a suitable selection. For all types we can promise delivery well within the period of four weeks mentioned in your letter.

yours faithfully

요지 언급하신 형태의 시계를 계속 제조하고 있으며 2그로스 이상의 수량에 대한 맨체스터 도착운임보험료포함가격은 타당90달러(Popular시계)에서 240달러(Aristocrat 시계)까지이며 공장인도가격에 대해서는 40 %의 업자할인을 해 드립니다.

용어해설

① **Owing to** : 「~때문에」 (= because of ; due to ; on account of) *cf.* owing 「빚지고 있는」(= still to be paid)
The company, as far as we know, have paid all that was owing-그 회사는 당사가 알기로는 지불할 것을 다 지불해 왔습니다.
There are large sum still owing. 「거액을 아직 빚지고 있습니다.」
They owe us 1,000(= They owe 1,000 to us).
「동사는 당사에 1천 파운드의 빚이 있습니다.」

② **c.i.f. Manchester** : 「맨체스터 도착운임보험료포함가격」

③ **per** : 「~마다 ~으로」 per dozen 「1다스당, 타당」 per annum[ǽnəm] 「매년」 per diem 「매일」 per pound 「1파운드당」 per s.s."Miss Korea" 「미스코리아 호 편으로」 as per 「~에 의하여」

④ **ex~** : 「로부터(의)」(= from ; out of) on the ex works cost 「공장인도가격에 대해서는」 ex works(= factory ; mill ; plant) 「공장인도가격(조건)」 ex ship 「착선인도가격(조건)」 ex dock(= quay ; warf ; pier) 「부두인도가격(조건)」

예시 3 **침대보 및 베갯잇에 대한 조회**

15th January, 20_____

New Fabrics Industries
Queen's Road
OLDHAN OL4 2AX

Dear Sirs,

Messrs. Armstrong & Smith of Sheffield inform us that you are manufacturer of nylon bed-sheets and pillow cases. ① We would like you to send us details of your various ranges, including sizes, colours and prices, and also samples of the different qualities of material used.

We are large dealers in textiles and believe there is a promising market in our area for moderately priced goods of the kind mentioned.

When replying, please state terms of payment and discounts ② you would allow on purchases of quantities of not less than five gross of individual items. ③ Prices quoted(4) should include delivery at the above address.

Yours faithfully,

요지 Armstrong & Smith 회사로부터 귀사는 나일론으로 만든 침대보와 베갯잇의 제조업자라고 알려 왔으므로 각 종류, 크기, 색상, 가격에 대한 명세와 견품을 보내 주시기 바랍니다.

용어해설

① **nylon bed-sheets and pillow cases** : 「나일론으로 만든 침대보와 베갯잇」
② **discounts** : 「할인율, 할인액」
We would allow(= make ; grant) 5 % discount for cash.

「현금지급에 대해서는 5 % 할인을 해드리겠습니다」
A special discount will be made for the order of 2,000 doz. or more.
「2천타 이상의 주문에 대해서는 특별할인을 해 드립니다.」

③ **individual items** : 「개별 품목」

④ **quote**[kwout] : 「견적하다, 시세를 말하다, 값을 부르다, 인용하다」
This is the best price we can quote you.
이것은 귀사에게 제시할 수 있는 최저가격입니다.
Please quote us on the item you have in stock.
재고중인 품목에 대해서만 견적해 주시기 바랍니다.
cf. quotation 「시세, 견적(서), 가격」

예시 4 전 서한에 대한 회답

5th February, 20_____

Hansung Fiber Ind.,Co.
C.P.O. box 2112
Seoul Korea

Dear Sirs,

We were very pleased to receive your enquiry of 15th January and enclose our illustrated ① catalogue and price-list giving the details you ask for. Also by separate post ② we are sending you a full range of samples and, when you have had an opportunity to examine them, feel confident you will agree that the goods are both excellent in quality and very reasonable ③ in price.

On regular purchases in quantities of not less than five gross of individual items we would allow you a trade discount of 33 % and a special discount of 5% of net price for payment ④ within ten days from receipt of invoice.

Because of their warmth and softness, nylon bed clothes are rapidly becoming popular and after studying our prices you will not be surprised to learn that we are finding it difficult to meet the demand. But if you place your order not later than the end of this month, we would guarantee delivery within fourteen days of receipt.

We invite your attention to our other nylon products, details of which you will find in the catalogue, and look forward to receiving your first order.

Yours faithfully,

요지 귀사가 요구하시는 상품목록과 가격표를 보내드리며 또한 별도의 우편으로 광범위한 견품을 보내 드립니다. 이 달 말까지 주문해 주시면 접수일부터 14일내에 인도를 보장해 드립니다.

용어해설

① **illustrate**[íləstreit/iləs-] :「예시하다, 도해하다, 도화를 넣다」 illustrated catalogue「도해된 상품목록」

② **by separate post** :「별도의 우편으로」

③ **reasonable** :「저렴한, 알맞은」 very reasonable in price「가격이 매우 저렴한」

④ **net price for payment** : 「지급정가」 할인, 에누리, 수수료가 포함되지 않고 지급해야 할 총액을 말한다.

⑤ **invoice** :「송장, 송품장 동 송장을 작성하다」 송장은 상품에 대한 내용명세와 가격계산서 역할을 하며 seller가 작성하여 buyer에게 주는 서류이다. invoice는 크게 나누어 상품선적에 관련되어 발행되는 shipping invoice(선적 송장)와 buyer에게 매입에 필요한 가격안내를 위한 proforma[proufɔ:mə] invoice(견적용 송장)가 있다.

예시 5 장갑에 대한 목록요구

22nd August, 20_____

Panorama Co
41 King Street
MANCHESTER. M 60 2 HB
England

Dear Sirs,

We learn from Eastern Agencies of Seoul that you are producing for export hand-made ① gloves in a variety of natural leathers. ② There is a steady demand here for gloves of high quality and although sales are not particularly high, good price are obtained.

Will you please send us a copy of your glove catalogue, with details of your prices and terms of payment. I should find it most helpful if you could also supply samples of the various skins in which the gloves are supplied.

Yours faithfully

요지 Eastern Agencies에서 귀사가 각종 피혁으로 수출용 수세공을 제조한다는 것을 알게 되었으며 가격 및 결제조건에 대한 명세와 함께 장갑의 목록을 보내주시기 바랍니다

용어해설

① **hand-made** : 「수세공의, 손으로 만든」 for export hand-made glove 「수풀용 수세공 장갑」 cf. machine-made

② **natural leathers** : 「천연피혁」 in a variety of natural leathers 「각종 천연피혁으로」

예시 6 전 서한에 대한 회답

12th September, 20_____

Hyucksung Skins Corp
I.P.O. Box 1124
Seoul, Korea

Dear Sirs,

We welcome your enquiry of 22nd August and thank you for your interest in our products. A copy of our illustrated catalogue is being sent to you today, with sample of some of the skins we regularly use in our manufactures. Unfortunately, we cannot send you immediately a full range of samples, but you may take it that such leathers as chamois ① and doeskin, ② not represented in the parcel, are of the same high quality.

Mr. North, our overseas director, will be in seoul early next month and will be pleased to call on you. He will have with him a wide range of our manufactures and when you see them we think you will agree that the quality of materials used and the high standard of craftsmanship ③ will appeal to the most selective buyer.

We also manufacture a wide range of hand-made leather hand-bags in which we think you may be interested. They are fully illustrated in the catalogue and are of the same high quality as our gloves. Mr. North will be able to show you sample when he calls.

We look forward very much to the pleasure of receiving an order from you.

Yours faithfully,

요지 당사제품에 대한 귀사의 관심에 감사드리며 견품과 함께 도해된 목록을 보내 드립니다. 당사의 해외 담당관인 North씨가 다음 달 초 서울에 가 귀사를 방문할 것이며 주문을 고대하는 바입니다.

용어해설

① **chamois**[ʃǽmwɑː/ʃǽmi(미)] : 「샤모아, 섀가죽」 샤모아는 유럽과 남서아시아의 높은 산에서 살고 있는 조그만 염소모양의 동물인 영양을 말하며 이 영양,염소로부터 나온 가죽이 섀가죽이다.

② **doeskin**[dóuskin] : 「암사슴 가죽, 토끼(rabbit) 가죽, 산토끼(hare) 가죽」

③ **craftsmanship**[kráːftsmənʃip/krǽfts-] : 「솜씨, 기술, 기교」

예시 7 자전거에 대한 목록 및 가격표 요구

18th July, 20____

Daeyoung Bicycle Co., Ltd.
C.P.O. 2100
Seoul Korea

Dear Sirs,

Bicycle

Will you please send us a copy of your catalogue and current price-list for bicycles. We are interested in machines for both men and women, and also for children. We are the leading bicycle dealers in this city, where cycling ① is popular, and have branches in five neighbouring town. If therefore the quality of your machines is satisfactory and the prices are right, ② we expect to place regular orders for fairly large numbers.

Will you please say whether, in these circumstances, ③ you are able to allow us a special discount. This would enable us to maintain the low selling prices that have been an important reason for the growth of our business. In return, ④ we would be prepared to place order for a guaranteed annul minimum number of machines, ⑤ the figure to be mutually agreed.

Yours faithfully,

요지 당사는 남녀 및 아동용 자동차에 관심이 있는 바, 품질이 만족스럽고 가격이 적절하다면 대량으로 정기적인 주문을 하려고 하니 특별할인이 가능한지 말씀해 주시기 바랍니다.

용어해설

① **cycling** : 「자전거 타기」
② **right** : 「적당한, 적절한, 알맞은」
③ **in these circumstances** : 「이러한 상황하에서, 이러한 사정에서」
④ **in return** : 「대가로, 그 대신에, 보답으로」
⑤ **a guaranteed annual minimum number of machines** : 자전거에 대한 연 최저책임수량

예시 8

전 서한에 대한 회답

August 5, 20_____

Messrs. S. Kann Sons Co.
69 Cannon Street
San Francisco, CA
U.S.A

Dear Sirs

<u>Bicycle</u>

We were glad to learn from your letter of 18th July of your interest in our products and enclose the catalogue and price-list asked for. Also enclosed you will find details of our conditions of sale and term of payment.

We have examined your proposal to place orders for a guaranteed minimum number of machines in return for a special allowance ①, but after considering it carefully feel it would be better to offer you a special allowance on the following sliding-scale basis : ②

On purchases exceeding an annual total of :
USD1,000 but not exceeding USD2,500………………….3%
USD2,500 but not exceeding USD5,000………………….4%
USD5,000 and above ……………………………………….5%

No special allowance could be given on annual total purchases below USD1,000.

We feel that an arrangement on these lines would be more satisfactory to both of us than the one you propose.

We shall be glad to learn that you accept our proposal and subject to the usual trade references, ③ look forward to your orders.

Yours faithfully,

요지 요구하신 품목과 가격표를 동봉해 드리며 활척가격제로 가격할인을 제공해 드립니다.

용어해설

① **in return for a special allowance** : 「특별할인에 대한 보답으로」
② **sliding-scale basis** : 「활척가격제」 즉 매입수량에 따라서 가격을 조절해 주는 제도를 말한다. 원래 sliding scale이란 임금제도에서 물가의 변동에 따라 임금을 조절해 주는 제도. 즉 종가임금제(sliding scale plan)에서 생긴 용어이다.
③ **subject to the usual trade references** : 「일반적인 동업자신용조회처를(제공해 주는 것을) 조건으로 하여」

예시 9 가격인상의 통지

November 23, 20____

Daerim Ind. Co., Ltd
C.P.O. 2194
Seoul. Korea

Dear Customer,

Steadily rising prices over the past few years have been a matter of common experience ① and it will come to you as no surprise that our own costs have continued to rise with the general trend. ② Recent devaluation of the currency ③ has been an important factor ④ on raising the prices of imported raw ⑤ material, of which we are large users. A recent national wages award has added to our labour costs, increased still further by constantly rising overheads. ⑥

Until now we have been able to absorb ⑦ rising costs by economies in other directions, but now find that we can no longer do so. Increases in our prices are therefore unvoidable. The new prises will come into force on October 1 and revised price-lists are now being prepared. As soon as they are ready we shall be sending copies to all our customers.

We can only say now how sorry we are that these increases should have been forced upon us, but we can assure you that they will not amount to ⑧ an average of more than about five per cent. As general prices have risen by nearly ten per cent since the last previous issue of our price-list three years ago. We hope you will not feel that our own increases are unreasonable.

Yours faithfully,

요지 최근의 통화에 대한 평가절하는 수입원재료가격의 주요 상승요인이 되었고 국가의 임금에 대한 수당이 노무비에 추가된 바, 이로 인해 당사의 가격인상이 불가피하게 되었으니 평균 5% 이상은 이르지 않을 것을 약속드립니다.

용어해설

① **a matter of common experience** : 「보통 겪는 일」

② **trend**[trend] : 「동향, 추세 동 ~경향이 있다」 with the general trend 「일반적인 추세로」
The market here is enjoying an upward trend and we have no further stock available to offer at the same price.
「당지의 시황은 상승동향을 보이고 있으며 똑같은 가격으로 오퍼할 더 이상의 재고품이 없습니다.」

③ **devaluation of the currency** : 「통화의 평가절하」 일반적으로 inflation 등에 의해서 화폐가치가 떨어졌을 때 화폐가치를 안정시키기 위하여 다른 나라 통화와의 평가를 낮추는 것을 말한다.

④ **factor** : 「요소, 요인」

⑤ **raw**[rɔː] : 「가공하지 않은, 날 것의 , 미개의」 raw material 「원재료」 cf. raw cotton 「원단」 raw hide 「원피」 raw fish 「생선」 *생선회는 fresh fish이다.

⑥ **overheads** : 「경상비」 임차료, 월급, 전기, 광열비와 같이 영업수입상 고정적으로 지출되는 경비를 말한다.

⑦ **absorb**[əbsɔːb] : 「흡수하다, 융화하다, (주위를) 끌다」 absorb rising cost by economies in other direction 「상승비용을 다른 면을 절약함으로써 흡수하다」
Mr. Kim has been completely absorbed in foreign trade.
「김씨는 무역에 철저히 전념해 왔습니다」

⑧ **amount to** : 「(금액이 얼마에) 이르다, 달하다, ~와 같이」
Their debits amount to low ten figure proportions.
「그들의 빚은 10~20억대에 달합니다」

예시 10

벽보지에 대한 견적요구

3rd June, 20_____

Woodward Lothrop
85 Cheapside
LONDON, EC 3V 6AA
England

Dear Sirs,

Will you please quote for the supply of approximate ① 100 reams ② of good quality white poster paper suitable for auction ③ bills and poster work generally.

We require paper that will retain its white appearance after pasting ④ on walls and hoardings ⑤ and shall be glad if you will state your prices, including delivery at our works, ⑥ and send us samples. Delivery would be required within for weeks of order.

Yours faithfully,

요지 경매용 벽보와 벽보작업에 적합한 양질의 백색벽보지 약 100 리임의 공급품에 대한 견적서와 견품을 보내 주시기 바랍니다.

용어해설

① **approximately**[əprɔ́ksimitli] : 「약, 거의, 대개」 about의 뜻이므로 about로 바꿔 쓰는 것이 간결한 느낌을 준다.

② **ream**[riːm] : 「연, (복수) 많은 양」 1 ream은 영국에서는 480 sheets(short ream)이며, 미국에서는 500sheets(long ream) 에 해당한다.

③ **auction**[ɔ́ːkʃən] : 「경매, 공매, 동 경매하다」 auction bill 「경매용 벽보」 approximately 100 reams of good quality white poster paper suitable for auction bills and poster work generally.
「일반적으로 경매용 벽지와 경매작업에 적합한 양질의 백색 벽보지 약 100연」

④ **paste**[peist] : 「풀로 붙이다. 풀을 바르다」

⑤ **hoarding**[hɔ́ːdiŋ] : 「게시판, 광고판」 after pasting on walls and hoardings 「벽이나 게시판에 붙인 다음」, 미국에서는 게시판을 billboard라 한다.

⑥ **your prices, including delivery at our works** : 「당사 공장인도포함가격」

예시 11

전 서한에 대한 견적서 제공

4th July, 20_____

Hwasung Paper Corp.
C.P.O. Box 1214

Dear Sirs,

We thank you for your enquiry of yesterday and, as requested, enclose samples of different qualities of paper suitable for poster work and quote as follows :

A. 1 quality printing paper, white 15p per 1b. ①
A. 2 do 13p 〃
A. 3 do 11p 〃

These prices include delivery at your works.

All these papers are of good quality and quite suitable for poster work. We guarantee that they will not discolo(u)r ② when pasted.

We can promise delivery within one week from receiving order and hope you will find both samples and prices satisfactory.

yours faithfully,

요지 각종 재질의 견품을 동봉하고 하기와 같이 견적해 드리며, 주문접수 후 일 주일 내 인도해 드릴 것을 약속드립니다.

용어해설

① **lb.**(= libra)[láibrə] : 「파운드」 Latin어로 무게에서의 파운드를 뜻하며 [paund] 라고 보통 읽는다. 1 lb.는 16 ounces[áunsiz]에 해당하며 0.454 kilograms 에 해당하는 중량이다. 복수는 lbs.이다 15p per lb. 「1파운드당 15펜스」

② **discolour**(= discolor[미]) : 「변색하다, 변색시키다, 색깔을 더럽히다」

예시 12

옹기류 제품에 대한 견적요구

18th April, 20_____

I. B. Industrial Company
20 Fore Street
London. WC1B 3BT

Dear Sirs,

You have previously supplied us with crockery ① and we should be glad if you would now quote for the items named below, manufactured by the Ridgway Pottery ② Co. of Hanley. The pattern we require is listed in your 20_catalogue.

300 Teacups and Saucers ③
300 Tea plates ④
40 2-pint ⑤ Tea-pots.

Prices quoted should include packing, and delivery to the above address. When replying, please state (i) discounts allowable, (ii) terms of payment, (iii) earliest possible date of delivery.

Yours faithfully,

요지 Ridgway Pottery Co.가 제조한 하기 품목에 대해 견적해 주시기 바라며, 결제 조건 및 조기인도가능 일자에 대하여 말씀해 주시기 바랍니다.

용어해설

① **crockery**[krɔ́kəri] :「옹기류」구운 진흙(baked clay)으로 만든 단지(pot). cup, 쟁반(plate), 접시(dish) 및 가타의 가공용품(utensil)을 말한다.
② **pottery**[pɔ́təri] :「도기제조, 도기 제조소」
③ **saucer**[sɔ́:sə] :「받침접시」커피잔이나 화분 등의 조그만 받침접시를 말한다.
④ **plate**[pleit] : 「접시」얇고 넓은 것을 말한다.「문패, 판유리, 금은 식기류」의 뜻도 있다.
⑤ **pint**[paint] :「파인트」액체 양의 단위로서 1파인트는 영국에서 약 0.57리터, 미국에서는 약 0.47리터의 양에 해당한다. 1 gallon = 8 pints 1 pint = 0.568리터.

예시 13

전 서한에 따른 견적서 제공

5th May, 20____

Hanguk Crokery Co.
C.P.O. Box 1002
Seoul. Korea

Dear Sirs,

Replying to your enquiry of 18th April for a further supply of our crockery, we are pleased to quote as follows :

Tea cups. .... £ 15 per hundred
Tea saucers .... £ 10.50 〃
Tea plates .... £ 10.50 〃
Tea-pots, 2-pint .... £ 0.47 each

These prices include packing and delivery, but crates ① are charged for, with an allowance for their return in good condition.

We can deliver from stock and will allow you a discount of 5 %, but only on items ordered in quantities of 100 or more. In addition, there would be a cash discount ② of 2 ½% on total cost if payment were made within one month from date of invoice.

We hope you will find these terms satisfactory and forward to the pleasure of your order.

yours faithfully,

요지 하기와 같이 견적해 드리며, 100개 이상 주문하는 품목에 대해서는 5%를 할인해 드리고, 송장일자부터 1개월 내에 지불해 주시면 총 가격의 2 1/2%를 현금 할인해 드리겠습니다.

용어해설

① **crate**[kreit] : 「상자」 주로 나무에 대나무로 만든 상자를 말한다.
② **cash discount** : 「현금할인」

예시 14 우비에 대한 견적요구

15th June, 20____

General Traders
London, WC2B 6 XB
England

Dear Sirs,

We have recently received a number of① requests for your light-weight raincoats and have good reason to believe that we could place regular orders with you provided your prices are competitive.

From the description in your catalogue we feel that your "Aquatite" range is the one most suitable for these parts and should be glad if you would send us your quotation for men's and women's coats in both small and medium sizes, delivered c.i.f. Alexandria. Provided prices are right we should place a first order for 400 raincoats, namely 100 of each of the four qualities. Shipment would be required within four weeks of order.

We would particularly stress the importance of price since the principal market here is for mass ②-produced goods at popular prices.

Yours faithfully,

요지 최근에 귀사의 우비를 구입하겠다는 몇몇 요구를 받았는 바, Alexandria 도착 운임보험료 포함가격으로 소형 및 남녀용 우비에 대한 견적을 보내 주시기 바랍니다.

용어해설

① **a number of** : 「몇몇, 약간의(=some)」
We were surprised to find a number of boxes in your shipment are missing.
「귀사의 운송품 중에서 몇 상자가 행방불명인 것을 알고 깜짝 놀랐습니다.」
cf. the number of 「 수효, 수」
The number of boxes missing from your shipment is ten in all.
「귀사의 운송품에서 행방불명인 상자 수는 모두 10상자입니다.」

② **mass** :「대량, 다수, 덩어리, 부피, 크기」mass-produced goods「대량생산되는 물품」*cf.* mass communication「대중전송」신문, 라디오, TV 등」mass production「대량생산」mass psychology「군중심리」

예시 15 전 서한에 대한 견적서 제공

7th July, 20____

Dongnam Sundries Co.
K.P.O. Box 2114
Seoul Korea

Dear Sirs,

Thank you for your enquiry of 15th June. We were glad to receive it and to learn of the enquiries you have had for our raincoats. Our "Aquatite" range is particularly suitable for warm climates and during the past year we have supplied this range to dealers in several tropical ① countries. From many of them we already had repeat orders, in some cases more than one. This range is popular not only because of its light weight, but also because the material used has been specially treated to prevent excessive condensation ② on the inside surface.

For the quantities you mention we are pleased to quote as follows :

	£
100 "Aquatite" Coats. men's medium @ £3 ea.③	300.00
100 do small @ £2.75 ea.	275.00
100 do women's medium @ £2.50 ea.	250.00
100 do small @ £2.25 ea.	225.00
	1.050.00
less 33 ⅓% trade discount	350.00
Net price, f.o.b. London ④	700.00
Freight(London to Alexandria)	34.50
Insurance	7.25
	£

Terms : 2 ½% one month from date of invoice
Shipment : Within 3~4 weeks of receiving order

We feel you may be interested in some of our other products and enclose descriptive booklets ⑤ and a supply of sales literature for use with your customers.

We look forward very much to receiving your order.

Yours faithfully,

요지 6월 15일자 귀 조회에 감사드리며 귀사가 언급하신 수량에 대해 하기와 같이 견적해 드립니다.

결제조건에서 송장 작성일로부터 1개월내 지급하시면 2 ½% 현금할인을 해 드리며, 선적은 주문 접수일부터 3~4주내에 해 드립니다.

용어해설

① **tropical**[trɔ́pik] : 「열대의, 열대지방의, 더운」
- dealers in several tropical countries 「몇몇 열대나라에 있는 업자들」
- the temperate regions 「온대지방」
- the arctic regions 「한대」
- the subtropical regions 「아열대」
- the Mediterranean countries 「지중해연안의 나라들」

② **condensation**[kɔ́ndenséiʃən] : 「응결, 액화응결」
but also because the material used has been specially treated to prevent excessive condensation on the inside surface.
「또한 사용된 재료는 내면에 지나치게 습기가 맺히는 것을 방지하기 위하여 특수 처리되었기 때문에」

③ **ea.**(= each) : 「개당, 각각」

④ **f.o.b. London**(= free on board London) : 「런던 본선인도가격조건」 런던항에 있는 본선에 상품을 선적할 때까지의 위험과 비용을 수출업자가 책임지는 가격조건이다.

⑤ **descriptive booklet** : 「설명부 소책자」

예시 16

견적서를 동봉하는 서한

20th August, 20_____

Messrs. Samih Ghadban & Co…
15 Homs Avenue.
TRIPOLI. Lebanon

Dear Sirs

We thank you for your enquiry of 15th August and are pleased to send you our quotation for leather shoes and handbags. We have indicated those items which we can deliver from stock immediately. For all remaining items the stated dates of delivery are approximate but in no case would these dates be exceeded by more than ten days

All items for which we have quoted are made from very best quality leather and can be supplied in a range of designs and colours wide enough to meet the requirements ① of a fashionable trade such as yours.

We look forward to receiving your order and meanwhile enclose a copy of our catalogue as we feel you may be interested in some of our other products. These include leather gloves and purses, described and illustrated on pages 18~25. The catalogue will give you all essential facts ② about our goods, but cannot answer all your personal questions. This we shall be glad to do if you will write to us.

Yours faithfully,

(signed) *W. Hanson*
Secretary

Encl. (2)

견 적 서
Quotation

Registered No. 357924 England

CENTRAL LEATHERCRAFT LTD.
85-87 Cheapside, London, EC2V 6AA

Telegrams :
Leathercraft. London, EC2V 6AA
Telephone :
01-242 2177/8

Directors :
E. Jones (Managing)
G. Woodhead, F.C.A.

20th August, 20____

Messrs. Samih Ghadban & Co.,
15 Homs Avenue,
TRIPOLI, Lebanon.

Quotation No. 534

Catalogue No.	Item	Delivery (approx.)	Quantity	Price(£)
S. 25	Men's Box Calf ③ Shoes(brown)	15 Sep.	12 pairs	5.75 pr.⑩
S. 27	do.④ (black)	Immediate	36 pairs	5.50 pr.
S. 38	Ladies' Glacé ⑤ Kid Tie Shoes(various colours)	15 Sep.	48 pairs	4.80 pr.
S. 42	Ladies' Calf Colt ⑥ Court Shoes	2 Oct.	24 pairs	4.35 pr.
H. 212	Ladies Handbags, "Emperor"⑦	Immediate	36	6.50 ea.
H. 221	do. "Paladin"⑧	do.	36	8.75 ea.
H. 229	do. "Aristocrat"⑨	30 Aug.	12	10.00 ea.

For acceptance within 21 days
Delivery : c.i.f. Tripoli
Terms : 4% one month ; 2% two months

for CENTRAL LEATHERCRAFT LTD.

(Signed) *W. Honson*
Secretary

요지 8월 15일자 귀 조회에 감사드리며 가죽으로 만든 구두 및 핸드백에 대한 견적서를 보내드립니다. 주문을 해주시기를 고대하오며 당사 상품에 대한 목록도 동봉해 드립니다.

용어해설

① **meet the requirements** : 「수요를 충족시키다」
② **all essential facts** : 「모든 필요한 자료」
③ **calf**[cɑːf] : 「송아지가죽, 송아지」 men's box calf shoes 「남자용 송아지 가죽으로 만든 통구두」
④ **do.**(= ditto)[dítou] : 「동일항, 상동」
⑤ **glac** [glǽsei] : 「(가죽이나 천이) 부드러운, 윤나는 (과일에) 어름을 넣은, 설탕을 넣은」 ladies' glacé kid tie shoes 「숙녀용 부드러운 새끼 염소 가죽 끈 달린 구두」
⑥ **colt**[koult] : 「망아지」 4~5살까지의 어린 숫말을 말하며 경험이 없는 「풋나기」의 뜻으로도 쓰인다.
⑦ **emperor**[émpərə] : 「황제, 제왕」 handbag 이름으로 쓰임.
⑧ **paladin**[pǽlədin] : 「Charlemagne 황제의 12 용사중의 어느 용사를 가리킬 때 쓰는 말이며 handbag 이름으로 쓰임.
⑨ **aristocrat**[ǽristəkræt] : 「귀족」 handbag 이름으로 쓰임.
⑩ **pr.**(= pair) : 「켤레」 여기서는 per pair 「켤레당」의 뜻이다.

예시 17 가격인하 요청

23rd August, 20____

Garment Services
P.O. BOX 396
Amsterdam
Netherlands

Dear Sirs,

We write to thank you for your letter of 18th August and for the samples of nylon underwear you very kindly ① sent us.

We appreciate the good quality of these garments,② but unfortunately your prices appear to be on the high side even for garments of this quality. To accept the prices you quote would leave us with only a small profit on my sales since this is an area in which the principal demand is for articles in the medium price range.

We like the quality of your goods and also the way in which you have handled our enquiry and would welcome the opportunity to do business with you. May we suggest that you could perhaps make some allowance on your quoted prices that would help to introduce your goods to our customers. If you cannot do so, then we must regretfully decline your offer as it stands.

Yours faithfully,

요지 내의견품에 대해 감사 드리오나 귀사의 가격은 이러한 품질에 비해 높은 편이오니 당 고객들에게 귀사의 물품을 소개할 수 있도록 견적된 가격에 대해 다소 인하해 주실 수 있으리라고 봅니다.

용어해설

① **very kindly** :「매우 쾌히」 the samples of nylon underwear you very kindly sent us「당사에게 매우 쾌히 보내 주신 나일론으로 만든 내의 견품」 very kindly는 무의미하므로 삭제하는 게 좋다.

② **garment**[gámənt] :「의류, 의복」

예시 18 전 서한에 대한 긍정적 회답

4th September, 20____

London Trade Promotion
London, EC1Y 4UY
England

Dear Sirs,

We are sorry to learn from your letter of 23rd August that you find our prices too high. We do our best to keep prices as low as possible without sacrificing quality and to this end are constantly enquiring into ① new methods of manufacture.

Considering the quality of the goods offered we do not feel that the prices we quoted are at all excessive, but bearing in mind ② the special character of your trade, we have decided to offer you a special discount of 4 % on a first order for £125. We make this allowance because we should like to do business with you if possible. but we must stress that it is the furthest we can go to help you. At least ③ we hope this revised offer will now enable you to place an order.

Yours faithfully,

요지 당사의 가격이 높다는 것을 알고 미안하게 생각하오나 품질을 저하시킴이 없이 가능한 한 저렴한 가격을 유지하도록 최선을 다하고 있습니다. 귀사 영업의 특성을 참작하여 125파운드의 첫 주문에 대해 4 % 특별 할인해 드리기로 하였는 바 주문을 해주실 줄로 믿습니다.

용어해설

① **enquire into** : 「조사하다, 연구하다」 and to this end are constantly enquiring into new methods of manufacture. 「또한 이를 위해 새로운 제조법을 끊임없이 연구 중에 있습니다.」

② **bear in mind** : 「유념하다. 명심하다.」

③ **at least** : 「적어도」 *cf.* at (the) latest 「늦어도」

예시 19 완구에 대한 조회

2nd June, 20____

Hanil Sundries Co.
C.P.O. Box 1243
Seoul, Korea

Dear Sirs,

We learn from your high commissioner ① in London that you are looking for new ideas in toys and we feel we may be able to help you.

We have recently bought on very favourable terms the entire bankrupt stock ② of plastic toys of the company whose catalogue is enclosed, and are therefore able to offer a wide range of this company's toys at very low prices Most of the items listed are in stock and we are prepared to offer them to you at the special discount rate of 60 % off catalogue prices on orders received by the end of this month for items then in stock.

We think you will also be interested in our own cataloger of mechanical toys and enclose a copy. From the prices listed we would allow you a special discount of 10 % over and above our normal trade discount of 30 %. We would however, stress that these special terms like those for unsold stock of plastic toys are open only until ③ 30th June. For all orders received after that date prices will be 10% higher than those we are now offering. All prices stated are for delivery c.i.f. Incheon.

Our settlement terms are 2 ½% one month.

Both the catalogues we are sending you include a number of novel ④ toys with which we feel sure you would be delighted and we should be very glad to welcome you as one of our customers. We therefore look forward to the pleasure of a first order from you.

Yours faithfully,

요지 런던 주재 귀국의 고관으로부터 귀사가 완구에서의 새로운 아이디어를 모색 중이라는 것을 알았습니다. 당사는 최근에 플라스틱 완구회사의 파산주식 전부를 매입하였으므로 매우 저렴한 가격으로 각종 완구를 제공해 드릴 수 있는 바, 첫 주문을 고대하는 바입니다.

용어해설

① **commissioner**[kəmíʃənə] : 「고위대표자, 위원, 이사, 국장」

② **the entire bankrupt stock of plastic toys of the company** : 「플라스틱 완구회사의 청산재고 전부」

③ **are open only until** : 「~까지만 유효하다」

④ **novel**[nɔ́vl] : 「새로운, 색다른, 기발한」 a number of novel toys 「몇몇 색다른 완구」

Useful Expressions

A. Opening Clauses

1. We should be grateful to you if you would quote for the following items ;
   다음 품목들에 대해 견적해 주시면 감사하겠습니다.
2. Would you please send us a quotation for your products?
   귀사의 제품에 대한 견적서를 보내 주시기 바랍니다.
3. We thank you for your enquiry of …· and are pleased to quote as follows ;
   ~일자의 귀 조회에 감사드리며 하기와 같이 견적해 드립니다.

B. Main Clauses

1. Please send us a pattern book and quote your lowest prices for the following merchandise :
   견품장을 보내 주시고 다음 상품에 대한 귀사의 최저가격을 제시해 주시기 바랍니다.
2. If your prices compare favourably with those of other suppliers, we shall send you an order.
   귀사의 가격이 타공급업자들 것과 유리하게 비교된다면 주문서를 보내 드리겠습니다.
3. If you can give us a really competitive quotation, we expect to place a large order.
   실로 저렴한 견적서를 보내 주실 수 있다면 대량주문을 할까 생각합니다.
4. If your prices are competitive and your goods suit our trade, you can expect repeat orders from us.
   귀사의 가격이 경쟁적이고 상품이 당사의 영업에 적절하다면 당사로부터 재주문을 기대하실 수 있습니다.
5. Upon receipt of your definite enquiries or offers by cable, we shall immediately upon quote you firm.
   전신에 의한 귀사의 명백한 조회나 오퍼를 받는 즉시 확정 견적을 해드리겠습니다.
6. Though prices have advanced(= risen ; gone up) steadily since your previous letter, we have not yet raised our quotations.
   귀사의 종전 서신 이래로 가격이 꾸준히 상승하였지만 당사는 아직 시세를 올리지 않았습니다.

7. In accordance with your request, we are sending you today a wide range of samples of our knitwears, which are very popular in England.
   귀사의 요청에 따라 당사는 금일 각종 편물견품을 보내 드리며 영국에서 매우 인기 있는 상품입니다.

C. Closing Clauses

1. We trust you will find our quotation satisfactory and look forward to receiving your order.
   당사의 견적이 매우 만족스러움을 아실 줄로 믿으며 귀사의 주문을 고대합니다.
2. We shall be pleased to receive your order, which will have our prompt and careful attention
   귀사의 주문을 보내 주시기 바라며 신속하고 세심히 배려해 드리겠습니다.

연습문제

1. 품질과 가격이 만족스럽다면 당지에 판매전망이 좋으나 확정주문을 하기 전에 남자 및 여아용 방수우비에 대한 선정품을 보내 주시면 좋겠습니다. 기말에 판매되지 아니한 품목 중 재고로 보관하지 않기로 한 품목에 대해서는 당사의 비용으로 반환하겠습니다.

   힌트 • 남자 및 여아용 방수우비에 대한 선정품 : a selection of men's and children's waterproof raincoats
   • 당사의 비용으로 : at our expense

2. 귀사의 점검 후 매매조건으로 방수의류를 보내 달라는 3월 12일자 요청을 받고 얼마나 기뻤는지 말씀드립니다. 당사는 종전에 거래를 해온 바 없으므로 일반적인 동업자조회처나 당사가 조회해 볼 수 있는 은행이름을 제공주시기 바랍니다. 그 다음에 귀사의 종전 서신에서 언급하신 품목에 대한 좋은 선정품을 보내드릴 용의가 있습니다.

   힌트 • 귀사의 점검후 매매조건으로 : on (your) approval(상품을 상대방에 송부하고 점검후 매매여부를 결정하는 조건)

3. 플라스틱 주방용품은 이미 현대적 부엌의 인기 있는 장식품이 되었습니다. 그의 밝고 호감을 주는 색상은 주부에게 강하게 감동을 주며 어디에 있는 업자든지 이들을 특별진열장에 진열해 놓았으며 판매가 잘 되고 있다는 보고가 들리고 있습니다.

   힌트 • 강하게 감동을 주다 : appeal strongly to

4. 당사는 귀사의 "Belltone" 라디오 및 텔레비전 수상기에 특히 흥미가 있으며 영업목록, 판매 및 결제조건을 보내 주시면 기쁘겠습니다. 귀사의 제품이 이 시에서 다른 어떤 업자에게 아직 제공되지 않았으며, 만일 당사를 통하여 동품을 소개하기로 결정한다면 이 지역에서 독점판매권을 갖고 싶습니다.

   힌트 • 독점판매권 : the rights of sole distribution

5. 귀 지역에 대해 독점판매점으로 임명되고 싶다는 귀사의 요구에 대해서는 동정을 합니다만, 설명드리자면 제조원가를 절약할 노력의 일환으로 당사는 가능한 한 많은 판로를 통해 공급함으로써 판매량을 증가시키지 않으면 안될 것을 이해해 주실 줄로 믿습니다.

   힌트 • 독점판매권 : sole distributor
   • ~할 노력의 일환으로 : as part of our efforts to
   • 판로 : outlets

6. 당사의 경소화기는 능률적이고 신뢰할 만하므로 호평을 받고 있으며 Burton씨가 귀사의 특수한 요구에 적합한 소화기를 보여 드릴 수 있으리라 확신합니다. 당사의 "Junior Model A-4"는 조그마하며 무게가 7파운드밖에 안되며 작동이 매우 간편합니다.

힌트 • 경소화기 : light-weight extinguisher
• 무게가 ~밖에 안나가다 : weigh only

7. 서울에 있는 당 대사관을 통해서 귀사가 영국제품의 전기면도기에 흥미가 있다는 것을 알게 되었으며 당사의 도해된 상품목록과 가격표를 동봉해 드립니다. 당사의 모든 전기면도기는 직류나 교류 중 어느 것으로도 쓸 수 있으며 최상의 재료와 솜씨로 만든 제품이며 세계적인 애프터세일 봉사를 제공해 드립니다.

힌트 • 전기면도기 : electric shavers
• 직류나 교류 중 어느 것으로도 : with either direct or alternating current

8. 16온즈짜리 120상자의 "Kleenkwick" 베이비 파우더를 1상자당 9파운드 25펜스로 견적해 주신 5월 22일자 귀 서신에 대해 감사를 드리오나 이 가격으로는 귀사에서 주문을 할 수 없음을 유감으로 생각합니다. 그러므로 귀사의 견적을 재고하셔서 월최저 100상자 주문을 기초로 산정하셔서 더 저렴한 가격을 제공해 주시기 바랍니다.

힌트 • 16온스짜리 120상자를 1상자당 9파운드 25펜스로 : at £9.25 per case of · 120 cartons of 16 ozs. ~을 기초로 산정하셔서 : calculated on basis of~

9. 공교롭게도 귀사가 요구하신 똑같은 품질은 생산되고 있지 않습니다만 귀사의 요구에 적합하리라고 생각이 드는 매우 유사한 경품을 별도로 보내 드립니다. 이 품질은 귀사가 요구한 것보다 우수하고 가격도 낮게 재조정되었기 때문에 이 품질에 전적으로 만족하실 줄로 믿습니다.

힌트 • 공교롭게도 : unfortunately,
• ~보다 우수하다 : be superior to

10. 당 소매점에서는 만일 귀사의 가격이 미화 20달러로 인하된다면 최고로 잘 팔리는 다른 카메라와 경쟁할 수 있으리라는 보고를 하고 있습니다. 그러나 이는 귀사로서 너무나 큰 할인이라고 생각이 되므로 당분간 귀사에게 주문하는 것을 삼가고 싶습니다.

힌트 • 소매점 : retail store

11. 당사의 가격이 매우 저렴함을 알게 되실 줄로 믿습니다. 당지의 시세는 상승경향을 보이고 있으며 똑같은 가격으로 오퍼할 더 이상의 재고품이 없습니다. 서울에 신지점을 개설한 이후 주문의 설치로 인해서 당사의 재고품은 거의 바닥이 나 버렸습니다.

힌트 • 상승경향을 보이다 : enjoy an upward trend
• ~으로 인해서 : owing to ; due to ; because of

05 Chapter 일반무역거래협정 및 대리점계약

1. 일반거래조건협정서

2. 대리점계약

Chapter 05

일반무역거래협정 및 대리점계약

1. 일반거래조건협정서

(Agreement on General Terms and Conditions of Business)

상대국의 신용상태가 신뢰할 만하다고 판단되면 거래제의를 승낙하고 앞으로의 분쟁에 대비하여 양 당사자를 구속하는 기준으로서는 거래일반조건협정서를 작성한다. 이 협정서는 정·부(the original and duplicate) 2통을 작성하여 서명한 다음 상대방에게 보내고 상대방은 이의가 없으면 서명 후 부본을 반송하여 서로 보관한다. 이 협정서에는 ① 거래의 기본형태, 즉 자기의 명의와 계산으로 하는 본인 대 본인으로서의 거래(business as principal to principal)인가 또는 대리점계약하에 수수료에 의한 거래(business based on commission)인가의 여부, ② 거래상품에 대한 기본조건 즉 품질(quality), 수량(quantity), 가격(prices), 선적(shipment), 결제(payment), 보험(insurance) 관계 ③ 판매계약에 관한 조건 즉 구체적인 개별계약방법, 확정 오퍼(firm offer)의 유효기간 등 ④ 분쟁해결방법 즉 Claim이 제기되었을 때 처리방법 기타 불가항력(force majeure)의 경우 처리 등에 관한 사항을 보통 규정해 둔다.

Model Letters

예시 1 **일반거래조건협정서**

Memorandum of General Term and Conditions of Business

(1) Business
Business is to be transacted between Sellers and Buyers as Principals ① to Principals, on their own account and responsibility for the sale of the Sellers' Cotton Goods in New York.

(2) Quality
The Sellers are to supply the Buyers with samples free of charge, ② and the quality of the goods to be shipped should be fully equal to the sample on which an order is given.

(3) Quantity
The minimum quantity for an order is to be the standard contents of one package. Assortment of various articles is to be accepted so long as the total quantity exceeds the minimum just explained.

(4) Prices
Prices are to be quoted in U.S. Dollars on the basis of C.I.F. New York unless otherwise specified.

(5) Firm Offer ③
Firm Offers are to remain effective for forty-eight hours after the time of dispatch, excluding Sunday and National Holidays.

(6) Orders
Except in cases where firm offers are accepted all orders are to be subject to the Sellers' final confirmation. ④

(7) Discount
The special discount of 3 per cent from the contract price is to be accorded on an order exceeding 5,000 dozen in quantity.

(8) Packing
Proper export bale ⑤ packing is to be carried out, each bale bearing the mark

"W.S." with port mark. running bale number ⑥ and the country of origin.

(9) Shipment
Shipment is to be made within the time stipulated in each contract, except in circumstances beyond the Sellers' control. The date of bills of lading shall be taken as conclusive proof of the date of shipment. Unless expressly agreed upon, the port of Shipment shall be at the Seller' option. ⑦

(10) Insurance
All shipments are to be covered ⑧ on W.A., including War Risks for the invoice amount plus ten per cent, and the insurance policy is to be made out in U.S. Dollars and claims payable at New York.

(11) Payment
Draft is to be drawn at sight under Irrevocable Letter of Credit which should be opened in favor of the Sellers immediately upon contract, for the corresponding value of an order. whit full set of shipping documents, viz.⑨ Bill of Lading, Insurance Policy. Commercial Invoice and other documents which each contract requires.

(12) Claims
Any claim exceeding 10 percent of the invoice amount is to be cabled within 10 days from the date of final discharge of goods at destination.⑩ Any claim beyond the amicable adjustment between Sellers and Buyers is to be settled by arbitration at destination.

This Agreements shall be valid on and after July 1, 1980

(sellers) SHINSUNG IND., COMPANY
(signed) *Yongshin Gim*
(typed) Yongshin Gim
Managing Director

(buyers) WILSON & SMITH
(signed) *A. Smith*
(typed) A. Smith
Export Manager

요지 이 일반거래조건협정서는 수출업자인 Shinsung Ind., Company 와 Wilson & Smith간에 체결된 것으로 거래의 기본형태, 거래상품에 대한 기본조건, 지급에 관한 조건 및 분쟁해결방법에 관해 규정하고 있다.

용어해설

① **principal**[prínsəpəl] : 「본인, 원금, 교장, 장 형 주요한, 으뜸가는」 as principal to principals 「본인 대 본인으로」, 즉 자기의 명의와 계산으로 하는 당사자로

② **free of charge** : 「무료의, 무상의」 samples free of charge 「무상견품」
cf. samples of commercial value 「유상견품」

③ **firm offer** : 「확정오퍼」 Buyer가 회답하여야 할 유효기간을 정한 오퍼이다.

④ **subject to the Sellers' final confirmation** : 「매도인의 최종확인을 조건으로」 이 말은 시황의 변동이 있을 때에는 가격 등의 조건을 매도인이 임의로 변경할 수 있다는 것을 뜻하고 있다.

⑤ **bale**[beil] : 「표(俵), 곤(梱), 가마니」 원금(原錦)이나 금사(錦絲)를 넣은 포장단위를 말하며, 중량은 원금이 1bale 당 500 lbs. 이며 금사는 400 lbs이다.

⑥ **running bale number** : 「표 일련번호」 running number를 serial number 또는 consecutive number라고도 한다

⑦ **option**[ɔ́pʃən」 : 「선택권, 선택」
The port of shipment shall be at the Sellers option.
「선적항은 매도인이 선정한다.」

⑧ **cover** : 「부보하다, 결정하다, 보상하다, 해당하다」
All shipments are to be covered on W.A.
「모든 적송품은 분손담보 조건으로 부보되어야 한다.」 W.A.는 전손 공동해손, 단독해손인 분손까지도 Insurer(보험자)가 책임지며 파손, 불착, 침수 등은 책임지지 않는다.
To cover the invoice amount, we have today drawn on you at sight.
「동 송장금액을 결제하기 위해서 당사는 금일 귀사 앞으로 일람출급환어음을 발행하였습니다.」
To cover this shipment(= To cover yourselves for this shipment, open your credit by cable.
「이 적송품의 대금을 지급하기 위해서 귀사의 신용장을 전신으로 개설해 주시기 바랍니다.」
Please open an irrevocable letter of credit to cover your order.
「귀사의 주문에 대한 취소불능 신용장을 개설해 주십시오.」

⑨ **viz.**(= videlicet[vidíːliset]) : 「말하자면(= namely)」 Latin어이다.
cf. e.g.(= exempligratia[lgzemplaigreiʃiə]) : 「예를 들면(= for example)」

⑩ **the date of final discharge of goods at destination** : 「목적지에서 상품의 최종 양륙일자」

예시 2

General Terms & Conditions of Business

All sales and other business shall be transacted between Buyer and Seller as Principals.

1. QUANTITY:

   Quantities quoted are subject to a variation of plus or minus ten per cent unless otherwise specially advised.

2. PAYMENT:

   The confirmed irrevocable letter of credit ① without recourse ② shall be established with in fifteen days after conclusion of any contract and be maintained at least fifteen days after the month of shipment for negotiation of the relative draft. ③ If Buyer fails to provide such a letter of credit for seller as prescribed above. Seller shall have the option of reselling the contracted goods on account of Buyer ④ or holding the goods on Buyer's account and risk or cancelling any part or the whole of this contract

3. SHIPMENT:

   The date of Bill of Lading shall be taken as the conclusive proof of the date of shipment. Then day's grace shall be allowed for shipment earlier or later than the time agreed upon by the parties. In the event of the goods for one order being shipped in more than one lot, shall be deemed to be a separate sale or contract.

   Seller shall not be responsible for non-shipment or late shipment of the contracted goods or any part thereof due to Force Majeure ⑤ or any other causes beyond Seller's control and cause due to failure of Buyer to provide in time a letter of credit or other instructions requested by Seller.

4. INSURANCE:

   Insurance shall be effected by Seller ten per cent over the invoice

amount in case of C.I.F. base business
Seller shall bear a war risk premium (water borne only) to the extent of half per cent only. Should the premium be. at the time of shipment, more than half per cent the excess premium to be for Buyer's account.

5. CLAIMS:
No claim shall be entertained before the payment is made or the draft is duly honoured. ⑥ Each claim shall be advised by cable after final discharge of the goods at destination. and shall be confirmed by air mail fifteen days after telegraphing or cabling. No claim shall be entertained after the expiration of such fourteen days.

6. ARBITRATION:
A claim shall be settled amicably as far as possible, but in case of failing, it shall be submitted to the arbitration in Seoul . The arbitral award ⑦ shall be final and binding the both parties and the loser shall bear its cost.

7. PATENTS, ⑧ TRADE MARKS ETC.:
Seller shall be free from liabilities or responsibilities for any trade mark. design or stamp used by Seller pursuant ⑨ to instructions of Buyer. Buyer hereby agrees to assume the liabilities for any disputes resulting from such use.

8. SECOND QUALITY:
Buyer shall accept second quality up to 20 percent of the total quantity with an allowance of 3 per cent.

(seller) LONDON HARDWARE CO., LTD. (buyer) SUNHWA ALUMINUM IND., CO.

(signed) James Miller	(signed) Hyunil Jin
(typed) James Miller	(typed) Hyunil Jin
Acting Manager	General Manager

요지 거래조건은 영국의 London Hardware Co., Ltd.와 한국 Sunhwa Aluminum Ind., Co.간에 체결된 것이다.

용어해설

① **the confirmed irrevocable letter of credit** : 「확인취소불능신용장」 확인이란개설은행과 국제적으로 신용 있는 타 은행이 중복으로 어음의 인수지급을 약속하는 것을 말하고 취소불능신용장이란 일단 개설되면 신용장개설당사자 전부의 동의 없이 취소나 변경을 할 수 없음을 말하며 따라서 위의 2가지 면을 가진 신용장을 확인취소불능 신용장이라고 한다.

② **without recourse** : 「상환불능의」 어음지급인이 인수 또는 지급불능시에 어음발행인에게 확인청구를 할 수 없음을 말하며 이때의 신용장을 Without Recourse L/C라고 하며, 확인청구할 수 있는 것을 With Recourse L/C라고 한다.

③ **for negotiation of the relative draft** : 「관계 환어음의 매입을 위하여」 negotiation은 간단히 NEGO로 통하며 수출업자 예에서는 선적서류에 수출환어음을 첨부하여 은행에 매도하여 수출대금을 지급받는 것이며 은행에서는 이 어음을 매입하는 절차를 따른다.

④ **Seller shall have the option of reselling the contracted goods on account of Buyer** : 「매도인은 매수인의 계정으로 계약상품을 전매할 선택권을 가진다.」 cf. optional cargo 「양륙항선택권부 화물」 화물의 양륙항으로서는 보통 1개의 항구를 향하게 되나 경우에 따라서는 선적시까지 미결일 때도 있는데 이때는 선박이 기항하는 순서대로 2~3개의 항구를 B/L상에 기입하고 선박이 항구에 도착하기 전에 양륙항을 지정할 수 있는데 이러한 조건으로 선적된 화물을 optional cargo라고 한다.

⑤ **Force Majeure**[fɔ́s mæʒə́/məʒə́(미)] : 「불가항력」 인위적으로 방어할 수 없는 사고를 말하며 Acts of God 또는 accident beyond control이라고 한다. 예를 들어 typhoon(태풍), fire(화재), earthquake(지진), civil commotions(소요), insurrection(내란), strikes(파업), war(전쟁) 등이 있다.
We do not assume responsibility for the damage or loss caused by Force Majeure.
「불가항력에 기인한 파손이나 손실에 대해서는 책임을 지지 않습니다.」

⑥ **honour**(=honor[미]) : 「(어음을) 인수하다, 인수 지급하다, 존경하다 명 명예, 존경」 before the payment is made or the draft is duly honoured 「지급하거나 환어음을 정히 인수하기 전에는」

⑦ **arbitral award** : 「중재판정」

⑧ **patent**[péitənt] : 「특허권, 특허, 특허품 동 특허를 받다, 형 특허의」

⑨ **pursuant**[pəjú:ənt] : 「~에 따른, 의거한, 준한 부 의거하여, 따라서」 pursuant to instructions of Buyer 「매수인의 지시에 따라」

2. 대리점계약(Contract of Agencies)

대규모의 회사들은 해외에 지점(branch)을 설치 운영할 수도 있지만 많은 중소기업들은 대리점을 통한 거래가 비용 면에서 매우 경제적이므로 대리점을 모색하게 된다. 이때에는 ① 신속도 및 재원, ② 매매상품을 취급하는 능력, ③ 매매망과 매매조직, ④ 체결하고자 하는 대리점이 타 경쟁상품과 관련되어 있는지의 여부들을 철저히 조사하여야 한다.

Model Letters

예시 1

총대리점 계약서

Suitable for exclusive and sole agents representing manufacturers overseas ①
AN AGREEMENT made this day of
20 BETWEEN
whose Registered office is situate at
(hereinafter
called "the Agent") of the one part and
(hereinafter
called "the Agent") of the other part.
WHEREBY IT IS AGREED as follows :

1. The Principal appoints the Agent as and from the to be its sole Agent in(hereinafter
   called "the area") for the sale of manufactured by the Principal and such other goods and merchandise (all of which are hereinafter referred to as "the goods") as may hereafter be mutually agreed between them.
2. The Agent will during the term of years (and thereafter until determined by either party giving three months' previous notice in writing) ② diligently and faithfully serve the Principal as its Agent and will endeavour to extend the sale of the goods of the Principal

within the area and will not do anything that may prevent such sale or interfere with the development of the Principal's trade in the area.

3. The Principal will from time to time furnish the Agent with ③ a statement of the minimum prices at which the goods are respectively to be sold and the Agent shall not sell below such minimum price but shall endeavour in each case to obtain the best price obtainable.
4. The Agent shall not sell any of the goods to any person, company. or firm residing ④ outside the area. nor shall he knowingly sell any of the goods to any person, company, or firm residing within the area with a view to their exportation to any other country or area without the consent in writing of the Principal.
5. The Agent shall not during the continuance of the Agency hereby constituted sell goods of a similar class or such as would or might compete or interfere with the sale of the Principal's goods either on his own account ⑤ or on behalf of ⑥ any other person, company, or firm whomsoever.
6. Upon receipt by the Agent of any order for the goods the Agent will immediately transmit such order to the Principal who (if such order is accepted by the Principal) will execute the same by supplying the goods direct to the Customer.
7. Upon the execution of any such order the Principal shall forward to the Agent a duplicate copy of the invoice sent with the goods to the customer and in like manner shall from time to time inform the Agent when payment is made by the customer to the Principal.
8. The Agent shall duly keep an account of all orders obtained by him and shall every three months send in a copy of such account to the Principal.
9. The Principal shall allow the Agent the following commissions (based on F.O.B. United Kingdom values)
   in respect of all orders obtained direct by the Agent in the area which have been accepted and executed by the Principal. The said commission shall be payable every three months on the amounts actually received by the Principal from the customers.

10. The Agent shall be entitled to commission on the terms and conditions mentioned in the last preceding clause on all export orders for the goods received by the Principal through Export Merchants, ⑦ Indent Houses, ⑧ Branch Buying offices of customers, and Head Offices of customers situated in the United Kingdom of Great Britain, Northern Ireland and the Irish Free State for export into the area. Export orders in this clause mentioned shall not include orders for the goods received by the Principle from and so delivered to customers' principal place of business outside the area although such goods may subsequently be exported by such customers into the area, excepting where there is conclusive evidence that such orders which may actually be transmitted via the Head Office in England are resultant from work done by the Agent with the customers.
11. Should any dispute arise as to the amount of commission payable by the Principal to the Agent the same shall be settled by the Auditors ⑨ for the time being of the Principal whose certificate shall be final and binding on both the Principal and the Agent.
12. The Agent shall not in any way pledge the credit of the Principal.
13. The Agent shall not give any warranty in respect of the goods without the authority in writing of the Principal.
14. The Agent shall not without the authority of the Principal collect any moneys from customers.
15. The Agent shall not give credit to ⑩ or deal with any person. company or firm which the Principal shall from time to time direct him not to give credit to or deal with.
16. The Principal shall have the right to refuse to execute or accept any order obtained by the Agent or any part thereof and the Agent shall not be entitled to any commission in respect of any such refused order or part thereof so refused.
17. All questions of difference whatsoever which may at any time hereafter arise between the parties hereto or their respective representatives touching these presents or the subject matter thereof or arising out of or in relation thereto respectively and whether as to

construction or otherwise shall be referred to arbitration in England in accordance with the provision of the Arbitration Act 1950 ⑪ or any re-enactment ⑫ or statutory ⑬ modification thereof for the time being in force.

18. This Agreement shall in all respects be interpreted in accordance with the Laws of England.

AS WITNESS the hands of the parties hereto the day and year first herein before written.

(Signatures)

요지 위의 양식은 총판매대리점을 체결하기 위해 쓰는 것으로 특히 exclusive and sole agents 즉 배타적이고 독점적인 대리점협정을 위해 예시한 것이다.

용어해설

① **exclusive and sole agents representing manufacturers overseas** : 「해외의 제조업자를 배타적·독점적으로 대리하는 대리점」 즉 제조업자의 특정상품을 특정지역에서 판매할 권리를 부여받은 총판매점을 말하며, 이러한 배타적 독점적 권리가 없는 대리점을 non-exclusive agents라고 한다.

② **and thereafter until determined by either party giving three months previous notice in writing** : 「또한 이후에는 3개월간의 사전 예고를 사면으로 하여 어느 한 당사자에 의해 결정될 때까지」

③ **furnish A with B** : 「A에게 B를 제공하다」

④ **reside**[rizáid] : 「거주하다, 살다, 주재하다」 any person, company, or firm residing outside the area 「동 지역 이외에 거주하는 사람, 회사나 상사」 a certificate of residence 「주민등록증」 a resident 「거주자」 exchange control regulation에서 거주자란 대한민국 내에 있는 국민과 재외공관에 근무하는 국민 및 외국인으로서 국내의 사업소에 근무하거나 국내에서 영업에 종사하는 자와 입국 후 6개월이 경과된 자, 외국인 거주자이었던 자로서 출국한 후 6개월 이내에 국내 6개월 이상 체재할 목적으로 다시 입국하는 자 등을 말하며 한편 a non-resident 즉 비거주자란 외국에 있는 외국인과 주한 외교관, 영사, 외국 정부 또는 국제기구의 공무로 입국하는 자 및 국민으로서 2년 이상 외국에 체재할 목적으로 출국한 자, 외국에 있는 사업소에 근무하거나 근

무 목적으로 출국한 자를 말한다.

⑤ **on his own account** : 「그 자신의 계정으로, 그 자신의 계산으로」

⑥ **on behalf of** : 「~의 이익을 위하여, ~을 위하여」 미국에서의 in behalf of 와 같은 의미이다.

⑦ **export merchants** : 「수출전문상」 영국에서 export houses, confirming houses, merchant shippers 등을 통합하여 부르는 용어이며, 런던에 소재하여 영국의 수출상사조합을 형성하고 있다.

⑧ **indent houses** : 「위탁매입상」

⑨ **auditor**[ɔ́:ditə] : 「감사역, 회계감사관, 청강생」

⑩ **give credit to** : 「허용하다, 인정하다, 믿다」

⑪ **the Arbitration Act 1950** : 「1950년 제정 중재법」 영국에서 시행되고 있는 중재법안

⑫ **re-enactment**[riinǽktmənt] : 「재 제정, 재 제정법령」

⑬ **statutory**[stǽtjutəri] : 「법령의, 법정의, 법에 저촉되는」

⑭ **witness**[wítnis] : 「증인, 목격자, 보증인, 증거」 AS WITNESS「증거로」

Model Forms

예시 1 대리점 신청

10th September, 20_____

Hansung Trading Co., Std.
38 3Ga, Jongro-Gu
Seoul 110, Korea

Dear Sirs,

We understand from Messrs. Knowles & Co. of Glasgow that you are looking for a reliable firm with good connections in the textile trade to represent you ① in England.

We have for some years acted as American agents for one of your competitors. Messrs. Jarvis & Sons of Preston, but they have recently registered as a limited company ② and in the reorganization decided to establish their own branch in London. As they no linger need our services we are now free to offer them to you.

Having already had experience in marketing products similar to your own we are familiar with ③ customers' needs and are confident we could develop a good market for you in England. We have spacious and well equipped showrooms. not only at our Glasgow headquarters. ④ but, also in Edinburgh and Perth, and an experienced staff of sales representatives who would push your business. ⑤

We should be glad to learn that you are interested in our proposal and on what terms you would be willing to conclude an agreement. ⑥ Our Mr. Wormald would then call on you to discuss details-he will be visiting your town in two weeks' time.

Should you need them, we can provide first-class references, but for general information concerning our standing in the trade we suggest, you refer to Messrs. Knowles & Co.

Yours faithfully,

요지 당사는 몇 년간 귀사와 경쟁회사인 Messrs. Jarvis & Sons of Preston 의 미국 대리점을 해 왔으나 동사의 지점설치로 인하여 당사의 서비스를 더 필요로 하지 않는 바, 당사의 제안에 관심 있으시면 협정서 체결조건이 무엇인지 알고 싶습니다.

용어해설

① **to represent you** : 「귀사의 대리점을 맡을」
We understand that you have not yet been represented in Korea.
「귀사는 아직 한국에 대리점이 없는 것으로 알고 있습니다.」
The ABC Company is represented by us.
「당사는 ABC회사의 대리점이다.」 즉 We are agents of the ABC Company 의 뜻이다. cf. representatives「대리점」

② **a limited company** : 「합자회사」 인적 회사도 1명 이상의 무한책임사원과 유한 책임사원으로 구성되는 회사로 중세 말 commenda에서 발달하였다.
cf. an unlimited company or partnership 「합명회사」 인적 회사로 2명 이상의 무한책임사원으로 구성되는 소규모의 가족회사

③ **are familiar with** : 「~에 정통하다, ~와 친하다」

④ **headquarters**[hekwɔ́:təz] : 「본부, 사령부」 약자로 HQ로도 표시한다.

⑤ **push your business** : 「거래를 확장하다」

⑥ **conclude an agreement** : 「거래협정을 체결하다」

예시 2

전 서한에 대한 회담

30th September, 20____

London Trading Company
P. O. Box 2934, London

Dear Sirs,

Having carefully considered your letter of 10th September we should like to go further into your proposal for an agency in England. Your work with Messrs. Jarvis is not unknown to us and in view of ① your connections throughout the trade in England we feel there is much you could do to extend our business there.

Our final decision would depend upon the term and conditions and as your Mr. Wormald will be visiting our town in two weeks' time, we think it would be better to discuss these with him rather than to enter upon what may develop into a lengthy correspondence. ② May we therefore ask you to let us know when we may expect Mr. Wormald to call.

Yours faithfully,

요지 영국에서의 무역을 통한 귀사의 관계를 고려해 볼 때 사업 확장을 할 수 있으리라고 보며 Womald씨와 상의하고자 하오니 방문일자를 알려 주시기 바랍니다.

용어해설

① **in view of** : 「~을 고려하여, ~에 비추어」 *cf.* viewpoint 「견해」 viewer 「시청자, 구경군」 bird's eye view 「조감도」

② **rather than to enter upon what may develop into a lengthy correspondence** : 「어떻게 되든 간에 장황한 서신을 주고받는 것보다는」

예시 3

대리점지정 통지

21st October, 20_____

Hansung Trading Co., Ltd.
38 3Ga, Jongro-Gu
Seoul 110, Korea

Dear Sirs,

Further to our letter of 30th September and following our discussion with Mr. Wormald when he called on the 10th, we have decided to offer you an appointment as our sole agents ① for Scotland on the terms and conditions agreed with Mr. Wormald.

The appointment will be for a trial period of twelve months in the first instance.② We shall pay you a commission of 5 % on the net value of all sales against orders received through you, to which would be added a del credere ③ commission of 2 ½%.

Because of our facilities for quick delivery there will be no need for you to maintain stocks of our manufactures, but we will send you full ranges of samples for display in your three showrooms. ④

If you will confirm these terms we will arrange for a formal agreement to be drawn up and, when this is signed, prepare a circular for distribution to our customers ⑤ in England announcing your appointment as our agents.

Yours faithfully,

요지 Wormald씨와 귀사를 당사를 총대리점으로 임명하기로 결정하였는 바, 수수료는 총판매정가(여기서 net value는 discount, reduction, commission 등이 포함 안 된 전체 금액임)의 5 %와 대금지급보증수수료 2 ½%가 부과될 것입니다.

용어해설

① **sole agent** : 「총대리점, 일수대리점」
② **in the first instance** : 「처음에는, 첫째로(= firstly)」
③ **del credere**[del krédəri/kríːkəri] : 「신탁의, 지급보증의(= of belief or trust)」에서 대금회수시에 따르는 위험은 exporter가 부담해야 할 것이나 대리점으로 하여금 구매자의 신용위험에 대해 책임을 지도록, 즉 대금지급을 보증하게 하는

특약을 할 수 있는데 이러한 조건의 협정을 del credre agreement(대금지급보증협정)라 하고 이때 대금지급보증을 하는 대리점을 del credere agent(대금지급보증대리점), 이러한 보증을 위해 export가 특별히 부과해서 대리점에 지급하는 특별수수료를 del credere commission(대금 지급보증수수료)이라고 한다.

④ **full range of samples for display in your three showrooms** : 「귀사의 3개의 전시관의 전시용 각종 견품」

⑤ **a circular for distribution to our customers in England** : 「영국에 당 고객들에게 배포할 안내장」 여기서 circular는 상품에 대한 안내장, 즉 판매권 유장을 말한다.

예시 4

독점대리점계약 신청

18th March, 20_____

Samsung Camera Company
I.P.O. Box 2784
Seoul, Korea

Dear Sirs,

We attended the recently held International Photographic Exhibition in London and were impressed by ① the high quality, attractive design and reasonable prices of your cameras. We have seen your full catalogue and are convinced that there is here in Britain a promising ② market for your products. If, as we believe, you are not already represented here, ③ we should be interested in acting as yours sole agents.

As leading importers and distributors of more than twenty years' standing in the photographic trade we have a good knowledge of the British market and, through our sales organization, good contracts ④ with the leading retailers. ⑤ We handle several other agencies, but in non-competing lines. ⑥ and, if our proposal interests you, can supply first-class reference from manufacturers in Britain. Mr. Semir Haddad, our purchasing director, will be in Korea during May and, if you would like him to do so, would be pleased to call on you.

We firmly believe that an agency for marketing ⑦ your products in Britain would be of considerable benefit to both of us and look forward to learning that you are interested in our proposal.

Yours faithfully,

요지 「국제사진전시회」에 참가하여 귀사의 카메라에 대한 최고의 품질, 매력적인 디자인 및 저렴한 가격에 감명을 받았는 바 당지에서 귀사의 총대리점을 맡고 싶습니다. 당사의 구매담당관 Semir Haddad씨가 5월중 한국에 가서 귀사를 방문하게 될 것입니다.

용어해설

① **were impressed by~** : 「~에 인상을 받았다, ~에 감명을 받다」
② **promising**[prɔ́misiŋ] : 「유망한, 가망 있는」
③ **If, as we believe, you are not already represented here** : 「생각컨대 당지에 아직 대리점이 없으시다면」
④ **good contacts** : 「좋은 거래관계, 좋은 거래처들」
⑤ **retailer**[riːtéilə] : 「소매상」 good contacts with the leading retailers 「일류의 소매상들과의 좋은 거래관계」
⑥ **non-competing lines** : 「비경쟁품목」 즉 camera 이외의 타 품목을 말한다.
⑦ **market**[mákit] : 「매매하다(=buy or sell in a market), (주로) 판매하다」
an agency for marketing your products 「귀사 제품판매대리점」
cf. marketable 「잘 팔리는, 판매에 적합한(= fit to be sold)」
Our products will prove to be marketable in your market.
「당사의 제품은 귀 시장에서 매매가 잘 될 것입니다.」

예시 5 전 서한에 대한 회답

28th March, 20____

Jackson Camera, Ltd.
5 Victoria Street
London, E.C. 4

Dear Sirs,

We thank you for your letter of 18th March and are pleased to learn that you like our cameras.

We are still a young company, but expanding rapidly. At present our overseas representation is confined to countries in Western Europe, but we are attracted by the chance to develop our trade further afield ① and interested in your proposal. While your Mr. Semir Haddad is in Korea we should certainly like to meet him and later on perhaps he will get in touch with ② us to arrange a meeting. He may also like to look over ③ our factory while he is here and see for himself the quality of the materials and workmanship we put into our cameras. which are selling well in Western Europe.

Yours faithfully,

요지 현재 당사의 해외 대리관계는 서부 유럽에 국한되어 있기 때문에 귀사의 제안에 관심이 있으며 Semir Haddad씨와 회합을 갖고 공장시찰토록 하겠습니다.

용어해설

① **afield**[əfíːld] : 「멀리, 들판에, 전장으로(에)」 further afield 「훨씬 더 넓게」
② **get in touch with** : 「~와 접촉하다, 만나다(＝contact)」
③ **look over** : 「시찰하다(＝inspect), 검토하다(＝examine)」

예시 6 대금지급보증대리점 신청

8th July, 20_____

Daesung Ind., Co.
432 3Ga, Euji-Ro
Jung-Gu 100, Seoul
Korea.

Dear Sirs,

The demand for toilet ① preparations in the United Arab Republic has shown a marked increase in recent years and we are convinced that there is here a considerable market waiting to be developed.

There is every sign that an advertising campaign, even on a modest scale, would produce very good results if it were backed by an efficient system of distribution. ②

We are well-known distributors ③ of over fifteen years standing, with branches in most of the principal towns, and have the knowledge of local conditions, the experience and the resources necessary to bring about a marked development of your trade in this country.

Reference to the Embassy of the United Arab Republic and to Middle East Services and Sales Ltd. would enable you to verify ④ our statements.

If you were to appoint us as your agents, we should be prepared to ⑤ discuss the rate of commission, but as the early work on development would be heavy, we feel that 10 % on orders placed during the first twelve months would be a resonable figure. As the market would be new to you and customers largely unknown, we would if you wished be quite willing to ⑥ act on a del credere basis ⑦ in return for an extra ⑧ commission of 2 ½% to cover the additional risk.

We hope you will see a worthwhile ⑨ opportunity in our proposal and that we may look forward to your early decision.

yours faithfully,

요지 당사는 15년 이상의 명성과 주요 도시에 지점을 가진 유명한 특약수입판매점으로서 당사를 귀사의 대리점으로 임명해 주신다면 수수료 건에 대해 상의할 용의가 있으니 조속히 결정해 주시기를 고대합니다.

용어해설

① **toilet**[tɔ́ilit] : 「화장실, 변소, 세면실, 화장」 toilet preparation 「변기용품」
② **if it were backed by an efficient system of distribution** : 「능률적인 유통제도가 뒷받침해 준다면」
③ **distributors**[distríbutəz] : 「특약수입판매점」 외국의 수출업자와 distributor agreement를 맺고 distributor discount를 받아서 외국의 수출업자로부터 직수입 판매하는 상인을 말한다.
④ **verify**[vérifai] : 「입증하다, 증명하다, 실증하다, 증언하다」
⑤ **be prepared to** : 「~할 각오가 있다, ~할 용의가 있다, 준비가 되어 있다」

⑥ **be willing to** : 「기꺼이 ~하다, ~할 용의가 있다」
⑦ **a del credere basis** : 「대금지급보증조건으로」 act on a del credere basis 「대금지급보증조건으로 대리하다」
⑧ **extra**[ékstrə] : 「임시의, 여분의, 특별한 명 여분, 특별한 것」 in return for an extra commission of 2 ½% to cover the additional risk 「추가위험에 대한 2 ½ %의 특별수수료에 대한 보답으로」
⑨ **worthwhile**[wə́:θhwail] : 「상당한, 마땅한, 훌륭한」

예시 7

전 서한에 대한 회신

20th July, 20____

Al-Munir
P.O. Box 925
Mecca

Dear Sirs,

We are interested in your proposals of 8th July but, though favorably impressed by your views, feel that local conditions may not at present make worth while the expense of even a modest advertising campaign. We therefore suggest that we first test the market by sending you a representative selection of our products, ① for sale on our account.

In the absence of advertising we realize that you would not have an easy task, but the experience gained would provide a valuable guide to future prospects. If the arrangement proved to be a success, we would consider your suggestion for a continuing agency. Meanwhile if you are willing to receive a trial consignment, ② we will allow commission at 12 ½%, with an additional 2 ½% del credere commission, making 15 % in all, commission and expenses to be set against your monthly payment.

Yours faithfully,

요지 귀사의 견본에 좋은 인상을 받았으며, 당사의 계획으로 당사 판매용 제품의 대표적인 정품을 보내 드립니다. 시험용을 받으실 의향이 있으시면 12 ½ % 수수료에 2 ½ % 대금지급보증 수수료를 더해 드리겠습니다.

용어해설

① **a representative selection of our products** : 「당사 제품의 대표적인 선정품」

② **consignment**[kənsáinmənt] : 「적송품, 위탁, 위탁판매」 a trial consignment 「시험적 위탁품」 즉 처음으로 시험삼아 보내는 위탁품을 말한다.
We sent you our rayon goods on consignment.
「당사의 인조견직물을 위탁판매조건으로 귀사에 발송하였습니다.」
여기서 on consignment는 상품을 판매한 후에 상품대금을 지급하는(with payment for goods to be made after they have been sold) 것을 말한다.
cf. consigner ; consignor 「송화인」 consignee 「수화인」 consignment invoice 「위탁판매송장」 위탁판매 할 때 함께 보내는 송장을 말한다. 이와 반대로 indent 는 위탁매입의 뜻으로 해외 수입상사로부터 국내의 매입대리점에 주문을 위탁할 때, 이때의 주문을 indent order(위탁매입주문)이라 하고 매입위탁을 받은 매입대리점이 매입물품을 수입상사에 발송할 때 보내는 송장을 indent invoice (위탁매입송장)이라고 한다.

예시 8 대리점신청을 위한 정보요청

8th september, 20_____

The Marketing Director, ①
Macdonald & Jones Ltd.
LONDON. WC1R 4TN

Dear Sir,

Our bankers, Bank of Seoul ② inform us that you require an agent to assist in marketing your publications in this part of the world and, subject to ③ satisfactory arrangements as to terms and conditions, we should be pleased to represent you.

As publishers ④ and distributors of over twenty years' standing in Korea we have a thorough knowledge of the market, an extensive sales organization and well-established connections with booksellers, libraries and educational institutions in Korea.

It is only right to mention that we are already acting as sole representatives ⑤ of several other publishers, including two American companies, but, as the preference in the educational field here is for books by British publishers, the prospects for your own publications, especially for those intended for the student market are excellent adequate publicity ⑥ would of course be necessary.

Before committing ourselves, however, we shall require details of your proposals for commission and terms of payment, and also some idea of the amount you are prepared to invest in ⑦ initial publicity. We look forward to receiving this information from you very soon.

Yours faithfully,

요지 당사는 귀사의 대리점을 맡고 싶은 바 수수료, 결제방식에 대한 귀사의 제안내용 및 초기의 선전비를 얼마만큼 부담하실 용의가 있는지를 알고 싶습니다.

용어해설

① **marketing director** : 「판매부장」 특히 판매를 담당하는 경우에 쓴다.

② **Bank of Seoul** : 「서울은행」

③ **subject to** : 「~을 조건으로, ~을 조건으로 하는」
This offer is subject to our final confirmation.
「이 청약은 당사의 최종 확인을 조건으로 합니다.」
We offer you firm subject to your reply reaching us(=arriving here ; being received by us) by May 3.
「귀사의 회답이 5월 3일까지 당사에 도착하는 것을 조건으로 귀사에 확정 청약(오퍼)합니다.」

④ **publisher** : 「출판업자, 발행자, 발표자, 신문경영자」

⑤ **sole representatives** : 「총대리점」
We are already acting as sole representatives of several other publisher.
「당사는 이미 다른 몇몇 출판업자들의 총대리점을 맡고 있습니다.」

⑥ **publicity**[pʌblísiti] : 「선전, 공시, 공표, 널리 알려짐」

⑦ **invest** : 「투자하다」 invest in 「사다(=buy)」 여기서는 「부담하다(=bear)」의 뜻으로 쓰임. invest in initial publicity 「초기의 선전비용을 부담하다.」
We invested £2,000 in government stock.
「당사는 정부주식에 2천파운드를 투자하였습니다.」
It is not easy to find customers who invest in your products.
「귀사의 제품을 매입하는 고객을 보기가 힘듭니다.」

예시 9

전 서한에 대한 회답

19th September 20_____

Korea Book Center
I.P.O. Box 2201
Seoul Korea

Dear Sirs,

We are pleased to learn from your letter of 8th September that you will consider an appointment as our agent. Although we transact a moderate amount of business in the Middle East we have so far ① not had much success in Korea and are now hoping to develop our interests there.

By surface mail ② we are sending you a copy of our complete catalogue of publications. ③ The published prices quoted are subject to a special discount of 10% on others in excess of one hundred copies of any one title.

The commission at present allowed to our other agents is 2 ½% on the f.o.b.④ value of shipment, payable quarterly, and we offer you the same terms. We presume your customers would be able to settle their accounts direct with us on the basis of cash against documents, ⑤ except of course for supplies from your stocks.

Regarding publicity, we feel that perhaps an initial expenditure of £ 500 or thereabouts, ⑥ to cover the first three month, would be reasonable, but as we are not familiar with conditions in your country, this is a matter on which we would welcome your views.

In anticipation of your accepting our proposals we enclose two copies of our standard agency contract, which includes terms relating to the stocks which you yourself may decide to carry on our account.

Please add your signature to mine on both copies and return one copy to me.

Yours faithfully,

R.B. Southern

Marketing Director

요지 출판물에 대한 전 목록을 보내드리며 귀사께서 당사의 제한을 승낙하실 것을 예상하여 표준대리점계약서 2통을 동봉하오니 서명하여 1부를 돌려주시기 바랍니다.

용어해설

① **so far** :「이제까지는, 지금까지는, 그때까지는」

② **by surface mail**(=by sea mail) :「보통우편으로」 선편에 의한 우편을 말하며 기일은 걸리지만 값이 싼 이점이 있다. ※ surface[sə́ːfis]「표면, 외면, 허울」 surface mail「선박우편,〈미〉육상수송우편물」
I've just scratched the surface of business English conversation.
「저는 아직 무역영어회화에 초보자입니다.」

③ **publication** :「출판물, 간행물, 발행, 출판」

④ **f.o.b.**(=free on board) :「본선인도가격조건」 이것은 importer가 지정한 수출항에 있는 본선상에서 계약상품을 exporter가 넘겨주는 조건이다.

⑤ **cash against documents**(=CAD) :「서류상환급」 선적서류를 importer에게 인도함과 동시에 대금을 지급하는 결제조건. 순서를 바꾸면 documents against cash(payment) 즉 D/P와 같은 뜻이다.

⑥ **thereabouts**[ðƐərəbauts] :「대략 ~쯤, ~정도, 그 부근에」 £500 or thereabouts「500파운드 정도」

예시 10 매입대리점 신청

21st May, 20_____

Sun Steel Co., Ltd.
342 Oryu-Dong, Youngdeungpo-Gu
Seoul 150-04, Korea

Dear Sirs,

We understand from our neighbours, Firma ① Karl Brandt, whose principal called on us yesterday, that you have conducted your past buying of hardware in the German market through Firma Neymeyer und Schmidt of Bremen and that, as this firm has now gone out of business, you require a reliable agent to take their place.

We are well known to manufacturers of hardware in this country and believe we have the experience and the connections necessary to meet your needs to the full, and therefore offer our services as your buying agents ② in Germany.

Before transferring our business to Germany we had many years in the Korean trade and knowing the particular needs of the Korean market, can promise you unrivalled ③ service in matters of prices, discounts and freights. As Firma Brandt have promised to write recommending us to you, we will content ourselves at this stage by summarizing the terms we should be willing to accept if we acted for you :

(i) We ourselves to have complete freedom in placing your orders.
(ii) All purchases to be made on your behalf and in your name.
(iii) All accounts to be passed to you for settlement direct with suppliers.
(iv) Commission, at 3 % payable quarterly, to be allowed us c.i.f. values of all shipments.
(v) You to have full benefit of the very favourable terms we have arranged with the shipping companies, ④ and of any special rates we may obtain for insurance.

We hope you will accept our offer and look forward to receiving your decision very soon.

Yours faithfully,

요지 당사는 본국에서 철물류의 제조업자들에게 잘 알려진 회사로 독일에서 귀사의 매입대리점을 맡기를 제의하니 당사의 제안을 수락하시기 바라며 곧 결정해 주실 것을 고대하는 바입니다.

용어해설

① **Firma**[fírma] : 「회사, 상사」 독일어이며 영어의 firm에 해당하는 말이다. Firma Karl Brandt 「카를 브란트」 회사

② **buying agent** : 「매입대리점」 외국의 수입업자. 주로 본사의 위탁을 받아 국내에서 수출물품의 구매행위를 하는 대리점이며, buying office라고도 한다.

③ **unrivalled** : 「비견할 데 없는(= having no rival)」 *cf.* rival[ráivəl] 「경쟁자, 적수, 형 경쟁하는 동 경쟁하다, 필적하다」 rivalry 「경쟁」
There are no business rivals in this item in Korea.

「한국에서는 이 품목에 있어서 사업 경쟁자가 없습니다.」
The rivalries for the products among business circles are severe.
「업계에서 그 제품에 대한 경쟁은 치열합니다.」

④ **shipping company** : 「선박회사」 steamship company라고도 한다.

예시 11

대리점조건의 확인요구

30 July, 20____

Dongyang Electric Co., Ltd
I.P.O. Box 3527
Seoul, Korea

Dear Sirs,

We were pleased to learn from your letter of 14th November that you are willing to accept an agency for marketing our manufactures in Korea. We set out① below the terms discussed and agreed with your Mr. Han when he called here earlier this month, but before drafting the formal agreement we should like you to confirm them :

(i) The agency to operate as from 1st January next for a period of three years, subject to renewal.
(ii) The agency to be a sole agency for marketing our manufactures in Korea.
(iii) No sales of competing products to be made in Korea either on your own account or account of any other firm or company.
(iv) All customers orders to be transmitted to us immediately for supply direct.
(v) Credit terms not to be given or promised to any customer without our express consent. ②
(vi) All goods supplied to be invoiced by us direct to customers with copies to you.
(vii) A commission of 5%, based on f.o.b. values of all goods shipped to Korea, whether on orders placed through you or not, payments received by us.
(viii) A special del credere commission of 2 ½ % to be added.

(ix) Customers to settle their accounts with us direct, and we to send you a statement at the end of each month of all payments received by us.
(x) All questions of difference arising under our agreement to be referred to arbitration. ③

We shall be glad if you will kindly confirms these terms. We will then arrange for a formal agreement to be drafted and copies sent for your signature.

Yours faithfully.

요지 귀사의 Mr. 한과 의논해서 합의를 본 아래 거래조건을 제시하오며, 이러한 조건을 확인해 보시고, 다음에 정식의 협정서를 체결하겠습니다.

용어해설

① **set out** :「제시하다, 알리다, 진술하다, 출발하다, 진열하다」
We set out below the terms discussed and agreed with yours Mr. Han
「귀사의 Mr. 한과 의논해서 합의를 본 아래 거래조건을 제시해 드립니다.」
② **without our express consent** :「당사의 명시적인 동의 없이」
③ **All questions of difference arising under our agreement to be referred to arbitration.** :「당 협정서하에 야기되는 차이에 대한 모든 문제는 중재에 회부한다.」

예시 12 대리점 인수 권유

May 21, 20_____

Messrs. S. Samson & Co.
Waverley Street
HULL
HU 1 2SJ

Dear Sirs,

You will no doubt ① have heard of the death of Mr. J. Sharpe, who represented us so well in Liverpool for many years. We now wish to appoint a successor as soon as possible. We need someone with experience of the haberdashery ② trade and good connections with the leading buyers in the Liverpool area and prefer someone with centrally placed offices and showrooms.

Inquiries we have made suggest that you have the kind of experience and the facilities we have in mind and if, as we hope, you are interested in handling the agency. we should be pleased to make you the first offer.

As there is some urgency in the matter may we look forward to hearing from you very soon?

Yours faithfully,

요지 Liverpool시에서 당사의 대리점을 해왔던 J. Shape씨의 서거로 후계자 임명을 원하는 바, 귀사께서 대리점 취급을 원하신다면 귀사에 기꺼이 첫 오퍼를 하겠습니다.

용어해설

① **no doubt** : 「틀림없이(=certainly), 분명히」

② **haberdashery**[hǽbədæʃəri] : 「장신잡화」 의복, 핀, 리본, 레이스(lace) 등 몸에 걸치는 잡화를 말하며 장신잡화를 파는 상인을 haberdashery라고 한다.

예시 13 전 서한에 대한 회답

20th June, 20_____

Seoul Trading corporation
K.P.O. Box 2944
Seoul, Korea

Dear Sirs,

I was sorry to learn of the death of your Mr. Sharpe. I knew him well and am fully aware of ① the loss his death must mean both to your firm and to you personally. As you say, I have good connections in Liverpool and with those already settled by Mr. Sharpe, it should be possible to expand your trade in this area. But I am afraid I cannot decide to accept your offer until I have some information on the terms and conditions you have in mind, among them the following :

(i) the area to be covered. and whether the agency would be a sole agency.
(ii) The rate of commission and the allowances ② for expenses.
(iii) The arrangements for publicity, e.g. whether I should be provided with literature ③ and whether you would advertise in the local press.
(iv) The amount of stock, if any, over and above samples I should be expected to carry.
(v) The arrangements for handling customers accounts, i.e. ④ whether customers would settle direct with you or through me.

I realize that the circumstances call for a quick decision and can promise to let you have this within a few days of receiving the above information.

Yours faithfully,

W. R. Beach

Manager

요지 거래조건에 관한 다음 정보를 알려 주신 다음에 귀사 오퍼의 수락 여부를 결정하겠으며, 현재의 사정으로 신속히 결정해 주실 것을 필요로 하고 있습니다.

용어해설

① **am fully aware of** : 「~을 잘 알고 있다」

② **allowances**[əláuənsiz] : 「공제(액), 할인(액), 수당, 허락」 the allowances for expenses 「비용공제액」
We shall be glad to send you some literature about our refrigerator which were newly developed.
「최근에 개발한 당사의 냉장고에 대한 약간의 인쇄물을 기꺼이 보내 드리겠습니다.」

④ **i.e.**(=idest) : 「즉 그것은, 말하자면(=that is)」

예시 14

대리점 인수제의

10th April, 20____

Kumho Trading Co, Ltd.
I.P.O. Box 2100
Seoul, Korea

Dear Sirs,

Because of the steady increase in demand for our china ① ornaments ② we have decided to appoint an agent to handle our export trade with your country. When we last met, you mentioned that you might be interested in an agency and we can perhaps come to some arrangement.

There are signs of a promising market for our particular type of product and there is little doubt ③ that a really active agent could bring about ④ a big increase in our sales. Aware of your wide experience of the china trade and of your connections with the principal buyers in your country, we feel that your firm is the right one to do this and have pleasure in offering you a sole agency.

Should you not be able to accept it, perhaps you could recommend some other reliable and well-established ⑤ firm whom we might approach. We hope, however, that you yourself will accept. If you decide to do so, please state the terms on which you would be willing to represent us.

Yours faithfully,

요지 당사의 자기(瓷器)장식품에 대한 수요가 꾸준히 증가함에 따라서 귀국과의 당사 수출거래를 취급할 대리점을 임명하기로 하였으니 귀사에게 총대리점을 제의하오며 수락할 수 없다면 신뢰할 만한 확고한 회사를 추천해 주시기 바랍니다.

용어해설

① **china**[tʃáinə] : 「 도자기, 사기그릇」
② **ornament**[ɔ́:nəmənt] : 「장식품, 장신구, 장식, 훈장」
③ **there is little doubt** : 「의심할 여지가 없다」
④ **bring about** : 「초래하다, 가져오다, 야기하다」
⑤ **well-established** : 「확고한」 well-established firm 「확고한 회사」
We have established(=opened) an irrevocable letter of credit in your favour.
「귀사를 수익자로 하여 취소불능 신용장을 개설하였습니다.」

예시 15 **전 서한에 대한 회답**

May 16, 20_____

Kamal Sinno
P.O. BOX 6572
Beirut. Lebanon

Dear Sirs,

I thank you for your letter of April 10 and for your invitation ① to represent you in this market. It is true that there has recently been a growing demand for your class of product, but I doubt whether your expectations of future demand will be fulfilled. I hope you are right, but at the same time feel bound to mention that the Present fashionable ② demand for decorative ③ china may well be no more than a passing phase. ④ In any case, competition from other manufacturers will probably be increased if the demand continues to grow. Even so I am quire willing to accept the agency for a trial period, provided ⑤ you are prepared to support my efforts with reasonable publicity, as by advertising during the first six months or so. I myself do not have the resources ⑥ for the kind of campaign that would be necessary, nor do I feel it would be reasonable to expect me to bear the cost.

I shall welcome your further comments and meanwhile thank yon for giving me the firsts opportunity to act for ⑦ you.

Yours faithfully,

B. J. Cho

요지 최근에 귀사 품목의 제품에 대한 수요가 증가하고 있음은 사실이나 첫 6개월 정도 동안 광고와 같은 적절한 선전으로 본인의 노력을 지원할 용의가 있으시다면 시험기간동안 대리점을 맡을 것을 기꺼이 승낙합니다.

용어해설

① **invitation**[ìnviéiʃən] : 「권유, 초대」 your invitation to represent you in this market 「당 시장에서 귀사의 대리점을 맡아 달라는 권유」
② **fashionable**[fǽʃənəbl] : 「유행의, 유행을 따르는, 현대식의」
③ **decorative**[dékərətiv] : 「장식적인, 장식의」 the present fashionable demand

for decorative china「장식용 자기에 대한 현재 유행되고 있는 수요는」
④ **a passing phase** :「일시적인 사태」be no more than a passing phase「일시적인 사태에 불과하다
⑤ **provided** :「만약 ~이라면, ~이라는 조건으로」
⑥ **resources**[risɔ́ːsiz] :「자력(=financial means), 재원, 자산」
⑦ **act for** :「~을 대리하다, ~을 위해 애쓰다」the first opportunity to act for you「귀사의 대리점을 맡아 볼 기회」

예시 16

대리점의 수수료 인상 요구

August 28, 20_____

Pan korea products Co., Ltd.
I.P.O Box 2237
Seoul, Korea

Dear Sirs,

We should be glad if you would consider some revision ① in our present rate of commission. The request may strike you as unusual since the increase in sales last year resulted in a corresponding increase in our total commission.

Marketing your goods has proved to be more difficult than could have been expected when we undertook ② to represent you. Since then, German and American competitors have entered the market and firmly established themselves. Consequently, we have been able to hold our own ③ only by putting pressure on our salesmen and increasing our expenditure on advertising.

We are quite willing to incur ④ the additional expense and even to increase it still further because we firmly believe there is business to be had if the required effort, is made; but we do not think we should be expected to bear the whole of the additional cost without some form of compensation. You may feel that this could most conveniently take the form of an increase in the rate of commission by, say, 2 %. We suggest this figure after carefully calculating the increase in our selling costs.

You have always been considerate in your dealings with us and we know we can rely on you to consider our present request with understanding and sympathy. ⑤

Yours faithfully,

요지 독일과 미국의 경쟁회사들이 당 시장에 뚫고 들어와 확고한 기반을 잡았는 바 당사는 광고에 비용이 증가되어 추가비용을 부담하겠으나 수수료율을 2% 인상하는 형식을 취해야 될 줄로 생각됩니다.

용어해설

① **revision**[rivíʒən] : 「개정, 교정, 개정」 동사는 revise

② **undertake** : 「약속하다, 떠맡다, 보증하다, 착수하다」 when we undertook to represent you 「귀사의 대리점을 맡기로 약속했을 때」

③ **hold our own** (market) : 「시장에서 당사의 지위를 유지하다」

④ **incur**[inkə́ː] : 「(비용, 벌칙 등을) 초래하다, 가져오다, 감당하다」
We are quite willing to incur the additional expense.
「추가비용을 기꺼이 감당하겠습니다.」
If expense should be incurred in this matter, we should be ready to bear it.「본건에서 비용이 발생한다면 부담할 용의가 있습니다.」

⑤ **with understanding and sympathy** : 「이해와 동정심을 가지고」

예시 17 전 서한에 대한 회답

7th September, 20_____

Green Par
ESSEX
GM20 2ER

Dear Sirs,

Thank you for your letter of 28th August.
We note the unexpected problems presented by your competitors and wish to say at once that we appreciate the extra efforts you have made with such satisfactory results.

In the long run ① we feel that the high quality of our goods and the very competitive prices at which we offer them will ensure steadily increasing sales despite ② the competition from other manufacturers. At the same time we realize that in the short term this competition must be met by more active advertising and agree that it would not be reasonable to expect you to bear the full cost. To increase commission would be difficult as our prices leave us with only a very small profit. Instead, we propose to allow you an advertising credit of USD 40,000 in the current year ③ towards your additional costs, this amount to be reviewed ④ in six months' time and adjusted according to ⑤ circumstances.

We hope you will be happy with this arrangement.

Yours faithfully,

요지 만족한 결과를 가져다 줄 귀사의 특별한 노력에 감사드리며 수수료 인상은 당사의 가격이 별 이익이 없기 때문에 어려울 것이나 대신에 금년에 40,000달러의 광고용 대부를 해드릴 것을 제의합니다.

용어해설

① **in the long run** : 「드디어, 마침내, 결국」(= in the end, eventually)

② **despite**[dispait] : 「~에도 불구하고, ~을 무릅쓰고(= in spite of)」

③ **in the current year** : 「금년에」

④ **review**[rivjúː] : 「재검토하다, 평론하다, 명 재검토」 this amount to be reviewed in six months' time 「이 금액은 6개월의 시일이 지나면 재검토될 것이다.」

⑤ **according to** : 「~에 따라, ~의거하여」 and adjusted according to circumstances 「또한 상황에 따라 조정될 것이다.」

예시 18

상품인도 지연에 대한 불평

March 27, 20_____

Greg R. Carroll
20, Fore Street
London WC 1B 3 BT

Dear Sirs,

We enclose our statement of sales ① made on your amount during March and of commission and expenses payable, and if you will confirm our figures will credit ② you with the amount due.

These sales are most disappointing, but this is due entirely to ③ late arrival of the goods we ordered from you last January. Not having received the goods by mid-February, we cabled you on the 18th, but find on inquiry that the goods were not shipped until March 3 and consequently did not reach us until the 20th.

This delay in delivery is most unfortunate as the local agents of several of our competitors have been particularly active during the past few weeks and have taken a good deal of the trade that would doubtless have come our way had the goods been here. What is more disturbing is that these rival firms have now gained a footing ④ in a market which until now, has been largely our own.

We have reminded you on a previous occasion of the competition from Japanese manufacturers, whose low prices and quick deliveries are having a striking effect on local buyers. If therefore you wish to keep your hold on this market, prompt delivery of orders we place with you is essential.

Yours faithfully,

요지 당사의 매출계산서를 동봉하오며 물품이 3월 20일까지 도착하지 않아 이로 인해 경쟁회사들이 당 시장을 점유해 버렸습니다. 당사의 주문품에 대해서는 신속히 인도해 드리는 것이 필수적입니다.

용어해설

① **our statement of sales** :「당사의 매출계산서」

② **credit** : 「대변에 기입하다, 대기하다」 will credit with the amount due 「빚진 금액을 귀 계정의 대변에 기입하겠습니다.」 당사가 지급해야 할 금액 즉 채무로 기입해 놓겠다는 것이다. 반대는 debit, charge로 「차변에 기입하다, 차기하다」의 뜻이다.

③ **this is due to~** : 「이것은 ~에 기인하다, ~ 때문이다」 여기서 to 다음에는 명사가 온다. 그러나 동사가 올 때는「~할 예정이다, ~하게 되어있다」로 번역한다.
The s.s. "Arirang" is due to leave Busan on May 3.
「기선 "아리랑"호는 5월 3일에 부산에서 출항할 예정이다.」
The prices in our market have been advancing every day due to a rush of orders from many dealers abroad.
「해외의 많은 업자들로부터 주문이 쇄도해서 당 시장에서의 가격은 매일 상승하고 있습니다.」

④ **footing** : 「확실한 터전, 지위, 관계, 총계」
These rival firms have now gained a footing in a market which, until now, has been largely our own.
「이러한 경쟁회사들은 이제까지 대부분 당사가 지배하던 시장에서 이제 확고한 터전을 잡게 되었습니다.」

Useful Expressions

대리점 임명(Appointing agents)

A. Opening Clauses

1. Your name and address have been given by…, who have informed us that you intend to appoint an agent in…, for the purpose of promoting the export of your manufactures to our country.
~을 통해서 귀사명과 주소를 알게 되었으며 귀사는 아국에 귀사 제품의 수출 촉진을 목적으로 ~에 대리점 임명을 할 의도가 있다고 알려 왔습니다.
2. We are pleased to introduce ourselves to you with the hope that we may have an opportunity of cooperating with you in your business extension.
귀사의 사업 확장에 귀사와 협조할 기회를 가질 목적으로 당사를 귀사에게 소개해 드리는 바입니다.

B. Main Clause

1. We wish to handle as an agent for the goods you are exporting now because we are commanding an extensive domestic market in this

line.

당사는 이 품목에서 광범위한 국내 시장을 지배하고 있으므로 귀사 수출품에 대한 대리점을 맡고 싶습니다.

2. Having obtained a reputable position and thorough knowledge of trade, we are sure that any consignment entrusted to us will be executed to your full satisfaction.

   호평을 얻고 무역에 정통한 지식을 가지고 있으므로 당사에게 위임하시는 어떠한 위탁품도 만족하실 정도로 이해될 것을 믿습니다.

3. We wish to leave the question of your commission for future discussion.

   귀사의 수수료에 대한 문제는 다음으로 미루고 싶습니다.

4. We have much confidence that we can play an important part as a buying agent in your overseas trade.

   당사가 귀사의 국외 매입대리점으로서 중요한 역할을 할 수 있을 것이라고 확신합니다.

C. Closing Clauses

1. We would do our utmost to push the sale on your behalf if you are disposed to entertain our commission rate.

   당사의 수수료율을 승낙하실 의향이라면 귀사를 위해 판매촉진에 최선을 다하겠습니다.

2. We look forward to hearing from you about the result of your marketing survey for our merchandise itself.

   당사 상품에 대한 귀사의 시장조사 결과에 대해 알려주시기를 고대합니다.

연습문제

1. 본인은 제5항에 규정된 상품에 대한 주문을 확보하기 위해서 동사를 그의 독점대리점으로 임명하고 동사는 이러한 임명을 수락한다

   힌트 • 독점대리점 : sole agent

2. 본인은 대리점이 입수하고 본인이 접수 및 승인한 모든 주문상품에 대한 송장상의 판매 정미가의 5% 비율로 대리점에게 영국화로 수수료를 지급하여야 한다.

   힌트 • 송장상의 판매정미가 : the net invoiced selling price
   • 영국화로 : in English Sterlings

3. 모든 전신 및 텔렉스 오퍼는 별도로 명시하지 않는 한 발신일자부터 72시간 이내에 회답이 접수되는 것을 조건의「확정 오퍼」로 간주한다. 일요일과 국경일은 제외한다.

   힌트 • 국경일 : National Holidays

4. 본인과 대리점간에 사용되는 거래용어는 Incoterms 2000년의 규정에 의거하여 해석한다.

   힌트 • 거래용어 : the trade terms

5. 제8조에 정해진 불가항력의 경우에는 원래 규정된 선적시기는 30일 기간 동안 연장된다. 매수인은 매도인에게 전신이나 텔렉스에 의한 취소통지를 함으로써 지연된 상품선적을 허용하거나 주문을 취소할 권리를 가진다.

   힌트 • 불가항력 : Force Majeure.
   • ~할 선택권을 가진다 : have the option of

6. 모든 선적품은 송장금액에 10 %를 가산한 동등한 금액에 대해「협회화물약관」에 의거 분손 3 % 담보조건으로 부보되어야 한다. 필요하다면 전쟁위험이나 기타 특별한 보험은 매수인의 계정으로 부보한다. 보험증권이나 증명서는 영국화폐로 작성되어야 하며 손해배상청구금은 런던에서 지급한다.

   힌트 • 분손 3%담보조건 : WA 3%, • 작성되다 : be made out

7. 상품은 계약서에 규정된 선적시기 이내에 적송되어야 한다. 선화증권의 일자는 선적일자의 결정적인 증거로 간주한다.

   힌트 • 간주하다 : be taken, • 결정적인 증거로 : as conclusive proof

8. 언급한 분야에서 폭넓고 다양한 경험을 가지고 있으므로 당사는 매입대리점으로서 귀사의 수입거래를 가장 효과적인 방법으로 처리할 수 있다고 확신합니다.

힌트 폭넓고 다양한 경험 : a wide and varied experience

9. 당 시장에 귀사의 상품수출의 전망이 있을 것으로 예측되고 있습니다. 그러므로 가능한 한 곧 당사를 당지에서 귀사의 판매대리점으로 임명해 주시기 바랍니다.

힌트 ~이 좋으리라는 예측이 있다 : There is a favourable forecast for~

Chapter 06

청약과 수락
(Offer and Acceptance)

1. 청 약

2. 수 락

Chapter 06

청약과 수락(Offer and Acceptance)

1. 청 약

청약(offer)이란 일정한 상품을 수량, 가격, 기타 조건 등을 정해서 판매 또는 구매하려는 제의, 즉 계약의 신청을 말한다. 이러한 Offer는 Exporter(seller:매도인)가 Importer(buyer:매수인)에게 판매를 제의하는 매도청약(selling offer)과 Importer(buyer:매수인)가 Exporter(seller:매도인)에게 매입을 제의하는 매수청약(buying offer)이 있으나 실제로 보면 팔려는 쪽이 많기 때문에 일반적으로 Offer라고 할 때는 Selling Offer(매도청약)를 말한다. Offer를 제의하는 자를 Offerer 또는 Offeror라고 하며, 제의를 받는 쪽을 Offeree라고 한다.

Offer의 내용을 기재한 서류, 즉 Offer sheet(물품매도확약서)는 화환수입신용장(documentary import credit)에 의한 수입, 추심결제방식(payment by collection)에 의한 수입, 수탁가공무역에 의한 수입 등 기타의 수입허가(import permit)시에 외국환은행이나 상공부에 제출하는 필수서류인 만큼 꼭 기재해야 할 사항이 있는 바, Offer를 발행하는 회사나 Offer 발행을 전문적으로 하는 Offer house(물품매도확약서 발행업자)는 다음 사항을 필히 기재하여야 한다.

① 품 명(CCCN 분류기호를 포함한다)
② 원산지
③ 규 격

④ 상 표(필요한 품목에 한한다)
⑤ 단 위
⑥ 단 가(FOB 가격, 보험료 및 운임등으로 분류한다)
⑦ 수 량
⑧ 금 액
⑨ 선적지
⑩ 인도조건(선적기한)
⑪ 물품매도확약서의 유효기간
⑫ 대금지급조건
⑬ 발행자 및 등록번호
⑭ 상대자명

한편 Offer는 상대방의 회답기간을 명시한 Firm Offer(확정오퍼)와 명시하지 않은 Free Offer(불확정오퍼)가 있다.

(1) 확정청약(Firm Offer)

확정청약은 매도자가 특정기한 내에 특정상품을 특정가격으로 판매할 것을 약속하는 것이다. 그러므로 매수인(buyer)은 유효기한 이내에 승낙(acceptance)하여야 하며 일단 승낙된 청약은 철회(withdraw) 또는 취소(revoke)할 수 없다. 확정청약은 승낙 이전에는 법률적 구속력을 가지지 못하므로 쉽게 취소할 수 있으나 신용 있는 무역업자의 경우 유효기간 이내에 청약을 철회함으로써 그들의 좋은 세평을 더럽히는 모험을 하지 않는 것이 일반적이다.

확정청약에 있어서의 청약의 기간을 한정하는 문언은 다음과 같다.

① We offer until October 12, 20___
② offering until October 12, 20___ Seoul
③ We offer you firm, subject to reply here by the 18th of May
④ subject to reply being received within three days from and including the day of dispatch.

(2) 불확정청약(Free Offer)

이 불확정청약은 청약자(offer)가 피청약자(offeree)에게 사전 통지함이 없이 언제든지 그 청약조건을 변경 또는 취소할 수 있는 조건의 청약이다. 그러므로 피청약자가 이 조건을 수락(acceptance)하였다 하더라도 청약자는 이에 법률적 구속을 받지 않으며, 다만 청약자의 확인(confirmation)이 있는 경우에 한하여 유효하게 된다. 이러한 관섬에서 이러한 청약은 피청약자에게 주어지는 경업상의 정보 또는 지침으로서 그 유효성이 인정될 뿐이다. 이 불확정청약은 피청약자에 대한 청약의 유인(invitation to offer)이며 피청약자의 수락은 청약에 해당되며 이에 대한 청약자의 확인(confirmation)은 수락(acceptance)에 해당된다.

다음은 불확정청약의 대표적인 예이다.

1 offer without engagement

시장의 여건이 불확실하여 확정적으로 가격 등의 조건을 확약할 수 없을 때에 발행되는 예약불능청약이다.

- We offer you the following goods without engagement.

2 offer subject to being unsold

재고가 한정되어 있으므로 전 고객을 대상으로 발송된 청약에서 선착순판매조건(subject to prior sale)을 제시하는 경우이다.

- We offer you subject to being unsold as follows.

3 offer subject to final confirmation

청약자의 최종확정이 있어야 효력을 가지는 청약이며 시장의 여건 변동이 심할 때 자주 발행된다.

- We make an offer for the goods, subject to our final confirmation.

(3) 특수조건부청약(Conditional Offer)

위의 청약에서의 일반적인 조건이외에 시장의 여건에 따라 특수조건을 추가함으로써 청약의 조건이 크게 달라지는 경우가 있다. 이러한 조건은 매도인과 매수인간의 거래관계에 따라 많은 차이가 있으며 그 대표적인 예는 다음과 같다.

1 offer subject to goods on sale or return

매잔매품을 인수하는 조건으로서 신제품의 경우 또는 기타 상품의 대량판매를 촉진하기 위해 매수인에게 유리한 조건을 제시하고 있는 청약이다.

- We offer you the above-mentioned articles on sale or return.

2 offer on approval

신제품 등의 초기의 마케팅 전략으로 매수자에게 실물을 점검케 한 다음 만족스러운 경우에 한하여 수락할 수 있도록 한 유리한 조건의 청약이다.

- We have sent the sample on approval to show you the marketability of the goods.

2. 수락(Acceptance)

상대방의 청약에 대한 수락은 무조건(unconditional)이어야 한다. 이와 같이 청약에 대하여 수락이 이루어지면 청약과 수락의 원칙(principles of offer and acceptance)에 의하여 계약이 체결되는 효과를 가져온다. 그러나 청약에 대하여 조건의 변경 및 추가(addition)를 제시하는 조건부의 수락은 원청약(original offer)을 거절하는 결과가 되며 이를 역 또는 반대청약(counter offer)이라고 한다. 이렇게 되면 원청약은 무효가 되므로 추후 피청약자(offeree)가 원청약조건을 그대로 수락하더라도 청약자(offerer)는 이를 거절할 수 있음을 주의해야 할 것이다.

Model Letters

예시 1 벨벳옷감의 오퍼 확인

July 6, 20_____

Hangwang Trading Company
C.P.O. BOX 1232
Seoul, Korea

Dear Sirs,

We were very pleased to receive your inquiry of July 2 and now confirm our cabled offer ① of this morning, as follows :

FIFTY FIVE DOLLARS PER THIRTY SIX YARD PIECE FOB NEW YORK

We must stress that this offer is firm for three days only because of the heavy demand for the limited supplies of this velvet ② in stock.

The material is of the very finest quality and we can assure you that so far as quality goes ③ you have nothing at all to fear from the similar materials of other manufacturers either in this country or abroad. We feel sure you will realize that our quoted price is very reasonable, but we are anxious to do what we can to help you establish your new business and are prepared to ④ allow you a special first-order discount of 3% if payment of the account is made within one month.

If you decide to accept our offer, please cable your acceptance.

Yours faithfully,

요지 오늘 아침 보낸 전신 오퍼를 확인하오며 이 오퍼는 재고중인 이 벨벳의 한정된 공급품에 대한 막중한 수요 때문에 3일간만 확정 오퍼합니다. 계정에 대한 지급이 1개월내 이루어지면 첫 주문에 대한 3% 특별할인을 해 드릴 용의가 있습니다.

용어해설

① **cabled offer** : 「전신오퍼」 전보로 보낸 오퍼를 말한다.

② **velvet**[vévit] : 「벨벳」 얇고 부드러운 냅(nap)이 한쪽에 달린 비단으로 만든 옷감.

③ **so far as quality goes** : 「품질에 관한 한」
④ **are prepared to** : 「~할 용의가 있다, 각오가 있다.」

예시 2 확정오퍼 가격인하 거절

July 5, 20____

Samdo Trading Co.
C.P.O. Box 7721
Seoul, Korea

Gentlemen :

We are glad to acknowledge your letter of the June 30 requesting us to quote the very finest prices on our Cotton Goods, and now confirm having cabled you as follows :

YOURS THIRTIETH OFFER FIRM SUBJECT REPLY HERE BY JULY SEVENTH FIVE HUNDRED DOZEN SAMPLE NO 10 AT TEN DOLLARS FIFTY CENTS TOTALING 5250 DOLLARS AUGUST SHIPMENT PAYMENT LC WILCO ①

We note with much regret from your letter of the June 30 that our prices were not low enough to meet your requirements. But the above revised is the best price we can make at present and the high quality of our goods cannot be maintained at lower prices.

In fact, our revised price is closely calculated ② at the lowest possible rate and then we shall not be able to make any further shading ③ of price in spite of our eagerness to materialize ④ an initial business.

We thank you for your having given us the earliest opportunity of making this offer and trust you will accept it without loss of time. ⑤

Yours very truly,

요지 하기와 같이 타전하였음을 확인하오며 당사의 가격이 귀사의 요구를 충족시킬 만큼 저렴하지 못했다고 하셨으나 가능한 최저가격으로 산정되었으므로 더 이상 깎아 드릴 수 없습니다.

용어해설

※ 위의 전보문을 풀이하면 다음과 같다.

In reply to your letter of the 30th June, we offer you firm subject to your reply (being) received (here) by the 7th July, on 7,500 dozen sample No. 10 @ $10.50 totaling 5,520 for August shipment on the payment by L/C Wilco(= Wilson & Co., Ltd.)

① **WILCO** : 「Wilson & Co., Ltd.」의 축어로서 전보 발신자의 cable address (전신약호)이다.

② **calculate**[kǽlkjuleit] : 「계산하다, 산정하다, 예정하다」
In fact, our revised price is closely calculated at the lowest possible rate.
「실은 수정된 가격은 가능한 최저가격으로 면밀히 산정되었습니다.」

③ **shading** : 「약간 인하하기, 약간 깎기」 make any further shading of price 「값을 좀 더 깎아 내리다」
We shall not object to paying a shade beyond the limit if you accept our proposal.
「당사의 제안을 승낙하신다면 한도보다 좀 더 지급해도 반대하지 않을 것입니다.」
If you can shade the prices a little, you may expect repeat orders from us. 「가격을 조금만 더 깎아 주실 수 있다면 당사로부터 재주문을 기대하셔도 좋습니다.」

④ **materialize**[mətíəriəlaiz/-tír-] : 「실현하다. 구현시키다, 실현되다, 사실이 되다, 물질화하다」 in spite of our eagerness to materialize an initial business 「첫 거래를 실현하고 싶은 당사의 열망에도 불구하고」

⑤ **without loss of time** : 「지체없이, 즉시」 without the least delay나 without delay와 같은 뜻이다.

예시 3 **전 오퍼에 대한 카운터오퍼**

London, 6th July, 20_____

Messrs. Wilson&Co., Ltd.
London, EC1 Y 4UY

Gentlemen :

We have received with thanks your firm offer of July 5for 500 Dozen of Gotton Goods, Sample No. 10 @ ① $10.50 per dozen C.I.F. Incheon for August shipment and L/C payment, ② for which we have just e-mailed you a counter offer as follows :

> "Your offer of July 5 is acceptable if the price is reduced to $10.00 per dozen totaling $5,000.00. Please confirm your acceptance without loss of time."

In view of ③ the quotation ruling in this market, your price is rather stiff.④You must remember that the competition in this line is very keen ⑤ and that your competitors are offering lower prices than yours. But it is our intension to entrust ⑥ you with the bulk ⑦ of our business, and we have cabled you a counter offer. asking for your more discount. So unless you can accept this price the business will fall through. ⑧

We hope you w
ill accept our price soon to our mutual advantage. ⑨

Yours very truly,

요지 귀사의 7월 5일자 확정오퍼를 받고 다음과 같이 타전하였습니다. 이 품목에서의 경쟁이 매우 치열하고 경쟁회사들이 더 낮은 가격을 오퍼하고 있으므로 좀 더 할인해 주시도록 수정 오퍼하였습니다. 당사의 가격을 수락해 주시기 바랍니다.

용어해설

① **@** : 「(금액)~에」 at를 뜻한다. @ $10.50 per dozen ; at $10.50 per dozen 「타당 10달러 50센트에」
② **L/C payment** : 「신용장에 의거한 결제」 payment under the L/C의 뜻이다. 전보문을 풀이하면 다음과 같다.
Your offer of the 5th July is acceptable if the price is $10.00 per dozen totaling $5.000. Please cable. STRCO(= Samdo Trading Co.)
③ **in view of** : 「~에 비추어, ~을 고려하여」 in view of the quotation ruling in this market 「이곳 시장에서의 지배적인 시세에 비추어 볼 때」
④ **stiff** : 「높은(= high), 강한(= strong) 빳빳한」 rather stiff 「다소 높은」
⑤ **keen** : 「치열한, 격렬한, 예리한」
⑥ **entrust A(인)with B (사물)** : 「A에게 B를 위임하다, 위탁하다, 맡기다」

⑦ bulk :「용적, 부피, 크기」 the bulk of our business「당사 거래의 대부분, 대다수」 *cf.* bulk cargo「산적화물, 비포장화물, 대량화물」
⑧ **fall through** :「결렬되다(=come to nothing), 좌절되다, 실패되다(=fail)」
⑨ **to our mutual advantage** :「상호간의 이익을 위하여」
The plan will turn to advantage.
「계획은 유리하게 전개될 것이다.」

예시 4 카운터오퍼에 대한 대체품 제의

Dear Sirs,

We thank you for your counter offer of May 3 for 2,000 sets each of Nos. 20 and 21 linen cloth. ①

To our dismay, ② No. 20 is out of stook now and will not be available before the end of July. But we can offer the slightly better, similar quality No. 22 instead which is available and is perhaps more suitable for your market. For your reference ③ two samples covering the quality No. 22 are being sent to you separately. If you have no objection to ④ any of them, please inform us of your decision as soon as possible.

We await your instructions.

Yours faithfully,

요지 아마포 제20호 각각 2,000세트에 대한 카운터오퍼에 감사드리며, 제20호 대신에 유사한 제22호를 오퍼할 수 있으니 결정사항을 통지해 주시기 바랍니다.

용어해설

① **linen cloth** :「아마포」 옷감의 일종
② **dismay**[disméi] :「실망, 당황, 놀람 명 당황케 하다, 낙담시키다」
③ **for your reference** : 「참고로」 for your information이라고도 한다.
④ **have no objection to** :「~에 이의가 없다, ~에 반대하지 않는다.」

예시 5

확인오퍼의 타전 후 확인

Samyang Electric Co., Ltd.
C.P.O. Box 2331
Seoul, Korea

Dear Sirs,

We confirm having just cabled you a firm offer, subject to your reply reaching us by 30th February as specified below : ①

Article No.	Model No. & description	Unit Price
No. 20-3	Model TC-22 Colour TV Set	US $400.00 per set CIF Busan
No. 20-4	Model TC-23 Colour TV Set	US $430.00 per set CIF Busan

This is the best offer we can make at present and we trust that you will accept this offer without loss of time. ②

Yours faithfully,

요지 아래 명시된 대로 확정오퍼를 방금 타전하였음을 확인하오며 곧 수락하실 줄로 믿습니다.

용어해설

① **as specified below** :「아래 명시된 대로」
② **without loss of time** :「지체없이, 즉시, 곧」

예시 6

고등어 통조림에 대한 오퍼

23rd May, 20_____

The Hecht Co.
London. England

Gentlemen :

Thank you for your enquiry of 12th May, against which we have just cabled you the following offer :

Commodity : Canned Mackerel ① in tall tins ② 50/20 oz.
Quantity : 1,000 cartons ③
Unit Price : @ ④ US $50.00 per carton CIF London
Shipment : June/July
Payment : Draft at 30d/s ⑤ under irrevocable letter of credit
Validity ⑥ : Until May 30, 1981

Owing to the rush of orders from abroad, our stocks are nearly exhausted except the quantity available as specified above. We stand ready to ⑦ be at your service and await your order which shall receive our best and quickest attention.

We look forward to your favorable reply.

Very truly yours,

요지 하기 오퍼를 타전하였으며 해외로부터 주문의 쇄도로 인하여 상기 수량을 제외하고는 재고품이 거의 품절되었습니다.

용어해설

① **canned mackerel** : 「고등어통조림」 영국에서는 canned~ 대신에 tinned~이라고 한다. *cf.* canned food 「통조림」 a cannery; a packing plant 「통조림공장」 canned provision 「통조림 식품」 a canner, a packer 「통조림업자」 canned meat 「고기통조림」 canned beef 「쇠고기통조림」 canned salmon 「연어통조림」 canned fruit 「과일통조림」

② **tall tins** : 「긴 통」 in tall tins 50/20 oz. 「20온스 짜리 긴 통조림 50개」 oz.(=ounce)는 [auns], 복수는 [áunsiz]로 발음되니 주의해야 한다. 1 pound(=1b.) = 16 ounces. 1 oz. = 28.35 grams

③ **carton**[kátn] : 「상자」 특히 두껍고 단단한 종이로 만든 「종이상자」를 말한다

④ **@(= at)** : 「(가격)~에」 @ US $ 50.00 per carton CIF London 「런던도착운임보험료 포함가격 조건으로 한 상자당 미화 50달러」

⑤ **d/s(= day after sight)** : 「일람후 ~일 출금」 draft at 30d/s under irrevocable letter of credit 「취소불능신용장에 의거 일람후 30일출급 환어음」 이러한 어음을 기한부 어음 「usance draft」라고 한다. 여기서의 sight는 acceptance와 동등어이다.

⑥ **validity**[vəlídəti] :「유효기한, 정당성, 유효」 cf. valid[vælid] 형「유효한」 validly 부「유효하게」 validate[vælideit] 동「유효하게 하다」
⑦ **stand ready to** :「~할 각오가 있다, 용의가 있다」

예시 7 생돈에 대한 카운터 오퍼

Namyang Ind., Co.
Seoul, Korea

Dear Sirs,

In response to your offer of September 5, we are glad to find that you are in a position to① supply live pigs, ② and we are ready to place quantity orders with you should you can shade your quotation a little .③

We have received similar offers from some firms in your city, but we wish to place our order with you for 100 metric tons of the pigs to be shipped in two shipments of 50 metric tons each in september and October.

If you can reduce your quotation to US $ 900.00 per metric ton CIF London, we will instruct our bank to issue an irrevocable letter of credit for US $ 90,000.00 in your favour and send you our purchase note ④ so that you can execute our order promptly.

Your prompt reply by cable would be appreciated.

Yours faithfully,

요지 귀사의 몇몇 회사로부터 생존에 대한 유사한 오퍼를 접수하였는 바, 메트릭 톤당 미화 900달러로 인하해 주시면 신용장 개설을 제시하고 매약서를 보내 드리겠습니다.

용어해설

① **be in a position to** :「~할 입장에 있다, ~할 수 있다」 반대는 We are not in a position to offer our merchandise at the price you specified.「귀사가 명시하신 가격으로는 당사의 상품을 오퍼할 수가 없습니다」와 같이 쓴다. can 이나 be able to 또는 can not 이나 unable to에 비교해 볼 때 표현이 딱딱하지 않고 자연스런 느낌을 주기 때문에, 특히 can not 대신에 be not in a position to를 쓰는 것이 앞으로의 거래를 위해서 좋다.

② **live pigs** : 「생돈」
③ **should you can shade your quotation a little** : 「값을 조금 깍아 주실 수 있다면」
④ **purchase note** : 「매약서」 일정상품을 일정조건으로 매입하겠다는 Buyer의 매입계약서를 말한다.

예시 8

가격할인 요구에 대한 거절

The Korea Sundries
Seoul, Korea

Dear Sirs,

In response to your cable of the May 31, we confirm having today e-mailed you as below :

"We quote you for Sunglasses A-120 at $10.00 and for A-121 at $8.10 per dozen, CIF Busan with minimum order of 500 dozen each."

Our quotation include packing in strong export cases of 50 dozen CIF Busan, but is only available for minimum orders for 500 dozen each. This is the best we can do at present and the high quality of our products cannot be maintained at lower prices. In fact, the above prices barely ① cover the cost of production and then we shall not be able to make any further shading of prices in spite of our eagerness to materialize ② an initial transaction with you.
We hope that this offer will meet with your immediate acceptance ③ to mark the happy start of our mutual business.

Yours faithfully,

요지 하기와 같이 타전하였음을 확인하오며, 첫 거래를 이룩해 보고 싶지만 상기 가격은 생산원가밖에 안되므로 더 이상 깍아드릴 수가 없습니다.

용어해설
※ 전보문의 내용은 다음과 같다.
"부산도착 운임보험료포함가격으로 선글라스를 타당 품목 A-120은 1 달러, 품목 A-121은 81 센트에 오퍼함. 주문최저수량은 각각 500타임"(We offer you

our sunglasses, item No. A-120-@$1.00 per dozen CIF Busan, item No. A-121-@$0.81 per dozen CIF Busan. The minimum quantity for the order should be 500 dozen each.)

① **barely**[bɛ́əli] : 「겨우, 가까스로, 간신히」 barely cover the cost of production 「기껏해야 생산원가밖에 안된다」
② **materialize**[mətíəriəlaiz/-tír] : 「실현하다, 구현하다, 물질화하다」
③ **meet with your immediate acceptance** : 「즉시 받아들이다, 즉시 승낙하다」

예시 9 도자기에 대한 오퍼

June 20, 20_____

The American Importing Co., Inc.
60 East 45th Street
New York 17, N.Y.
U.S.A.

Gentlemen:

In accordance with your inquiry of June 9, we have today e-mailed you the following firm offer as per enclosed confirmation, ① subject to your reply reaching us by June 30.

Five Hundred(500) Dozen Porcelain Tea Set A ②
@ US $ 85.20 per dozen CIF New York
Shipment : During July
Terms of Payment : Draft at sight under an irrevocable L/C

We are not in a position to guarantee that these prices will be available next month because the cost of materials is steadily advancing. For a quantity of more than 500 dozen. 10% discount on the quoted price can be allowed.

Your immediate reply by cable would be appreciated.

Very truly yours,

Enc. Confirmation

요지 동봉한 확인서에서와 같이 offer합니다. 7월30일한 도착 수락여부를 통보바랍니다. 그러나 다음 달에는 원료비의 계속 상승으로 이 가격을 보장해 드릴 수 없음을 알려드립니다.

용어해설

① **as per enclosed confirmation** :「동봉해 드린 확인서에서와 같이」

② **porcelain tea set A** :「도기로 만든 차 그릇 A형」

예시 10

열간압연강판에 대한 오퍼

October 10, 20_____

The Korea Trading Co., Ltd.
Seoul, Korea
Attention of Export Manager

Dear Sirs,

We are pleased to offer you the following merchandise subject to our final confirmation :

Description : Hot Rolled Mild Steel Plate ①
7/15" 4"×19" ………………… US $300.50
1/5" 4"×19" …………………… US $302.50
Quantity : 300 Metric tons
Delivery : Within 30 days after receipt of your irrevocable letter of credit
Port of Loading ② : Oslo, Norway
Port of Discharge ③ : Korean Main Port(s)
Price : CIF Korean Main Port(s) Per metric ton
Payment : By irrevocable letter of credit

All prices are subject to change at the end of October because there is every indication that the quotations are rising. If our offer is not acceptable, please e-mail your most reasonable prices at your earliest convenience. ④

We hope you would place your order with us promptly, which we will execute with our best attention.

Yours faithfully,

요지 당사의 최종확인을 조건으로 다음 상품을 오퍼하오며 가격상승의 징조가 있으니 10월 말에 모든 가격이 변경되는 것을 조건으로 합니다.

용어해설

① **hot rolled mild steel plate** :「열간압연강판」
② **port of loading** :「적재항」 즉 선적항을 말한다.
③ **port of discharge** :「양륙항」 배가 도착하는 항구
④ **at your earliest convenience** :「될 수 있는 대로 빨리, 속히」 as soon as possible이라고도 한다.

Model Forms

예시 1 한국산 한천에 대한 오퍼

23rd May, 20____

To : London Trade Promotion
London WC1R 4 TN

Gentlemen :

We are pleased to offer you the following goods on the terms and conditions set forth hereunder :

Description	Quantity	Unite Price	Amount
KOREA AGAR AGAR STRIP 1981 crop ①	3,000 lbs.	C&F London @US$3.00 per 1b.	US$9,000.00
1st grade, inspected and passed by our government authorities		FOB Busan @US$2.50 per 1b.	US$7,500.00

1. Terms of Payment : By irrevocable letter of credit in our favor
2. Shipment : June/July
3. Packing : Export standard white cloth bales in pressed condition ②
4. Origin ③ : The Republic of Korea
5. Validity : This offer is valid until 5th June.
6. Remarks : This offer is subject to our final confirmation.

Very truly yours,

요지 고려인삼 주식회사가 London Trade Promotion에 보낸 오퍼장.

용어해설

① **Korean agar strip 1981 crop** : 「1981년도 산 한국산 한천」

② **export standard white cloth bales in pressed condition** : 「압축을 하여 한천으로 만든 수출용 표준곤포」

③ **origin(=country of origin)** : 「원산지」 모든 수출·입상품은 원산지 표시 규정에 알맞은 원산지 표시를 하여야 한다. 우리나라에서 외국에 상품을 수출할 때의 원산지 표시방법의 예로는 "Made in Korea"가 대표적인 방법이다.

예시 2 **인조견 조오젯 비단에 대한 오퍼**

OFFER SHEET

April 4, 20____

Hansung Trading Co., Ltd.
Seoul, Korea

Dear Sirs,

We are pleased to submit you the following offer under our usual terms and conditions :

Article	: Rayon Georgette Crêpe. ①
Quantity	: 1,000 yards
Price	: @$8.20 per yard FOB New York
Shipment	: Within 30 days after receipt of L/C
Destination	: Busan, Korea
Packing	: By irrevocable & confirmed letter of credit in favour of NY Corporation, ② New York
Country of Origin	: The USA
Inspection	: Maker's inspection to be final
Insurance	: To be effected by buyer
Validity	: April 15, 20__

Remarks : The market here is strong owing to the influx of orders ③ from abroad and our weaver' loom ④ spaces are fully occupied.

Yours faithfully,

요지 NY Corporation 이 한성무역에 보낸 오퍼장.

용어해설

① **rayon georgette cr pe** : 「인조견사로 만든 조오젯 비단」 매우 엷고 선명한 비단이다.
- crêpe de chine[kréip də ʃíːn] 「크레프드신」 주름진 프랑스제 비단
- crêpe rubber 「크레이프 고무」 구두창을 만드는 데 이용된다.
- crêpe paper 「크레이프 종이」 물결모양으로 생기거나 주름이 진 엷은 종이

② **by irrevocable & confirmed letter of credit in favour of NY Corporation** : 「NY Corporation을 수익자로 한 취소불능 및 확인신용장」

③ **owing to the influx of orders** : 「주문의 쇄도로 인하여」

④ **weaver**[wíːvə] : 「직공」 loom 「베틀」 weavers' loom 「방직기」

예시 3 스웨터에 대한 오퍼

OFFER SHEET

December 1, 20____

AS-120
The east Asiatic Co., Ltd.
12 Raffles Quay, Bangkok

Gentlemen :

Thank you very much for your inquiry of November 20 for 100% Acryl Pullover① S/#② 1405, against which we are pleased to offer the following merchandise under the terms and conditions as below :

Item	Description of the Merchandise	Quantity Unit Price Amount
Ladies' 100 % Acryl Pullover S/# 1405	U-neck with 10 buttons, hand-trimed on neck line & centerpiece, ③ 2 pockets with floral embroidery ④ 1×1 rib knitted all over. ⑤ 12 gauge ⑥ W't : net-4.0 1bs/doz. Acc.-0.08 1bs/doz. TT. W't ⑦ : 4.08 1bs/doz	@ US $20.80 per doz. CIF Bangkok for 500 doz. or more @ US $23.70 per doz. CIF Bangkok for less than 500 doz.

1. Destination : Bangkok. Thailand
2. Shipment : Within 45 Days After receipt of your L/C
3. Packing : Export Standard packing, completely free from moisture and water ⑧
4. Payment : By irrevocable letter of credit in our favor.
5. Validity : December 12, 1981
6. Remarks : Maker's inspection to be final

Very truly yours,
John C. McCoskey
Export Manager

요지 The East Asiatic Co., Ltd.에 아크릴사 스웨터를 판매제의 하는 오퍼장.

용어해설

① **Pullover** :「편물」 특히 머리 위에서부터 밑으로 당기면서 입게 되어 있는 sweater나 jacket류를 말한다.

② **S/#** (= Swatch No.) :「견품번호」 특히 각종 옷감의 천을 잘라서 보여주기 위한 견품에 번호를 부여한 것을 말하며 pattern/#이라고도 한다. 옷감이 아닌 일반적인 견품은 sample이라고 한다. S/# 1405「견품번호 제1405호」

③ **u-neck with 10 buttons, hand-trimed on neck line & centerpiece** :「목둘레와 중앙에 손으로 만든 단추 10개가 달린 U자 모양의 목」

④ **embroidery**[imbrɔ́idəri] :「자수」 동사는 embroider이다. 2 pockets with floral embroidery「꽃무늬의 자수를 한 주머니 2개」

⑤ **rib knitted all over** :「전체를 갈비모양으로 짠」 갈비나 밭이랑처럼 한 줄은

튀어나오고 또한 줄은 들어가게 짠것을 말한다.

⑥ **gauge**[英](= gage[美]) : 「치수, 규격, 자」 여기서는 스웨터실의 굵기를 가리키고 gauge의 치수가 클수록 가느다란 번호수를 말하며, 작을수록 굵게 짠 것을 말한다.

⑦ **TT. W' T**(total weight) : 「총중량」

⑧ **completely free from moisture and water** : 「습기와 물이 전혀 없는 완전방수의」

예시 4

가발에 대한 오퍼

August 22, 20____

Samyang Trading Company
Seoul, Korea

Dear Sirs,

In response to your inquiry of 10th August, we are pleased to offer you on the terms and conditions set forth below :

Commodity : Indian Double Drawn Human Hair ①
Approx. 95 % Black Balance Grey ②
Quantity : 2,000kg
Assortment : 7" to 8-1/2" abt. 200kg
9" to 10-1/2" abt. 180kg
11" to 12-1/2" abt. 180kg
13" to 14-1/2" abt. 150kg
15" to 16-1/2" abt. 150kg
17" to 18-1/2" abt. 150kg
19" to 20" abt. 100kg
more than 20" abt. 900kg
Price : @ US $9.50 per kg FOB air or sea port, Hong Kong
Delivery : Within 30 days from the date of receipt of L/C
Terms of Payment : By Irrevocable & Confirmed L/C in our favor with transferable clause ③ in favor of Bambi Trading Company of India, New Delhi

Remarks :

(1) Haris are 100 % Indian origin

(2) This offer is subject to our final confirmation.

Yours faithfully,

요지 Feuer Wig and Skin Company가 삼양무역에 인도산 각종 크기의 가발을 오퍼한 것이다.

용어해설

① **double drawn human hair** : 인모(人毛) 다발의 양쪽 끝이 자르듯 고르게 된 인모를 말하며, 한 쪽 끝만 고르게 되어 있는 것은 single drawn hair라고 한다.

② **approx. 95 % black balance grey** : 약 95 %는 검정인모이고 나머지(balance)는 회색임을 뜻하며, 회색인모는 노인들의 것으로 탈색 및 염색할 때 loss가 많이 생기므로 검정인모보다 값이 싸다.

③ **with transferable clause in favor of Bambi Trading Company** : 「밤비무역회사를 수익자로 하여 양도가능의 조항이 있는」 L/C 상에는 양도가능의 조항이 있을 때만 양도할 수 있기 때문에 Feuer Wig and Skin Company가 밤비무역 회사에 L/C상의 금액을 양도할 수 있도록 해 달라는 것이다.

예시 5 소형강판에 대한 오퍼

August 5, 20_____

The Korea Steel & Pipe Co., Ltd.
Seoul, Korea

Gentlemen :

Scrap ① Steel Plates

Many thanks for your inquiry dated July 20, asking us to quote the most competitive prises on the above material.

We have 1,000 tons of the plates, which we can ship upon receipt of your letter of credit, Details are as follows :

1/4" and up to 2" thick, ②
2-7 feet wide, and 15 feet long

The net price is US $100.40 per short ton ③ FOB USA main port/s. Freight rates are US $32.50 per short ton. Total net cost is US $132.90 per short ton C & F Busan. In view of the rising trend of the materials we would advise you not to miss this opportunity.

Please cable us immediately whether you are willing to place your order with us.

Very truly yours,

요지 Asia International 이 낸 소형강판에 대한 오퍼장.

용어해설

① **scrap**[skræp] :「작은 조각, 토막, 근소, 폐물」scrap steel plates「소형강판」
② **thick** :「두께」wide long「길이」
③ **short ton** : 미국계의 ton으로 2,000 lbs에 해당하며, 반면 long ton은 영국계의 ton으로 2,240 lbs. metric ton은 프랑스 및 구주대륙제의 ton으로 2,204 lbs.(= 1,000kg)에 해당한다.

Useful Expressions

A. Opening Clauses

1. In reply to your inquiry of the May 20, we offer you as follow :
   5월 20일자 귀 조회에 대한 회답으로 하기와 같이 귀사에 오퍼합니다.
2. We are pleased to submit you following offer under our usual terms and conditions :
   당사의 통상적인 거래조건으로 다음 오퍼를 귀사에 제공해 드립니다.
3. Many thanks for your inquiry of the 5th, against which we have just e-mailed you the following offer :
   5일자 귀 조회에 매우 감사드리며 이에 대해 다음의 오퍼는 귀사에 방금 e-mail하였습니다.
4. Thank you very much for your firm offer of the 1st for 300 doz. Item No.5, for which we have today e-mailed you our counter offer

as per a copy of our confirmation enclosed

품목 제 5 번 300타에 대한 1일자 귀 확정오퍼에 매우 감사드리며, 이에 대해 동봉한 확인장에서와 같이 당사의 수정오퍼를 금일 귀사에 타전하였습니다.

5. We have today e-mailed you the following firm offer. subject to your reply reaching us by the 22nd March :

   귀사의 회답이 3월 22일까지 당사에 도착하는 조건으로 다음의 확정오퍼를 금일 귀사에 e-mail로 보냈습니다.

6. We are glad to confirm our message just despatched to you, accepting your firm offer of the May 3 on 300 yards Rayon Goods and inclose our order sheet.

   300 야아드의 인조견직물에 대한 5월 3일자 귀사의 확정오퍼를 수락하는 오늘 귀사에 발송된 당사의 메시지를 확인하오며 당사의 주문서를 동봉해 드립니다.

B. Main Clauses

1. Commodity : Pigtoe Shell
   Quantity : 300 bales, each weighing 30kg
   Price : US $120.00 per bale. C.I.F. Incheon
   Terms of Payment : By irrevocable L/C in our favour
   Shipment : Within 30 days after receipt of your L/C
   Port of Shipment : US Main Port
   Destination : Incheon
   Packing : Standard Export Packing
   Insurance : To be covered by Seller
   Validity : May 22
   Remarks : This offer is subject to our final confirmation.
   품 목 : 핵패(진주 양식용 패구)
   수 량 : 300표 각각 동량 30Kg
   가 격 : 인천도착운임보험료포함가격 미화 120달러
   결제조건 : 당사를 수익자로 한 취소불능신용장
   선 적 : 귀사의 신용장 접수 후 30일 이내
   선적항 : 미국의 주요 항구
   목적항 : 인 천
   포 장 : 표준수출포장
   보 험 : 매도인이 부보
   (오퍼의) 유효기간 : 5월 22일까지

참 고 : 이 오퍼는 당사의 최종 확인을 조건으로 함

2. In the course of our negotiation by e-mail with you, we were reluctantly forced to cut our price to a point where no margin of profit is left to us.
   귀사와 전신에 의한 상담을 하는 동안 이윤폭이 없는 선까지 당사의 가격을 인하하지 않을 수 없었습니다.
3. Recently prices of raw materials have soared considerably, but we are pleased to offer you at the former prices.
   최근의 원자재가격이 상당히 치솟았지만 종전의 가격으로 귀사에 오퍼합니다.
4. If this offer is acceptable to you, please let us have your order soon.
   귀사께서 이 오퍼를 수락하실 수 있다면 주문을 곧 보내 주시기 바랍니다.
5. We are enclosing our offer sheet and catalogue. Your order by e-mail or fax would be appreciated.
   당사의 오퍼장과 상품목록을 동봉해 드립니다. e-mail이나 팩스로 주문을 해 주시면 감사하겠습니다.
6. Your prices turn out satisfactory and we accept your offer in principle. However, we would like to check your samples before placing our order with you.
   귀사의 가격은 만족스러우며 귀사의 오퍼를 원칙적으로 수락합니다만 귀사에 주문을 하기 전에 견품을 점검해 보고 싶습니다.
7. We reserve the right to modify our prices subject to market fluctuation.
   시황변동을 조건으로 당사의 가격을 수정할 권리를 유보한다.

C. Closing Clauses

1. We look forward to receiving your order soon.
   귀사의 주문을 곧 보내주시기를 고대합니다.
2. We hope that this offer would induce you to place your order with us as soon as possible.
   이 오퍼가 가능한 한 곧 당사에 주문을 유도하기를 바랍니다.
3. May we expect your initial order?
   귀사의 첫 주문을 기대합니다.
4. We think you had better take this exceptional opportunity as prices are recently rising steadily.
   최근에 가격이 꾸준히 상승하고 있으므로 이번 예외적인 기회를 이용하시는 것이 좋으리라고 생각합니다.

5. Your prompt attention to our offer would be appreciated.
   당사의 오퍼에 대해 신속히 배려해 주시면 감사하겠습니다.
6. We hope you will send us your formal order promptly, which we will execute with our best attention.
   귀사의 정식 주문을 신속히 보내주시기 바라며 최대한의 배려로 이행해 드리겠습니다.
7. As this is our final stock, we advise you to accept this offer without loss of time.
   이 상품은 당사의 최종재고이므로 이 오퍼를 지체없이 수락하시길 바랍니다.
8. We trust that this offer will meet your acceptance.
   이 오퍼를 수락하실 줄로 믿습니다.

연습문제

1. 당사는 현재 재고품을 처분하고 있는 중이므로, 이러한 가격은 다른 제조업자의 것보다 20 % 저렴합니다. 모든 가격은 원료비가 상승하리라는 징조가 있으므로 6월 말에 변경되는 것을 조건으로 합니다.

   힌트 • 재고품을 처분하다 : clear a stock
   • ~의 징조가 있다 : there is every indication that~

2. 귀사의 회답이 7월 22일보다 늦지 않게 당사에 도착하는 것을 조건으로 귀사에 확정오퍼합니다. 만일 당사의 오퍼를 수락하실 수 없다면 귀사가 원하는 최저 가격을 즉시 e-mail해 주시기 바랍니다.

   힌트 • ~을 조건으로 : subject to

3. 하기와 같이 기꺼이 오퍼합니다.
   베이비 인형-200타, 퍼피 인형-300타 각각 미화 2달러씩
   가격은 부산도착운임보험료포함가격에 의거함.
   동 상품은 세심하게 포장되고 철대로 묶어질 것이며 11월중 수배 가능한 첫 배편으로 적송될 것입니다.

   힌트 • 가격은 ~에 의거함 : The price is based on~
   • 철대로 묶다 : strap with iron hoops

4. 당사는 귀사의 오퍼를 단골 공급업자들의 것과 세밀히 비교하였는 바, 그들의 결제조건이 더욱 유리함을 알았습니다. 당사의 무늬견본과 유사한 품질을 동사로부터 개당 약 20 센트에 매입할 수 있는데, 반면에 귀사의 가격은 25 센트입니다.

   힌트 • 결제조건 : term(of payment), 무늬견본 : pattern

5. 최근 강철산업에서의 연이은 파업으로 인해서 당분간 더 저렴한 견적을 드릴 수 없을 것 같습니다. 귀사가 4천 피이트 이상의 확정주문을 해 주신다면 당 공급업자들에게 좀더 인하를 하도록 설득시켜 보겠습니다.

   힌트 • 연이은 파업 : successive strikes
   • 설득시키다 : persuade

6. 귀 시장에 있는 다른 공업자가 유사한 품목으로 5% 더 낮은 가격으로 당사에게 오퍼하였으므로 귀사의 오퍼를 수락할 입장이 못 됩니다. 동 품목에 대한 가격이날로 하락세이므로 귀사의 시세는 적당하지 않은 느낌이 듭니다.

힌트 • ~할 입장이 못 되다 : We are not in a position to
• 하락세이다 : be on the decline

7. 재료의 상승경향에 비추어 볼 때 이번 기회를 놓치지 마시기 바랍니다. 이 오퍼는 8월 20일 만기가 됨을 기억하십시오. e-mail이나 팩스로 즉시 회답해 주시면 감사하겠습니다.

힌트 • ~에 비추어 볼 때 : in view of
• 만기가 되다 : expire ; come to end

8. 이 상품에 대해 매진되지 않는 것을 조건으로(선결조건으로) 오퍼합니다. 왜냐하면 상품은 현재 생산되고 있지 않은 당사의 최종재고품이기 때문입니다. 동품은 우수한 디자인과 품질에 특히 매매가 잘 되며 최저가격으로 제공되었습니다.

힌트 • 매진되지 않은 것을 조건으로 : subject to being unsold
• 매매가 잘 되는 : marketable

07 Chapter

주문 및 이행
(Orders and Their Fulfillment)

Chapter 07

주문 및 이행(Orders and Their Fulfillment)

1. 주 문(Placing the Order)

주문은 매도인의 매도청약(selling offer)에 대하여 수락(acceptance)의 형식으로 이루어진다. 그러나 때로는 매도인의 상품목록(catalog)이나 가격표(price list) 등을 기초로 직접 주문이 시작되기도 한다. 이때의 주문은 매수인의 매수청약(buying offer)에 해당된다.

주문서는 구매권유서한(sales letter)과는 달리 대부분 일상적 통신서한(routine correspondence)의 형태이며, 매수인은 인쇄된 주문양식(printed order form)을 사용하고 매도인도 역시 접수통지를 인쇄양식에 의하는 경우가 많다.

인쇄주문양식을 사용하게 되면 다음의 이점이 있다.

① 양식에 일련번호(serial number)가 기재되어 있어 추후 참조에 편리하다.
② 주문에서 중요한 내용을 빠뜨리는 일을 방지하여 준다.
③ 주문에 있어서의 일반조건(general terms and conditions)을 후면에 인쇄함으로써 미래에 발생할지도 모를 분쟁에 대비할 수 있다.

전화로 행한 주문은 상호 오해로 인한 분쟁을 방지하기 위하여 서신으로 확인하여야 한다.

한편 서한에 의한 주문의 경우에는 정확성(correctness) 및 명료성(clearness)을 잃지 않았는가를 잘 검토하여야 하며 분쟁(disputes) 발생 시 정당화할 수 있는 조건을 구비하도록 할 것이다. 서한에 의한 주문에는 다음 사항이 포괄되어야 한다.

① 품명(nomenclature), 수량(quantity), 가격(quotation), 상품목록참조번호(commodity reference number) 등의 상세한 내용
② 인도조건(delivery), 장소(place), 날자(date), 수송방식(mode of transport) 및 운임의 선지급 또는 후지급(freight prepaid or collect)
③ 지급조건(terms of payment)

2. 매매 당사자의 법률체계

가격표 또는 견적서에 의하여 매수인이 주문을 하는 경우에는 그 가격이 매수인으로부터 확정청약(firm offer)의 형태로 제시된 것이 아니면 매도인은 매수인의 주문(order)을 수락할 의무를 지는 것은 아니다. 그러므로 이때의 주문은 매수인의 청약(buying offer)으로 간주되며 이를 매도인이 수락(acceptance)하여야만 법률적 구속력(binding force)을 가지게 된다.

주문이 수락되어 법률적 구속력을 가지게 되면 양당사자(parties)의 법률적 의무는 다음과 같다.

매수인(Buyer)

① 주문에서의 조건과 일치하는 물품을 인도하여야 한다.
② 별도의 합의가 없는 한 물품 인도시에 그 대금을 지급하여야 한다.
③ 상품은 인수 후 즉시 계약상품(contract goods)과 일치하는가를 검사하여야 하며, 만일 매도인의 하자가 발견되면 즉시 통지하여야 한다. 그러나 이를 어기면 그 상품을 인수한 것으로 간주되며 추후에 클레임을 할 수 없다.

매도인(Seller)

① 계약상품을 합의된 인도조건에 의하여 인도하여야 한다.
② 상품에 하자가 없음을 보장하여야 한다.

Model Letters

예시 1 침대시트와 베갯잇 주문

July 10, 20____

Dear Sirs,

Your Reference LB/AHB

We thank you for your letter of July 5 and inclose our Order No. 237 for four of the items.

All these items are urgently required by our customers. We therefore hope you will send them immediately.

Yours faithfully,

ORDER FORM

J.B. SIMPSON & CO., LTD

18 Deansgate, Blackpool

FY 3 7 JG

July 7, 20____

ORDER No. 237
Hansung Fabrics Ltd.
C.P.O. Box 277
Seoul, Korea

Quality	Please supply: Item	Catalogue No.	Price(net)
250	Bed Sheets, 3'6", ① blue	75	$1.25 each
250	do. 4'0", primrose ②	82	$1.50 〃
500	Pillow Cases, blue	117	$0.60 〃
500	do. primrose	121	$0.60 〃

W. Jame
Secretary

요지 4개 품목에 대한 주문서를 동봉하오며 당사의 고객들이 급히 필요로 하므로 즉시 보내 주시기 바랍니다.

※ 주문을 처음 하게 되는 경우에는 본시험주문에 이어 대량주문이 있을 것이라는 암시를 하여 두고 조회인(reference)을 표시하여 두는 것이 좋다.

용어해설

① **3'6"** :「3피이트 6인치」「 ' 」은 feet(또는 foot),「 " 」은 inch의 기호이다.

- 1 foot(= ft) = 12 inches(=in)
- 1 yard(= yd) = 3 feet(= ft)

② **primrose**[prímrouz] :「연노랑색의, 앵초색의 명 프리믈러, 앵초꽃」

예시 2 면직물에 대한 주문

July 18, 20_____

Hanil Synthetic Co.
C.P.O 2912
Seoul, Korea

Dear Sirs,

Thank you for your letter of July 12 sending us patterns ① of cotton prints. We find both quality and prices satisfactory and are pleased to give you an order for the following items on the understanding that ② they will be supplied from current stock at the prices named :

Quantity	Pattern No.	Prices(net)
300 yards	72	33c per yd.
450 〃	82	38c 〃
300 〃	84	44c 〃

We expect to find a good market for these cotton③ and hope to place further and larger orders with you in the near future. ④

Our usual terms of payment are one month from date of invoice and we hope they will be satisfactory to you. Meanwhile, should you wish to make inquiries concerning our financial standing, you may refer to the following manufacturers, with whom we have had dealings for many years :

J. G. Gartside & Co., Lees, Oldham.
John Hughes LTD., Rochdale.

Yours faithfully,

요지 면직물 견품을 보내 주신 7월 12일자 귀 서신에 감사드리며 지정된 가격으로 현재가에서 공급해 주실 것을 조건으로 주문을 드립니다. 당사의 재정상태에 대해서는 하기 제조업자들에게 조회해 보시기 바랍니다.

용어해설

① **patterns**[pǽtənz] :「견품」 복지, 무늬 등 옷감의 견품을 말한다.

② **on the understanding that** :「~을 조건으로 하여」 on condition that과 같은 구이며 절을 이끈다.

③ **We expect to find a good market for these cottons.** :「이 면직물에 대한 판로가 좋으리라고 생각이 됩니다.」

④ **in the near future** :「가까운 장래에 머지않아」

and hope to place further and larger orders with you in the near future

「또한 머지않아 더욱 더 많은 주문을 귀사에게 하고자 합니다.」

※ 주문할 때는 다음과 같은 표현이 쓰인다.

- place an order with (주문처) for (물품)
- give an order to (주문처) for (물품)
  give (주문처) an order for (물품)
- order (물품) from(주문처)

We are pleased to place our order with you for 50 bales of raw cottons as follows :

「당사는 다음과 같이 원면 50표에 대해 귀사에게 주문을 합니다.」

We advise you to give us your order for the following items if possible as the prices of raw materials are advancing day by day.

「원자재 가격이 날로 올라가고 있으므로 하기 품목에 대해 가능하다면 주문을 해 주시기 바랍니다.」

We will order the merchandise from you should the list price can be reduced by 5%.

「정가를 5% 인하해 주신다면 동 상품 주문하겠습니다.」

예시 3 손목시계의 주문

May 3, 20_____

Precision Instrument Co.
80 East 45th St., N
New York, N.Y.
U.S.A.

Dear Sirs,

Thank you for your letter of April 22 forwarding ① booklet with details of your range of wrist watches.

We are very interested in the different types of watches you offer and have decided to place a trial order ② for the following, on the terms stated in your letter, but only if you can guarantee despatch in time to reach us by the end of this month.

1 gross "Popular" Watches @ $90 per dozen
1 〃 "Regent" Watches @ $150 〃
1 〃 "Aristocrat" Watches @ $240 〃

We place this order on the clear understanding that ③ the consignment is despatched in time to reach us by May 31, and reserve the right to ④ cancel it and to refuse delivery after this date.

We suggest payment by bill of exchange ⑤ drawn on us ⑥ at 30 days after sight. ⑦ Please say whether this is agreeable to you.

Yours faithfully,

요지 당사는 귀사가 오퍼하시는 각종 시계에 관심이 있어 이 달 말까지 당사에 도착을 보증해 주시는 조건으로 시험주문을 하기로 하였습니다. 일람 후 30일 출급으로 당사 앞으로 발행되는 환어음에 의한 결제조건을 수락하시는지 말씀해 주시기 바랍니다.

용어해설

① **forward**[fɔ́:wəd] : 「발송하다 閉 앞으로, 앞서 형 앞의」
forwarding booklet with details of your range of wrist watches.
「귀사의 각종 손목시계에 대한 명세의 소책자를 보내 주신
We look forward to your favourable reply.

「귀사의 호의적인 회답을 고대합니다.」(부사로 쓰인 경우)
forward exchange rate 「선물환율」(형용사로 쓰인 경우)

② **a trial order** : 「시험주문」 시험삼아 처음으로 해 보는 주문

③ **on the clear understanding that** : 「~라는 명백한 조건으로」

④ **reserve the right to** : 「~할 권리를 유보한다」
We will reserve rooms at the Plaza Hotel upon receipt of your instructions for the visiting schedule in Korea.
「한국에 방문계획에 대한 지시를 받는 즉시로 플라자호텔의 객실을 예약해 놓겠습니다.」

⑤ **bill of exchange** : 「환어음」 약자로 B/E라고 쓴다. 이때 환어음은 수출업자가 수출을 완료하고 선적서류(shipping documents)를 구비하여 수출대금을 회수하기 위해 발행하는 화환어음(documentary bill of exchange or documentary draft)으로 수입업자 앞으로 또는 L/C방식에 의한 거래일 때는 발행은행(issuing bank) 앞으로 발행하여 선적서류를 첨부하여(attaching shipping documents) 외국환은행(foreign exchange bank)에 매도한다(negotiate). L/C방식이 아닌 D/A나 D/P 등의 추심결제방법의 거래에서는 외국환은행에 화환어음의 추심(collection)을 의뢰한다.

⑥ **on us** : 「당사 앞으로」 이때 'us'는 이 서한을 쓴 회사를 말하며 수입업자로서 어음인수지급을 하는 당사자를 말한다.

⑦ **at 30 days after sight** : 「일람 후 30일 출급으로, 일람 후 30일 불로」 어음을 인수한 후 30일째 되는 날이 어음의 만기일이 되며 이러한 조건의 어음을 usance draft(or bill) 또는 bill, 즉 「기한부 어음」이라고 한다.
한편 일람즉시(at sight), 즉 요구즉시(on demand) 어음을 인수하고 대금을 지급하는 조건의 어음을 sight draft(or bill) 또는 demand bill, 즉 「일람출급어음」 또는 「요구불어음」이라고 하며, at… days after date로 표시되는 경우는 「일부 후 ~일출급」어음으로서 어음을 발행한 날부터 ~일 경과되어 만기가 되는 경우이며 이것은 usance draft에 속한다. 신용장의 종류에 sight credit와 usance credit(또는 acceptance)의 구별은 신용장에 의거 발행하는 어음이 sight draft이냐 usance draft이냐의 여부를 뜻한다.
We have today drawn on you at 60 days after sight.(=at 60d/s ; at 60 days' sight.)
「당사는 금일 귀사 앞으로 일람 후 60일 출급 환어음을 발행하였습니다.」
Please draw on us at sight for the full invoice amount.
「송장금액 전액에 대해서 당사 앞 일람출금 환어음을 발행하시기 바랍니다.」
We will draw on you at 60 days after date(=at 60 d/d) if you place a substantial order.
「대량주문을 해 주신다면 일부 후 60일 출급 환어음을 귀사 앞으로 발행하겠습니다.」

예시 4

주문품의 품절 통지

July 21, 20_____

Poonghan Heaters
Seoul, Korea

Dear Sirs,

We were glad to receive your order of January 20, but very much regret that, because of the exceptional demand for electric blankets ① due to ② the prolonged cold weather, we are at present out of stock of the make you ordered.③ The manufacturers have promised us a further supply by the end of this month and if you could wait until then, we would deliver promptly the twelve you need.

We are indeed sorry not to be able to meet your present order immediately and hope that in the circumstances ④ you will bear with ⑤ us.

Yours faithfully,

요지 전기 담요에 대한 뜻밖의 수요로 귀사가 주문하신 제품이 현재 품절 중이므로 이달 말까지만 기다려 주신다면 12개를 신속히 배달해 드리겠습니다.

용어해설

① **electric blankets** : 「전기담요」
- electric alarm 「전기경보식」
- electric calculator(=computer) 「전기계산기」
- electric appliance 「전기기구」
- electric refrigerator(=freezer) 「전기냉장고」
- electric washer(=washing machine) 「전기세탁기」
- electric vacuum cleaner 「전기청소기」
- electric shaver 「전기면도기」

② **due to** : 「~때문에(=owing to, because of)」 due to the prolonged cold weather 「지루하게 계속되는 추운 날씨로 인해서」

③ **We are at present out of stock of the make you ordered.** : 「귀사가 주문하신 제품이 현재 품절 되었습니다.」

④ **in the circumstances** : 「이러한 사정 아래서, 상황이 이러하므로」 under

the circumstances와 같은 뜻이다. 반대는 in no circumstances(= under no circumstances) 「어떤 경우에도 ~않다」

⑤ **bear with (somebody)** : 「(~에게) 좀 더 참다, 좀 더 기다려 주다」

예시 5

주문거절 대금상환 요구

April 21, 20_____

Seoul Trading Corporation
25 2Ga Eulji-ro
Jung-gu 100, Seoul

Dear Sirs,

We were pleased to receive your order of April 15 for a further supply of transistor sets but, as the balance of your account ① now stands at ② over $400,000.00, hope you will be able to reduce it before we grant credit for ③ further supplies.

We fully realize how difficult conditions are just now. We ourselves have many commitments ④ of our own and I am sure you will understand when I say we can meet them only if our many customers keep their accounts within reasonable limits. We should therefore be grateful if you could send us your cheque for, say, half the amount you owe us. ⑤ We would then arrange to supply the goods you now ask for and charge them to your account.

Yours faithfully,

요지 트랜지스터 수신기의 추가공급을 요청해 오신 4월 15일자 귀 주문을 접수하였으나 귀사는 부채가 많이 있으므로 금액의 절반이라도 수표를 보내 주시면 요청하시는 물품을 공급하겠습니다.

용어해설

① **the balance of your account** : 「귀 계정잔액」

② **stand at** : 「(금액 등이) ~이다」

as the balance of your account now stands at over $400,000.00.

「귀 계정잔액이 현재 400파운드 이상이므로」

③ **grant credit for** : 「~을 외상으로 주다」

④ **commitment** : 「언약, 구속, 실행, 범행」 여기서는 복수 commitments로 언약한 것들, 약속한 것들, 즉 「부채, 채무」를 말한다.

⑤ **half the amount you owe us** : 「당사에 갚아야 할 금액의 절반」

예시 6

대체품 공급

April 14, 20____

Daehwa Mulsan Co.
Seoul Korea

Dear Sirs,

We were glad to learn from your letter of April 10 that you had decided to place a large order for a number of the items included in our quotation.

All the items ordered are in stock except the two dozen cushion covers in strawberry pink. ① Stocks of these have been sold out since we quoted for them and the makers inform us that it will be another four weeks before they can send replacements. ②

As you stated in your order that delivery of all items is a matter of urgency. we have substituted covers in deep orange, ③ identical in design and quality with those ordered. ④ They are rich-looking and most attractive and very popular with our other customers. We hope you will like them, but if not, please return them at our expense. We shall be glad either to exchange them or to give you credit .⑤

All items ordered are being sent to you today by the s.s. "QUEEN" and should reach you in good order. We hope you will be pleased with them.

Yours faithfully,

요지 4월 10일자 귀 서한에서 귀사가 몇몇 품목에 대해 대량 주문하시기로 한 것을 알았으며, 딸기 연분홍색의 방석 커버는 매진되었기에 대체품을 보내 드리니 맘에 안 드시면 폐사 비용으로 회송할 수 있을 것입니다. 주문하신 모든 품목은 오늘 ss. Queen 편으로 보내드립니다.

용어해설

① **two dozen cushion covers in strawberry pink** :「딸기 연분홍색의 방석커버 2타」

② **replacements** :「대체품, 대용품」 substitutes도 같은 뜻이다.
cf. a good substitute for the goods you ordered
「귀사가 주문한 상품에 대한 훌륭한 대용품」
We suggest that you replace the item No.10 by the similar one as it does not meet the requirements of our customers.
「품목 제10호는 당 고객들의 요구에 맞지 않기 때문에 유사한 것으로 대체시켜 주실 것을 바랍니다.」
We think you had better substitute our machines for the existing ones as we guarantee the quality and after-services for three years.
「당사는 3년간 품질과 애프터서비스를 보장해 드리므로 종전의 것을 당사의 기계로 대체하시는 것이 좋으리라고 생각합니다.」
They have decided to substitute Mr. Kim by Mr. Jeong in view of the importance of the position.
「그들은 직책의 중요성에 비추어서 김씨를 정씨로 바꾸기로 결정하였습니다.」

③ **We have substituted covers in deep orange** :「당사는 진한 오렌지색의 커버로 대체하였습니다.」

④ **identical in design and quality with those ordered** :「주문한 것과 디자인과 품질이 동일한」

⑤ **give you credit** :「귀사에게 외상으로 주다.」

cf. • gain credit「신용을 얻다」
• lose credit「신용을 잃다」
• give credit to「~에게 신용대부하다. ~을 믿다」
• have credit at a (bank)「(은행)에 예금이 있다」
• deal on credit「외상거래(신용거래)하다」

예시 7

주문품에 대한 대체품 오퍼

May 18, 20_____

Hyubsung Fabrics Co.
Seoul. Korea

Dear Sirs,

Thank you for your letter of May 12 enclosing your order for 800 yards of 36 in. wide "Aqualine" watered ① silk.

We are sorry we can no longer supply this silk. Fashions constantly change and in recent years the demand for watered silks has fallen to such an extent that we have ceased to produce them. ② In their place ③ we can offer you our new "gossamer" brand of rayon. This is a finely woven, ④ hardwearing, non-creasable ⑤ material with a most attractive lustre. ⑥ The large number of repeat orders, we regularly receive from leading distributors and dress manufacturers is clear evidence of the widespread popularity of this brand. At the low price of only $0.85 a yard this rayon is much cheaper than silk and its appearance is just as attractive.

We are makers of other cloths in which you may be interested and are sending you a full range of patterns by parcel post. ⑦ All these are selling well in many countries and we can safely recommend them. We can supply all of them from stock and if, as we hope, you decide to place an order, we could meet it within ten days.

Yours faithfully,

요지 폭 36인치 짜리 "Auqaline" 물결무늬 견직물 800야드에 대한 주문에 감사 드리며, 유행이 계속 변화하여 수요가 떨어져 생산을 중단하였으므로 더 이상 공급해 드릴 수 없습니다. 대신에 당사의 신제품인 "Gossamer"를 오퍼하오니 주문하신다면 10일내로 조달해 드릴 수 있습니다.

용어해설

① **water** : 「물결 무늬를 넣다, 물을 주다, 물을 타다」 watered silk 「물결무늬가 있는 견직」 watered milk 「물 탄 우유」
Workmen in our factory complain that the smoke of the engines we purchased from you makes their eyes water.
「당 공장의 직공들은 귀사로부터 매입한 엔진의 연기 때문에 눈물이 나온다고 불평하고 있습니다」

② **to such an extent that we have ceased to produce them** : 「동품의 생산을 중지하여야 할 정도로」

③ **in their place** : 「그 대신에」

④ **woven**[wóuvən] : 「weave의 과거분사, 과거는 wove이다」 weave[wíːv] 「짜다, 뜨다, 엮다」

⑤ **non-creasable** : 「주름이 안 잡히는, 구겨지지 않는」 crease-resistant와 같은 뜻이다.

⑥ **lustre**(luster[미])[lʌstə] : 「광택, 윤, 영광 통 윤나다, 빛나다」 with a most attractive lustre 「매우 호감있게 광채나는」

⑦ by parcel post : 「소포우편으로」

예시 8 **옹기제품의 시험주문**

June 16, 20_____

The Secretary,
H. J. Cooper & Co., Ltd.
20 Victoria Drive.
MANCHESTER, M 2 2 FT

Dear Sirs,

We have just received an order for crockery from Messrs. Jean Riachi & Co. of Mansura.

The goods are to be ready for collection at your warehouse in time to be shipped to Alexandria by s.s. ① Merchant Prince, due to sail from ② Liverpool on the 25th of next month, or by an earlier vessel if possible. Prompt delivery is essential and if there are any items that cannot be included in the consignment, they should be cancelled. Particulars of the crockery required and details of packing and forwarding, case marks, ③ etc. are included in the inclosed official order form. Invoices. priced ex warehouse ④ are to be in triplicate ⑤ and sent to us for forwarding, with the shipping documents, to our customers, who will settle their account direct with you. As del credere agents, we undertake to be responsible, should the buyer fail to pay ⑥

This is a trial order and if it is completed satisfactorily is likely to lead to further business. so please attend to ⑦ it with special care. We shall be glad if you will confirm by return ⑧ that you accept it, and arrange to inform us as soon as the goods are ready for collection.

Yours faithfully,

T. B. Gartside

요지 당사는 방금 Mansura에 있는 Messers. Jean Riachi & Co.에서 옹기제품에 대한 주문을 받았는 바, 매월 25일 또는 Liverpool을 출항예정인 Merchant Prince호 또는 가능하면 첫 배편에 적송되도록 입고 준비시켜 주시기 바랍니다. 이번은 시험주문이므로 만족스러우면 더 많은 거래가 있을 것 같습니다.

용어해설

① **s.s.**(=steamship) :「증기선」 by s.s. Merchant Prince「머천트 프린스호 편으로」 cf. M/S(=motor ship) ; M/V(=motor vessel)「발동기선」

② **due to sail from Liverpool** :「리버풀을 출항할 예정인」

③ **case marks** :「상사 표시」 즉 shipping marks(선적화인)를 말한다. 화인은 화물의 식별을 용이하게 하기 위해서 주로 Buyer의 표시에 의해서 Seller가 표시를 해주며 이러한 화인은 Invoice나 Bill of Lading 등 주요 선적서류에도 표시된다. 다음의 그림에서 (1), (2), (3), (5)의 표시는 필수적이나 (5)의 우리나라 수출물품에 대한 원산지표시는 "MADE IN KOREA"라고 하여야 한다. 당해 수출허가(또는 승인) 기관의 장이 부득이 하다고 인정하여 그 표시를 면제한 경우에는 생략할 수 있다. 또한 그 표시를 변경할 때에는 산업자원부장관의 변경승인을 받아야 한다.

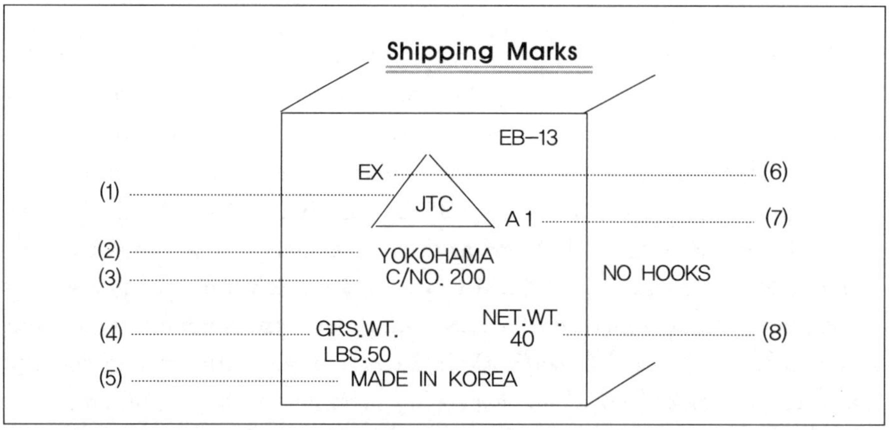

(1) Main Marks(주화인) : 여러 가지 형태의 원형 속에 importer의 회사명을 약식으로 기재한다(여기서는 The Japan Trading Company의 약자) 선적통지로 화인표시를 Cables이나 Telex로 알릴 때나① 읽을 때는② 다음과 같이 한다.

① TWO HUNDRED CASES GARMENTS SHIPPED ARIRANGHO 10TH MARKED EX OUTSIDE JTC IN TRIANGLE OVER YOKOHAMA

② EX outside and JTC in triangle over Yokohama with case number two hundred, gross weight pounds fifty net weight pounds forty, and made in Korea.

(2) Port Mark ; Destination ; Mark(항구 표시 ; 목적지 표시) : 도착항구나 목적지를 표시하며 경유할 때는 London via Suez Canal 「수에즈운하 경유 런던」과 같이 표시한다.

Various Marks

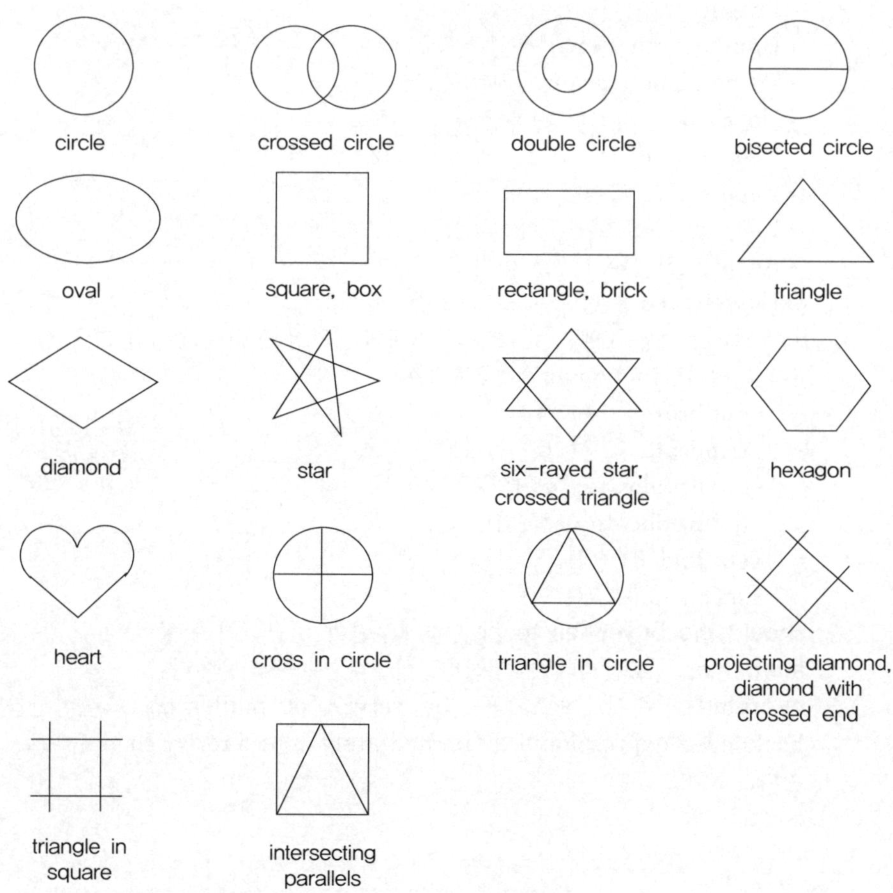

(3) C/No.(= Case Number) : 매 상자마다의 번호를 기재하며 상품의 상자 수가 1번부터 200번까지 있다면 일련번호(serial No. ; consecutive No.)로 표시한다.

(4) Weight Mark(중량표시) : 상대방의 요구에 의해서 표시할 때 gross weight(총중량), net weight(순중량)을 표시하며 용적(measurement)이나 길이(meter)를 표시할 때도 있다.

(5) Country of Origin Mark(원산지표시) : 상품을 제조, 가공, 생산한 나라를 쓰며, 우리나라의 경우는 원칙적으로 "Made In Korea"로 한다.

(6) Counter Mark(부하인) : 화물의 분류상 편리하게 하기 위해서 표시한다.

(7) Quality Mark(품질표시) : 화물의 품질을 표시한다.

(8) Care Mark(취급주의표시) : 화물의 성질상 취급할 때 주의사항을 표시한다.

- No Upside Down 「거꾸로 들지 말 것」
- Fragile 「깨지기 쉬움」
- Handle with Care 「취급주의」
- To be Kept Upright 「세워둘 것」
- No Hooks 「갈고리 사용금지」
- Keep Out of the Sun 「햇볕에 쐬지 말 것」
- Keep Cool 「시원한 곳에 둘 것」
- Keep dry [건조한 곳에 둘 것]
- Keep from Heat 「열 금지」

④ **ex warehouse** : 「창고인도가격조건」

⑤ **triplicate** : 「3통, 3배」 형 「3통의, 3배의」 동 [tríplikeit] 「3통으로 작성하다, 3배로 하다」 in triplicate 「3통으로」

cf.
- duplicate 「2통(의)」
- triplicate 「3통(의)
- quadruplicate 「4통(의)
- quintuplicate 「5통(의)」
- six fold「6통(의)」
- seven fold 「7통(의)」

⑥ **should the buyer fail to pay** : 「매수인이 지급하지 못한다면」

⑦ **attend to** : 「보살피다, 주의하다, 힘쓰다. 귀를 기울이다」

⑧ **by return** : 「즉시, 바로, 곧」 by return of mail(=post)와 마찬가지로 hackneyed expression이며, immediately나 promptly, soon 등으로 고쳐 쓴다.

예시 9

수수료상에의 지시

June 6, 20_____

Messers. A.H. Brooks & Co.,
18 Kingsway,
LONDON WC2B 6AB

Dear Sirs,

We have received the manufacturer's price-list, and samples you sent us last month and now inclose our indent No. 762 for household crockery ① to be shipped by the P. & O. Company's Merchandise Prince, due to leave New York for Alexandria on July 25. The indent contains full instruction as to packing insurance and shipping documents.

It is important for the goods to be shipped either by the vessel named, ② or by an earlier vessel, and if there are any items that cannot be supplied in time for this shipment, they should be cancelled. When we received the goods we shall pay you the agreed agency commission of 5 %. ③ The account for the goods will be settled direct with the manufacturers.

This is a trial order and if it is met satisfactorily we shall probably place further orders.

yours faithfully,

W. Riachi

Enclosure-Indent No. 762

요지 가정용 옹기그릇에 대한 위탁매입주문서 제762호를 동봉하오니 지정된 선적의 첫 배편에 동품을 적송해 주시는 것이 중요합니다.

용어해설

① **household crockery** : 「가정용 옹기그릇」 cf. household 「호주」
② **the vessel named** : 「지정된 선박」
③ **the agreed agency commission of 5 %** : 「협정된 대리점수수료 5 %」

예시 10

위탁매입주문

INDENT

No. 64

19-21 Victoria Street,
New York
February 10, 20____

To Messrs. Hopkins & Co.
Commission Agents ① and Shippers, ②
41King Street,
MANCHESTER, M60 2HB

Dear Sirs,

Please purchase and ship on our account, ③ for delivery not later than March 31, the undermentioned goods, or as many of them as possible. Arrange insurance for ④ amount of your invoice, plus 10 % to cover estimate profit ⑤ and your charges.

yours faithfully,
for N. WHARFE & CO., LTD.

J. G. Gartside
Director

Marks etc.	Quality	Description of Goods	Remarks
N.W. 64 Nos.⑥ 1-12	48	H.M.V. Radiograms ⑦ Model 1636 Walnut ⑧ finish	Pack 4 per case ⑩
N.W. 64 Nos. 13-37	25 bales	Grey Shirting Medium weight About 1,000 yards per bale	Pack in oil bags
N.W. 64 Nos. 38-39	4 gross	Assorted House Slippers Men's(1 ½ gr.) Women's(1 ½ gr.) Children's(1 gr.)	Pack in plain wooden case

Ship : By Manchester Liners ⑪ Ltd.
Delivery : c.i.f. New York
Payment : Draw at 60 d/s, ⑫ D/A, ⑬ through
Royal Bank of Canada, New York

요지 하기 상품을 3월 31일까지 인도조건으로 당사의 계정으로 매입해서 적송해서 주시기 바랍니다.

※ 이 서한은 New York에 있는 N. Wharfe & Co., Ltd.가 영국 맨체스터에 있는 H. Hopkins & Co.에게 매입 및 적송을 위탁하는 위탁매입주문서가 있는 서한이다.

용어해설

① **commission agent** : 「중개상」 buyer의 위탁에 의해서 수수료를 받고 상품을 수입해 주는 것을 전문으로 하는 broker를 말한다.

② **shippers** : 「화주, 수출업자」 commission agent and shipper는 수출업자의 위탁에 의해 수입을 대신해 주기도 하고 수출업자를 대신해서 수출도 해 주는 broker를 말한다.

③ **on our account** : 「당사의 계정으로, 당사의 계산으로」 즉 당사가 상품구입비를 부담한다는 의미이다.

④ **arrange insurance for** : 「~에 대해 보험을 체결하다」

⑤ **estimated profit** : 「희망이익」 amount of your invoice, plus 10 % to cover estimated profit and your charges 「송장금액에 희망이익과 귀사 비용의 10 %를 가산하여」 부보는 보통 보험회사의 희망이익 10 %를 송장금액에 가산, 즉 송장금액의 110 %에 대해 하는 것이 보통이다.

⑥ **Nos.** : 「번호」 number, 즉 1번부터 12번까지

⑦ **radiogram**(= adiogramophone) : 「라디오 겸용 전축」

⑧ **walnut**[wɔ́:lnət] : 「호두나무, 호두열매」 walnut finish 「호두나무로 만든 것」

⑨ **assorted house slippers** : 「각종 가정용 슬리퍼」

⑩ **Pack 4 per case** : 「상자 당 4대씩 포장하시오.」

⑪ **liner** : 「정기선」 Manchester Liners Ltd. 「맨체스터 해운회사」 정기선을 운항시키고 있는 해운회사

⑫ **Draw at 60 d/s** : 「일람 후 60일 출급의 환어음을 발행하시오.」 “Please draw a draft at 60 days after sight.”와 같이 풀어 쓸 수 있다

⑬ **D/A** : 「어음인수선적서류인도조건」 간단히 「인수도」라고 한다. 원어는 Documents against Acceptance이다. 이 조건은 어음 인수인이 어음을 인수하고 일정기간이 경과되어(여기서는 60일), 어음대금을 지급하는 결제조건을 말한다. 한편 D/P(= Documents against Payment)는 어음지급선적서류인수조건」 즉 「지급도」라고 하며, 어음 인수인이 어음을 인수함과 동시에 어음대금을 지급하는 조건의 결제를 말한다. D/A와 D/P에 의한 거래는 L/C(신용장)에 의하지 않은 거래로, 추심결제방식(collection for obtaining payment)의 거래라고 한다.

예시 11

자기로 만든 찻잔 및 받침접시 주문

5th May, 20____

Koryeo Pottery Co.
I.P.O. Box 2433
Seoul. Korea

Dear Sirs,

We are glad to place our order with you as follows :

Goods : Porcelain ① Tea Cups & Saucers
Quantity : 50 cases of 25 doz. each
Price : @ US$3.80 per doz. C.I.F. Busan
Shipment : June/July
ex s.s. "QUEEN"
Terms : By irrevocable letter of credit

We have today instructed our bankers ② to establish an irrevocable letter of credit in your favor ③ for US$4,750.00. We request you to execute so that the merchandise may arrive here not later than the end of July. This is very important, as we find we are almost out of stock of this ④ and demand is usually rather brisk⑤ at this season of the year. ⑥

We trust that you will give this order your prompt and best attention.

Yours faithfully,
Geraldine A. Fisher
Manager

요지 하기와 같이 주문하오니 금일 거래은행에 금액 US$4,750에 대해 귀사를 수익자로 하여 취소불능신용장을 개설하도록 지시하였는 바 7월 말까지 당지에 도착하도록 이행해 주시기 바랍니다.

용어해설

① **porcelian**[pɔ́:slin] : 「자기, 자기제품」
② **our bankers** : 「당사의 거래은행」 our bank라고도 한다.

③ **in your favor**(= favour[영]) : 「귀사를 수익자로 하여」 cf. in our favor 「당사를 수익자로 하여」 in favor of the ABC Company 「ABC회사를 수익자로 하여」
④ **We are almost out of stock of this** : 「당사는 이 상품이 거의 품절되었습니다.」
⑤ **brisk** : 「활발한, 생생한, 민첩한」
⑥ **at this season of the year** : 「연중 이 시기에」

예시 12 인도조건 거절

November 7, 20_____

Sudo Television Service
Seoul, Korea

Dear Sirs,

We are very glad to receive your order of November 2 for five hundred "Atlantis" television receivers but since you make delivery before Christmas a firm condition, deeply regret that we cannot supply you. as we have done on so many occasion ① in the past.

The manufactures are finding it impossible to meet current demand ② for this very popular receiver. We ourselves placed an order for one hundred dozen a month ago, but are informed that all order are being met in strict rotation ③ and that our own could not be dealt with before the beginning of February.

I gather ④ from our telephone conversation this month that your customers are unwilling to consider other makes. ⑤ I hope therefore you will be able to obtain your needs from some other source. May I suggest that you try Television Services Ltd., Leicester. They usually carry large stocks ⑥ and may be able to help you. This I am afraid is the only suggestion I can make that is likely to be of any use.

Yours faithfully,

요지 "Atlantis" 텔레비전 수상기 500대에 대한 주문을 접수하였으나, 제조업자에 의해 의하면 당 수상기는 인기품목이므로 현 수요에 못 미치고 있어서 크리스마스 이전에 인도가 우리 회사의 입지에서는 불가능합니다. Television Services Ltd.를 접촉하여 볼 것을 권해 드리는 바입니다.

용어해설

① **on so many occasion in the past** : 「과거에 수많은 경우」
② **current demand** : 「현 수요」 meet current demand 「현 수요를 충족시키다」
③ **rotation**[routéiʃən] : 「교체, 순환, 회전」 in strict rotation 「접수순서대로」 *cf.* in rotation ; by rotation 「윤번제로, 순번으로」
④ **gather** : 「~이라고 알고 있다, ~으로 단정하다」
⑤ **Your customers are unwilling to consider other makes.** : 「귀 고객들이 타제품은 매입하려 들지 않는다」
⑥ **carry large stock** : 「대량의 재고품을 비축하다」

예시 13

주문품의 발송준비완료 통지

April 27, 20_____

Beomhan Publishing Co., Ltd.
Seoul, Korea

Dear Sirs,

We are pleased to confirm that all the books which you ordered on April 3 have now been obtained and are packed ready for despatch.

The consignment await collection at our warehouse ① and consist of two case, each weighing ② about 2 cwts. ③ Arrangements for shipment, c.i.f. Incheon, have already been made with W. Watson & Co. Ltd., our forwarding agents, ④ and as soon as we receive their statement of charges, we will arrange for shipping documents ⑤ to be sent to you through Barclays Bank against our draft for acceptance, ⑥ as agreed.

We appreciate this opportunity to serve you and look forward to further business with you.

Yours faithfully,

요지 4월 3일에 주문하신 모든 서적이 현재 입수되어 발송하기 위해 포장되어 있음을 확인하며 W. Watson & Co., Ltd. 운송회사와의 선적계약이 이루어졌으므로 동사로부터 청구서를 수령하는 대로 선적서류를 보내 드리겠습니다.

용어해설

① **warehouse**[wɛ́əhaus] : 「창고 동 입고시키다」 cf. bonded warehouse 「보세창고」 bonded factory 「보세공장」 bonded goods 「보세품」 bonded area 「보세구역」

② **weigh**[wei] : 「중량이 ~이다, 무게가 ~이다, 무게를 달다」 명사는 weight I weigh 65㎏. 「나는 체중이 65㎏이다.」

③ **cwts.** : 「헌드러드 웨이트」 cwt는 라틴어의 「centum weight」에서 온 말로 영어로는 "hundred weight"라고 읽는다. 복수는 cwts이다. 1 cwt는 1 ton의 1/20의 중량이며 영국에서는 112 lbs. 미국에서는 100 lbs.에 해당한다. ton[tʌn]은 중량톤(weight ton : W/T)과 용적톤(measurement ton : M/T)이 있는 바, 먼저 중량톤에는 다음과 같은 것들이 있다.

- 1 metric[kilo ; French] ton(= M/T) = 1,000 kilograms = 2204.6 lbs
- 1 long[british] ton(= L/T) = 2,240 lbs. = 1,016 metric tons
- 1 stort[American] ton(= S/T) = 2,000lbs, = 0,907 metric ton
- 1 cwt(= hundred weight) = 112 lbs = 50.8 kilograms

한편 용적톤은(freight ton)이라고도 하며, 입방피이트(cubic feet)를 단위로 하여 산정한다.

- 1 M/T(= measurement ton) = 40 cubic feet(=cft ; cubic ft)

④ **forwarding agents** : 「운송중개인」

⑤ **shipping documents** : 「선적서류」 다음과 같은 것들이 있다.

주요서류

a. Commercial Invoice 「상업송장」
b. Bill of Landing(= B/L) 「선화증권」
c. Insurance Policy 「보험증권」

보조서류

a. Packing List 「포장명세서」
b. Certificate of Weight & Measurement 「중량 및 용적증」
c. Certificate of Origin(= C/O) 「원산지증명서」
d. Customs Invoice 「세관송장」
e. Consular Invoice 「영사송장」
f. Certificate of Inspection 「검사증명서」

g. Certificate of Quarantine 「검역증명서」

⑥ **against our draft for acceptance** : 「어음인수도 조건으로」

예시 14 가격인하요구에 대한 회답

Youngjin Fiber Co.
Seoul, Korea

Dear Sirs,

We have carefully considered your counter-proposal ① of August 15 to our offer of woolen underwear, ② but very much regret that we cannot accept. The prices we quoted in our letter of July 25 leave us with only the smallest of margins, ③ as they are in fact lower than those of our competitors for goods of similar quality.

The wool used in the manufacture of our "Thermaline" range undergoes ④ a special patented process that prevents shrinkage ⑤ and increases durability. The fact that we are the largest suppliers of woolen underwear in this country is in itself evidence of the good value of our production.

If, having given further thought to the matter, you feel you cannot accept our offer, we hope it will not prevent you from approaching us on some other occasion. We shall always be very happy to hear from you and will carefully consider any proposals likely to lead to business between us.

Yours faithfully,

요지 8월 15일자 귀사의 반대제의에 대하여 세심히 숙고해 보았으나, 당사가 견적한 가격은 극소한 이익밖에 주지 않으므로 수락할 수가 없습니다. 본 건을 더 생각해 보시고 당사의 오퍼를 수락할 수가 없다고 생각이 드시면 다른 기회에 당사와 거래를 할 수 있기를 바랍니다.

용어해설

① **counter-proposal** : 「반대제의」 *cf.* counter offer 「반대청약」 counter sample 「반대견품」 countersign 「부서, 연서하다」 counter 「반대의, 역의 명 계산대, 판매대, 계산기」

② **woollen underwear** : 「모직내의」

③ **the smallest of margin** : 「극소한 이윤」
④ **undergo** : 「(과정, 변화 등을) 거치다, 경험하다, 겪다, 경험하다」
⑤ **shrinkage**[ʃríŋkidʒ] : 「수축, 축소」 동사는 shrink이며, shrink-shrank-shrunk와 같이 변화한다.
The wool used in ~and increases durability.
「"Thermaline"류의 제조에 사용되는 모직은 수축을 방지하고 내구력을 증가시켜 주는 특별한 특화과정을 거치게 됩니다.」

예시 15

주문품 발송지연 통지

20th July, 20____

Samkyung Mulsan
Seoul, Korea

Dear Sirs,

Much to our regret ① a strike of transport workers in Liverpool is causing some delay in the dispatch of a number of our consignments. We are sorry to say that the goods you ordered on 25th June(Your Order No. 531) are among those held up. ②

To make sure ③ that they reached you on time we sent them by rail to Liverpool three days ahead of schedule, ④ but now learn that they are still at the station awaiting transport to the docks.

We are making private arrangements to get them to the docks in time for shipment by s.s. Arabian Prince which is due to sail for ⑤ Busan on 2nd August.

Meanwhile, we apologize ⑥ to you for the delay and hope you will understand that it is due entirely to causes outside our control.

yours faithfully,

요지 리버풀에 있는 운수노동자들이 파업으로 몇몇 적송품의 발송이 지연되고 있는 바, 귀 주문품도 이 중에 있습니다. 8월 2일에 부산으로 출항예정인 Arabian Prince호의 선적에 맞게 부두에 도착하도록 특별히 노력하겠으며, 지연이 되어 사과드리는 바입니다.

용어해설

① **much to regret** : 「매우 유감스럽게도」
② **among those held up** : 「지체되고 있는 것들 가운데」
③ **make sure** : 「확실하게 되다, 확신하다」
④ **schedule**[ʃédjuːl/skédul] : 「예정, 계획, 예정표 [동] 예정하다」 three days ahead of scheduled「예정보다 3일 전에」
The s.s. "PANDORA" is scheduled to arrive at this port in three days.
「기선 "판도라"는 3일 후에 이 항구에 도착할 예정입니다.」
⑤ **is due to sail for** : 「~로 출항하게 되어 있다, 출항할 예정이다」
⑥ **apologize**[əpɔ́lədʒaiz] : 「사과하다, 사죄하다, 변명하다」 [명] apology[əpɔ́lədʒi]
apologize to A(사람) for B(사건)
「A에게 B에 대해서 사과하다.」
Please accept our apologies for late shipment, which was caused by Force Majeure.
「선적 지연에 대한 당사에 대한 사과를 받아주시기 바라며, 이는 불가항력에 기인한 것입니다.」

예시 16 첫 주문에 대한 감사

29th July, 20_____

Hwachun Machinery Ind., Co., Ltd.
Seoul, Korea

Dear Sirs,

We want to say how pleased we were to receive your order of July 18 for cotton goods ① and welcome you as one of our customers.

We confirm supply of the goods at the prices stated in your letter and are arranging for despatch next week by s.s "QUEEN". When the goods reach you we feel confident you will be completely satisfied with ② them at the prices offered, as they represent exceptional value.

As you may not be aware of the wide range of goods we deal in, we are inclosing a copy of our catalog(ue) and hope that our handling of your first order with us will lead to ③ further business between us and mark the beginning of a happy working relationship.

yours faithfully,

요지 7월 18일자 귀사의 주문을 받고 몹시 기뻤으며, "QUEEN"호 편에 다음 주 발송토록 준비 중에 있습니다. 상품목록을 동봉해 드리며 즐거운 거래관계의 첫 출발을 이룩할 수 있기를 바랍니다.

용어해설

① **cotton goods** : 「면직물」
② **be completely satisfied with** : 「~에 전적으로 만족하다」
③ **lead to** : 「~을 초래하다, ~에 이르다」

Model Forms

예시 1 **매약서(買約書)**

Dongnam Trading Co., Ltd. CABLE ADDRESS
P.O. BOX NO. 334 "DORACO SEOUL"
SEOUL, KOREA

PURCHASE NOTE ①

No. .... Seoul, ...
Messrs. ....
....

We hereby wish to confirm having purchased from you as follows :

Commodity :
Specification :
Quantity :
Unit Prices :
Sampling, ② Analysis :
Shipment :
Information of cargo's readiness :
Destination :
Weighing :
Payment :
Packing :
Marking :

Insurance :
Remarks :

Other terms and conditions as per on the back hereof.

Confirmed by :

Yours truly,

1. ARBITRATION : All claims and dispute which can not be by amicably settled between Sellers and Buyers shall be submitted to arbitration in ……………………………. Arbitrators ④ shall be consist of two members. one to be named by the Sellers and one by the Buyers. Should the arbitrators be unable to agree. they shall select umpire, whose decision shall be final and binding. ⑤ All the expenses to be born by the loser.
2. DELAYED SHIPMENT : In case Seller fail in effecting shipment per the vessel to be arranged by Buyers(except due to Force Majeure ⑥ such as war, blockade, revolution, insurrection, civil commotions, riot, mobilization, government, control, strikes, lockouts. Act of God, plague or other epidemic, destruction of goods by fire or flood). Seller shall be responsible for any claim filed by the consumers, and have to ship the goods as early as possible. In such case Sellers are responsible for arrangement of vessel and freight difference, if any, which over the Buyer's original rate shall be for Seller's account.
3. EXPORT DUTY : Any export duty, if any, shall be borne by Sellers in the price and whatever variation in this duty shall be for Seller's account.
4. EXCHANGE RATE : ⑦ Whether the exchange rate may change or not after the contract is effective, this contract in relation to all terms herein contained shall be binding both parties.
5. EFFECTIVE DATE OF CONTRACT : The date of agreement mutually reached over the(tele./mail) communication or other method shall be the effective date of contract.
6. REJECTION OF MATERIAL : Buyers shall be entitled at their option either to reject the cargo or accept it at reduced price, if, on the sampling, analysis at the discharging port, ⑧ the chemical and mechanical compositions

do not conform to ⑨ the guaranteed specification.

7. LOADING RATE : Sellers to guarantee loading rate of ····tons at ······· per unless used. Time lost on waiting for berth to count as loading time.
8. DESPATCH & DEMURRAGE AT THE LOADING PORT : Despatch Money ⑩ Demurrage ⑪ to be for account of Sellers and laytime ⑫ to be calculated according to Charter Party ⑬ arranged by Buyers.
9. REMARKS : This contract is subject to the relative allocation of foreign fund and government regulations in Korea.

요지 Dongnam Trading Co., Ltd.가 수입할 때 사용하는 매약서의 양식이다.

용어해설

① **purchase note** : 「매약서(買約書), 매입계약서」 수입업자가 작성하는 계약서

② **sampling** : 「표본검사」 상품의 검사를 함에 있어서 전량검사를 하느냐 또는 발췌검사를 하느냐의 여부

③ **confirmed by** : 「~에 의해 확인함」 수출업자가 회사명을 쓰고 서명 날인하는 곳이다. 그리하여 1부는 수입업자에게 반송해 준다.

④ **arbitrators** : 「중재인」

⑤ **whose decision shall be final and binding** : 「심판원의 결정은 최종적이며 구속력이 있다」

⑥ **Force Majeure** : 「불가항력」

except due to Force Majeure such as war, blockade, revolution, insurrection civil commotions, riot, mobilization, government control, strikes, lockouts. Act of God, plague or other epidemic, destruction of goods by fire or flood 「전쟁, 봉쇄, 혁명, 반란, 내란, 폭동, 군동원, 정부통제, 파업, (선박 등의) 폐쇄, 천재, 역병, 기타 전염병, 화재나 홍수에 의한 상품의 파괴와 같은 불가항력에 기인한 것은 제외하고」

⑦ **exchange rate** : 「환율」 화폐가 교환되는 비율로서 다음과 같이 분류한다.

a. 기준환율 - 전일에 금융결제원 자금중개실에서 거래된 미국달러의 은행간 매매율(외국환은행간 장내 거래율)을 거래량으로 가중평균하여 당일의 원-달러에 대한 기중환율을 결정한다. 금융결제원 자금중개실은 매일 기준환율을 산정하여 영업개시 30분까지 재정경제부장관, 한국은행총재 및 외국환은행의 장에게 통보한다.

b. 외국환은행간 매매율 - 외국환 은행간에 외국환을 매매할 때 적용하는 율로서 은행간에 자율적으로 결정된다. 각 외국환은행은 필요에 따라 외국환을 매도하거나 매입하는데 외국환 매매중개기관에 매입신청(bid) 또는 매도신

청(offer)을 하며, 매매중개기관은 bid와 offer의 가격이 일치하는 대로 거래를 성립(match)시킨다.

c. 한국은행 매매율 - 한국은행이 외환시장에 개입하기 위하여 외국환은행과 거래할 때 적용되는 환율이다. 한국은행 외국환매매율은 외국환은행간 매매율과 외환시장 개입율이므로 환율변동의 범위를 규정하지 않고 그때 그때의 시장상황에 따라 결정하도록 하고 있다.

d. 외국환은행 대고객 매매율 - 외국환은행이 은행이 아닌 일반고객과 외국환 매매거래를 할 때 적용하는 외국환은행 대고객 매매율은 외국환은행간 매매율을 감안하여 외국환은행의 장이 자율적으로 정하며, 매매율 변동폭에 대한 제한도 없다.

외국환은행 대고객 매매율 마진은 외국환은행의 수수료, 환 위험에 대한 보험료적 요인 및 매매이익을 포함한 것이므로 외국환은행이 외환시장상황에 따라 적절히 결정한다. 실무적으로 외국환은행 대고객 매매율은 외국환의 결제방법에 따라 전신환매매율, 일람출급환어음 매매율, 기한부어음 매입율, 수입어음결제율 등으로 구분된다.

외국환은행이 고객에게 외국환을 매도할 때 적용하는 율을 매도율(selling rate), 반대로 고객으로부터 매입할 때의 율을 매입율(buying rate)이라고 하며, selling rate가 buying rate보다 항상 높은데 그 차이를 매매율 마진이라 한다.

⑧ **discharge port** : 「양륙항」

⑨ **conform to** : 「~와 일치하다, ~에 이르다」

⑩ **despatch money** : 「조출료」 용선계약에 의해서 화물을 적재 또는 하역함에 있어서 약정된 정박기간보다 하역을 빨리 완료했을 때는 그 단축기간에 대해서 선주가 용선주(charterer)에게 주는 보상금을 말하며 보통 체선료의 반액 수준이다.

⑪ **demurrage**[dimə́:ridʒ] : 「체선료」 용선계약에 의해서 화물을 적재 또는 양육함에 있어서 약정된 정박기간을 초과하여 하역을 완료하였을 때 용선주가 선주에게 지급하는 할증금을 말한다. 용선계약시에 체선료율(demurage rate)을 미리 약정해 둔다.

⑫ **laytime** : 「정박기간」

⑬ **character party** : 「용선계약서」 용선계약의 내용을 확인·입증하기 위해 용선시 작성되는 문서이다.

예시 2

매약서(賣約書)

Shindo Trading Co., Ltd.
P.O. BOX NO. 593
SEOUL. KOREA

CABLE ADDRESS
"STRACO SEOUL"

SALES NOTE ①

No. .... Seoul, ...

Messrs. ....
....

We confirm our sale as specified hereunder. If you find therein anything not in order, please let us know immediately, if necessary, by tele-communication. ② Kindly sign and return the duplicate ③ after confirming the undermentioned.

Reference :
Commodity :
Unit Price :
Amount :
Packing :
Shipment :
Destination :
Payment :
Insurance :
Remark :

Other terms and conditions as per on the back hereof.

Accepted by④

Buyer : Seller :

요지 신도무역주식회사가 판매계약서로 작성해 놓은 양식이다.

용어해설

① **sales note** :「매약서, 판매계약서」 수출업자가 작성하는 계약서
② **by telecommunication** :「원격전신으로」

③ **duplicate** :「2통으로 만들다」 cf. in duplicate「2통으로의」 duplicator「복사기」

④ **accepted by** :「승낙함」 매수인과 매도인이 회사명을 각각 기입하고 서명 날인한다.

예시 3-1 **매약서(賣約書)**

KOREA IRON & STEEL WORKS, LTD.

MANUFACTURERS & EXPORTERS

C.P.O. BOX NO.1129
SEOUL, KOREA

CABLE ADDRESS
"KOREASA"SEOUL
TELEPHONE
24-4239
28-4241-5
TLX NO. KISWIRE 28227S

SALES CONTRACT

Korea iron & Steel Works, Ltd., Seoul, Korea, *as Seller, confirms having sold to the Buyer named below the following goods on the terms and conditions forth hereunder:*

MESSRS.	DATE	CONTRACT NO.
Malaysian Ropes Berhad	March 24, 2003	KD-030/03
	BUYER'S REFERENCE NO.	

ITEM	DESCRIPTION	SIZE	QUANTITY	UNIT PRICE	TOTAL AMOUNT

Bright Stell Roping Wire
T/S : 180 kgs/ml
Acc : DIN 2078

		C&F PENANG	
DIA	QUANTITY	PRINCE/MT	AMOUNT
2.0	25M.T.	U$642.-	U$16,050.-
☆	☆	☆	☆

1. SHIPMENT
   Time of shipment : 2 months after receipt of your L/C Trans shipment permitted/
   Port of Loading : Busan, Korea
   Port of Destination : Penang, Malaysia
2. PACKIN : In Coil wrapped with oil paper MARKING :
3. PAYMENT : By irr. L/C at sight
4. INSURANCE : To be covered by Buyer/Seller
   Dondition :

5. INSPECTION : Our mill;s inspection to be final.
6. OTHER TERMS & CONDITION :
Subject to general terms and conditions set forth in back.

KOREA IRON & STEEL, WORKS, LTD.

ACCEPTED BY :
Chew Kean Hoe SEOUL, KOREA

(Chew Kean Hoe)
MANAGING DIRECTOR (Buyer) (Seller)
On 3 ARP 200× 20

Please sign return one copy

GENERAL TERMS AND CONDITIONS

1. SHIPMENT

Shipment within the time stipulated shall be subject to availability of the ship's space. The date(s) of on Board Bill(s) of Lading shall constitute the conclusive evidence of the date(s) of shipment(s). In the event of the contract being F.O.B.(on vessel)or C & I basis at a loading port, Buyer is bound to give to Seller shipping instructions within a reasonable time prior to shipment and provide necessary ship's space; otherwise, Seller can dispose of the goods described on the face of this contract(herein referred to as the "Goods") for Buyer's account and risk. In case of shipment in instalments any delay or failure in shipment of one lot shall not be deemed a breach of the contract to hive rise to the right on the part of Buyer to cancel this contract or refuse to accept the performance with respect to the other lots. Any charges for consular invoices and/or certificates of origin, if required, shall be for the account of Buyer.

In the event of prohibition of exportation, refusal to issue export license, Act of God, war, blockade, revolution, insurrection, mobilization, strikes, lockouts, other labour disputes, manufacturer's bankruptcy or insolvency, civil commotions, riots, plague, or other epidemics, destruction of the Goods by fire or flood or any other causes or causes beyond the reasonable control of Seller either at its side or those of manufacturers or sources of supply. Seller shall not be liable for any delay in shipment or for non-delivery of all or any part of the Goods and Buyer is bound to accept the delayed shipment within a reasonable time, or to accept the cancellation of all or any part of this contract as the case may be.

Buyer shall bear all risk of the Goods from such time as they shall have effectively passed the ship's rail at the port of shipment.

2. PAYMENT

Unless otherwise specified, Buyer shall establish in favor of Seller irrevocable, confirmed, general, without recourse letter of credit negotiable on sight draft through a prime bank satisfactory to Seller which shall be received by Seller within days after the date of this contract: the terms and conditions in the letter of credit shall be strictly in conformity with this contract. The letter of credit shall refer this contract number and shall authorize reimbursement to Seller for such sums, if any, as may be advanced by Seller for consular invoices, inspection fees, and other expenditures incurred by Seller for the account of Buyer. The letter of credit shall be in effect for a period of at least fifteen(15) days after the last day of the month of shipment for negotiation of the draft covering such shipment. If Seller does not receive such letter of credit within the time stipulated and in the form specified above, Seller shall have the option of reselling the Goods for Buyer's account, holding the Goods for Buyer's account and risk, and/or cancelling this contract and claiming for damages caused by Buyer's default.

3. INSURANCE

In the event of contract on basis of CIF or C & I, one hundred ten percent (110%) of CIF amount shall be insured by Seller, unless otherwise agreed to in writing, insurance to be covered for marine insurance shall be F.P.A.(free from particular average). War & S.R.C.C. Risks shall be covered for the account of Buyer. Any additional premium for insurance coverage over one hundred ten percent(110%) of CIF amount, if so required, shall be borne by Buyer and shall be added to the invoice amount, for which the letter of credit shall stipulate accordingly.

4. INCREASED COST

If Seller's costs of performance are increased after the date of this contract by reason of increased freight rates, taxes or other governmental charges and insurance rates including War & S.R.C.C. Risks. Buyer shall compensate Seller for such increased cost or loss of income.

5. DEFAULT

If Buyer fails to carry out any of the terms of this or any other contracts with Seller or in the event of death, bankruptcy or insolvency of Buyer, dissolution or modification of partnership of Buyer or nonpayment for any shipment, Seller shall have the right to cancel this and/or any other contracts with Buyer, without prejudice to any right of Seller existing under this and/or any other contract at the time of such cancellation, or to resell or hold the Goods for Buyer's account and risk or to postpone the shipment, or to stop the Goods in transit, and Buyer is bound to reimburse Seller for any loss incurred therefrom.

6. CLAIMS

No claim shall be entertained before the payment is made or the draft is duly honored. Each claim shall be advised by telegram or cable to seller within fourteen(14) days after the arrival of the goods at the port of destination in this contracts and shall be confirmed by airmail with surveyor's report within fifteen(15) days thereafter. No claims shall be entertained after the expiration of such fourteen days, and will be recognized if they are used.

7. PATENT

Seller shall not be responsible for any infringement or unauthorized use with regard to patent, utility model, trademark, design, copyright or any other industrial proprietary right whether in Buyer's country or any other place. Nothing herein contained shall be construed to be transfer of any patent, utility model, trademark, design, copyright or any other industrial proprietary right contained in the Goods, and all such right are to be expressly reserved to true and lawful owners thereof. In case any dispute and/or claim arises in connection with the above right or rights, Seller shall reserve every and all rights to cancel, and make null and void this contract at its discretion and hold itself free from any liability arising therefrom. Buyer shall be responsible for any and all loss and/or damage caused thereby.

8. WARRANTY

Unless expressly provided on the face of this contract, Seller shall make no warranty or condition, express or implied, as to the fitness and suitability of the Goods for particular purpose.

9. WAIVER

The failure of Seller at any time to require for fulfillment by Buyer shall in no manner affect the right of Seller to enforce the same. The waiver by Seller of any breach or any provision hereof shall never be construed a waive of any succeeding breach of any provision or waiver of the provision itself.

10. GOVERNING LAW

This contract shall be governed by and construed in accordance with the laws of Korea.

11. ARBITRATION

All disputes, controversies or differences arising out of or relating to this contract, or the breach thereof, which cannot be settled by mutual accord, shall be settled by arbitration in Korea, in accordance with the rules of procedures of The Korea Commercial Arbitration Committee. The award of arbitration shall be final and binding upon both parties.

12. MAKE-UP, PACKING AND MARKING

Unless otherwise specified, Make-Up, Packing and Marking shall be at Seller's option.

13. OTHERS

Quantity is subject to variation of five percent(5%) plus or minus ay Seller's option. The trade terms used in this contract shall be governed and interpreted by the previsions of Incoterms 2000 unless otherwise specifically stated.

Useful Expressions

A. Opening Clauses

1. Thank you for your offer of May 22 and we inclose our order sheet.
5월 22일자 귀사의 오퍼에 감사드리며 주문서를 동봉해 드립니다.
2. We confirm our telephone conversation of this morning and inclose our official order for the following:
오늘 아침의 전화대화를 확인하오며 다음 물품에 대한 정식 주문서를 동봉합니다.
3. Many thanks for your order of July 23, which will be shipped by s.s. "MAYFLOWER" due to leave Busan on 5th August.
7월 23일자 귀사의 주문에 매우 감사드리며 8월 5일 부산을 출항할 예정인 "MAYFLOWER"호 편에 주문품을 선적해 드리겠습니다.
4. We are sorry to tell you that we cannot supply the goods you ordered on March 10 because···
~ 때문에 3월 10일에 귀사가 주문하신 상품을 공급해 드릴 수 없음을 말씀드리게 되어 송구스럽습니다.

B. Main Clauses

1. The prices quoted in your offer of··· are satisfactory. Please arrange to deliver the following items immediately.
~일자 귀사의 오퍼에서 제시된 가격은 만족스러우며 다음 품목들을 즉시 인도하도록 조치하여 주시기 바랍니다.
2. As our customers are now urgently needing the merchandise, we must ask you to deliver by the end of this month.
당 고객들이 현재 그 상품을 급히 필요로 하고 있으므로 이 달 말까지는 인도해 주실 것을 부탁드립니다.
3. As this is a large order, we would like you to give us a special discount on the price list as much as possible.
이번은 대량주문이므로 가능한 한 많이 가격표에서 특별할인해 주셨으면 좋겠습니다.
4. If this initial order turns our satisfactory, we shall be able to place a large order with you in the near future.
이 첫 주문이 만족스러우면 머지 않아 대량주문을 할 수 있을 것입니다.
5. We have arranged for immediate shipment as requested. Please open(=establish) an irrevocable L/C by cable.

요청하신 대로 즉시 선적을 하도록 준비해 놓았으니 전신으로 취소불능신용장을 개설하시기 바랍니다.

6. As present market prices are currently high, we are sorry that we are not in a position to execute your order at the prices specified in your offer.
   현재의 시가는 계속적으로 고가이므로 귀사의 오퍼에서 명시하신 가격으로는 귀사의 주문을 이행할 입장이 못됩니다.

C. Closing Clauses

1. We shall be grateful for prompt delivery as the goods are needed urgently.
   상품이 급히 필요하므로 즉시 인도해 주시면 감사하겠습니다.
2. We note that you can supply these items from stock and look forward to delivery within this month.
   이 품목들을 재고에서 공급해 주실 수 있으리라고 보며 이 달 이내로 인도해 주실 것을 고대합니다.
3. We appreciate this opportunity to serve you and look forward to further business with you.
   귀사에게 공급할 이번 기회에 감사드리며 귀사와 더 많은 거래를 고대하는 바입니다.
4. We assure you that any further orders you may place with us will always be carefully attended to.
   당사에게 해 주시는 더 이상의 어떤 주문에 대해서는 항상 세심히 처리해 드릴 것을 약속합니다.
5. The care and promptness with which you have attended to our order are very much appreciated.
   당사의 주문에 대해 세심하고 신속히 해 드려서 매우 감사드립니다.
6. A trial order will convince you this merchandise is superior to the product you requested.
   시험주문을 해 보시면 이 상품이 귀사가 요구한 제품보다 더 좋음을 알 수 있을 것입니다.
7. We hope we may have further orders from you as time goes on.
   세월이 흘러감에 따라 귀사로부터 더 많은 주문을 하기를 바랍니다.

연습문제

1. 전기면도기에 대한 3월 15일자 귀사의 주문에 대해 감사드립니다만 당 공장의 화재로 인해서 동품을 즉시 납품해 드릴 수 없음을 유감스럽게 생각합니다. 당사는 생산을 재개하도록 온갖 노력을 하고 있으며 이 달 말까지는 면도기를 인도해 드릴 수 있을 것으로 완전히 기대됩니다.

힌트 • 전기면도기 : electric shavers
• 생산을 재개하다 : resume production

2. 귀사가 제시한 품질과 가격에 만족하므로 제출한 견품과 같은 각종 플라스틱 완구 3천 다스를 운송해 주시면 기쁘겠습니다. 이번은 시험주문이므로 만족스러우면 귀사에게 더 큰 정기적인 주문을 할 수 있을 것입니다.

힌트 • hint ~에 만족하다 : be satisfied with
• 더 큰 정기적인 주문 : large and regular orders

3. 대성공을 거두리라는 전망으로 귀사의 가장 인기 있는 카세트 테이프 녹음기, 모델 CRC 330 2천 세트에 대한 첫 주문으로 개시하고 싶습니다. 귀사의 제품이 품질과 인도면에서 만족스럽다면 머지않아 귀사에 재주문을 하겠습니다.

힌트 • ~전망으로 : with the prospect of
• ~으로 개시하다 : start off with~

4. 이 주문을 이행하시는데 특별히 주의해 주시기 바랍니다. 만일 불량품이 삽입되어 고객들 간에 좋지 못한 인상이 심어진다면, 현재의 상황 하에서 이를 씻을 길이 없습니다.

힌트 • 이를 씻을 길이 없다 : be unable to remedy it

5. 갑작스런 출항취소로 인해서 9월 30일에 고베를 출항할 예정이었던 "WHITE BEAR"호 편으로 귀사의 주문품을 발송해 드릴 수 없음을 심히 유감스럽게 생각하오며, 이에 대해 양해를 구하는 바입니다. 동 상품을 다음달 초에 코베를 출항하는 "SEAGULL"호 편으로 틀림없이 적송해 드리겠습니다.

힌트 • ~할 수 없음을 심히 유감스럽게 생각하다 : deeply regret our inability to
• 틀림없이 : without fail ; surely

6. 원자재의 계속적인 상승으로 인해서 당사는 또 다시 제조업자의 원가를 5% 추가로 인상하지 않을 수 없습니다. 현재의 시황을 판단해 볼 때에 상당기간 동안 가격이 고가를 유지할 것이라는 것이 명약관화합니다.

힌트 • ~하지 않을 수 없다 : be obliged to; be compelled to
• ~은 명약관화하다 : it is evident that~

7. 최근에 원선가가 꽤 치솟았습니다만 종전가격으로 귀사의 주문을 이행할 수 있습니다. 왜냐하면 자재가격 상승 전에 이미 면직물을 대량으로 매입하였기 때문입니다. 동 상품이 12월 전에 적송될 수 있도록 귀사의 주문 조달에 현재 최선을 다하고 있습니다.

힌트 • 꽤 치솟다 : soar considerably

8. 당장에 귀사에게 봉사해 드릴 수 없음을 말씀드리게 되어 유감스럽게 생각합니다. 그 이유는 어쩌다보니 그 제품의 재고가 품절되었을 뿐만 아니라 성수기 동안 마저 해외로부터 모든 필요품을 충족시킬 만한 충분한 양을 구입할 수 없기 때문입니다.

힌트 • 그 이유는 어쩌다 보니~하다 : the reason for this that it so happen that~
• 성수기 : the peak season

9. 지난번 선적까지는 스웨터를 본선인도가격요건으로 타당 미화 5달러 50센트에 공급해 드릴 수 있었으나 아크릴사의 가격인상과 임금인상으로 더 이상 똑같은 가격으로 공급해 드릴 수 없습니다. 7월부터는 본선인도가격요건으로 타당 6달러 30센트보다 적은 주문에는 응할 수가 없습니다.

힌트 • ~에 응하다 : comply with

10. 한국에 닭은 많으나 대부분의 사료가 수입되어야 하기 때문에 닭 값이 국제사료 값에 매우 민감합니다. 당사는 달걀을 본선인도가격요건으로 타당 미화 1달러에 수출할 수 있으나, 아시는 바와 같이, 달걀의 경우에 운송보험료포함가격조건은 매우 비싼 운임과 보험료를 요하기 때문에 상기 가격으로는 오퍼를 할 수가 없습니다.

힌트 • ~에 매우 민감하다 : be very sensitive to

11. 중동지역으로 가는 선박의 부족에 따라 선임이 상당히 올라서 CIF 베이스로 전에 제시한 똑같은 가격으로는 귀사의 주문을 수락할 수 없음을 통지해 드리게 되어 유감스럽습니다. 한국에서 Kuwait로 직행하는 정기선이 없기 때문에 한 달에 2번밖에 운항을 하지 않는 선박에 당사의 물품을 적송해 드릴 수밖에 없으며, 더구나 Yokohama에서 환적을 요하며 이 선박들은 월초에 마감되어 버립니다.

힌트 • ~직행하는 정기선 : liners going directly to
• 마감되다 : get closed out

Chapter 08

상업신용장

1. 상업신용장의 발행
2. 신용장의 당사자
3. 신용장의 종류
4. 신용장의 내용
5. 신용장의 조건변경

Chapter 08

상업신용장

1. 상업신용장의 발행

매매계약의 지급조건(terms of payment)에서 신용장의 발행을 조건으로 하고 있으면 수입업자는 상업신용장 발행을 거래은행에 의뢰하여야 한다.

상업신용장(commercial credits or letter of credit)은 발행은행(issuing bank)이 의뢰인(applicant for L/C)인 매수인(buyer or importer)을 위해 그 신용장조건에 일치하여 발행한 환어음과 선적서류를 첨부하여 제시하면 지급(payment), 인수(acceptance), 매입(negotiation)을 약속하는 서장이다.

매도인(seller or exporter)은 이 신용장에 의하여 선적상품에 대한 대금징수가 보장되며 또한 선적과 동시에 대금지급을 받게 됨으로써 추심(collection)에 따른 시간상의 지연으로 인한 금융상의 압박을 해소할 수 있게 된다.

매매계약(contract of sale)에서 신용장의 발행을 요구하는 문언은 다음과 같다.

① Payment must be made by means of an irrevocable credit issued by the prime bank approved by the seller.

② Banker's confirmed letter of credit shall be issued in favor of A Co. immediately upon confirmation of sale.

2. 신용장의 당사자

신용장거래의 관련되는 자를 당사자(parties)라 하며, 다음과 같은 것들이 있다.

(1) 신용장 발행의뢰인(Applicant for the Credit)

신용장을 은행에 발행의뢰 하는 수입업자를 말하며, 보통 수하인(consignee)이 되며 어음대금을 지급한다. opener, accountee, customer, holder, principal 이라고도 한다.

(2) 신용장 발행은행(Issuing Bank)

신용장 발행의뢰인의 의뢰에 따라서 신용장을 발행하는 은행을 말한다. 신용장의 발행은 외국환업무를 취급하는 외국환은행을 통하여 발행하여야 한다.

(3) 수익자(Beneficiary)

신용장에 의해 이익을 받는 자를 수익자라고 하며 수출업자를 일컫는다. 이때 수익자는 화물을 적송해 주는 송화인(shipper)이자 수출환어음의 발행인(drawer)이기도 하다.

(4) 통지은행(Advising Bank)

발행은행이 신용장을 직접 수익자에게 전해 주지 않고 자행의 거래은행으로 하여금 통지를 하도록 할 때 이대 통지를 하는 은행을 통지은행이라고 하며 notifying bank, transmitting bank라고도 한다.

(5) 확인은행(Confirming Bank)

발행은행 이외의 제 3 은행이 발행은행과 중복으로 신용장에 의해 발행한 어음을 인수, 지급 또는 매입을 하겠다고 확약하는 경우에 이 은행을 확인은행이라고 한다.

(6) 매입은행(Negotiating Bank)

수출업자는 선적을 완료한 다음에 선적서류를 갖추어 수출 환어음을 발행하여 자기의 거래은행에 매입을 의뢰하는데 이때 환어음을 매입하는 은행을 말한다.

(7) 지급은행(Paying Bank)

수익자가 발행한 환어음의 지급인을 수출지의 통지은행으로 지정하거나 또는 통지은행에 선적서류와 상환으로 수익자에게 지급하도록 지정된(nominated) 은행을 지급은행이라고 하며, 이들 은행은 발행은행과 예치환거래계약관계(depository correspondent relationship)에 있는 것이 보통이다.

(8) 어음인수은행(Accepting Bank)

인수신용장(acceptance credit) 또는 기한부신용장(usance credit)하에서 수출업자가 제시하는 수출 환어음(export draft)의 인수(acceptance)가 이루어지고 지급은 일정기간이 경과되어 이루어지는데 발행은행 이외의 타 은행이 이 어음을 인수하였다면 이러한 은행을 인수은행이라 한다.

3. 신용장의 종류

신용장의 종류는 다양하고 또한 계속 무역거래관습의 변화에 따라 신종이 출현하고 있다. 그러나 가장 일반적이고 무역관례에서 널리 쓰이는 신용장은 취소불능(irrevocable)신용장이며 발행은행 이외에 제 3 의 확인은행(confirming bank)이 지급을 추가로 확약하는 확인(confirmed)신용장이 있다.

신용장은 송달방법에 따라 우편(mail)신용장과 전신(cable)신용장으로 구분되며, 신용장이 가지는 수출입의 목적에 따라 동일한 신용장이 각각 수입(import)신용장과 수출(export)신용장으로 달리 불리우고 있다.

4. 신용장의 내용

신용장의 주요 내용은 다음과 같다. 이에 추가하여 이러한 신용장의 조건에 합치하는 어음의 지급, 인수 및 매입을 약속하는 문언을 기재하고 있다.

① 신용장의 종류(kind of credit)
② 수익자명(beneficiary)
③ 금액(amount)
④ 유효기간(expiry date)
⑤ 선적기한(shipping date)
⑥ 첨부하여야 할 선적서류(shipping documents)
⑦ 상품명세(description of contract goods)
⑧ 환어음의 종류(kind of draft)

이에 추가하여 이러한 신용장의 조건에 합치하는 어음의 지급, 인수 및 매입을 약속하는 문언을 기재하고 있다.

5. 신용장의 조건변경

신용장의 조건(terms and conditions of credit)이 매매계약의 조건과 다르거나 매도자가 그 조건을 이행하기가 어렵게 되었을 경우 신용장 발행의뢰인인 매수인(buyer or importer)에게 연락하여 신용장 조건변경(amendment)을 요구하지 않으면 안된다. 신용장의 조건은 엄밀일치의 원칙(doctrine of strict compliance)에 의하여 취급되므로 조금이라고 그 조건을 만족시키지 못하게 되면 대금지급약속이 이행되지 않으므로 특별히 주의하여야 한다.

신용장의 조건변경의 절차는 수출자(exporter)인 수익자(beneficiary)가 매수인(buyer or importer)인 발행의뢰인(credit applicant)에 희망하는 변경내용을 연락하게 되면 수입자(importer)는 이의 조건을 수락하는 경우 발행은행에 신용장변경의뢰서(application for alteration of credit)를 제출하여 변경의뢰하고 발행은행이 통지은행을 통하여 수익자에게 변경장(letter of amendment)을 송부함으로써 그친다.

Model Letters

예시 1 신용장 발행조건의 문의

March 15, 20____

Royal Bank of Canada.
LONDON

Dear Sirs,

We have just concluded ① an agreement to purchase monthly shipments of furs from Canada over the next six months and would like to make use of foreign-payment facilities by opening a series of monthly credits for $20,000.00 each in favor of the North American Trading Company. ② It has been agreed that we provide credits with a bank in Quebec against which our suppliers would draw for the value of shipments as they are made.

Will you please let us know on what terms your bank would be prepared to arrange necessary credits and to handle the shipping documents for us.

Yours faithfully,

요지 다음 6개월간 캐나다에서 모피에 대한 선적품을 매월 매입하기로 계약을 체결하였으니 어떠한 조건으로 귀은행에서는 필요한 신용장을 발행하는가를 알려 주기 바랍니다.

용어해설

① **conclude** : 「체결하다, 결정하다, 결론을 내리다, 끝나다」 conclude an agreement to purchase 「매입계약을 체결하다」

② **a series of monthly credits for $20,000.00 each in favor of the North American Trading Company** : 「북아메리컨 무역회사를 수익자로 한 월 금액 2만 달러에 해당하는 일련의 신용장」 매월(여기서는 6개월간) 2만 달러의 금액이 사용 가능하게 되는 신용장을 의미한다.

예시 2

신용장 발행제의

17th March, 20____

Messrs. A.H.Brooks & Son
LONDON

Dear Sirs,

Thank you for your enquiry of 15th March. We shall be pleased to handle the shipments referred to and to arrange for the necessary documentary credits with our Quebec Branch against deposit of bill of lading and other transport documents. ① If you will complete and return the enclosed form we will make the arrangements.

Our commission charges for revocable documentary credits would be 1/8 to 1/4 % ② on each of the monthly credits to which must be added 1/4 % for irrevocable credits and also our charges for such items as telegram and postage. In return for these charges you have our assurance that your interests would be carefully protected.

Yours faithfully,
Manager

요지 3월 15일자 귀 문의에 감사드리며 당 Quebec지점과 필요한 화환신용장을 체결하도록 하겠습니다.

용어해설

① **against deposit of bill of lading and other transport documents** : 「선화증권과 타 선적서류를 담보로 하여」

② **1/8 to 1/4** : 「1/8%에서 1/4%까지」 "an(or one)eighth to a(or one) quarter" 라고 읽는다. 분수(fraction)를 읽을 때 분자(numerator)는 기수(cardinal number)로 읽고 분모(denominator)는 서수(ordinal number)로 읽으며 분자가 2 이상이면 분모에 s를 붙인다. 그러나 복잡한 분수는 수학에서 보통 over를 사용하여 모두 기수로 읽는다.

- 1/3 : a third ; one third
- 1/2 : a half ; one half
- 2/3 : two thirds
- 30/80 : thirty over eighty
- 3/4 : three quarters
- 23/6 : twenty three over six
- 2 3/5 : two and three fifths

예시 3

신용장 발행의뢰

March 20, 20_____

Royal Bank of Canada
LONDON

Dear Sirs,

I have completed and inclose the form of application for a documentary credit ① received with your letter of March 17 and shall be glad if you will arrange by telegram to open for our account with your office in Quebec irrevocable credits for $20,000.00 a month in favour of the North American Trading Company, the credits to be valid ② until September 30 next.

To enable them to use the credits the company must present the following documents : bills of lading in triplicate, one copy of the invoice, the certificate or policy ③ of insurance and certificate of origin and draw on your Quebec office at 60 d/s for each consignment. The documents relate to five cases of mixed furs in each consignment at the value of about $3,500.00 per case, c.i.f. London.

Yours faithfully,

요지 화환신용장 신청양식을 다 기재하여 동봉하오며 유효기간은 다음달 9월 30일까지 하며 "북 아메리컨"무역회사를 수익자로 하는 금액 2만 달러의 취소불능 신용장을 전신으로 발행해 주시면 감사하겠습니다.

용어해설

① **the form of application for a documentary credit** :「화환신용장 신청양식」 발행은행이 신용장의 내용을 기재하는 데 필요한 사항을 Buyer가 기재하여 은행에 제출하는 신청서를 말한다.

② **be valid** :「유효하다, 효력이 있다」 be effective ; be open ; remain effective 와 같은 뜻이다. 명사는 validity

③ **the certificate or policy of insurance** :「보험증명서나 보험증권」 모든 부보사항이 확정적일 때는 보험증권(insurance policy)이 발행되지만, 매 선적시마다 보험계약을 하지 않고 보험료나 기타의 이점을 고려하여, 보험계약자는 보험회사(insurance company)와 일정기간내 특정지역으로부터 선적되는 일정금액의 화물에 대해서 미리 포괄적으로 부보하는데 이를 open cover(예정

보험계약)라고 하고 이에 대해서 open policy(예정보험증권)가 발행된다. 이에 의거 계약자는 매 선적 시마다 보험가액, 적하명세, 선박명, 도착지 등 구체적인 사항을 보험회사에 통지하면 그 개개의 선박명에 대해서 명세서를 발행하는데 이를 Insurance certificate(보험증명서)라고 하며 Insurance policy에 비해서 시간, 비용 등을 절약할 수 있는 장점이 있다.

예시 4

의뢰인에 대한 발행은행의 발행통지

March 24, 20_____

Messrs. A. H. Brooks & Won
LONDON

Dear Sirs,

As instructed in your letter of March 20 we are arranging to open a documentary credit with our branch in Quebec in favour of the North American
Company valid until September 30. You will find inclosed a copy of our telegram opening the credit ① and we shall be glad if you will check it to ensure that it agrees with your instructions. As soon as the credits are used we shall debit ② your account with the amount notified to us as having been drawn against them.

We shall take all necessary steps to ③ make sure that your instructions are carefully carried out but wish to make it clear that we cannot assume any responsibility for the safety of the goods or for delays in delivery since these are matters beyond our control.

Yours faithfully,

Manager

요지 전신발행 신용장 사본을 동봉하오며 사용된 신용장(금액)은 당 은행에 통지되는 대로 귀 계정에 차기하겠으며 상품의 안전이나 지연에 대해서는 책임을 지지 않습니다.

용어해설

① **a copy of our telegram opening the credit** : 「신용장발행전문 사본」을 말한다.

② **debit** :「차변에 기입하다, 차기하다, 차변」
We shall debit your account with the amount notified to us.
「당 은행에 통지된 금액을 귀 계정에 차기하겠습니다.」
즉 귀사에 부담시키겠다는 뜻이다.

③ **take all necessary steps to** :「~할 모든 필요한 조치를 취하다」

예시 5

Exporter에 대한 Importer의 신용장 발행통지

March 26, 20_____

North American Trading Co.,
QUEBEC

Dear Sirs,

This is to inform you that we have now issued irrevocable credits in your favour for $2,000 a month with the Royal Bank of Canada, Quebec valid until 30th September next.

The terms of the credit authorize ① you to draw at 60 days on the bank in Quebec for the amount of your invoices after each shipment of five cases. Before accepting your draft, which should include all charges to London, ② the bank will require you to produce the following documents; bills of lading in triplicate, one copy of the invoice covering c.i.f. London, a certificate of policy of insurance and certificate of origin. We will expect your first consignment about the middle of next month.

Yours faithfully,

요지 the Royal Bank of Canada에서 매월 2천 달러에 대해 귀사를 수익자로 하여 취소불능 신용장을 이제 발행하였음을 통지하오며 다음 서류들(본문 참조)을 작성하도록 요구할 것입니다.

용어해설

① **authorize** :「권한을 부여하다, 위탁하다, 인하하다」
The terms of the credit authorize you to draw a draft at 60 days on the bank in Quebec.

「동 신용장의 조건에서는 귀사로 하여금 Quebec에 있는 은행 앞으로 일람후 60일 출급으로 환어음을 발행할 권한을 부여하고 있습니다.」

② **all charges to London** : 「런던까지 모든 비용」

예시 6 Buyer에 대한 발행은행의 선적서류 수령요구

April 29, 20____

Messrs. A.H. Brooks & Son,
LONDON

Dear Sirs,

As instructed by your letter of March 20, our Quebec office have just accepted for your account ① a bill for $1,725.71 drawn by the North American Trading Company for a first consignment of furs to you by s.s. Columbia. We have debited your account with this amount and our charges amounting to $4.40.

The ship left Quebec on April 22 and is due to arrive in London on May 2. The shipping documents for this consignment are now with us and we shall be glad if you sill arrange to collect them. ②

Yours faithfully,

요지 "북 아메리컨" 무역회사가 발행한 1,725.71달러 짜리 어음을 방금 인수하였으며 적송품에 대한 선적서류를 당 은행이 보관 중이오니 수령해 가시기 바랍니다.

용어해설

① **for your account** : 「귀사의 계정으로, 계산으로」

② **collect them** : 「동 서류를 수령하다」

예시 7

신용장의 조건변경요구

August 7, 20____

ABC Trading Co., Inc.
Seoul, Korea

Gentlemen :

Your L/C No. 1230

We thank you for the irrevocable credit No. 1230 of August 5. covering the contract of steel plates.

However, the stipulation ① given in the credit on the port of shipment is putting us to trouble ② in the execution ③ of order, because there is a discrepancy ④ between our contract and the L/C.

Please amend it by cable as follows :

The words "from Incheon" are to be replaced ⑤ by "from Busan"

We have already booked a space of m.s "Seungri-ho" sailing on September 15. If the letter of amendment reaches us by the end of this month, the shipment will be made in time.

Your prompt attention on this matter will oblige us very much.

Yours truly,
XYZ Company

요지 귀 신용장을 접수하였으나 계약조건과의 차이가 있으므로 계약이행에 곤란을 겪고 있습니다. 그러므로 변경하여 주시기 바라며 조건변경서가 도착되는 대로 즉시 선적할 것입니다.

용어해설

① **stipulation** : 「조항, 조건, 규정」
② **to put ~ to trouble** : 「~를 곤란하게 하다.」
③ **execution** : 「실행, 이행」
④ **discrepancy** : 「불일치, 상위, 모순, (특히) 신용장과 선적서류의 불일치」
⑤ **to be replaced by ~** : 「~로 대치하다」

예시 8 선적기일 연장요구

September 9, 20_____

ABC Trading Co., Inc.

Gentlemen :

We are very sorry to inform you that it has become difficult for us to ship the contracted goods on the L/C No. 1230 ① of the Bank of America per m.s. "Seungri-ho" sailing on September 15, on account of a laborers' strike of works.

Although we have done our best to fulfil the shipment, we can not help saying that it was beyond our control. ② But we will never fail to ship ③ the goods per ④ m.s. "Seungri-ho" sailing on October 5.

We shall be therefore, much obliged if you will kindly extend the expiry date of L/C to October 10.

In this circumstance, we have cabled you today as follows :

Ours, September 10. "PLEASE EXTEND EXPIRY DATE OF L/C TO OCTOBER 10". Trusting to be favored with your early reply.

Yours truly,

요지 당 공장의 생산종업원의 파업으로 인하여 Bank of America 신용장에서 명시한 바의 9월 15일자 선적이 곤란하게 되었음. 10월 10일에는 어김없이 선적할 것이니 신용장의 유효기간을 10월 10일까지 연장바람.

용어해설

① **The contracted goods on the L/C No. 1230** : 「신용장 1230번에 의한 계약상품」

② **beyond our control** : 「우리의 힘으로는 불가항력적인」

③ **never fail to ship** : 「결코 선적을 못하는 일이 없을 것임」 그러나 이러한 표현은 너무 강력한 의미를 가지므로 부드러운 표현으로 "We assure you we can effect the shipment~"라고 하는 것이 진실미가 있다.

④ **per** : 「…당, …에 의하여」 per는 ~에 의하여 라는 의미에서는 고어에 속하여 by로 쓰는 것이 좋다.

Model Forms

예시 1 신용장발행의뢰서 및 약정서

원 본	APPLICATION AND AGREEMENT FOR IRREVOCABLE DOCUMENTARY CREDIT	□ Cable ① □ Airmail	인 지

I/L No. ②		Credit number ③
Advising bank ④		Applicant ⑥
Settling bank ⑤		
Beneficiary ⑦		Amount ⑧
		Expiry date ⑨

TENOR OF DRAFT : ⑩ at

DOCUMENTS :

- □ Full set of clean on board ocean bills of lading, made out to the order of Korea Exchange Bank marked 'Freight ⑪ ' and 'Notify Accountee.' ⑫
- □ Marine insurance policy or certificate, in duplicate, endorsed in blank for 110% of the invoice value, Insurance policies or certificates must expressly stipulate that claims are payable in the currency of the draft and must also indicate a claims settling agent in Korea. Insurance must include : Institute cargo clauses : ⑬
- □ Signed commercial invoice in ⑭
- □ Packing list in ⑭
- □ Other documents :

COMMODITY DESCRIPTIONS :

Code No.	Name of Commodity	Origin	Quantity	Unit Price	Total Amount

Shipment from ⑰ to latest	Partial shipments ⑮	Transhipments ⑯

Documents must be presented within ⑱ days after the date of issuance of the bills of lading or other shipping documents.

Special conditions : All banking charges including postage outside Korea are for account of the beneficiary/applicant.

상기 사항이 수입허가(승인)사항과 상위 없음을 서약하고 위와 같이 신용장 발행을 신청하오며 배면에 기재된 담보 차입증 및 신용장 거래 약정서의 각 조항을 무위 준수할 것을 확약합니다.

주 소 :
신 청 인 : ㉿

한 국 외 환 은 행 장 귀하 TEL.

지급보증	금 액	
	번 호	
	일 자	

인감대조	검 인	확 인

Except so far as expressly stated, this documentary credit is subject to the "Uniform Customs and Practice for Documentary Credits" (2007 Revision) International Chamber of Commerce(Publication No. 600).

담보차입증

금반 귀 은행으로부터 수입신용장 발행보증금으로 원정의 채무를 부담함에 있어 앞면에 적은 수입상품을 제출하옵고, 하기 각 조항을 어김없이 준수하겠사오며 후일을 위하여 본서를 제출합니다.

기

제1조 전기 채무의 지급담보로서 앞면에 적은 수입신용장에 의한 선적서류 등 일체를 제출합니다.

제2조 (본인이, 폐사가) 이미 은행에 담보 제출한 선적서류 일체에 대하여도 별도 약정 없이 전기 채무의 담보로서 제출합니다.

제3조 전기 양조의 선적서류 일체는 현재 또는 장래 (본인이, 폐사가) 어음의 발행배서 또는 인수에 의하여 귀 은행에 대하여 부담 또는 부담하게 될 일체 채무의 담보로서 제출함을 확약하오며 이 담보 해제시는 귀 은행 요구액대로 즉시 무조건 상환하여 드리겠습니다.

제4조 귀 은행에 대한 채무는 기일에 어김없이 지불할 것이며 만약 그 지불이 지체되거나 불이행될 시 또는 귀 은행이 채무회수상 필요하다고 인정할 시는 (본인, 폐사) 발행신용장에 의한 수입상품을 귀 은행 임의로 통관 후 매각 또는 기타 방법으로 처분한 후 그 대전을 (본인, 폐사) 채무원리금 및 손해금 기타 부대비용에 충당하여도 아무런 이의가 없으며 만일 부족액이 생길시는 추가 변상하겠습니다.

제5조 담보수입품이 천재지변 기타 불가항력으로 인하여 멸실 또는 훼손되거나 혹은 담보품의 가격이 하락하는 경우에는 귀 은행의 지시에 따라 즉시 부족금을 입금하거나 갈음할 담보 또는 증담보를 제출하겠습니다.

제6조 귀 은행에서 필요하다고 인정하여 담보수입상품의 통관에 필요한 서류(수입신고서, 수입화물통관관계 등)의 제출을 요구시는 즉시 제출하겠습니다.

신용장거래약정서

(1) 앞으로 (본인이, 폐사가) 수입신용장 발행을 귀 은행에 의뢰함에 있어 모든 경우에 적용할 조항을 다음과 같이 약정합니다.
(본인이, 폐사가) 제출하는 수입신용장 발행의뢰서 기재사항에 따라 귀 은행에서 신용장을 발행하고 귀 은행 환거래은행에 우편 또는 전신으로 통지하여 주십시오. (본인, 폐사)의 의뢰로 귀 은행이 귀 은행 환거래은행에 신용장 발행을 의뢰하는 경우와 신용장의 조건이 변경 또는 추가할 경우에 있어서도 (본인이, 폐사가) 제출한 의뢰서에 따라 위와 같이 처리하여 주십시오.

(2) (본인, 폐사)의 의뢰로 신용장의 발행 및 조건의 변경 또는 추가 등을 전신으로

통지하는 경우 귀 은행 형편에 따라 보통문자 혹은 암호문자를 사용하시기 바라며 그 비용은 청구 즉시 지급하겠습니다. 전신에 의한 통지는 전적으로 (본인, 폐사)의 위험부담에 속하며 따라서 송신 중 또는 착신 후 생기는 지연·오류·누락 등으로 발생하는 사항에 대하여는 귀 은행에 이의를 제기치 않음은 물론 이로 인하여 생기는 손해는 (본인이, 폐사가) 지겠습니다.

(3) 신용장 수익자가 신용장의 정한 바에 따라 귀 은행 또는 귀 은행 환거래은행에 대하여 화환어음 매입을 요청하는 경우에 귀 은행 또는 귀 은행 환거래은행이 신용장에 의거 취하는 모든 조치에 관하여는 (본인이, 폐사가) 전 책임을 짐은 물론 신용장조건과 상이하여도 귀 은행 또는 귀은행 환거래은행이 매입지에 있어서의 환업무 취급에 관한 협약 또는 상관습 및 주위의 사정에 따라 (본인, 폐사)에 아무런 통지 없이 적의 취급하여도 이의가 없습니다.

(4) 귀 은행 또는 귀 은행 환거래은행이 화환어음 매입대전을 환취결인에게 지급하는 경우 환취결인이 각종 부속서류와 함께 제출하는 「송장」, 「선화증권」, 「보험증권」 등은 이를 진정 확실한 것으로 취급하여도 이의가 없습니다. 따라서 만일 「송장」, 「선화증권」, 「보험증권」 등에 부정·불확실한 것을 발견하여도 귀 은행 또는 귀 은행 환거래은행에 대하여는 일체 이의를 제기하지 않겠습니다. 또한 화물의 품명, 수량, 품질, 가격 등의 오기·위기, 화물운송에 관한 여러 비용, 보험조건의 부적, 보험금액의 과부족, 보험자의 지급 및 책임능력의 부족, 기타 보험에 수반한 위험 모든 부속서류에 관한 부정·불확실, 송하인과 수하인간에 있어서의 계약위반 등에 대하여는 귀 은행 또는 귀 은행 환거래은행에는 전혀 책임이 없으며(본인이, 폐사가) 책임을 지겠습니다.

(5) 신용장의 정한 바에 따라 환취결인으로부터 (본인, 폐사) 앞으로 발행한 어음 또는 신용장에 의한 지급대금결제를 위하여 귀 은행으로부터 (본인, 폐사) 앞으로 발행한 어음 및 귀 은행 지시에 따라 (본인이, 폐사가) 발행한 어음은 기일에 틀림없이 지급하겠습니다. 지급기일 연장을 위하여 (본인이, 폐사가) 발행하고 귀 은행이 인수한 어음에 대하여는 기일의 최소한 1영업일 전에 틀림없이 지급하겠습니다. 귀 은행 또는 귀 은행 환거래은행이 신용장에 의하여 어음을 인수한 경우에는 기일 3 영업일 전에 틀림없이 대금을 지급하겠습니다. 전기의 어음이 원화 이외의 화폐로 기재되어 있는 경우는 이 대전을 미리 약정한 환율로써 약정이 없을 때에는 결제일에 귀 은행 소정의 환율로써 환산한 원화를 지급하겠사오며 또한 수출지에 있어서의 어음발행일 또는 대전지급일로부터 어음지급일 또는 결제자금조치완료일까지의 기간에 대하여는 미리 약정한 이율로써, 약정이 없을 때에는 귀 은행 소정의 이율로써 계산한 이자, 기타 부대비용을 지급하겠습니다. 전기 어음은 매입의뢰서의 조항 또는 부속서류에 관계없이 인수 또는 지급하겠사오며 또한 해당어음이 상환청구권 없이 취결되

어 있는 경우이거나 혹은 배서연속의 결함, 기타 형식의 불비 등이 있더라도 무조건 인수 지급하겠습니다.

(6) 화물운송인 또는 그 외의 자에 의하여 행해진 화물운송의 정지 지연 또는 화물의 불착 미착 연착 멸실 훼손 품목 상위변질 등으로 발생하는 손해는 전부 (본인, 폐사)의 위험부담에 속하며 귀 은행 또는 귀 은행 환거래은행에서는 책임이 없을 뿐만 아니라 당해 화물에 관한 양육 입고 보관 기타 모든 비용은 (본인이, 폐사가) 지겠습니다.

(7) 어음 부대화물은 귀 은행의 소유에 속함은 물론 귀 은행의 요구가 있으며 언제든지 귀 은행에 만족할 증담보를 제공하겠습니다.

만일 (본인이, 폐사가) 본 약정의 이행을 태만히 하던가 또는 본 약정에 따른 귀 은행의 요구에 응하지 않을 경우에는 (본인, 폐사)에 아무런 통지없이 (본인, 폐사)제공의 담보 또는 부대화물을 자유로이 처분하여 그 매각대전을 어음금액 부대이자 연체이자 기타 여러 비용에 충당하여도 이의 없사오며 또한 부족이 생기는 경우에는 청구 즉시 (본인이, 폐사가) 변상하겠사오며 귀 은행에 대하여는 손해를 끼치지 않겠습니다. 그리고 위의 경우에 있어서 귀 은행에 대한 여러 예금은 그 기한에 불구하고 임으로 채권과 상계결제하여도 이의를 제기하지 않겠습니다.

전기 담보품 또는 부대화물은 (본인, 폐사)의 귀 은행에 대한 현재 또는 장래에 있어서의 타 채무상환에 충당하여도 이의 없으며 또 전기 담보 또는 화물의 처분으로 그 매각대전의 잉여가 생기는 경우에는 이를 귀 은행에 대한 (본인, 폐사)의 타 채무상환에 충당하여도 이의 없습니다. 부대화물의 가격이 현저히 감소되었다고 인정한 경우에 있어서도 귀 은행 요구 즉시 증담보를 제공하겠습니다.

(8) 사고발생시 부대화물에 대한 보험금은 귀 은행 또는 귀 은행 환거래은행에서 직접 받으며 전기 제7항에 준하여도 이의 없습니다.

(9) (본인, 폐사)의 의뢰에 의하여 발행한 귀 은행의 신용장은 어떠한 경우에 있어서도 (본인으로, 폐사로)부터 취소를 신청하지 않겠습니다. 신용장 발행으로 귀 은행에 손해가 발생하는 경우는 물론 환취결인이 타 은행을 경유하여 환취결을 한 경우 또는 신용장금액의 전부 또는 일부를 사용하지 아니함으로써 발생하는 귀 은행의 손해 및 수수료 등은 전부 (본인이, 폐사가) 변상하겠습니다.

(10) 귀 은행에서 필요하다고 인정하는 경우에는 신용장 또는 그 미사용 잔액을 취소하여도 이의 없사오며 또한 이로 인하여 발생하는 모든 손해는 (본인이, 폐사가) 지겠습니다. 이 경우에 있어서 송하인 수익자가 신용장 취소를 승낙하지 않음으로써 발생하는 모든 손해도 (본인이, 폐사가)지겠습니다.

(11) (본인이, 폐사가)귀 은행에 대하여지는 모든 채무 중 그 어떤 채무의 이행을 하지 않을 시는 다른 모든 채무에 있어서의 기한의 이익을 상실한 것으로 취급하여도 이의가 없습니다.

(12) (본인, 폐사)의 서명 또는 날인이 있는 어음 기타 증서류의 필적 또는 인감이

미리 귀 은행에 제출한 인감, 필적, 계출서, 인감증 또는 종래의 어음, 기타 증서류의 필적 또는 인감과 대조하여 귀 은행에서 틀림없는 것으로 인정하여 거래한 경우에 있어서 가령 위조, 변조, 도용, 기타 어떠한 경우라도 (본인이, 폐사가) 그 책임을 지겠사오며 만일 이로 인하여 귀 은행에 손해를 끼칠 시는 즉시 배상하겠습니다.

(13) 신용장 발행에 있어서 귀 은행이 적당하다고 인정한 비율의 수수료 또는 신용장에 관련하여 귀 은행에서 지는 여러 비용, 이자 등은 청구 즉시 귀 은행에 지급하겠습니다.

(14) 현재 적용되어 있거나 또는 이후 적용될 국내 및 외국에 있어서의 외국무역 외국환에 관한 여러 법령, 여러 규칙 등에 의하여 허가서, 추천서, 증명서, 기타 서류를 필요로 하는 경우에는 이를 제출하겠사오며 또한 그 법령·규칙 등의제정·개정 등에 의하여 만일 귀 은행에 손해를 끼쳤을 경우에는 지체없이 배상하겠습니다.

현재 적용되어 있거나 또는 이후 적용될 국내 및 외국에 있어서의 외국무역 외국환에 관한 여러 법령, 여러 규칙 등에 의하여 귀 은행에 예치중인 수입보증금 또는 담보물건 등이 반환을 받을 수 있는 상태에 있어서도 이를 신용장에 따른 지급대전결제, 기타 (본인, 폐사)의 귀 은행에 대한 채무변제를 위하여 충당하여도 아무런 이의가 없습니다.

(15) 본 약정에 관한 소송에 있어서는 신용장 발행을 의뢰한 귀 은행 영업소의 주소지를 관할하는 지방법원을 관할법원으로 할 것에 합의합니다.

(16) 본 약정의 기간은 별도로 이를 정하지 않으며 귀 은행 형편에 따라 언제든지 해약하여도 이의 없습니다.

(17) 보증인 은 의뢰인과 연대하여 본 계약을 꼭 지키며 또 이를 이행하는 책임을 질 것을 확약합니다.

요지 수입업자가 한국외환은행에서 신용장발행을 의뢰할 때에 쓰는 신청서양식이다. 여기에 기입된 사항을 기초로 하여 은행에서 신용장양식에 기입하여 신용장을 작성한다.

용어해설

① 전신발행(cable)이냐 우편통지(airmail)냐의 여부를 기입한다.
② I/L No. : 수입허가서 번호(Import License No.)를 기입한다.
③ 신용장이 발행되면 참고로 여기에 기입한다.
④ 신용장 통지은행을 기입한다.
⑤ 대금결제은행을 기입한다.
⑥ 발행의뢰인, 즉 수입업자의 회사명과 주소를 기입한다.
⑦ 수익자, 즉 수출업자의 회사명과 주소를 기입한다.

⑧ 신용장 금액, 즉 어음발행한도 금액을 기입한다.
⑨ 만기일(expiry date), 즉 신용장의 유효기간을 기입, 선적일자(shipping date)와 선적서류 구비기간을 충분히 고려한다.
⑩ 어음지급기일(tenor of draft)을 기입, 즉 일람출급이면 at 다음에 "sight"를, 일람 후 30일 출급이면 at 다음에 "30 days after sight"를 기입한다.
⑪ 운임(freight)의 선급 또는 후급(착급)여부 기재한다. 즉 C&F나 C.I.F.에서는 보통 운임선급이므로 "prepaid", FAS나 FOB에서는 Buyer 부담이므로 운임후급, 즉 "payable at destination", "payable", "collect"와 같이 기입하고 "freight prepayable"이나 "freight to be prepaid"라고 하면 운임지급필로 보지 아니힌다.
⑫ 착하통지처(notify accountee), 즉 화물도착시 통지를 해야 할 곳이며 주로 수입업자를 기입한다. "notify party"라고도 한다.
⑬ 협회화물약관(institute cargo clauses) 중에서 보험조건, 즉 TLO, FPA, WA, WA 3%, AR에서 협정된 보험조건을 기입한다.
⑭ in 다음에 상대방의 요구하는 통수를 기재한다. 즉 duplicate, triplicate, quadruplicate, quintuplicate, six fold 등으로 표시한다.
⑮ 분할선적(partial shipment) 허용여부를 기입, 즉 허용을 해주려면 "allowed", 금지할 때는 "not allowed", "prohibited" 등으로 기입한다. 신용장통일규칙 600 제31조 b항에서는 동일 선박이나 동일 항해에 대해서는 분할선적으로 인정하지 않으며, 신용장상에 금지되어 있지 않는 한 분할선적이 허용되는 것으로 간주한다.
"A presentation consisting of more than one set of transport documents evidencing shipment commencing on the same means of conveyance and for the same journey, provided they indicate the same destination, will not be regarded as covering a partial shipment, even if they indicate different dates of shipment or different ports of loading, places of taking in charge or dispatch. If the presentation consists of more than one set of transport documents, the latest date of shipment as evidenced on any of the sets of transport documents will be regarded as the date of shipment."
⑯ 환적(transhipment)허용 여부를 기입하며, ⑮의 요령과 같이 기입한다. 수출업자 나라의 선박이 한국 항구까지 기항하지 않을 때는 중간항에서 한국 항구까지 오는 선박편에 환적할 수 있도록 허용해 주어야 한다. 위와 같은 경우가 아닐 때는 환적시 화물이 손상을 입기 쉬우므로 가능한 한 금지시키는 것이 좋다.
⑰ "from" 다음엔 선적항, "to" 다음엔 도착항, "latest" 다음에는 선적되어야 할 최종일을 기입하며, 이보다 늦게 발행된 B/L을 은행은 원칙적으로 수리 거절한다.
⑱ 선화증권(bill of lading)이나 다른 운송서류가 매입(negotiation ; nego)을 위해서 은행에 제시되어야 할 기간이며, 이 기간이 경과되어 제시된 B/L을 은행은 원칙상 매입을 거절하며, 운송서류가 늦어진 만큼 수입업자의 화물수령이 늦어지고 화물의 변질 기타 하자가 생기기 쉬우므로 수입업자에게 불리하게 된다. 이렇게 제시기간 경과후 제시된 B/L을 Stale B/L이라고 한다. L/C상에 제시기간이 명시되지 않았을 때는 신용장통일규칙 600 제14조 c항에서는 B/L이나 운송서류 발행 후 21 월력일 까지 제시되어야 하며 21일이 경과되면 Stale B/L로 간주하고 있다.

예시 2

한국외환은행의 신용장양식

<table>
<tr><td rowspan="2">IRREVOCABLE DOCUMENTARY CREDIT</td><td colspan="2">Credit number</td></tr>
<tr><td>of issuing bank</td><td>of advising bank</td></tr>
<tr><td>Advising bank</td><td colspan="2">Applicant</td></tr>
<tr><td rowspan="2">Beneficiary</td><td colspan="2">Amount</td></tr>
<tr><td colspan="2">Expiry date</td></tr>
</table>

Dear Sir(s),
We hereby issue in your favour this documentary credit
which is available by payment of your draft in duplicate at
drawn on
bearing the clause : "Drawn under documentary credit No.
dated of Korea Exchange Bank.
accompanied by the following documents marked "X"

- □ Full set of clean on board ocean bills of lading, ① made out to the order of Korea Exchange Bank marked "Freight Prepaid" and "Notify Accountee."
- □ Marine insurance policy or certificate in duplicate, endorsed in blank for 110% of the invoice value. Insurance policies or certificates must expressly stipulate that claims are payable in the currency of the draft and must also indicate a claims settling agent in Korea. Insurance must include : Institute cargo clauses :
- □ Signed commercial invoice in
- □ Packing list in
- □ Other documents :

covering
All documents must indicate the number of this credit.
must be marked on the surface of each package and beneficiary must certify to this effect on commercial invoice

Shipment from to latest	Partial shipments	Transhipments

Documents must be presented within ____ days after the date of issuance of the bills of lading or other shipping documents.

Special conditions :

<table>
<tr><td rowspan="3">We hereby engage that payment will be duly made against drafts drawn in conformity with the terms of this credit.

Yours faithfully,

Authorized Signature</td><td>The amount of each draft must be endorsed on the reverse of this credit by the paying bank.
All drafts and documents must be forwarded direct to us by two consecutive airmails</td></tr>
<tr><td>Advising bank's notification</td></tr>
<tr><td>(Place, date, name and signature of the advising bank)</td></tr>
</table>

예시 3

신 용 장

HANVIT BANK

INTERNATIONAL DEPARTMENT

Cable Adress : HANVITBANK 111-1 2-GA, NAMDAEMOON-RO, CHUNG-GU, SEOUL, KOREA
Mailing Address : P.O. BOX Cental 126
Telex Number : 2212, 28263 SEOUL

DATE : October 11, 20_

IRREVOCABLE LETTER OF CREDIT	Our Credit Number : M24060810 NS 11445 ①
Advising Bank : NATIONAL Bank of Detroit H.O.) 611 Woodward at Fort (P.O. BOX 116) Detroit Michigan 48232 U.S.A.	Applicant : Bando Sangsa Co., LTD. Seoul, Korea
Beneficiary : Kerr Manufacturing Company P.O. BOX 455/28200 Wick Road, Rinulus. Michigan 48174. U.S.A.	Amount : US$4,301,00(US DOLLARS FOUR THOUSAND THREE HUNDRED ONE ONLY.) Expiry Date : December 10, 20

Dear Sir(s) :

We herby open our credit in your favor available for negotiation/acceptance of your draft(s) in duplicate at ×××_sight for 100% of invoice value
drawn on The Hanvit Bank New York agency
bearing the clause "Drawn under Letter of Credit No. M2406810 NS 11445 dated October 11, 20_of
The Commercial Bank of Korea, Ltd." accompanied by the following documents :

1. Full set of clean on board ocean bills of lading, made out to the order of the Hanvit Bank marked "Freight Collect" and "Notify Accountee"
2. Marine Insurance policy or certificate in duplicate, endorsed in blank for 110% of the invoice value. Insurance policies or certificates must expressly stipulate that claims are payable in the currency of the draft and must also indicate a claim settling agent in Korea. Insurance must include : Institute Cargo Clauses :
   Insurance is to be by buyer. ②
3. Signed commercial invoice in Quintuplicate
4. Packing list in Quintuplicate
5. Other document(s) (if any)

Evidencing shipment of :

Dental Equipment & Supplies ③

Centrifico Casting Machines, ④

Item No.00009	20EA	@ $134.55	US$2,691.
Sticky Wax (Blue color preferred,	200 Bulk Pkgs.	@ $7.30	US$1,460.
if available) Item No.00625	Sub-Total : FOB Factory		US$4,151.
Origin : U.S.A.	Inland Freight & Forwarding ⑤		US$150.
FOB US Port.	TOTAL :		US$4,301.00

All document must indicate the number of this credit.

Shipment: from US Port To Busan, Korea Latest: November 30, 20_

Partial shipments are Prohibited	Transhipment is Prohibited

Documents must be presented within 10 days after the date of issuance of B/L or other shipping documents.

Special condition(s) : Shipment by korean or U.S.A. Vessel Only.
All banking charges, including postage, outside korea are for Buyer's Account

Instruction to the negotiating bank : The amount of each draft must be endorsed on the reverse of this credit. please reimburse yourselves in the amount of your negotiation(s) by submitting the drafts to the drawee bank. All documents negotiated must be forwarded direct to us in registered airmail in one cover.	We hereby engage with the drawers, endorsers and bona fide holders ⑥ that drafts drawn and negotiated in confor– mity with the terms of this credit will be duly honored on due presentation to the drawee.
Except so far as otherwise expressly stated herein, this credit is subject to the Uniform Customs and practice for Documentary Credit (2007 revision) International Chamber of Commerce Publication No. 600.	Yours very truly, Authorized Signature

OFFICE COPY 13(I)B–1A

예시 4

신용장통지서

THE CHASE MANHATTAN BANK, N.A
SEOUL BRANCH

Please always quote our Ref. Number

OUR ADVICE No.A 5101-

TO

Date________________

Letter of Credit No.________________

We deliver to you herewith :

- □ Original Letter of Credit dated ________________
- □ Original Amendment dated ________________
- □ Our certified copy of cable of Amendment/Preadvice of L/C opening

This advice is subject to the Uniform Customs and Practice for Documentary Credit(2007 Revision).
International Chamber of Commerce Publication No. 600.
THIS ADVICE CONVEYS NO ENGAGEMENT ON OUR PART.

ISSUING BANK

Very truly yours,

____

FOR THE CHASE MANHATTAN BANK, N.A.

F225(55)REV. 2-72 PTG 3-80

예시 5

신용장통지서

THE CHASE MANHATTAN BANK, N.A.

SEOUL, KOREA

____________________, 20____

PLEASE REFER TO OUR ADVICE NO.

GENTLEMAN : A-5101-____________________

LETTER OF CREDIT NO FOR

ISSUED BY

WE ADVISE HAVING RECEIVED AN CABLE MESSAGE DATED FROM THE ABOVE MENTIONED BANK AND ATTACH HERETO A SIGNED PHOTOCOPY (IES) OF THE MESSAGE :

THIS ADVICE IS SUBJECT TO UNIFORM CUSTOMS AND PRACTICE FOR DOCUMENTARY CREDITS(2007 REVISION), INTERNATIONAL CHAMBER OF COMMERCE. PUBLICATION NO. 600.
WE ASSUME NO RESPONSIBILITY FOR THE CONSEQUENCES ARISING OUT OF DELAY AND OR LOSS IN TRANSIT OF THE MESSAGE, OR FOR DELAY, MUTILATION OR OTHER ERRORS ARISING IN THE TRANSMISSION OF CABLE.

THIS ADVICE IS RELATED TO THE SECTION MARKED X.

□ ADVISING ISSUANCE OF THEIR LETTER OF CREDIT, WHICH FORMS AN INTEGRAL PART OF THIS ADVICE.
THE MOUNT OF EACH DRAWING MUST BE ENDORSED ON THE REVERSE HERE OF BY THE NEGOTIATING/PAYING BANK.
THIS CREDIT IS SOLELY AN ADVICE OF CREDIT OPENED BY THE ABOVE MENTIONED CORRESPONDENT AND CONVEYS NO ENGAGEMENT BY US.

□ TRANSMITTING TO YOU AS PRELIMINARY ADVICE ONLY.
WE SHALL COMMUNICATE WITH YOU AGAIN UPON RECEIPT OF THE FURTHER PARTICULARS.
THIS LETTER IS NON-NEGOTIABLE AND CONVEYS NO ENGAGEMENT BY US.

□ ADVISING THE AMENDMENT OF THIS CREDIT.
ALL OTHER TERMS AND CONDITIONS OF THE CREDIT REMAIN UNCHANGED.

YOURS VERY TRULY,

____

AUTHORIZED SIGNATURE

F 173 PTG. 2-80

예시 6

신 용 장

THE CHASE MANHATTAN BANK, N.A.
LETTER OF CREDIT DIVISION
C.P.O. BOX 2249
SEOUL, KOREA

CABLE ADDRESS
"CHAMANBANK"

IRREVOCABLE COMMERCIAL
LETTER OF CREDIT
NO.__________ DATE : ______________

This Credit is : □ Cabled Briefly
□ Airmailed through

Gentleman :
We hereby authorize you to draw on The Manhattan Bank, N.A., Seoul Korea
by order and for account of
up to an aggregate amount of
Available by your duplicate sight drafts for full invoice value accompanied by :

- ☒ Signed commercial invoice in sextuplicate stating Import Licence No. ILIA and stating that goods are as per dated issued by all origin of
- ☒ Packing list in quintuplicate
- □ Certificate of origin in duplicate issued by Korean Consul(or legalized by the local chamber of commerce in case Korean Consul is not resident) in the country where the shipment is made
- □ Insurance
- □ Full set of clean on board ocean bills of lading and one non-negotiable copy covering shipment from
  to marked notify accountee showing freight issued to our order

Relating to shipment of
Partial shipments are Transhipment is
Shipment must be effected not later than______________________
Drafts must be drawn and negotiated not later than______________
Invoice must show the beneficiary's statement that L/C No. has been marked on the surface of each package at the time of shipment.

EACH DRAFT DRAWN HEREUNDER MUST STATE THAT IT IS DRAWN UNDER L/C OF C.M.B. N.A. SEOUL WITH SAME CREDIT NO. AND DATE MENTIONED ABOVE, AND THE AMOUNT TO BE ENDORSED ON THIS CREDIT.
WE HEREBY AGREE WITH THE DRAWERS, ENDORSERS AND BONA FIDE HOLDER OF ALL DRAFTS DRAWN UNDER AND IN COMPLIANCE WITH THE TERMS OF THIS CREDIT THAT SUCH DRAFT WILL BE DULY HONORED UPON PRESENTATION.

Except so far as otherwise expressly stated. This credit is subject to the uniform customs and practice for documentary credits(2007 revision), International chamber of commerce publication No. 600.

SPECIAL INSTRUCTIONS :

1. NEGOTIATING BANK MUST FORWARD THE DRAFTS AND THE SHIPPING DOCUMENTS DIRECTLY TO US IN ONE REGISTERED AIRMAIL UPON RECEIPT OF WHICH, WE WILL REMIT PROCEEDS TO A BANK OF THEIR CHOICE, PROVIDED THAT THE DOCUMENTS ARE IN COMPLIANCE WITH THE TERMS AND CONDITIONS OF THIS CREDIT.

2. UNLESS OTHERWISE EXPRESSLY STATED HEREIN ANY COMMISSION OR CHARGES, INCLUDING POSTAGE INCURRED IN YOUR COUNTRY UNDER THIS CREDIT ARE FOR BENEFICIARY'S ACCOUNT AND ARE TO BE COLLECTED FROM THE BENEFICIARY.

cc :

Very truly yours,

Authorized Signature

예시 7

전신확인장

KOREA EXCHANGE BANK

Cabel adress : KOEXBANK　　　　　　　　　　CABLE CONFIRMATION
Telex number : K 2444 K 2445
K 27237 K 27254 KOREA　　　　　　　　　　Date :

Cable addressTo :
Cypher name
1. Beneficiary
2. Our credit number
3. Applicant
4. Amount
5. Expiry date
6. Tenor of draft
7. Drawee
8. Freight
9. Insurance(if any)
10. Commercial invoice
11. Packing list
12. Other documents(if any)
13. Commodity descriptions
14. Marking instructions
15. Shipping port
16. Discharging port
17. Latest shipping date
18. Partial shipments
19. Transshipments
20. Presentation period
21. Special condition(if any)
22. Banking charges(if any)
23. Reimbursing bank

This is the CONFIRMATION of our credit opened by cable under today's date through your goodselves. In case there is any mutilation and/or discrepancy between the cable and this confirmation, please regard the confirmation as correct.

Authorized signature

D~101(21×29.7)

예시 8

취소불능화환신용장

THE TAIYO KOBE BANK, LTD Kobe INTERNATIONAL BUSINESSOPERATION CENTER Kobe, JAPAN. (CABLE ADDRESS-TAIKOBANK)	ORIGINAL This is an operative credit of todays's cable DATE OF ISSUE : June 26, 20××
Irrevocable Documentary Letter of Credit	CREDIT NUMBER OF ISSUING BANK 302-3002039 / OF ADVISING BANK
ADVSING BANK The Commercial Bank of korea, Ltd. Seoul Republic of korea	APPLICANT Kobe Danboru Co., Ltd, 27-22 Uozakihama-cho, Higashinada-ku, Kobe, Japan
BENEFICIARY Tae Heung Trading Co., Ltd. C.P.O. Box 2148 Seoul Republic of Korea	AMOUNT US$268,500.00(Say : Dollars Two Hundred and Sixty Eight Thousand Five Hundred Only in U.S. Currency.) EXPIRY DATE October 25, 1980 IN THE COUNTRY OF THE BENEFICIARY FOR NEGOTIATION

WE HEREBY ISSUE AN IRREVOCABLE LETTER OF CREDIT IN YOUR FAVOR AND AUTHORIZE YOU TO DRAW ON : Morgan Guaranty Trust Co. of New York
AVAILABLE BY YOUR DRAFT(S) AT SIGHT FOR FULL F.O.B. INVOICE VALUE IF ACCOMPANIED BY THE FOLLOWING DOCUMENTS :
SIGNED COMMERCIAL INVOICE IN 5 COPIES INDICATING IL/ID NO. ID(0)E(032)-00298
Insurance is to be effected by buyer.
FULL SET OF CLEAN OB BOARD OCEAN BILLS OF LANDING MADE OUT TO ORDER SHIPPER AND BLANK ENDORSED, ① MARKED "FREIGHT Collect " AND NOTIFY ACCOUNTEE

FROM Korean Ports TO Kobe
COVERING SHIPMENT OF Polyester Men's Park for DKG-001 10, 000 pcs. at US$13.60 for DKG-004 10,000 Pcs. at $13.25 F.O.B. Korean Ports.
Other documents and conditions,
Packing List in triplicate.
THE DOCUMENTS MUST BE PRESENTED FOR NEGOTIATION NOT LATER THAN 7 DAYS AFTER THE DATE OF THE BILLS OF LADING OR OTHER SHIPPING DOCUMENTS.

SHIPMENT(S) MUST BE EFFECTED NOT LATER THAN October 15, 20__	PARTIAL SHIPMENTS are ALLOWED	TRANSHIPMENT is not ALLOWED.

EACH DRAFT DRAWN HEREUNDER MUST BE MARKED "DRAWN UNDER LETTER OF CREDIT OF **THE TAIYO KOBE BANK, LTD.** Kobe **INTERNATIONAL BUSINESS POERATIONS CENTER** NO. 302-3002039 DATED June 26, 20__ "
AND THE AMOUNT DRAWN MUST BE ENDORSED ON THE REVERSE HEREOF BY THE NEGOTIATING BANK
SPECIAL INSTRUCTIONS : Negotiating bank should forward the draft(s) drawn hereunder in one airmail to the drawee bank together with certificate that all terms of the credit have been complied with and all required documents have been forwarded directly to us by separate airmail

A 1 7 5 2 0 0 6 5 0 1 5 6

WE HEREBY AGREE WITH DRAWERS, END ORSERS AND BONA FIDE HOLDERS OF THE DRAFT(S) DRAWN UNDER AND IN COMPLIANCE WITH THE TERMS OF THIS CREDIT THAT SUCH DARFT(S) WILL BE DULY HONORED BY THE DRAWEES ON PRESENTATION AND SURRENDER OF THE DOCUMENTS. **THE TAIYO KOBE BANK, LTD** 07-020-9 ①輸入信用狀(A) Y. Furuta AUTHORIZE SIGNATURE	ADVISING BANKS NOTIFICATION

Except so far as expressly stated, this documentary credit is subject to the "Uniform Customs and Practice for Documentary Credits" (1993 Revision) International Chamber of Commerce(Publication No. 500).

예시 9 취소불능화환신용장

ANDRESEENS BANK A.S. Copy for advising bank

Sammensluttet med Folkebanken og Realbanken

Torvgt. 2 Postboks 337 Telgrams : Telex : 11340
Oslo 1 Sentrum. Oslo ABANK Tlf. (02) 11 20 30

place and of issue 722/hk 30th. Aug. 20__

Irrevocable Documentary Credit	CREDIT NUMBER of issuing bank 5016 | of advising bank
ADVSING BANK The Export Import Bank of Korea Seoul Korea	**APPLICANT** A/S Opal Postbok Ankertorget OSLO 1.
BENEFICIARY Daewoo Industial Co. Ltd P.O. Box 2810, Seoul Korea	**AMOUNT** US $25.200,- (USdlrstwntyfivethousandtwohundred 00/100) **EXPIRY** Date 1st. November, 20__ at the counters : the advising bank

Dear Sir(s),
We hereby issue in your favour this documentary credit which is available
by payment against presentation of the following documents to be presented within 15 days from the date of issue of the Bills of Lading or other shipping documents :

- Invoice in quintuplicate
- Full set clean on board Bills of Lading, issued to order, blank endorsed and marked : "Notify A/S Opal Oslo."
- Packing list
- Certificate of Korea Origin
- Inspection certificate
- GSP-From A.

Kindly claim/reimburse yourselves for your commission when sending us the documents or upon expiry of the Credit

A | 0 9 0 1 | 9 0 9 | 0 0 0 1 8

covering 60.000 pcs shoulderstraps, ② 420 D NYlon Oxford, Acrylic Coated.
Inside cushion material in 12mm Thickness, as per S/C No ③
LBA-ST-1000

Each presentation of documents must indicate the credit number of the issuing bank the credit number of the advising bank

Despatch/Shipment from/Taking in charge at Korean port to Oslo c&f	Partial shipments Not permitted	Transshipments Permitted

Special conditions :
Please reimburse yourselves for your payment and charges on Security Pacific National Bank, Los Angeles, under advice to us.

We hereby engage that payment will be duly against documents presented in conformity with the terms of the credit. The advising bank is requested to notify the beneficiary/without adding their confirmation. *Yours faithfully,* ANDRESENS BANK A.S REK Doc. Credit Dept	Advising bank's notification. **THE EXPORT-IMPORT BANK OF KOREA** AUTHORIZED SIGNATURE Place, date, name and signature of the advising bank.

Except so far as expressly stated, this documentary credit is subject to the "Uniform Customs and Practice for Documentary Credits" (1993 Revision) International Chamber of Commerce(Publication No. 500).

예시 10 회전신용장

IRREVOCABLE COMMERCIAL LETTER OF CREDIT

The Northern Trust Company

Page No. 1

INTERNATIONAL DEPARTMENT
P.O. BOX 92921
50 SOUTH LA SALLE STREET
CHICAGO ILLINOIS 60675

CABLE ADDESS, NORTRUST
TELEX 25204, 254419, 254484
THLEPHONE (312) 030-0000

DATE : December 8, 20 .

THIS IS A CONFIRMATION OF THE CREDIT OPENED BY CABLE of December 11, 20_.

BENEFICIARY	CREDIT NO. IC 50666	ADVISING BANK :
	Sears, Roebuck Overseas, Inc.	
	Korean Office	The Hanvit Bank
	c/o Hanvit Bank	Foreign Dept
	Foreign Dept	C.P.O. BOX 1033
	C.P.O. BOX 1033	Seoul, Korea.
	Seoul, Korea.	

Gentlemen :

We hereby issue in your favour this Documentary Letter of Credit in the sum of US $4,000,000.00(Four Million States Dollars) revolving monthly non-cumulative ① for account of Sears, Roebuck Overseas, Inc., Chicago, Illinois, available by negotiation of your draft(s) at sight on The Northern Trust Company, Chicago, accompanied by the following documents :
Commercial invoice for full value of cost of shipments when duly approved by any of the following authorized signers : ②

J. F. Brennan
L. P. Connell
H. Iijima
E. W. Meyer
H. S. Lee
J. M. Kim

If required, Original Special Certificate of Origin issued by indicated authority of the Export Country accompanied by Original(Duplicate of Air Express Receipt ③ and Parcel Post Receipt ④ acceptable) of one or more of more of the following documents

Original On Board Ocean Steamer Bill(s) of Lading
Combined Transport
Railroad Company Receipt
Freight forwarding Company Receipt
Cargo Receipt
Air Express Receipt
Parcel Post Receipt

CONTINUED ON PAGE NO 2 :

IRREVOCABLE COMMERCIAL LETTER OF CREDIT

The Northern Trust Company

Page No. 2

INTERNATIONAL DEPARTMENT
P.O. BOX 92921
50 SOUTH LA SALLE STREET
CHICAGO ILLINOIS 60675

CABLE ADDESS, NORTRUST
TELEX 25204. 254419, 254484
THLEPHONE (312) 030-0000

DATE : December 8, 20_.

THIS IS A CONFIRMATION OF THE CREDIT OPENED BY CABLE of December 11, 20_.

CREDIT NO. IC 50666

BENEFICIARY
Korean Office
c/o Hanvit Bank
Foreign Dept
C.P.O. BOX 1033
Seoul, Korea.

ADVISING BANK :
The Hanvit Bank
Foreign Dept
C.P.O. BOX 1033
Seoul, Korea.

Payment may also be made for forwarder's detailed statements of expenses ⑤ approved by any one of the authorized signers mentioned on page one of this credit when supported by original paid receipt of the carrier.

Payment may also be made for shipping and freight charges against forwarder's statement of expenses and/or invoices if approved by any one of the authorized signers on page one of this credit.

This is a transferable letter of credit, However, transfers under this letter of credit can only be issued by The Hanvit Bank, Ltd., Seoul, Korea and such transfers are to be endorsed on the letter of credit by the said bank. Negotiations under these transfers may. however, be made by any bank located in Korea and the amount so negotiated must be endorsed on the advice of transfer. Transfer commission is to be borne by either the Negotiating Bank or the transferee. ⑥

The Hanvit Bank, Ltd. must immediately airmail copies of each transfer and its amend- ments if any, issued under this credit to :

(1) The Northern Trust Company, PO Box 92921,
Chicago, IL.
(2) Sears, Roebuck Overseas, Inc.
C.P.O. Box 2923
Seoul, Korea
Attn : Mr. Han Seup(Henry) Lee, Controller.

CONTINUED ON PAGE NO. 3 :

IRREVOCABLE COMMERCIAL LETTER OF CREDIT

The Northern Trust Company

Page No. 3

INTERNATIONAL DEPARTMENT
P.O. BOX 92921
50 SOUTH LA SALLE STREET
CHICAGO ILLINOIS 60675

CABLE ADDESS, NORTRUST
TELEX 25204, 254419, 254484
THLEPHONE (312) 030-0000

DATE : December 8, 20_.

THIS IS A CONFIRMATION OF THE CREDIT OPENED BY CABLE of December 11, 20_.

CREDIT NO. IC 50666

BENEFICIARY
Sears, Roebuck Overseas, Inc.
Korean Office
c/o Hanvit Bank
Foreign Dept
C.P.O. BOX 1033
Seoul, Korea.

ADVISING BANK :
The Hanvit Bank
Foreign Dept
C.P.O. BOX 1033
Seoul, Korea.

Documents presented for negotiation which indicate shipment or negotiation after the allowable period provided in the letter of credit or transfer thereunder are acceptable if approved by one of those named individuals acting on behalf of Sears, Roebuck Overseas Inc., as indicated on the letter of credit, provided such expiration or shipping date is not exceeded by more than fifteen days. ⑦

Origin of merchandise shipped under the letter of credit must not be from North Korea or Cuba.

F.O.B value of shipments may be paid for in United States Dollars which may be disposed of in the open market by the beneficiary(transferee) either by telegraphic transfer or on demand. ⑧ All charges in this connection are for the account of the beneficiary (transferee).

C.F.R. shipments ⑨ are permitted.

Insurance is covered by the buyers.

The term "revolving monthly non-cumulative" is to be construed to mean that the sum of US$ 4,000,000.00(Four Million US Dollars) is available during each calendar month during the life of the credit, the date of availment being the date of the Date Stamp applied to the properly approved commercial invoice by the Sears Roebuck Overseas Inc., Korean Office. This date must not predate the date of the required shipping document(s) per this letter of credit. Any unused portion of any monthly availment may not be used during any subsequent month, but it is to be considered as cancelled and no longer available.

CONTINUED ON PAGE NO. 4 :

THIS CREDIT IS SUBJECT TO THE UNIFORM CUSTOMS AND PRACTICE FOR DOCUMENTARY CREDIT (2007 Revision) ICC Publication No. 600.

IRREVOCABLE COMMERCIAL LETTER OF CREDIT

The Northern Trust Company

Page No. 4

INTERNATIONAL DEPARTMENT
P.O. BOX 92921
50 SOUTH LA SALLE STREET
CHICAGO ILLINOIS 60675

CABLE ADDESS, NORTRUST
TELEX 25204, 254419, 254484
TELEPHONE (312) 030-0000

DATE : December 8, 20 .

THIS IS A CONFIRMATION OF THE CREDIT OPENED BY CABLE of December 11, 20_.

CREDIT NO. IC 50666

BENEFICIARY:
Sears, Roebuck Overseas, Inc.
Korean Office
c/o Hanvit Bank
Foreign Dept
C.P.O. BOX 1033
Seoul, Korea.

ADVISING BANK :
The Hanvit Bank
Foreign Dept
C.P.O. BOX 1033
Seoul, Korea.

The amount of each draft drawn under this credit must be endorsed hereon and the presentation of each draft, if negotiated, shall be a warranty by the negotiating bank that such endorsement has been made and the documents forwarded as required. If the draft is not negotiated this credit must accompany the draft.

This letter of credit becomes effective on January 1, 20_and expires on January 31, 20_.

All drafts drawn hereunder must be marked "Drawn under The Northern Trust Company Chicago Illinois letter of credit No. IC 50666 dated December 8, 20_.

We hereby engage with the bona fide holders of all drafts drawn and/or documents presented under and in compliance with the terms of this Letter of Credit that such drafts and/or documents will be duly honored upon presentation to us.

This credit is subject to the uniform Customs and Practice for Documentary Credit(2007 Revision) International Chamber of Commerce. Publication No. 600

[예시 2]의 요지 및 용어해설

요지 이 신용장은 한국외환은행에 비치되어 있는 것으로 Model Form No.1에 수입업자가 가입하면 은행에서 여기에 이기하게 된다.

용어해설

① **full set of clean on board ocean bills of lading** : 무고장선적해상선화증권 전통

선화증권은 다음과 같이 여러 가지로 분류된다.

A. (1) Clean B/L(무고장선화증권) : 선화증권면에 화물이 외관상 완전한 상태로 선적되었을 때 발행되는 것을 말한다.

(2) Dirty B/L or Foul B/L(고장부선화증권) : 선적시에 화물이 “five bags torn”「5상자 찢어짐」“ten cartons missing”「10상자 행방불명」“three boxes broken”「3상자 파손」“five cases rotten”「5상자 부패」등과 같이 하자가 있음을 B/L Remarks (비고)란에 기재된 것을 말하며 Nego시에 유의해야 한다. 위와 같은 경우에 하주(shipper)는 이러한 하자로 인해 발생되는 결과에 대해 책임을 지겠다는 손상화물보상장(letter of indemnity : L/I)을 회사에 제출하고 Clean B/L을 입수해야 하며, 이전에 화물을 완전한 것으로 교체하든지 수리를 하는 것이 좋으며 그렇지 않으면 고장부본선수취증(foul mate’s receipt)이 발급된다.

B. (1) Shipped B/L ; On board B/L(선적선화증권) : 화물이 본선상에 실질적으로 선적되었음을 선화증권면에 표시된 것을 말하며 “Shipped in apparent good order and condition on board the vessel ……” 또는 “Laden on board the vessel”와 같이 기재된다.

(2) Received B/L(수취선화증권) : 화물이 선적을 위해서 수취되었음을 증명하며 “Received from shipper the goods ……”와 같이 표시된다.

C. Through B/L(통과선화증권) : 화물이 둘 이상의 운송업자에 의해 운송될 때 환적시마다 다시 운송계약하는 수고와 비용을 절감하기 위해서 운송업자들간에 연결운송계약을 하여 처음에 발행한 B/L 이 목적지까지 cover 되도록 작성한 것을 말한다.

D. Transhipment B/L(환적선화증권) : B/L 면에 운송도중 환적한다는 문언이 기재된 것을 마하며 화물의 손상, 지연 등의 위험이 따르므로 직항선이 없는 경우를 제외하고 대개 금지한다.

E. Stale B/L(기간경과선화증권) : 수출업자는 B/L을 발급받으면 지정된 시일 또는 적정시일 내에 환어음을 Negotiating Bank에 매도하여야 하는데 이유 없이 환어음을 매도하지 않고 기간이 경과되어 버린 B/L을 Stale B/L이라고 하며 Buyer로부터의 인수거절 우려가 있기 때문에 은행은 Stale B/L 의 매입

을 거절할 수 있다. Negotiation Date가 지정되지 않은 경우는 B/L 발행일부터 21일 경과되면 신용장통일규칙에서는 Stale B/L로 간주한다.

[예시 3]의 요지 및 용어해설

요지 상업은행이 반도상사의 발행의뢰에 따라 수출업자인 Kerr Manufacturing Company를 수익자로 하여 발행한 신용장이다.

용어해설

① M 1706810 NS 11445 : 신용장발행번호 신용장번호는 76. 10. 15일자 한국은행 외환관리부에서 제정한 방식에 의하며 번호부여방법은 다음과 같다.

M	2	4	0	6	8	1	0	N	S	1	1	4	4	5
①	②	③	④	⑤	⑥	⑦	⑧	⑨	⑩	⑪	⑫	⑬	⑭	⑮

① 번호종류 표시기호(별표 1)
②~③ 취급관서, 또는 은행번호 (별표 2)
④~⑤ 취급관서, 또는 은행의 부·지점번호
⑥ 연도표시번호
⑦~⑧ 월 표시번호
⑨ 수입용도기호(별표 3)
⑩ 수입결제방법기호 (별표 4)
⑪~⑭ 일련번호
⑮ Check Digit(대조숫자)

〈별표 1〉

대 상	기 호
수 출 허 가 (승 인) 번 호	E
수 출 신 용 장 통 지 번 호	A
내 국 신 용 장 번 호	L
선 수 입 계 약 자 관 리 번 호	P
외화표시공급계약서관리번호	F
수 출 실 적 확 인 서 번 호	X
국산자재공급실적확인서	S
수 입 허 가 (승 인) 번 호	I
수 입 신 용 장 번 호	M
수 출 입 허 가 (승 인) 번 호	C

〈별표 2〉

취 급 점		통 일 Code	
은 행	점 포	은 행	점 포
한국상업은행	(본점)	17	01

〈별표 3〉

구 분	기호
정 부 용	G
일 반 용	N
수출산업용시설기재	M
수 출 용 원 자 재	E
가 공 무 역 용	B
군 납 용 원 자 재	A
기타외환획득용	S
특 수 거 래	X

〈별표 4〉

구 분	기호	비 고
일람출급 L/C	S	non-documentary
기 한 부 L/C	U	L/C
기 타 L/C	D	deferred
D/P	P	payment 포함
D/A	A	
단 순 송 금	R	
무 상 거 래	N	

② 가격조건 FOB하에서 대리는 Buyer가 하므로 보험조건을 명시하지 않음.
③ **Dental Equipment & Supplies** : 치과 장비 및 공급품
④ **Centrifugal Casting Machines** : 원심주조기
⑤ **Inland Freight & Forwarding** : 내륙운송 및 발송비
⑥ **bona fide holders** : 「선의의 소지인들」

[예시 7]의 요지 및 용어해설

요지 이 전보확인서는 한국외환은행이 수입업자의 의뢰에 따라 신용장의 주요사항을 전신으로 통지한 다음, 전신내용을 확인하는 것으로 전보내용과 이 확인서간의 훼손이나 상이한 것에 대해서는 이 확인서에 따른다고 부기하고 있다. 따라서 전신발행의 경우에는 이 확인서가 신용장의 역할을 하게 되므로 이에 의거하여 모든 거래가 이뤄진다. 23번의 Reimbursing Bank는 어음을 지급, 인수, 매입분에 대하여 상환하여 주는 은행이며 일반적으로 발행은행이 되나 별도의 제 3 은행이 지정되는 경우도 있다.

[예시 8]의 요지 및 용어해설

요지 일본의 The Taiyo Kobe Bank, Ltd.가 Kobe Danboru., Ltd. 수입업자의 신용장 발행신청에 의해서 태흥무역을 수익자로 하여 발행한 취소불능 화환신용장 원본이다.

용어해설

① **blank endorsed** : 백지 배서되고, 즉 수하인(consignee)을 기재하지 않는 방

법으로서 지시식(to the order of…)의 형태로 발행된 선화증권(B/L)에서 볼 수 있다. 송화인(shipper)이 서명만을 하고 수화인(consignee)을 백지로 하여 자유로이 시장에서 유통되도록 한 것이다.

[예시 9]의 요지 및 용어해설

요지 노르웨이 오슬로에 있는 Andresens Bank A.S가 A/S Opal 수입회사의 신청에 따라 대우중공업을 수익자로 발행한 취소불능화환신용장(documentary irrevocable credit이다.

용어해설

① **GSP-Form A Generalized System of Preference**(Certificate of Origin) : Form A, 즉 「일반특혜관세용 원산지증명서 양식 A」를 말한다. 특혜관세공여국에 수출하는 상품이 특혜관세를 받기 위한 원산지증명서

② **shoulderstrap**[ʃóuldəsstræp] : 「견장」 군인들의 계급장 등을 다는 「견장천 6만필」을 말한다.

③ **as per S/C No.** : as per Sales Contact No. 「판매계약서 제 1 호에서와 같이」

[예시 10]의 요지 및 용어해설

요지 이 신용장은 시카고시의 더 노오드 트러스트 컴퍼니가 Sears, Roebuck Overseas, Inc.의 한국지사를 수익자로 하여 비누계적(non-cumulative)으로 매월마다 계속 사용할 수 있도록 발행한 회전신용장(revolving credit)이다. 여기서 한빛은행이 통지은행의 역할을 하고 있음을 알 수 있다.

용어해설

① **revolving monthly non-cumulative** : 「매월 비누계적으로 회전되는」 여기서 「비누계적」은 매월 사용하고 남은 잔액에 대해서는 차월 액수(즉, 미화 4백만 달러)에 가산되지 않음을 의미한다.

② **the following authorized signers** : 「하기수권서명자」

③ **Air Express Receipt** : 「항공화물수취증」

④ **Parcel Post Receipt** : 「소포우편수취증」

⑤ **forwarder's detailed statements of expenses** : 「운송업자의 상세한 비용명세서」

⑥ **Transfer commission is to be borne by either the Negotiating Bank or**

the transferee : 「양도수수료는 매입은행이나 양수인중 어느 한쪽이 부담하여야 한다.」 그러나 신용장통일규칙 600 제38조 C에서는 이렇게 명시되어 있지 않는 한 최초의 수익자가 부담할 것을 요구하고 있다.
UCP 600 Article 38(c):
"Unless otherwise agreed at the time of transfer, all charges (such as commission, fees, costs or expenses) incurred in respect of a transfer must be paid by the first beneficiary…"

⑦ **provided such expiration or shipping date is not exceeded by more than fifteen days** : 「신용장의 만기일이나 선적일로부터 15일을 초과하지 않는 한」

⑧ **by telegraphic transfer or on demand** : 「전신환이나 요구출급으로」, 「on demand」는 at sight를 뜻하며 이때의 어음이 demand bill(= sight bill or draft)이때 적용하는 환율이 on demand rate 또는 D/D rate(= demand draft rate)라고 하고 전신환의 환율은 T/T rate라고 한다.

⑨ **C.F.R. shipments** : 「운임포함가격의 선적품」

Useful Expressions

1. We inform you that we have today opened (= established; arranged) an irrevocable L/C No. M 0901905 BS 02346 in your favour for US $……through The Export-Import Bank of Korea.
   한국 수출입은행을 통해서 귀사를 수익자로 하여 취소불능신용장 제 M0901905BS02346호를 금일 발행하였음을 통지해 드립니다.
2. We have instructed our bankers, ABC Bank, to open an L/C for US$4,000 covering our Order NO.123 dated on May 3.
   당사의 거래은행인 ABC은행에 5월 3일자 당사의 주문서 제123호에 대한 미화 4천달러의 신용장을 발행하도록 지시했습니다.
3. As requested in your telex of yesterday, we have amended the letter of credit by cable.
   어제 귀사의 텔렉스에서 요구하신 대로 당사는 전신으로 신용장의 조건을 변경하였습니다.
4. The letter of credit to cover your Order No. 233 had not yet been received by us, although the shipment for this order has to be made in a few days.
   귀사의 주문서 제233호에 대한 신용장은 이에 대한 선적을 수일 중으로 해야 함에도 불구하고 아직 당사에 도착하지 않았습니다.

5. Under these circumstances we have to ask you to extend the expiry date on the L/C to the end of December.
이러한 사정하에서 신용장의 만기일을 12월 말까지 연장하도록 요청하지 않을 수 없습니다.
6. Please note that this credit remains in force for 60days from this date, unless previously cancelled.
이 신용장은 사전에 취소되지 않는 한 이 날부터 60일간 유효함을 주지하시기 바랍니다.
7. As the shipping date is just ahead, we should appreciate your opening the letter of credit for the order by cable.
선적일이 임박했으므로 이 주문에 대한 신용장을 전신으로 발행해 주시면 감사하겠습니다.
8. Unless the letter of credit for your order arrives by 23rd May, the shipment will be delayed for about a month.
귀사의 주문에 대한 신용장이 5월 23일 까지 도착하지 않으면 선적은 한 달 가량 지연될 것입니다.
9. Your letter of credit should be opened at least four weeks before the shipment is made.
귀사의 신용장은 적어도 선적 4주전에 발행되어야 합니다.
10. Upon receipt of your instructions, we will open an irrevocable L/C for £3,000 stg. in favour of ABC Co., Ltd.
귀사의 지시를 받은 즉시 ABC주식회사를 수익자로 하여 영화(英貨) 3천 파운드의 취소불능신용장을 발행하겠습니다.
11. The letter of credit covering your order will expire on 31st May. Please have the expiry date of this credit extended until the end of October.
귀사의 주문에 대한 신용장이 5월 31일에 만기됩니다. 이 신용장의 만기일을 10월 말까지 연장해 주시기 바랍니다.
12. Please refer to the Irrevocable Letter of Credit No…… for US$…… issued by ABC Bank.
ABC은행이 발행은 미화~의 취소불능신용장 제 ~호를 참조하시요.
13. We usually adopt an L/C base, while you require D/A without L/C. On this point we hesitate entering into a business relationship with your concern.
귀사가 무신용장부 어음 인수도를 요구하는 반면에 당사는 통상 신용장 베이스를 채택합니다. 이점에서 귀사와 거래관계 체결하는 것을 주저하고 있습니다.

14. The documentary bill of exchange has been drawn upon you at 30 d/s(=days after sight) under L/C No…… and has been delivered to ABC Bank of this city.
신용장 제~호에 의거 일람후 30일 출급으로 귀사 앞 화환 환어음을 발행하여 이 도시의 ABC은행에 제출하였습니다.

15. As this is our first business with you, we would like you to open an irrevocable L/C, against which we may draw on you at sight attaching your specified documents.
이번은 귀사와 첫 번째 거래이므로 취소불능 신용장을 발행해 주셨으면 좋겠으며, 이에 의거하여 귀사가 명시한 서류들을 첨부하여 귀사 앞으로 일람출급 환어음을 발행하겠습니다.

16. We usually do business on an irrevocable letter of credit. However, if necessary we may be able to reach terms D/P without L/C.
당사는 통상 취소불능 신용장으로 거래합니다만 필요하시다면 무신용장부 어음지급도조건에 동의할 수 있습니다.

17. This amendment included, among other things, an increase in the value of the credit by US$……
이 수정에서는 무엇보다도 신용장 금액을 미화 ~까지 증액하는 것을 포함하고 있습니다.

18. All drafts drawn under this credit must be negotiated on or befor e……… .
이 신용장에 의거 발행된 모든 환어음은 ~전에 매도되어야 합니다.

19. As requested, we instructed our bank ABC, to amend the credit by cable on 22nd May.
요청하신 대로 5월 22일에 당사에 거래은행은 ABC은행에 신용장을 전신으로 발행하도록 지시하였습니다.

연습문제

1. 신용장에 대한 통지가 귀사의 거래은행으로부터 전송 중에 잘못된 것으로 추정합니다. 아직 발송되지 않았다면 다시 한 번 은행에 지시해 주시기 바랍니다.

힌트 • 추정하다 : presume
• 잘못되다 : go astray

2. 본 수정은 전신으로 통지되었기 때문에 당 은행은 우편통지를 받았을 때 필요하게 될지도 모르는 정정을 할 권리를 보류합니다.

힌트 • ~할 권리를 유보하다 : We reserve the right to

3. 상기 신용장은 선적이 6월 25일까지 이행되기를 요구하고 있습니다. 운이 좋으면 5월 후반에 출항하는 배로 적송할 수 있다고 생각합니다만 여의치 못하면 6월 28일내지 30일 사이에 출항하는 선박으로 적송하겠습니다.

힌트 • 5월 후반 : the latter part of May

4. 계약조건에 따르면 선적은 두 달 전에 했어야 하지만 신용장이 도착되지 않아서 보류되어 왔습니다. 당사가 상품을 곧 선적할 수 있도록 지체없이 신용장을 발행해 주시면 감사하겠습니다. 그렇지 않으면 다른 매수인에게 전매하지 않을 수 없을 것입니다.

힌트 • ~까지 보류되어 오다 : it has been held up pending
• 전매하다 : resell

5. 7월 23일자 귀 서신에 대한 회신을 하오며, 당사에게 8월 2일까지 물품을 적송하도록 하는 귀사의 신용장 조건의 변경요청을 접수하였을 때 당사는 8월 10일에까지 귀 항구로 출항 예정인 배가 없다고 생각하였습니다.

힌트 • ~에 대한 회신을 하오며 : replying to~

6. 당 은행은, 3월 중 견적물의 선적품에 대해 미화로 2천달러의 총액까지 The Dresdner Bank 앞으로 일람 후 30일 출급어음을 발행할 권한을 귀사에게 부여합니다.

힌트 • ~의 총액까지 : to the aggregate amount of~
• 미화로 : in US currency

7. 우리나라의 핍박한 외환사정에 견주어 볼 때 L/C base로는 거래할 수 없습니다. 90일 외상으로 상품공급이 안 될까요? 가능하다면 그 기간 동안 발생되는 금리는 당사가 부담하겠습니다.

힌트 • 견주어 볼 때 : in view of~
• 부담하다 : bear

8. 상기 은행은 이 신용장에 의거해서 또한 이에 일치하여 발행된 환어음이 발행인, 배서인 및 선의의 소지인에 대하여 그 환어음의 지급인에게 제시되면 정히 인수(지급)할 것임을 확약합니다.

힌트 • 선의의 소지인 : bona fide holders
• 정당히 제시되면 : on due presentation

9. 견직물에 대한 귀사의 주문에 대해 미화 2만달러 한도까지 뉴욕 소재 더 뱅크 오브 아메리카에서 10월 30일까지 유효한 확인 취소불능신용장을 발행해 주실 것을 요청하는 바입니다.

힌트 • ~한도까지 : to the extent of

10. 귀사의 신용장의 만기가 거의 다가왔으므로 규정된 날자 안에 도저히 선적을 이행할 수가 없습니다. 그러므로 2주일 더 날짜를 연장해 주시도록 부탁드립니다.

힌트 • 거의 ~하므로 ~할 수 없다 : so~that we cannot~

11. 귀사의 신용장에서 몇몇 모순점을 발견하였습니다. "환적금지"조항을 삭제하시고 계약된 주문수량을 삽입하시기 바랍니다.

힌트 • 몇몇 모순점 : some contradictions
• 삭제하다 : delete

12. 당사의 거듭된 요청에도 불구하고 신용장과 선적지시를 늦게 제공해 주셨기 때문에 당사의 거래에 심각한 혼란을 야기 시켰습니다. 상품은 5월 중순경에 선적할 준비가 되어 있습니다. 아래에 약술된 대로 귀사의 신용장을 즉시 수정해 주시면 감사하겠습니다.

힌트 • 심각한 혼란 : a serious disorganization
• 아래에 약술된 대로 : as outlined below

09 Chapter 선적 및 선적절차
(Shipping and Shipping Procedure)

1. 선적의뢰
2. 해상적하보험 계약의 체결
3. 선적수속
4. 선적통지

Chapter 09

선적 및 선적절차 (Shipping and Shipping Procedure)

1. 선적의뢰(Shipping Request)

선박은 정기선(liner)과 부정기선(tramps)으로 구분된다. 정기선은 일정시점에서 일정항로를 항해하도록 계획되어 있으며, 부정기선은 적절한 물량의 화물을 찾아서 어느 때 어느 곳에든지 항해하게 된다.

수출업자는 화물의 성격에 따라서 선박의 일부 또는 전부에 대한 용선계약(Charterparty)에 의한 용선계약선화증권(Charter party B/L)이나 개품운송계약(contract of affreightment)에 의하여 선화증권(bills of lading)을 발급받게 된다.

그러나 선박회사의 운항계획 및 운송조건에 있어서 회사마다 많은 차이가 있으므로 선적상품의 효율적인 처리를 위해서는 여러 선박회사에 미리 운임률(freight rate) 및 운항일정(sailing schedule) 등을 확인할 필요가 있다.

송화인(shipper)은 적절한 선적조건을 제시하는 선박회사(shipping company)에 선적의뢰서(shipping request)를 제출하여 운임을 산정·결정하고 선복확인서(fixture memo)를 교부받게 된다.

2. 해상적하보험(Marine Insurance on Cargo) 계약의 체결

운송화물(shipments or consignments)에 있어서 운송도중에 발생할지도 모를 위험에 대하여 매매계약조건(terms and conditions of sales contract)에 따라서 수

출·입업자 어느 한 측이 부보하여야 한다. Ex Works, F.O.B., F.A.S., CFR 등의 경우에는 수입업자(importer)가 그리고 C.I.F., D-series에 있어서는 수출업자(exporter)가 보험회사에 해상적하보험(marine insurance on cargo)을 청약하고 보험료(insurance premium)를 지급하여 보험계약을 체결하게 된다. 그러면 보험회사는 이를 증명하는 서류로서 보험증권(insurance policy) 또는 보험증명서(insurance certificate)를 발급하여 교부한다.

3. 선적수속(shipping procedure)

① 수출업자(exporter)는 당해 물품의 제조공장 등 세관검사(custom inspection)를 받고자 하는 장소에 장치하고 수출신고서(export declaration)에 장치(예정)장소를 기입한다. 그러나 예외적으로 부정수출 또는 부정환급 등 우범성이 있거나 물품의 성질, 업체의 성실도 등을 감안하여 물품의 효율적인 검사를 위하여 부득이 하다고 인정되는 경우에는 세관장이 정하는 보세구역(bonded area)에 장치해야 한다.

② 수출신고서(export declaration : E/D), 수출허가(승인)서(export license : E/L), 송품장(invoice), 포장명세서(packing list), 수출검사합격증(해당 품목에 한함) 등을 구비하여 해당 세관에 수출신고를 한다. 수출신고는 화주, 관세사 또는 통관법인의 명의로 하여야 한다.

③ 세관에서는 제출된 서류를 심사하고 세관검사 대상품목은 현품검사를 하고, 세관검사 대상품목이 아닐 때는 서면심사를 하여 심사와 검사를 완료하면 수출면허를 하고 수출면장(export permit : E/P)을 교부받는다. 관세법상 E/P가 발급된 물품은 외국물품으로 처리된다.

④ 보세구역(bonded area)에서 부두까지 보세운송하여 선박회사가 발급한 선적지시서(shipping order : S/O)와 수출면장을 본선의 세관공무원에게 제시하고 선적을 완료하면 본선의 일등항해사(chief mate)로부터 본선수취증(mate's receipt : M/R)을 발급받는다. 본선선적시 화물이 부족(missing), 파손(broken), 부패(rotten)의 경우엔 고장본선수취증(foul mate's receipt)이 발급되어 선박회는 이를 근거로 고장선화증권(foul or dirty B/L) 발행의 원인이 된다. 이때에 송화인이 무고장선화증권(clean B/L)의 발행을 원한다면 손상화물보상장(letter of indemnity :

L/I)을 선박회사에 제출하여야 한다.

⑤ M/R을 세관감시과에 제시하고 수출면장에 선적확인을 받은 다음 M/R을 선박회사에 제시하여 운임선불(freight prepaid)의 경우엔 운임을 선지급하고 B/L을 발급받는다.

이상 절차 중에서 보세구역 반입에서 수출면허시까지를 특히 통관이라고 한다.

4. 선적통지(Shipping Notice)

선적이 완료되면 화주(shipper)는 수입업자에게 Telex나 Cable 등으로 선적통지를 보내야 하고, 선적서류(shipping documents) 사본을 갖추어서 선적통지서(shipping notice)를 함께 보내어 확인한다. 선적통지서에는 선적품목(name of shipments)과 중량(weight), 주문서번호(order number), 선적일(shipping date), 선명(name of ship), 화인(mark) 및 번호, 환어음 취결번호 등을 기재한다.

Model Letters

예시 1 선적회사 운항계획 문의

5th March, 20_____

Sea-Land Service, Inc.

Dear Sir,

Will you please let me know the name of the next ship sailing for Korea and the closing date for accepting cargo as we shall have a consignment of plastic wash-basin ① to send by it.

The basins will be packed in ten cartons, each measuring about 5×3½×3ft. and weighing 170 pounds.

When replying, please quote your rate for freight.

Yours faithfully,

요지 한국으로 출항하는 다음 선박명과 화물운수 마감월일 및 운임율을 알려 주시기 바랍니다.

용어해설

① **basin**[beisn] : 「세면기, 물동이, 대야」 plastic wash-basin 「플라스틱으로 만든 세면기」

예시 2

선박회사에 운임계획 및 운임률 문의

30th June, 20____

The Manager,
P.&O. Lines Ltd.,
LONDON. EC 3M 5DA

Dear Sir,

We shall shortly have ready for shipment from Liverpool to Busan four cases of crockery. The cases measure 4×4×3 feet each weighing about 150 pounds.

Will you please quote your rate for freight and send us details of your sailings and the time usually taken for the voyage. We understand that <u>s.s Merchant Prince</u> is due to sail ① on 25th July, but we should like an earlier sailing if possible.

yours faithfully,

T. B. Gartside

요지 용적이 4×4×3 feet 중량이 약 150파운드인 4상자의 옹기제품에 대한 운임율 등을 알려 주시기 바랍니다.

용어해설

① **is due to sail** : 「출항할 예정이다」

예시 3

선박회사의 회신

2nd July, 20____

Messrs. A.H. Brooks & Co.,
18 Kingsway,
LONDON. WG2B 6AB

Dear Sirs,

Thank you for your enquiry of 30th June.

The s.s Princess Victoria will be loading at No. 2 dock from 8th to 13th July inclusive. ① Following her is the s.s Merchant Prince, loading at No. 5 Dock from 20th to 24th July inclusive. The voyage to Busan normally takes twenty days. The freight rate for crockery packed in wooden cases is £18.50 per ton weight.

We shall be glad to book your four cases for either of these vessels and enclose our shipping form. ② Please complete and return it as soon as you can.

yours faithfully,

L. Pickup

Manager

요지 기선 Princess Victoria호는 7월 8일과 13일 사이에 2번 부두에서 적재할 것이며 다음 기선은 Merchant Prince이고 운임은 중량 톤당 18파운드 50펜스입니다.

용어해설

① **inclusive** : 「…을 포함하는」 일반적으로 일자에 관한 표현에서 며칠부터 며칠까지는 마지막 일자가 포함되는지 불분명하므로 이를 분명케 하기 위하여 사용하는 말.

② **shipping form** : 「선적신청서」 shipping request를 말한다.

예시 4

화주에게 선적물품 인도요청

5th July, 20____

The Secretary,
H. J. Cooper & Co. Ltd.,
20 Victoria Drive,
Manchester. M 22 FT.

Dear Sirs,

Thank you for your letter of yesterday notifying us that the crockery ordered on 16th June for our client in Mansura is now ready for collection. We are glad to learn that all items order have been included in the consignment. ①

Please arrange to send the consignment by road to Liverpool to be shipped by s.s Merchant Prince, due to sail for Busan on the 25th and to load at No. 5 dock as from the 20th, and ensure that all cases are clearly marked and numbered as shown in our official order. ② Invoices in triplicate and your account for transport charges ③ should be sent to us.

You will note from our order that prompt delivery is most important and we rely upon ④ you to make sure that the consignment is delivered to the docks in good time. We have made all necessary arrangements with the shipping company.

yours faithfully,

T. B. Gartside

요지 25일에 부산으로 출항예정인 Merchant Price에 선적될 수 있도록 Liverpool까지 철도로 적송품을 보내 주시기 바라며 인도를 신속히 해 주셔야 합니다.

용어해설

① **consignment** :「위탁판매, 판매품, 적송품」 여기에서는 적송품의 뜻으로 쓰여짐.

② **are clearly marked and numbered as shown in our official order** :「당사와 정식 주문서에 기재된 대로 명확히 화인이 표시되고 번호가 매겨지다.」

③ **amount for transport charges** : 「운임계산서」 account는 고어(古語)로 계산 (reckoning, computation)의 뜻을 가진다. 상거래의 기록을 의미하나 여기에서는 계산서의 뜻으로 사용하였다.

④ **rely upon** : 「신뢰하다, 믿다」

예시 5

수입업자에게 선적통지

22th March, 20_____

Hanguk Plastic Co., Ltd.

Dear Sirs,

The ten gross of plastic wash-basins which you ordered on 10th February (your No. C 75). Will be shipped to you by the s.s Tigris sailing from London 25th March and due to arrive at Busan on 15th April.

The bill of lading, commercial invoice, consular invoice and certificate of insurance, together with our draft drawn at sixty day's sight, ① have been passed to the Barminster bank Ltd., London, E. 17 and should reach you within a few days. The enclosed copy of the invoice will give you advance information ② of the consignment.

We hope you will like the goods and that they will reach you promptly. We hope, too, to have the pleasure of dealing with your further orders.

yours faithfully,

요지 플라스틱으로 만든 세면기 10그로스를 3월 25일 런던에 출항하는 Tigris호로 적송되어 4월 15일 부산에 도착할 예정이며 동 상품이 신속히 귀사에 도착하기를 바랍니다.

용어해설

① **at sixty days sight** : 일람 후 60일 출급으로 「at 60 days after sight」, 「at 60 d/s」와 같은 뜻이다.

② **advance information** : 「사전정보」

예시 6

운송회사에 선적의뢰

P. & O. Lines Ltd.
LONDON. EC3M 5DA

Dear Sir,

We have a consignment of tape recorders now waiting to be shipped to Messrs. Kim & Lee Co. Seoul. Will you please arrange for the consignment to be collected from the above address and arrange shipment to Incheon by the first possible sailing. When it arrives at Incheon the consignment will be handled for our customers by Mr. Jeong of that town whom you should make the arrangements necessary.

The recorders are packed in three cases and the enclosed copy of the invoice shows quantities and a total value of £1,800. Insurance should be taken out ① for £1,900 to include cover for expenses.

When the goods are shipped, please send the original bill of lading and one copy to us, together with the certificate or policy of insurance and any other necessary documents.

yours faithfully,

요지 서울에 있는 Kim & Lee Co.에 적송될 테이프 녹음기의 적송품이 있는 바, 가능한 한 첫 출항하는 편에 인천까지 선적 체결해 주시기 바랍니다. 선적이 되면 선화증권 원본 및 사본, 보험증명서 또는 증권을 기타 다른 서류와 함께 보내 주시기 바랍니다.

용어해설

① **take out** :「얻다, 획득하다, 펴내다」

예시 7 수입업자로부터의 상품부족에 대한 항의

20th August, 20____

Messrs. A. H. Brooks & Co.,
18 Kingsway,
LONDON. WC2B 6AB

Dear Sirs,

In your letter of 26th July you informed us that four cases of crockery had been shipped by s.s Merchant Prince, but only three have been delivered. Our agents, Messrs. Behren & Co., report that when they presented the bill of lading at Alexandria, care No.2 could not be traced. ① They are making urgent enquiries at this end, but we should be glad if you would take the matter up with ② the shipping company at your end since their bill of lading shows clearly that four cases were taken on board.

These goods were wanted urgently and it is very disappointing to us, as it must be to you, that we should have run into ③ this unexpected trouble when all seemed to be going well.

Yours faithfully,

W. Riachi

요지 옹기제품 4상자가 적송되었다고 통지하셨는데 3상자 밖에 인수되지 않았습니다. 선화증권 상에는 4상자가 적재된 것으로 명시되었으므로 귀지의 선적회사에 잘 알아보시면 좋겠습니다.

용어해설

① **trace**[treis] : 「찾아내다, 발견하다, 추적하다, 원인을 조사하다.」
② **take the matter up with** : 「~에 알아보다」
③ **run into** : 「~에 빠지다, ~와 충돌하다, ~을 우연히 만나다」
The steamship got out of control and ran into a rock in the end.
「그 기선은 건잡을 수 없었으며 결국에 바위와 부딪쳐 버렸습니다.」
I ran into an old friend at the company.
「저는 그 회사에서 옛 친구 하나를 우연히 만났습니다.」

예시 8 **수출업자가 선박회사에 진상조사의뢰**

August 26, 20_____

The Manager,
P. & O. Lines Ltd.,
New York

Dear Sir,

We have just received information from our client that one of the four cases of crockery shipped to Alexandria by s.s. Merchant Prince on July 26, under bill of lading No. 951, could not be traced when the ship arrived at Alexandria.

As these goods were supplied to an order of special urgency, this loss is most unfortunate and I shall be glad if you will make immediate inquiries into ① the cause. Meanwhile, we give formal notice to receive our right to claim on you for the shortage should the missing case not be found. ②

yours faithfully,

T. B. Gartside

요지 당 고객으로부터 4상자의 옹기제품 중 1상자가 없다는 통지를 방금 접수하였는바, 즉시 원인을 조사해 보시고 발견이 안되면 부족한 물품에 대하여 귀사에 청구할 권리를 수용함을 정식으로 통고하는 바입니다.

용어해설

① **enquire into** :「진상을 조사하다, 조사하다」
② **should the missing case not be found** :「행방불명된 상자가 발견되지 않을 경우에는」

예시 9 선박회사로부터의 회신

August 30, 20____

Messrs. A,H. Brooks & Co.,
18 Kingsway,
New York

Dear Sirs,

We were sorry to learn from your letter of August 26 that one of your four case consigned by s.s Merchant Prince had not been delivered. I am, however, happy to inform you that we received information this morning form our agents case had been over-carried and discharged ① at that port. We have already arranged for the case to be retuned by the first available ship for discharge at Alexandria.

We ask you to accept our apologies for ② the delay in delivery and the trouble and inconvenience this has caused both you and your clients.

Yours faithfully,
L. Pickup
Manager

요지 Port Said에 있는 당 대리점으로써 행방불명된 그 상자는 초과 운송되어 그 항구에 양륙되었다는 소식을 받아 첫 배편으로 반송되도록 이미 준비하였으며, 인수가 지연되어 사과드립니다.

용어해설

① **discharge** :「양륙하다, 짐을 부리다, (빚을)갚다」
② **accept our apologies for** :「 ~에 대한 당사의 사과를 받아주시기 바랍니다」

예시 10

항공회사에 운임률 통지요구

June 18, 20_____

Korean Air Lines
New York branch

Dear Sirs,

We shall shortly have a consignment of watches ready to send to a customer in Seoul. Because of their fragile ① nature we wish to send them by air from New York and should be freight and other charges, including insurance.

Yours faithfully,

요지 서울의 한 고객에게 보낼 시계 적송품이 있는 바 운임, 보험료 기타 비용에 대한 명세를 보내 주시기 바랍니다.

용어해설

① **fragile** :「깨지기 쉬운, 부서지기 쉬운, 체질이 약한」

예시 11

항공회사로부터 운임률 통지

June 20, 20_____

Panorama Co.
69 Cannon Street
New York

Dear Sirs,

Thank you for your inquiry of June 18. We shall be pleased to accept the consignment. Details of our charges are as follows :

Air freight New York/Seoul { Minimum $5
Under 45kg. $1.59 per kg.
Over 45kg. $1.19 per kg.

Air Waybill fee ①	50c
Insurance	15c% of declared Value

Transport would be to New York by our company and from New York to Seoul by K.A.L. Flights are made daily, except on Sundays, and your parcel should reach its destination in not more than three days. Your customer would be notified when the parcel arrived at Seoul, and asked to collect it and make arrangements for customs clearance. ②

We inclose a copy of our Instructions for Despatch of Goods ③ form. This should be completed, signed and handed in ④ with the parcel, together with signed commercial invoices, one of which must be included in the parcel, and a certificate of origin.

Yours faithfully,

요지 당 항공사의 비용명세는 다음과 같으며 지침서를 동봉하오니 기입, 서명하여 화물, 송장, 원산지 증명서와 함께 제출해 주시기 바랍니다.

용어해설

① **air waybill fee** : 「항공화물수취증비용」
② **customs clearance** : 「통관수속」
③ **Instructions for Despatch of Goods** : 「화물발송에 대한 지침서」
④ **hand in** : 「제출하다, 내다」

예시 12

전위험담보조건 부보요청

16th June, 20_____

Lloyd's Insurance Co.

Dear Sirs,

We wish to insure ① the following consignment against all risks ② for the sum of $925 :

4c/s Fancy Leather Goods, ③ marked AS / 1-4

These goods are now lying at No.2 Dock, Liverpool, waiting to be shipped by s.s. Raiputana, due to leave for Bombay on Friday, 23rd June.

We require immediate cover ④ as far as Bombay and shall be grateful if you will let us have the policy as soon as it is ready. In the meantime please confirm that you hold the consignment covered.

Yours faithfully,

요지 금액 925 달러의 다음 적송품에 대해서 전위험담보조건으로 부보해 주시기 바랍니다.

용어해설

① **insure** : 「부보하다, 보험에 가입하다」 "effect insurance on"도 같은 의미이다. insure A against fire. - A에 대하여 화재보험을 들다.

② **against all risks(=A.A.R.)** : 「전위험담보조건으로」 화물이 수입업자에게 이전될 때까지의 모든 위험을 보험자 "insurer"가 책임을 지나 전쟁위험, 선박지연 및 화물 고유의 성질에 의한 손해는 제외되며 특약에 의해서 별도로 부보하여야 한다.

③ **fancy leather goods** : 「 장식용 피역상품」

④ **immediate cover** : 「즉각적인 부보」 cover는 「부보, 부보하다.」

예시 13 보험요율의 통지

19th June, 20_____

Coast Line Co.

Dear Sirs,

Thank you for your letter of 16th June asking us to cover the consignment of four cases of fancy leather goods from Liverpool to Bombay.

The premium ① for this cover is at the rate of 90% of the declared ② value of $925. The policy is being prepared and will be sent to you within a day or two. Meanwhile, we confirm that we hold the consignment covered as from today.

yours faithfully,

요지 4상자의 잡화피혁상품의 적송품에 대해 부보를 요구해 오신 6월 16일자 서신에 감사드리며 오늘 날짜로 동품을 부보하였음을 확인합니다.

용어해설

① **premium** :「보험료」insurance premium cf. insurable amount「보험가액」insured amount「보험금액」insurance benefit「보험금」insurable interest「피보험이익」the insurer「보험회사, 보험업자, 보증인」the insured ; the assured ; the insurant「피보험자」insurance company「보험회사」underwriter「보험업자」marine insurance policy : MIP「해상보험증권」

② **declared** :「신고한, 공표한, 표명한, 선언한」declared value「신고한 금액」

예시 14 수출업자의 선적통지

October 10, 20_____

The Nigerian Trading Co., Ltd.

Dear Sirs,

The goods which you ordered on October 2 have been shipped to you today by s.s. Seafarer, due at Busan on November 2. ①

We have taken special care to include in the consignment only items suited to conditions in Korea. We hope you will be pleased with our selection and that this your first order will lead to further business between us.

From the inclosed copy of invoice, you will see that the price of $865.75 is well within the maximum figure you stated. We have drawn on you for this amount at sight through the Barminster Bank, who have been instructed to hand over ② documents against payment of the draft. We hope you will understand when we explain that the urgency of your order left us with insufficient time to make the usual inquiries and that we therefore had no choice but to follow our standard practice with new customers of placing the transaction on a cash basis. ③

We look forward to your further orders and, subject to satisfactory references, regular dealings would be prepared to consider open account terms ④ with quarterly settlements.

Yours faithfully,

요지 10월 2일 귀 주문품은 11월 2일 부산에 도착 예정인 "Seafarer"호 편으로 금일 적송되었습니다. Barminster Bank를 통해 어음지급도조건으로 환어음을 발행하였으며 조회처와 거래가 만족스러우면 연 4회 결제조건으로 상호계산조건을 고려해볼 용의가 있습니다.

용어해설

① **due at Busan on 2nd November** : 「11월 2일자로 부산에 도착예정」

② **hand over** : 「전해 주다, 건네주다」
hand over documents against payment of the draft.
「어음지급도조건으로 서류를 넘겨주다」

③ **on a cash basis** : 「현금 베이스로, 현금지급조건으로」

④ **open account term** : 「청산거래조건」

예시 15

선적통지-매수인의 운송중개인에게

July 26, 20_____

Messrs. Behren & Co.,
ALEXANDRIA

Dear Sirs,

Please note that we have shipped the following goods to you by s.s. Merchant Prince, which left Liverpool yesterday and is due to arrive at Alexandria on August 9.

Mark and Nos.	Goods	Gross Weight	Value
JR 1-4	4 c/s crockery	600 1bs.	$650.80

Insurance in the sum of $700.00 is provided as far as Alexandria only.①

We inclose a copy of the bill of lading and the invoice and shall be glad if you will arrange to handle the consignment and to deliver it to Messrs. Jean Riachi & Co., Mansura, who will be responsible for all charges.

The consignment is urgently required. We therefore stress the importance of prompt delivery. ②

Yours faithfully,

T. B. Gartside

요지 Merchant Prince호 편에 다음 상품을 귀사에 적송해 드렸으며, 이 배는 어제 리버풀을 출항하여 8월 9일에 알렉산드리아에 도착할 예정입니다.

용어해설

① **as far as Alexandria only** : 「알렉산드리아까지만」

② **prompt delivery** : 「즉시인도」 비슷한 용어에 immediate shipment, prompt shipment, shipment as soon as possible, shipment earlier if possible 등이 있다.

「즉시 선적」이란 일반적으로 무역계약이 성립 후 2주 이내의 선적을 말하나 영국에서는 모두 2주 이내의 선적을 말하고, 미국에서는 immediate는 2주 이내의 선적을, prompt는 3주 이내의 선적을 뜻하므로 무작정 이러한 용어를 쓰면 claim발생의 우려가 있으므로 계약서에 다음과 같이 규정해 두는 것이 좋다. 그러나 여기에서의 prompt delivery는 화주의 선적의무기한이 아니고 운송회사의 위급한 처리를 요청하고 있는 것이다.

- "immediate shipment" must take place within fourteen days after the day of sale, the date of sale itself not to be counted.
- "prompt shipment" from places in Europe must take place within twenty-one days, those outside Europe within fourteen days after the day of sale, the date of sale not being counted.

그러나 신용장 통일규칙 제46조에서는 이같은 용어들이 사용될 경우에는 다음과 같이 은행은 이를 무시할 수 있도록 규정하고 있다.

Expression such as "prompt," "immediately," "as soon as possible" and the like should not be used. If they are used banks will disregard them.

Model Forms

예시 1

선적의뢰서

SHIPPING REQUEST

S/O No.__________

To : EVERETT STEAMSHIP CORPORATION B/L No.__________

Date : __________

Gentlemen :

We request you to ship the following cargo on the M/S(S/S)________Voy. No. ________ which is scheduled to sail from ________ on or about ① or any other substitute vessel. Particulars are described below.

SHIPPER : ________________ Address : ________________

CONSIGNEE : ______________ Address : ______________

Party to be notified.②____________ Address : ____________

PORT OF DISCHARGE : __________ DESTINATION : __________

(If cargo to be transshipped at port of discharge) ③

BILL OF LADING __________ originals and __________ copies to us.

FREIGHT TO BE PREPAID ______ FREIGHT TO COLLECT__________

(cross out whichever not applicable)

L/C Shipping Expiry ____________________ (A copy of L/C attached)

Marks & Numbers	Number of Package	Description of Package	Description of goods	Weight Gross Net	Measurement

Remarks : (a) Your agent or custom's broker at Busan or Inchon
Address :
Tel.
(b) FREIGHT

Basis	Rate	Total

EVERETT STEAMSHIP CORPORATION
Accepted ④ on____
By : ____

요지 화주가 선박회사(여기서는 에베레트 선적회사)에 선적을 요구할 때 쓰는 선복 요청서이다.

용어해설

① **on or about** : 화물의 적재 예정일 (estimated loading time)을 나타낸다.

② **party to be notified** : 「착하통지처」 일반적으로 수입업자가 수하인(consignee)이 되어있으나 통관업자나 관세사 등이 통관절차를 대행할 경우에는 이들을 여기에 기재한다.

③ **If cargo to be transshipped at port of discharge** : 「화물이 양륙항에서 환적 될 때」, 즉 이때는 목적지(destination)를 기재하라는 뜻이다.

④ **accepted** : 「수락함」 선박회사가 송화인(shipper)의 선복요청(request for ship's space)을 받아들인다는 뜻이다.

예시 2

화물수취증

Global Enterprises, Ltd.

FORWARDER'S CARGO RECEIPT

RECEIVED by GOLBAL ENTERPRISES, LTD. (hereinafter "Company") in apparent good order and condition except as noted hereafter from DAE YUNG COMMERCIAL CO., LTD. (Supplier) on JUNE 3, 20 (Date of Cargo Receipt) at GLOBAL CFS, ① (Street Address) BUSAN, KOREA (City) the package(s) listed below, said to contain the goods hereinafter described, and marked and numbered as shown herein for shipment in accordance with explicit instructions of the owner of the goods as noted in the documents of transfer. These packages may be included in a container to be shipped under a consolidated Ocean Bill of Lading issued and signed by the ocean-going carrier which is to transport the packages to their destinations ; all terms, conditions and clause printed or otherwise inserted on the carrier's Bill of Lading to apply.

CARGO to be shipped at BUSAN, KOREA (Port) on the O. EXPORTER V-6E or substitute sailing on or about JUNE 13 (Date), 20 and discharged at VIA OCP ② SEATTLE

Consigned to COAST TO COAST STORES P.O. BOX MINNEAPOLIS, MINN. 55426

Notify ARTHUR J. FRITZ & CO., P.O. BOX 21786 SEATTLE, WASH. 9811

MARKS AND NUMBERS	NUMBER OF PACKAGES	SUPPLIER'S DESCRIPTION OF PACKAGES AND CONTENTS	CUBIC MEASUREMENTS IN CBM	GROSS WEIGHTS IN KGS

Purchase Order No.
Invoice No.

While the cargo is in the custody of Company, Company shall hold the same as Freight Forwarder and not as a Carrier and shall not be responsible for any loss. damage and/or delay of the cargo except such as may be caused by the wilful or grossly negligent act of the Company, its officers, agent's, or employees, and in on case shall Company be responsible for any loss or damage exceeding the amount of US $500.-per package as received unless a special written agreement to the contrary is made at the time the cargo is received and additional charges are made therefor. This Forwarder's Receipt is subject to the terms and conditions on the reverse side hereof, such terms and conditions shall be construed as in addition to and not in derogation of or substitution for any of the above terms.

THIS CARGO RECEIPT IS NOT A DOCUMENT OF TITLE AND IS NOT NEGOTIABLE.

Dated at, JUNE 10, Korea RECEIPT No. CPO-80-715, 20 ____

in no case shall Company be responsible for any loss or damage exceeding the amount of US$500-per package

IN WITNESS WHEREOF, the undersigned has on the date indicated above affirmed to this cargo receipt.

GLOBAL ENTERPRISES, LTD.

요지 운송회사인 Global Enterprises, Ltd.가 대영상사로부터 자전거타이어 650개와 튜브 400개를 container ship에 적재하기 위해서 부산 컨테이너 화물 집하소에서 수취하였음을 증명하는 서류이다.

용어해설

① **CFS**(= Container Freight Station) : Container 화물을 선박에 적재하기 위해 부두에 지정된 곳을 말한다. CFS/CFS 운송은 부두에서 부두까지(pier to pier) 화물을 운송하는 형태이며, 이외에 Container 화물의 집하소인 Container yard의 door에서 door까지(door to door) 화물을 운송하는 CY/CY 운송형태는 Container의 장점을 최대로 이용한 형태와 Container의 door에서 부두(pier)까지(door to pier) 화물을 운송하는 CY/CFS 운송형태 등의 있다.
한편 컨테이너 적재화물(Container Load Cargo; CL)의 적재에 있어서 FCL Cargo와 LCL Cargo가 있는데 FCL(= Full Container Load)은 수출업자의 화물이 Container에 가득할 경우에 운송회사나 선박회사가 전량 적재를 하는 경우이고 LCL(= Less Than a full Container Load)은 하나의 Container에 여러 수출업자의 소량화물을 혼재하는 방법이며, 컨테이너 종착역인 CT (= Container Terminal)에서 여러 수하인에게 분배하게 된다.

② **OCP**(Overland Common Points) : 미국과 캐나다로 화물이 수출될 때 화물이 태평양해안의 항구에서 양육된 다음 대륙을 횡단하여 내륙지방에 양육될 때에는 B/L상에 OCP라고 쓰고 다음에 목적지를 기재한다. 이렇게 기재하면 해상운임이 저렴하며 양육 후에는 선박회사와 계약된 내륙운송업자가 목적지까지 운송해 주는 특유한 Through B/L이다. 여기서는 Seattle 항에서 양육된 후 목적지까지라고 해석한다.

* **freight collect** : 「운임후지급」

* **shipper's load & count** : 「송화인 적재 및 계수」 선적에 대한 운송인의 부지약관(unknown clause)이다. container운송의 특성상 송화인이 container에 화물을 적입 완료한 상태로 운송인(transporter)에게 인도하여 본선상에 적재 의뢰하게 된다. 그러므로 운송인의 입지에서 선적품의 내용은 알 수 없으며 다만 선적품의 내용 및 상태나 수량은 송화인이 진술한 데로라는 사실을 선언하는 문언이다.

예시 3 **선적지시서**

SHIPPING ORDER

Shipper	Date of issue
Consignee	
Notify	

Vessel	Voyage No.	S/O No.	B/L No.
Port of loading	Port of Discharge	Final destination	

The under mentioned cargo in apparent good order and condition unless otherwise noted below.

Marks and Numbers	No. of Pkgs.	Description of goods	Gross Weight	Measurement

Remarks :

_

This receipt is given subject to all the conditions of our principals Bills of Lading.

RECEIVED ON BOARD

By : _

No. of packages_

Stowed in hatch No._

Date

Please receive on board the above mentioned goods.

By

요지 선박회사(shipping company)는 화주로부터 선복요청서(request for ship's space)를 받아 특정 선박에 선복(ship's space)을 확보한 다음에는 본선의 선장(master) 앞으로 선적을 지시하게 되는데 이 경우에 쓰이는 양식이 바로 이 Shipping Order이다. 본선에는 이 지시서에 따라 상품을 확인 및 수취하게 된다.

예시 4

선원수취증

MATE'S RECEIPT

Shipper	Date
Consignee	
Notify	

Vessel	Voyage No.	S/O No.	B/L No.
Port of loading	Port of Discharge	Final destination	

The under mentioned cargo in apparent good order and condition unless otherwise noted below.

Marks and Numbers	No. of Pkgs.	Description of goods	Gross Weight	Measurement

Remarks :

This receipt is given subject to all the Please receive on board the above conditions of our principals Bill of Lading. mentioned goods.

RECEIVED ON BOARD

By : _

No. of packages

Stowed in hatch No. _

Date. _ By

요지 shipper는 선박회사로부터 S/O를 발급받아 화물과 함께 본선에 이르면 본선에서는 화물을 적재한 다음 본선에 적재한 증명으로서 이 Mate's Receipt(M/R ; 본선수취증)을 shipper에게 교부해 준다. 만일 선적화물에 하자가 발견되면 이 양식의 Remarks 난에 하자내용이 기재되어 Foul Mate's Receipt(고장부 본선수취증)가 되어 결국 Foul Bill of Lading(고장부 선화증권)이 발급된다.

예시 5 약식 선화증권

SHORT FORM BILL OF LADING ①

(Not Negotiable Unless Consigned "To Order")
(Terms Of This Bill Of Lading Continued From Overpage)

For shipments subject to the Intercostal Shipping Act of 1933.

This bill of lading is issued and the goods covered hereby are subject to, and all parties to this contract are bound by the terms, provisions, stipulations and conditions stated, in the Carrier's regular long form of bill of lading on file with the Federal Maritime Board and posted on board each vessel and open for shipper inspection at the Carrier's offices and with which the Shipper hereunder is understood to be familiar, which terms, provisions, stipulations and conditions of said long form bill of lading are hereby incorporated by reference in this short form bill of lading with the same force and effect for all purposes as if the same were severally, fully and specifically set forth herein.

This bill of lading shall have effect subject to the provisions of the Carriage of Goods by Sea Act of the United States of America, approved April 16, 1936.

For All Other Shipments.

All the terms and conditions of the Carrier's regular long form bill of lading, used in this service, including all clauses presently being stamped or endorsed thereon are incorporated with like force and effect as if they were written at length herein, and all such terms and conditions so incorporated by reference are agreed by Shipper to be binding and to govern the relations, rights or obligations whatever they may be, between or of all who are or may become parties to this bill of lading as fully as if this bill of lading had been prepared on the Carrier's regular long form bill of lading.

This bill of lading shall have effect subject to the Hague Rules contained in the International Convention for th Unification of Certain Rules Relating to Bills of Lading, dated 25th August, 1924, as incorporated April 16, 1936 or any other legislation making those or like rules compulsorily applicable to this bill of lading.

요지 이는 SEA-LAND SERVICE. INC.가 발행한 양식의 선화증권이다. 여기서는 압축기 부품 2상자가 미국 내륙에서 내륙 운송되어 Oakland에서 적재되어 부산에 양육되도록 되어 있으며 Container의 운송형태는 CFS/CFS이고, Container Cargo에 대해서는 M/R이 아니라 Dock Receipt가 발행되어 결국 Received B/L이므로 「CERTIFIED LADEN ON BOARD」의 난에 확인이 필요 없게 된다.

용어해설

① **Short Form Bill of Lading** : 약식 선화증권을 밀한다. B/L의 약관이 보통 뒷면에 상세히 기재되어 있으나 이것이 생략되어 있는 것을 말한다. 이 선화증권은 지시식으로 발행되어야 은행에 매도가 가능하다(not negotiable unless consigned "to order")라고 규정되어 있다.
그러나 선화증권 중에도 운송중개업자가 발행한 선화증권(B/L issued by forwarding agents), 용선계약서에 의거 및 조건으로 한 선화증권(B/L which are issued under and are subject to the conditions of a charter party) 및 범선에 의한 선적을 하는 선화증권(B/L covering shipment by sailing vessels)은 수리되지 아니한다.

* **Booking No.** : 선복요청할 때 선박회사가 기록한 번호를 말한다.

예시 6 손상화물보상장

LETTER OF INDEMNIT

20

s.s./M.V. " " Voy. No. Sailed

Dear Sirs,

In consideration of ① your handing us clean Bill of Lading for our shipment by the above vessel as described below the mate's receipt at which bears the following clause.:

We hereby undertake and agree to pay on demand any claim that may thus arise on the said shipment and/or the cost of any consequent reconditioning and generally to indemnify ② yourselves and/or agents and/or the owners of the said vessel against all consequences that may arise from your action.

Further, should any claim arise in respect of this goods, we hereby authorize you and/or agents and/or owners of the vessel to disclose this

Letter of Indemnity to the underwriters concerned.

Yours faithfully,

Bs/l. No.

Marks & Nos.	No. of Pkgs	Description	Destination

요지 앞에서 언급했듯이 선적 중에 화물에 하차가 발생하여 미리 교체할 시간적 여유가 없을 때에는 바로 이 Letter of Indemnity(손상화물보상장)를 선박회사에 제출하여 Clean Bill of lading을 발급 받을 수 있게 하여야 한다. 본문에도 명시된 바와 같이 이 L/I는 화물의 하차에 대해서 수입업자가 손해배상청구를 제기할 경우에 송화인(shipper)이 전적인 책임을 지겠다는 것이다. 이 L/I를 선박회사에 제출함으로써 보험회사나 선박회사도 면책 받게 된다.

용어해설

① **in consideration of** : 「…의 대가로」

② **to indemnify ~ against ~** : 「~를 ~에서 보호할 것을 보장하다」

예시 7 복합운송 선화증권

Shipper ICC CORPORATION SEOUL, KOREA		B/I. No. 8005012-c **PAN KOREA EXPRESS CO., LTD.** COMBINED TRANSPORT. **BILL OF LADING**
Consignee DAE YUNG AMERICAN CORP., 645 N. MICHIGAN AVE., CHICAGO, ILL. 60611		Received by the Carrier from the shipper in apparent good order and condition unless otherwise indicated herein, the goods, or the container(s) or package(s) said to contain the cargo herein mentioned, to be carried subject to all the terms and conditions provided for on the face and back of this Bill of Lading by the vessel named herein transport, from the place of receipt or the port of lading to the port of discharge or the place of delivery shown herein and there to be delivered unto order or assigns.
Nothfy Party ALLTRANSPROT INC., 17 BATTERY PLACE NORTH, NEW YORK, NEW YORK 1004		If required by the Carrier, this Bill of Lading duly endorsed must be surrendered in exchange for the goods or delivery order.
Pre-carriage by	Place of Receipt BUSAN, KOREA	In accepting this Bill of Lading, the Merchant agrees to be bound by all the stipulation, exceptions, terms and conditions on the face and back hereof, whether written, typed, stamped or printer, as fully as if signed by the Merchant, any local custom or privilege to the contrary notwithstanding, and agrees that all agreements or freight engagements for and in connection with the carriage of the goods are superseded by this Bill of Lading.
Ocean Vessel HANJIN POHANG 006E	Port of Loading BUSAN, KOREA	

Port of Discharge SEATTLE	Place of Delivery NEW YORK, CY	Final destination(for the Merchant's reference only)

Particulars furnished by Shipper	Container No.	Seal No. : Marks & Nos.	No. of Containers or P'kgs	Kind of Pachages ; Description of Goods	Gross Weight	Measurement
	HJCU703612/	15439 DYC NEW YORK P/O# SIZE : SETS TIRE(O.E) B/# 1-200 MADE IN KOREA	200BALES	SAID TO BE : ① 20,000 SETS OF "BIKE TIRE, TUBE & RIMSTRIPS (O.E)" W/SCHRADER VALVE L/C NO.: 8121 "FREIGHT COLLECT" "SHIPPER'S LOAD & COUNT"	17,136KGS	55.064CBM ②
	TOTAL NUMBER OF CONTAINERS OR PACKAGES(IN WORDS)		SAY : TWO HUNDRED (200) BALES ONLY.		COPY NON-NEGOTIABLE	

FREIGHT & CHARGES	PREPAID	COLLET	Freight and charges payable at DESTINATION	Number of Original B(s)/L THREE/3
O/FREIGHT		US$3,138.50R	Place and Date of Issue SEOUL, KOREA MAY 13, 1980	

DELIVERY OF GOODS PLEASE APPLY TO MAX GRUENHUT INTERNATIONAL INC. 5 WORLD TRADE CENTER SUITE 9289 NEW YORK, N.Y. 10048 TEL : 212-432-1060 TLX 667723+422588	In witness whereof, the undersigned, on behalf of PAN KOREA EXPRESS CO., LTD. has signed the number of Bill(s) of Lading stated above, all of this tenor and date, one of which being accomplished, the others to stand void. **PAN KOREA EXPRESS CO., LTD.**

요지 이는 PAN KOREA EXPRESS CO., LTD. 운송회사가 서울에 있는 수출업자인 ICC CORPORATION의 의뢰에 따라 자전거 타이어 등을 선적하기 위해 화물을 수취하였음을 증명하는 B/L이다. 이 B/L의 특색은 부산에서 Seattle까지 해상운송한 다음, 다시 B/L을 발급받지 않고 뉴욕 컨테이너 집하소(CY)까지 육상운송을 겸한 복합운송선화증권(Combined Transport Bill of Lading)이라는 점이다.

용어해설

① **said to be** : 「내용표시대로」 said 앞에 which are가 생략되었으며 "said to contain"이라고도 한다. 선박회사가 화물을 수취 또는 선적시 포장된 내용물을 일일이 확인·조사하기가 힘들므로 화주(shipper)가 용적한 내용대로 라고 B/L상에 표시하여 둠으로써 Contents Unknown Clause로 면책을 위함이다.

② **CBM**(=Cubic Meter) : 「입방미터」 컨테이너 화물의 용적을 나타낼 때 많이 쓰인다.

예시 8

도착통지

EVERETT STEAMSHIP CORPORATION, S/A AGENTS

ARRIVAL NOTICE

A/N NO.____________________

TO : ________________ PORT OF ________________ Date : ________________

Cargo listed below is due to arrive aboard subject vessel on or about_. Delivery order can be obtained by presenting duly endorsed original bill(s) of lading to this office, or bank guarantee that original bill(s) of lading will be obtained and surrendered

s.s.______________ Voy.______________ From______________

(Transshipment Cargo : 1st Carrier__________ Voy._______ From.________)

B/L No	Marks	No. of Pkgs	Description of Cargo	Weight Cubic(ft)

Shipper : ____

Notify Party : ____

Note : All charges beyond the end of ship's tackle INCLUDING STORAGE are for account of cargo. Vessel or Agents assume no responsibility for security, delivery or damage to cargo after delivery to receiving agency. Please telephone this office prior to Dispatching trucks to delivery.

EVERETT STEAMSHIP CORPORATION, S/A AGENT

SEOUL BUSAN INCHON

요지 화물이 목적항에 도착하게 되면 선박회사는 착하통지처(notify party)에 통지해 주어야 하는데 이때 사용되는 양식이 이 Arrival Notice(착하통지서)이다. 여기 양식은 Everett 선박회사가 사용하고 있는 것이다.

예시 9

관세송장

DEPARTMENT OF THE TREASURY
UNITED STATES CUSTOMS SERVICE
19 U.S.C. 1481, 1482, 1484

SPECIAL CUSTOMS INVOICE

(Use separate invoice for purchased and non-purchased goods.)

Form Approved.
O.M.B. NO. 48-0342

1. SELLER STC incorporated C.P.O. box 104 Seoul, Korea	2. DOCUMENT NR.*	3. INVOICE NR. AND DATE* L-1055 Sep. 18, 1980
	4. REFERENCES*	
5. CONSIGNEE To order	6. BUYER(if other than consignee) STC LA INC.,	
	7. ORIGIN OF GOODS R.O.K.	
8. NOTIFY PARTY* Eva Gabor International Ltd. 5775 Deramus Kansas City, Missouri 64120 c/o, O'Neiland Whitaker 8300 N.E. Underground Drive Kansas city, Missouri 64161	9. TERMS OF SALE, PAYMENT, AND DISCOUNT at 180 days, sight D/A basis	

10. ADDITIONAL TRANSPORTATION INFORMATION*	11. CURRENCY USED us currency	12. EXCH, RATE *(if fixed or agreed)*	13. DATE ORDER ACCEPTED

14. MARKS AND NUMBERS ON SHIPPING PACKAGES	15. NUMBER OF PACKAGES	16. FULL DESCRIPTION OF GOODS	17. QUANTITY	UNIT PRICE 18. HOME MARKET	UNIT PRICE 19. INVOICE	20. INVOICE TOTALS
E.G.I.	85 ctns	SYNTHETIC HAIRGOODS		F.O.B.	KOREAN PORT	
C/No.1-85		(KANFRALON)		per pc.		
MADE IN KOREA	(Nice N	Easy Sicin Top Caplese Textured	Fiber wig)	(9MS-269	K) 2.60%	
		P.O. #7312		(SEMI-	MACMINE-MA	DE)
		....	1,500 PCs.	$3.85		US$5,775.-
	(seduction	Capless Textured Fiber Wig)	(SE M-51-A)	3.1 oz.(MAC	HINE-MADE)	
		P.O. #7197	485 pcs.	$3.85		1,867.25
	(Escapade	Capless Textured Fiber Wig)	(8WM-60A)	2.1 oz. MAC	HINE-MADE)	
		P.O. #7217	890 PCs.	$3.30		US$2,937.-
	(Evette W	iglet)(3LM-16) 2,20 oz.(MACHI	NE-MADE)			
		P.O. #7235	500 PCs.	$1.70		US$850.-
	(Small ch	ange Wiglet)(4LM-8) 1 oz.(MA	CHIN-MADE)			
		P.O. #7244	500 pcs.	$1.25		US$625.-
		P.O. #7245	500 pcs.	$1.25		US$625.-
	(New Port	Wig)(3WH-19) 2.2oz.(HAND-MADE)				
		P.O. #7142	300 pcs.	$9.-		US$2,700.-
		(40% KANEKAION & 60%	MONSANTO FI	BFR)		
	(Katherine	Capless Wig) (6WS-530) 4.7 oz.	(SEMI-MACHI	NE-MADE)		
		P.O. #7261	50 pcs.	$5.85		US$232.50
		TOTAL :	4,725 pcs.	(85 Otns)		US$15,671.75

21. ☐ If the production of these goods involved furnishing goods or services to the seller (*e.g., assists such as dies, molds, engineering work*) and the value is not included in the invoice, check box (21) and explain below.

22. PACKING COSTS

27. DECLARATION OF SELLER/SHIPPER (OR AGENT)

I declare:

(A) ☐ If there are any rebates, drawbacks or bounties allowed upon the exportation of goods, I have checked box (A) and itemized separately below.

(B) ☐ if the goods were not sold or agreed to be sold, I have checked box (B) and have indicated in column 19 the price I would be willing to receive.

I further declare that there is no other invoice differing from this one (unless otherwise described below) and that all statements contained in this invoice and declaration are true and correct.

(C) SIGNATURE OF SELLER/SHIPPER (OR AGENT) :

23. OCEAN OR INTERNATIONAL FREIGHT

24. DOMESTIC FREIGHT CHARGES

25. INSURANCE COSTS

26. OTHER COSTS (specify below)

28. THIS SPACE FOR CONTINUING ANSWERS

THIS FORM OF INBOICE REQUIRED GENERALLY IF RATE OF DUTY BASED UPON OR REGULATED BY VALUE OF GOODS AND PORCHASE PRICE OR VALUE OF SHIPMENT EXCEEDS $500. OTHERWISE USE COMMERCIAL-INVOICE

예시 10 **상업송장**

COMMERCIAL INVOICE

Shipper/Exporter **SAMMISA COMPANY, LTD.** 29th FLOOR SAMILRO BLDG. 10 GWANCHEOLDONG, JONGROGU, SEOUL, KOREA		No. & Date og invoice SBS-058A (Nov. 26, 2001)
		No. & Date og L/C 6099/80 (Aug. 20, 20__)
For Account & Risk of Messrs. ① Lim Meng Seng L. P. Bangkok, Thailand		L/C issuing bank First Bangkok City Bank, Bangkok
Notify Party Lim Meng Seng L. P. Bangkok, Thailand		Remarks : Import Declaration No.
Port of Loading Busan, Korea	Final Destination Bangkok, Thailand	
Carrier VEGA	Sailing on or about Nov. 29, 1980	

Marks and numbers of PKGS	Description of goods		Quantity/Unit	Unit-Price	Amount
L.M.S.	8.130 M/T ② of Stainless Steel				
SBS-058A	Round Bar, Hot Rolled, Annealed &				
BANGKOK	Smooth Turned AIST 304.				
TYPE/DIT	Length 5-6 M at Random				
NET/GROSS WT.	Details as per Sales Note No.				
MADE IN KOREA	SBS-058A dated July 31, 1980 CIF Bangkok, Thailand per M/T				
BOX NO.					
L-9/L-16	1/2" Dia		1.410 M/T	US$1,900	US$2,679.-
	5/8" Dia		3.125	US$1,800	US$5,625.-
	3/4" Dia		1.175	US$1,800	US$2,115.-
	7/8" Dia		1.300	US$1,800	US$2,340.-
	1" Dia		1.120	US$1,740	US$1,948.80
	TOTAL		8.130 M/T		US$14,707.80

Invoice Amount Breakdown ③
F.O.B Value : US$14,207.97
Freight Charges : US$321.87
Insurance Premium : US$177.96
TOTAL US$14,707.80

SAMMISA COMPANY, LTD.

C.P.O. Box : NO. 1434
CABLE : SAMMISA SEOUL Manager,
TELEX CODE : NO. K23196, K23653, K24501
TELEPHONE : 775-6911/9, 774-2751/9, 772/0031/5 Director

예시 11

상업송장

COUTINHO, CARD & CO. LTD

<table>
<tr><td>LONDON</td><td colspan="2">DIRECTORS :
H. A. OPPENHEIMER A. COUTINHO
H. EDMONDS R. D. OPPENHEIMER
H. J. BALK H. STERNBERG</td></tr>
<tr><td>WALKER HOUSE
87 QUEEN VICTORIA STREET.
LONDON EC4V4AL
Misung Commercial Co. Limited.
Seoul.
Korea.</td><td colspan="2">YOUR ORDER NO.
OUR SALE NOTE NO.
DATE 30th October 20_
TAX POINT DATE
(IF DIFFERENT FORM ABOVE)
COMBINED
INVOICE No. TAS/1520
AND PACKING LIST</td></tr>
<tr><td>MARKING : MISUNG
TAS1520
L/C M1708309NS00250
BUSAN/KOREA

Shipped per m.v. "TOKYO BAY"
From Southampton on 22nd October 20_
under Bill of Lading No. 70331144.</td><td colspan="2">TERMS
Documentary Sight Draft drawn under Commercial Bank of Korea Limited. L/C No. M 2408800NS00250 dated 19th September 20_Advised through but not confirmed by Commercial Bank of Korea Limited. London. Ref. CLAO139.</td></tr>
<tr><td>SPECIFICATION
1 SET of Complete pair 25 link track chain assembly part No. 90-309Z for Mindev 90.
Price packed and delivered FOB U.K. Port
Extra for sea freight to Busan
Total Price C&F Busan by sea

Packing Specification :
Packed in 1 Case :
Measuring : 0.657 Cubic Metres
Gross Weight : 600 Kilos
We hereby certify that Invoice is true and correct and that all the goods enumerated herein are entirely of UNITED KINGDOM Origin
E & O E COUTINHO. CARD & CO. LIMITED</td><td>RATE PER

$1,360.00
$ 70.00</td><td>

$1,430.00</td></tr>
</table>

요지 런던의 COUTINHO CARO & CO. LTD.가 미성상사에게 작성하여 보낸 송장이다. 이 송장의 특색은 packing list와 겸하고 있는 점이다.

예시 12 해상적하보험증권

DAEHAN FIRE & MARINE INSURANCE COMPANY. LIMITED

HEAD OFFICE : 51-1 NAMCHANG-DONG JUNG-GU SEOUL, KOREA
Cable Address : DHFIRE
TELEX : DHFIRE K28230

MARINE CARGO INSURANCE POLICY

Assured(s), etc.① I.C.C. Corporation		Ref. No. Invoice No. DI33-0-3905 L/C No. GMBH 2109 YGK-1
Policy No. E-55249		
Claim, if any, payable at : Gellatly, Hankey & Co., m.b.h., Ehrenbe gstrasse, 59 D-2 Hamburg 50. West Germany Claims are payable in the United States dollars.	*Survey should be approved by* : ② The same as left	Amount insured US$109,098.00 (US$99,180.00x 110%) ③ U.S. DOLLARS ONE HUNDRED AND NINE THOUSAND AND NINETY EIGHT ONLY.
Local Vessel of Conveyance CHONG SUK V/040	From (interior port or place of loading)	Conditions Subject to the following Clauses as per back hereof. Institute Cargo Clauses ④ ( ) Institute War Clauses Institute Strikes Riots & Civil Commotions Clauses ⑤ Institute Replacement Clause ⑥ (applying to machinery) On-Deck Clause ⑦ Covering the risk of transshipment ⑧ Covering Inland Transit Extension ⑨
Ship or Vessel called the	Sailing on or about September 30, 1980	
at and from Busan, Korea	transhipped at	
arrived at Duesseldorf, W/Germany 2nd Carrier : INDEPENDENCE V/007	thence to	
Goods and Merchandises 18,000 Pairs of Footwear ⑩		

Marks and Numbers as per Invoice No. specified above.

Place and Date signed in	No. Policies issued
September 29, 20__ Seoul, Korea	duplicate

1. *Warranted free capture, seizure, arrest, restraint or detainment and the consequences thereof or of any attempt thereat ; also from the consequences of hostilities or warlike operation, whether there be declaration of war or not ; but this warranty shall not exclude collision, contact with any fixed or flooring object(other than a mine or torpedo), stranding, heavy wether or fire unless caused directly(and independently of the nature of the voyage or service which the vessel concerned or, in the case of a collision, any other vessel involved therein, is performing) by a hostile act by or against a belligerent power ; and for the purpose of this warranty "power" include any authority maintaining naval military or air force in association with a power.*
   Further warranted free from the consequences of civil war, revolution, rebellion, insurrection, or civil strife arising therefrom, or piracy
2. *Warranted free of loss or damage*
   (a) caused by strikers, lock-out, workmen, or persons taking part in labour disturbance, riots or civil commotion ;
   (b) resulting from strikes, lock-out, labour disrurbance, riots or civil commotions.

The descriptions to be inserted in the following clauses are shown as above.

as well in his or their own names ,as for and in the name and of all and every other person or persons to whom the same doth, may, or shall appertain, in part or in all, doth make Assurance, and cause himself or themselves and them and every of them, to be Assured, lost or not lost, at and from ______________ upon any kind of Goods and Merchandises, in the good Ship or Vessel called the ______________ whereof is master, for this present Voyage, ______________ or whosever else shall go for Master is the said Ship, or by whatsoever other Name or Names the said Ship, or the Master thereof, is or shall be named or called, beginning the Adventure upon the said Goods and Merchandise from the loading thereof aboard the said Ship as above, and shall so continued and endure during her abode there, upon the said Ship, & c ; and further, until the said Ship, with all her Goods and Merchandises whatsoever, shall be arrived at ______________ and upon the Goods and Merchandise until the same be there discharged and safely landed ; and it shall be lawful for the said Ship, & c, in this Voyage to proceed and sail to and touch and stay at any other Ports or Places whatsoever without Prejudice to this Assurance. The said Goods and Merchandises, & c., for so much as concerns the Assured by Agreement between the Assured and Assurers in this Policy are and shall be valued at ______________ TOUCHING the adventures and Perils which the said Company are contented to bear and do take upon themselves in this Voyage they are of the Seas, Men-of-War, Fire, Enemies, Pirates, Labours, Thieves, Jettison, Letter of Mart and Countermart, Surprisals, Takings at Sea, Arrests, Restraints and Detainment of all Kings, Princes and People, of what Nation, Condition, or Quality soever, Barratry of the Master and Mariners and of all other Perils, Losses and Misfortunes that have or shall come to Hurt, Detriment of the Damage of the said Goods and Merchandise or labour and travel for, in and about the Defense, Safeguard Recovery of the said

3. (*a*) *Should the risks excluded by clause I(F.C &S clause) be re instated in this policy by deletion of the said clause, or should the risks or any of them mentioned in that clause or the risks of mines, torpedo, bombs or other engines of war be insured under this policy clause (b) below shall become operative and anything contained in this contract which is inconsistent with clause (b) or which affords more extensive protection against the aforesaid risks than that afforded by the Institute war clauses relevant to the particular form of transit covered by this insurance is null and void.*

(*b*) *This policy is warranted free of any claim base upon less of, or forestation of, the insured voyage or adventure caused by arrests restrain's or detainments of kings princes peoples user per persons attempting to user power.*

In the event loss of damage arising under this policy .no claims will be admitted unless a survey has been held with the approval of this company's office or agents specified in this policy

Goods and Merchandises or any part of there of without Prejudice to this Assurance ; to the Charges whereof the said Company will contribute. And it is especially declared and agreed that no acts of the Assurer or Assurer or Assured in recovering, saving, or preserving the property assured, shall be considered as a waiver or acceptance of abandonment. And it is agreed that this writing or Policy of Assurance shall be of as much Force and Effect as the surest Writing or Policy of Assurance made in London. And so the said Company are contented, and do hereby promise and bind themselves to the Assured, his or their Executors, Administrators, or Assigns, for the true Performance of the Premises ; confessing themselves paid the Consideration due unto them for this Assurance, at and after the rate of ____________ *as arranged* ____________ *Per Cent.*

N.B. : Corn, Fish, Salt, Fruit, Flour and Seed are warranted free from Average, un less general, or the Ship be stranded ; Sugar, Tobacco, Hemp, Flax, Hides and Skins are warranted free from Average, under Five Pounds per cent ; and all other Goods, also the Ship and Freight, are warranted free from Average, under Three Pounds per cent, unless general, or the Ship be stranded, sunk or burnt.

All question of liability arising under this policy are to be governed by the laws and customs of England.

IN WITNESS whereof, I the Undersigned of THE Koryo Fire & Marine Insurance Co., Ltd. on behalf of the said Company have subscribed my Name in ________ to ________ Policies of the same tenor and date, one of which being accomplished, the others to be void, *as of the date specified as above.*

For **THE KORYO FIRE & MARINE INSURANCE CO., LTD.**

In case of loss or damage, please fpllow the "IMPORTANT" clause printed on the back hereof AUTHORIZED SIGNATORY

예시 13

적하목록

PACKING LIST

① Shipper/Exporter Kabul Ltd… C.P.O. Box 7875, Seoul, Korea.		⑧ No. & date of invoice NA-236 dated Sept. 8, 20___.			
② For account & risk of Messrs. D. Vicencio & Sons Inc., 11238 Vicenta Street, Merick Subdivision Cainta, Metro Manila, Philippines.		⑨ Remarks :			
③ Notify party Same as above					
④ Port of loading Kimpo Airport	⑤ Final destination Manila.				
⑥ Carrier "KE-621"	⑦ Sailing on or about Sept. 9. 20___.				
⑩ Marks and numbers of PKGS	⑪ Description of Goods	⑫ Quantity	⑬ Net-weight 320kgs.	⑭ Gross-weight 320kgs.	⑮ Measure ment

DV-11	
CIN. NO. 1-4	3,000 yds
P.O. Box 1014	Dyed 100% Nylon Taslan
MANILA, PHILIPPINES	Water-Repellent Finished.①
MADE IN KOREA	Width : 44/5".

Case No.	Color	Yds. pcs.
1	Navy ②	50×10, 80, 54, 69, 75, 46 : 15 pcs, 82 4yds
2	"	76, 66, 60, 38, 50×8, 69, 40, 50 : 15 pcs, 799 yds.
3	"	80, 73, 69,5 0×8, 46, 52 : 13pcs, 720 yds.
4	"	50×6, 48×2, 46, 66, 28, 30, 41, 50 : 14 pcs, 657 yds.
Total :	4Ctns,	3,000 yds.

SAY : FOUR(4) CARTONS CNLY.

Kabul Ltd…

Manager of Export Dept.

⑯ P.O. Box : 7875 CENTRAL
Cable address : "KABULON" SEOUL
Telex code : KABULON K 2 4514
Telephone No. : +82-2-000-0000

예시 14 원산지증명

Form No. CCI-1-A (1980. 1. 1)

1. Goods consigned from(Export's name, address, country) Sammisa Co., Ltd., C.P.O. Box 1434, Seoul, Korea	**CERTIFICATE OF ORIGIN** (combined declaration and certificate) issued by Korea Chamber of Commerce and Industry Seoul, Republic of Korea
2. Goods consigned to(Consignee's name, address, country) To the order of First Bangkok City Bank, Bangkok	
3. Notify parties Lim Meng Seng L.P., Bangkok, Thailand	8. For official use
4. Port of loading Busan, Korea 5. port of discharge Bangkok, Thailand	
6. Carrier VEGA 7. Date of shipment Novemer 29, 20__	

9. HS No. ①	10. Marks & numbers of packages	11. Numbers and kind of packages ; description of goods	12. Gross weight or other quantity	13. Number and date of invoice
7315.10.1 0000.	L.M.S. SBS-058A BANGKOK TYPE/DIA NET.GROSS WT. MADE IN KOREA BOX NO. L-9/L-16	8.130 M/T of Stainless Steel Round Bar, ② Hot Rolled, Annealed & Smooth Turned, ③ AISI 304, Length : 5-6M at Random ④ Details as per Sales Note No. SBS-058A dated July 31, 20___ 1/2" Dia 5/8" Dia 3/4" Dia 7/8" Dia 1" Dia	NET WT. 8.130M/T GROSS WT. 8.690M/T	SBS-058A, November 26, 1980

14. Invoice price : CIF US$14, 707.80	15. No. & date pf Export License : E200801101013, 1980.11.21.
16. Declaration by the exporter The undersigned hereby declares that the above details and statement are correct and that all the goods were produced in the Republic of Korea. Place and Date : Sammisa Co., Ltd., Seoul, Korea, November 28, 1980 Signature : **SAMMISA CO.**	17. Certification We hereby certify that the goods specified above have been duly attested as being of Korean origin. Signature : Managing Director **Korea Chamber of Commerce and Industry**
Signature of authorized signatory	18. Date of issue 19. Reference No. quote in original number

[예시 10]의 요지 및 용어해설

요지 삼미사가 태국 방콕에 있는 Lim Meng Seng L. P. 앞으로 작성한 상업송장이다.

용어해설

① **for account & risk of Messrs** . : 「Messrs__의 계산 및 위험부담회사」

② **M/T** : 여기서는 metric ton의 약어이나 measurement ton(용적톤)을 의미할 수도 있으니 약자에 주의하여야 한다.

③ **Invoice Amount Breakdown** : 「송장금액분할」 breakdown은 「파손, 고장, 붕괴」

[예시 12]의 요지 및 용어해설

요지 대한 화재해상보험주식회사가 I.C.C. Corporation을 피보험자로 하여 작성한 해상화물보험증권(marine cargo insurance policy)이다.

용어해설

① **assured(s), etc.**(= et cetera) : 「피보험자 및 기타」

② **survey should be approved by** : 「감정승인처」 보험사고가 발생시 감정하는 기관을 말한다.

③ **110%** : 부보금액은 보통 송장금액에다 보험자의 희망이익(expected profit) 10%를 가산하는데, 여기서는 보험금액이 송장금액인 US$99,180,00에다가 희망이익 10%를 가산한 US$109,098,00이라는 것이다.

④ **Institute Cargo Clauses** : 「협회적화약관」 이 약관은 런던보험협회(Institute of London Underwriters)가 작성한 것으로 여기서는 모든 보험조건 중에서 A/R(All Risks ; 전위험담보)로 부보한다는 것이다.

⑤ **Institute Strikes Riots & Civil Commontion Clauses** : 「협회 파업, 폭동 및 내란담보약관」 이러한 약관은 특수부보를 규정한 것으로 보험목적물이 위와 같은 원인에 의해서 손해를 입었을 때 보험자가 책임지는 조건으로 S.R.C.C. Clauses라고도 한다. 이외에 특수부보조건에는 다음과 같은 것들이 있다.

- **JWOB(= Jettison & Washing Over Board)** : 해난사고 발생하였을 때 화물을 투화하거나 풍랑으로 유실되었을 때 보험자가 보상해주는 조건
- **TPND(= Theft, Pilferage, Non-Delivery)** : 부보물이 도난, 발화 또는 미착되었을 때의 손해를 보험자가 보상해 주는 조건.
- **RFWD(= Rain, Fresh Water Damage)** : 우수(雨水), 담수에 의한 피해를 보험자가 보상해주는 조건.
- **COOC(= Contact with Oil/or Other Cargo)** : 부보물이 유류나 다른 화물

과의 접촉으로 인해 파손, 누손이나 내용물의 수량부족시 보험자가 피해를 보상해주는 조건.

- **HOOK & HOLE** : 하역시 갈쿠리에 의한 손상을 보험자가 보상해주는 조건.

⑥ **Institute Replacement Clause** : 「협회대체품약관」 부보물이 손상을 입었을 때 보험자가 완전한 것과 대체해 줄 것을 책임지는 약관이다.

⑦ **On-Deck Clause** : 「갑판적재약관」 갑판적재를 조건으로 하는 화물이 손상이나 유실되었을 때 보험자가 보상해 주는 조건의 약관이다.

⑧ **Covering the risk of transhipment** : 「환적위험담보」

⑨ **Covering Inland Transit Extension** : 「내륙운송연장담보」 해상운송에 전후하여 수반되는 육상운송시 발생하는 손상을 보험자가 보상해 주는 조건.

⑩ **18,000 pairs of footwear** : 「신발 18,000 켤레」

[예시 13]의 요지 및 용어해설

요지 서울에 있는 Kabul Ltd.가 마닐라에 있는 D. Vicencio & Sons Inc.에게 수출하면서 작성한 포장명세서이다.

용어해설

① **water-repellent finished** : 「방수처리된」

② **navy**(= navy blue) : 「진한 곤색」

[예시 14]의 요지 및 용어해설

요지 대한 상공회의소가 발행한 원산지증명서로서 명시한 상품이 한국산임을 증명하고 있다. 원산지란 상품을 생산, 가공 또는 제조한 나라를 말하며, 2개국 이상에 걸쳐 제조된 경우엔 물품에 실질적인 변화를 가져오고 새로운 특성을 최종적으로 행한 나라를 말하며, 영화용 필름에 대해서는 그 영화제작자가 속하는 나라를 원산지로 한다.

현재 대외무역법 시행령에 따르면 원산지증명서를 수입물품 원산지증명서와 수출물품 원산지증명서 2가지로 구분하고 있다.

수입물품의 원산지증명서는 특정지역으로부터 특정물품을 수입하고자 할 때(수입제한품목의 수입 등) 선적국에 주재하는 대한민국 영사관, 선적국의 상공회의소, 또는 세관이나 관공서 등에서 발행하는 원산지증명서를 통관신고시에 제출해야 한다.

수출물품의 원산지증명서는 수출물품에 대한 수입국의 관세양허를 받기 위해서 신청하는 자에게 산업자원부장관이 정하는 바에 따라 발급해 주는 것을 말한다.

여기 예시된 것은 태국의 Lim Meng Seng L. P.가 자국에서 관세양허를 받기 위해서 삼미사에게 요청하여 대한상공회의소가 발행한 것이다. Incoterms에 의하면 원산지증명서는 Buyer의 요청과 비용부담으로 Seller가 제공하도록 규정하고 있다.

용어해설

① **HS No.**(The Harmonized Commodity Description and Coding System) : 국제통일상품분류」 수출입통계상의 시간과 경비의 절감과 관세·보험·운송 등의 공통분류를 위하여 상품보류의 국제적 통일과 범세계적인 전산화를 위해 1988년 1월 1일부터 주요 국가들이 채택하고 있는 물품분류방식 97개 류(chapter), 1,214개 호(heading)로 분류되어 무역통계의 수집·비교·분석을 용이하게 하고 무역에 관한 절차나 자료를 국제적으로 비교 가능하게 하고 있다. 본 협약의 체약국은 자국의 관세율표와 통계품목표를 HS에 일치시키는 의무를 부과하였고, 관세율표와 통계품목상의 6단위까지는 첨가나 감축 등의 변화를 가하는 것이 금지되었다. 우리나라는 한국통일상품분류방식(HSK)을 새로 만들어 상품분류코드를 세계공통의 6단위에 국내의 자체분류 4단위를 합하여 모두 10단위의 체계로 대상품목을 만여개로 분류하고 있다.

② **stainless steel round bar** : 「스텐레스 원형철대」

③ **hot rolled, annealed & smooth turned** : 「고열압축 냉각 및 잘 다듬어진」

④ **at random** : 「되는 대로, 닥치는 대로, 무작위로」

예시 15

화물선취보증장

LETTER OF GUARANTEE

SEOUL,____________

To________________________________

____

L/C NO.______________________

Shipped per S/S__________ Voy. No.____________ Arrived at________

on________from__________ transhipped at__________ per S/S________

in consideration of your granting the delivery to us of :

B/L No.	Shipping Marks	Packages	Description of Goods	Shipper
				Invoice Amount

Without production of the bill of lading, ① we hereby agree to indemnify you against any loss, claims or expense for which you may become liable on account of having delivered the cargo. To the best of our knowledge and belief, the bills of lading relating to the shipment are not hypothecated ② to any other banks, if it should transpire, ③ however, that they are so hypothecated, we promise to notify you immediately and to take the necessary steps to settle this transaction and also it is understood that our application for issue of this will constitute our authorization to agree with you to accept the relative original shipping documents despite any discrepancies on them.

Yours very truly,

L/G NO.

Party of claiming right of delivery ④

We hereby guarantee to surrender to you the corresponding bills of lading.

Kindly be advised this guarantee shall be automatically made null and void, ⑤ upon your issuing to us acknowledgement receipt of the corresponding bills of lading, which are to be endorsed and presented to you by us for the only purpose of the redemption ⑥ of this letter of guarantee.

Revenue ⑦
Stamp

Authorized Signature
Foreign Operation Department

예시 16

화물인도지시서

KOREA SHIPPING CORPORATION, LTD.

CARGO DELIVERY ORDER

ORIGINAL

Date

D/O No : Notify

TO :

Please delivery upon endorsement the undermentioned goods to :

Messrs.______________________________________

Per"_______" Voy No. : ________ From _______ To____B/L No. : _______

PARTICULARS OF CARGO

MARKED	QUANTITY	DESCRIPTION OF CARGO	WEIGHT	MEASUREMENT

Stevedores :

Vessel Scheduled to arrive :

Shipper :

Issued subject to all and singular terms, condition and exceptions of the Bill of lading.

All charges beyond end of ship's tackle are for account of cargo. Vessel or Agents no responsibility for security, delivery or damage to cargo after discharge from vessel.	KOREA SHIPPING CORPORATION, LTD.

[예시 15]의 요지 및 용어해설

요지 이는 외국환은행에서 사용하는 화물선취보증장(Letter of Guarantee : L/G) 이다. 화물은 수입항에 도착하였으나 운송서류가 도착하지 않았을 경우에는 화물수령을 할 수 없게 된다. 이런 경우에는 수입업자는 거래은행에 비치된 L/G양식을 기입하여 선박회사에 대하여 이 서류에 기재되어 있는 것처럼 B/L에 의하지 않고 화물인도로 인하여 발생하는 모든 손해를 배상한다는 내용의 이 L/G를 B/L 대신에 제출하어 화물을 인도받고 추후에 B/L이 도착하게 되면 제출하게 된다. 은행은 L/G 발급 시에 수입대금의 예치를 요구하는 것이 일반적이다.

용어해설

① **in consideration of your granting the delivery to us of** ; ~without production of the bill of lading : 「~을 당사에게 인도해 주는 대가로; 선화증권의 제시없이」
② **hypothecate**[haipɔ́θikeit] : 「담보로 잡히다. 저당에 넣다」
③ **transpire**[trænspáiə] : 「누설되다, 새다, 증발하다」
④ **party of claiming right of delivery** : 「화물인수권을 가진 당사자」즉 수입업자를 뜻함
⑤ **shall be automatically made null and void** : 「자동적으로 무효가 되다」 null [nʌl] 「무효한, 무익한」 void[vɔid] 「빈, 공허한, 공석의」
⑥ **redemption**[ridémpʃən] : 「되찾음」
⑦ **revenue**[révinjuː] : 「수입, 세입」 revenue stamp 「수입인지」

[예시 16]의 요지 및 용어해설

요지 화물이 목적항에 도달하면 수입업자는 이미 수취한 운송서류 중에서 B/L(B/L 대신에 L/G를 발급받았을 때는 L/G)을 선적회사에 제출하면 위의 양식인 화물인도지시서를 교부해 준다. 이 D/O는 선적회사가 본선의 선장 앞으로 명시된 화물을 인도해 주라는 지시서이며, 수입업자는 이 D/O와 교환으로 화물을 인수받게 된다.

Useful Expressions

A. 선적 및 선적통지

1. The goods which you ordered on 24th May have been shipped to you by s.s.…… due at…… on 18th June.
   5월 24일, 주문하신 상품은 7월 18일 ~에 도착예정인 ~호 편으로 귀사에 적송되었습니다.
2. Enclosed are shipping documents for 3,000 cartons of…… shipped by m.s. …… which left London for …… on 3rd April.
   ~호 편으로 적송된 ~의 3천 상자에 대한 선적서류를 동봉하오며, 동 선적은 ~로 향하여 4월 3일에 런던을 출항하였습니다.
3. We have today despatched to you by …… 200 cases containing the sweaters which you ordered on ……
   ~일까지 귀사가 주문하신 스웨터 200상자를 ~편으로 금일 귀사에 발송하였습니다.
4. As requested in your letter of 4th July, we have arranged to provide a covered wagon to be at your works by …… o'clock on the morning of 20th July for transporting your ……
   7월 4일 귀 서신에서 요청하신 대로 귀사의 ~을 수송할 수 있도록 7월 20일 아침 ~시까지 유개화차를 귀 공장에 제공해 드릴 것을 체결하였습니다.
5. We are pleased to inform you that your order No.…… has been sent by …… today.
   귀사의 법문서 제 ~호는 오늘 ~편으로 적송되었음을 알려드립니다.
6. We have given instructions to ABC Company to forward the under mentioned consignment to you by ……
   ABC회사로 하여금 ~편으로 부기의 적송품을 귀사에게 발송하도록 지시하였습니다.
7. We have today sent to you by …… a consignment of the chinaware, for which we enclose bill of lading and invoice.
   당사는 오늘 도자기 적송품을 귀사에게 보냈으며, 이에 대해 선화증권과 송장을 동봉해 드립니다.
8. Thank you for your letter of shipment and the bill of lading for the consignment shipped by s.s.……
   ~호 편에 선적하신 적송품에 대한 선적통지와 선화증권에 대해서 감사드립니다.
9. Thank you for your letter of …… notifying shipment by s.s.…… of 500 bales of cotton goods.
   면직물 500곤포를 ~호 편으로 선적했음을 통지해 주신 ~귀 서한에 대하여 감사드립니다.
10. We are due to ship a quantity of …… to …… and should be glad

if you would obtain a ship of about …… tons capacity.
~에까지 ~의 대량을 적송할 예정이며 약 ~톤짜리 선박을 입수해 주시면 좋겠습니다.

11. Please obtain for us a ship with a cargo capacity of about …… tons for a consignment of steel bar and steel sheet to ……
~까지 철대와 철판 적송품에 대해 약~톤의 화물을 수용할 수 있는 선적을 입수해 주시기 바랍니다.

B. 보 험

1. We regularly ship consignments of …… to Korea by cargo liners of the Enterprise Shipping Line. Will you please say whether you can issue an all-risks policy for these shipments?
엔터프라이즈 해운의 화물선으로 한국까지 ~의 적송품을 정기적으로 적송하고 있습니다. 이 적송품에 대한 전위험 담보보험증권을 발행하실 수 있는지 말씀해 주십시오.
2. Will you please arrange to take out a WA 3% insurance for us on the following consignment of cement from …… to ……
~부터 ~까지 다음 시멘트 적송품에 대해 분손담보 3%보험을 체결해 주십시오.
3. Please quote your rate for a FPA open policy for ……. to cover shipments of …… by Manchester Liner Ltd., from Manchester to Korean ports.
멘체스터에서 한국항까지 멘체스터해운으로 ~의 적송품을 부보하기 위해 금액 ~에 대한 분손부담보조건의 요율을 산정하여 주십시오.
4. I am replying to your inquiry of …… Our rate for …… is …… % of declared value.
~일자 귀 문의에 대해 회답을 하오며 금액 ~에 대한 요율은 신고가액의 ~%입니다.
5. Please quote your lowest All Risks for shipments of cameras from …… to……
~부터 ~까지 카메라 적송품에 대한 전위험 담보보험 최저율을 제시해 주시기 바랍니다.
6. We wish to renew the above insurance policy for the same amount and on same terms as before to cover~.
~(상품)을 위하여 전과 동일한 부보 금액과 조건으로 상기 보험증권을 갱신하고 싶습니다.
7. The consignment is covered by our insurance policy No.…… and we shall be glad to receive your certificate of insurance.
동 적송품은 당사의 예정보험증권으로 부보되어 있으며 보험증명서를 보내 주시면 좋겠습니다.

연습문제

1. 무게가 120 파운드 나가는 한 상자당 운임이 12 달러 75 센트가 되겠으며, 이에 1 달러 75 센트의 보험료와 당사 자신의 취급료 3 달러 64 센트가 가산되어야 하며 총 18 달러 14 센트가 됩니다. 당사의 비용은 영사송장의 작성 및 서명, 선화증권의 작성 및 기입을 포함하여 적송품에 관련되는 모든 절차를 망라합니다.

   힌트 • 모든 절차를 망라한다. : cover all the formalities

2. 위탁매입 주문서상에서 주문된 모든 물품은 이제 Merchant Prince호 편으로 선적되어 어제 리버풀을 출항했으며 8월 5일에 부산을 도착할 예정입니다. 선화증권과 송장 및 수수료와 비용에 대한 청산을 동봉합니다. 귀사로부터 동 상품이 안전하고 양호한 상태로 도착되었다는 소식이 있기를 고대합니다.

   힌트 • 위탁매입 주문서상에서 : on the indent(order),
   • 양호한 상태로 : in good order

3. 면직물 300포대에 대한 귀사의 주문서 제20호는 "Sea Star"호 편으로 금일 적송되었습니다. 운송서류를 지시식으로 작성된 유통불능 무 고장 운임선급 선화증권, 송장 금액에 10%를 가산한 금액에 대해 부보한 보험증권, 상업 및 세관송장을 동봉해 드립니다.

   힌트 • 유통불능 무고장운임선급 선화증권 : non-negotiable clean prepaid Bill of Lading

4. 귀사의 주문서 제25호의 이행으로 Kingfiser호 편에 금일 적송된 당사의 송장을 동봉합니다. 동 상품이 이상 없이 귀사에 도착되고 매우 만족스러울 것으로 기대합니다.

   힌트 • ~에 대한 대행으로 : in execution of

5. 뉴스에 의하면 미 동부 해안의 부두노동자들이 파업에 들어갔다고 하며 원단 5만 평방야드를 예정대로 "Merchant"호에 실어야 할지 걱정입니다 결정사항을 즉시 이-메일로 알려주십시오.

   힌트 • 파업에 들어가다 : go(out) on strike

6. 무엇보다도 제때에 선적해 드리지 못한 것을 사과 드립니다. 솔직히 말해서 공장장의 사모님이 갑자기 작고하셨기 때문에 3일간이나 공장에서 조업을 하지 못했습니다. 한국국적선인 아리랑호 편에 귀사의 주문품을 꼭 적송해 드리겠으며 이 배는 9월 25일에 부산으로 출항할 예정입니다.

힌트 • A에게 B에 대해서 사과하다 : apologize to A for B

7. Commerce V 배들은 유럽을 통해 우회하지만 운임은 다른 해운의 운임보다 더 싸며, 당사는 동사로부터 서비스를 잘 받아왔습니다. 정확한 출항일자와 운임에 대해서는 SEA-LAND SERVICE의 한국 대리점에서 점검해 보시기 바랍니다. 혹시 우연히도 "Commerce V-5"호에 화물접수가 이미 마감되었다면 부산으로 출항하는 다음 계획된 "Commerce V"호에 적송해 주시기 바랍니다.

힌트 • ~을 통해 우회하다 : detour through

8. Mayflower호의 항해취소로 인하여 신용장에 규정된 대로의 선적일자 이내에 상기 주문품을 적송해 드릴 수 없음을 말씀드리게 되어 유감스럽습니다. 선박회사에 따르면 무서운 태풍이 예정된 항해기간 중 남지나 해역에서 예상된다고 합니다. 이는 일종의 불가항력이므로 신용장의 유효기간 종료 일자를 한 달간만 연기해 주시기를 부탁드립니다.

힌트 • 남지나 해역에서 : in the South China area
• 일종의 불가항력 : a sort of force majeure

9. 공장에서 주문서 제123호에 대한 물품이 늦게 도착하였기 때문에 동 물품을 "Commerce V-4"호 편에 적송하지 못했습니다. 그래서 10월 15일에 부산을 출항하는 "Commerce V-5"호에 적송해 드리겠습니다. 선적이 완료되는 대로 곧 유통가능 선화증권 3통 및 운임청구서를 송부하겠습니다.

힌트 • 완료되다 : be completed
• 운임검사서 : freight note

10. 모든 품목은 포장되기 전에 개별 검사되었으며 무사히 귀사에 도착할 줄로 믿습니다. 인도를 받은 뒤 가능한 한 빨리 동 물품을 개봉하여 검사하시어 파손의 경우 당사에게 뿐만 아니라 운송인에게 통지해 주시기 바랍니다.

힌트 • ~경우에는 : in the event of

11. 습기나 물로 망가지기 쉬운 상품을 운반하는 데에는 컨테이너가 물이 스며들지 않고 공기가 새어 들어가지 않는 양면의 큰 이익이 있습니다. 필요하다면 공장에서 적재하여 문을 잠글 수 있습니다. 그러므로 좀도둑이란 있을 수 없습니다. 또한 동일한 목적용으로 가는 개별 적송품이 컨테이너 하나로 운반된다면 운임을 절약할 수 있을 뿐만 아니라 컨테이너에 선적되는 상품에 부과되는 보험료는 저렴하기 때문에 보험료도 절약될 수 있습니다.

힌트 • ~으로 망가지기 쉬운 : liable to spoiled by
• 물이 스며들지 않고 공기가 새어들지 않는 : water-tight and air tight

12. 혼재화물에 대해서 Bristol에서 인천까지 왕복 1회 항해용 약 2천톤급 선박을 용선하고 싶습니다. 적재 및 양육에는 약 18일이 소요될 것이며 선박이 본선 적재 준비로서 1월 20일에 Bristol에 있어야 함이 중요합니다. 당사를 위해서 이 한 조건의 용선계약을 체결해 주실 수 있는지 알려 주십시오.

힌트 • 용선하다 : charter a ship
• 왕복 1회 항해용 : for a round voyage

13. 계약상품이 신용장 제M0901905BS00046호에 명시된 데로 8월 20일까지 본선에 적재되어야 하는 것이 매우 중요합니다. 그러므로 만일 선적지연으로 발생되는 어떠한 재정상의 손실은 귀사가 부담하셔야 합니다.

힌트 • ~은 매우 중요하다 : It's of the most importance that

14. 매도인은 불가항력의 원인으로 인하여 신용장 및/또는 매매계약의 조건을 이행하지 못하는 경우에도 이에 대하여 아무런 책임을 지지 않습니다.

힌트 • 매도인이 좌우할 수 없는 원인 : causes beyyond the seller's control
• 책임을 지지 않는다 : be not responsible for

15. 7월 20일자 폐사의 서신에서 제시된 견적은 CIF조건에 의한 것이었습니다. 보험료는 CIF가격산정에서 극히 적은 부분을 차지하므로 CIF와 CFR의 가격차는 거의 무시해도 될 만합니다. 귀사의 호의적인 회답을 고대합니다.

힌트 · 극히 적은 항목을 차지하다 : constitute an extremely small item

16. 4월초 런던에서 출항할 계획인 "Merchant Prince"호에 선적하는 것이 가장 좋은 선적기회일 것입니다. 그러므로 당사는 신용장이 제때에 도착하기만 하면 그 선편에 선적하려고 합니다. 상품은 현재 적송준비가 완료되어 있으며 귀사의 신용장이 도착하기만을 기다리고 있을 따름입니다.

힌트 • ~할 준비가 되어 있다 : be ready for

10 Chapter 대금의 결제(Settlement)

1. 선적서류의 준비

2. 대금지급방법

Chapter 10

대금의 결제(Settlement)

1. 선적서류의 준비

선적이 끝나면 수출업자는 대금청구를 위하여 각종 필요한 선적서류(shipping document)를 갖추지 않으면 안된다. 선적서류는 다음의 것이 있다.:

* 현재 국제운송체계는 container에 의한 운송방식이 도입되어 복합운송(combined transport)이 대종을 이루고 있으며 또한 공로(air), 육로(road), 철로(railroad)운송이 각각 그 역할이 확대되어 있다. 그러므로 이에서 발생되는 서류는 선박에 선적했음을 나타내는 선적서류이외에도 발송(dispatch), 수탁(taking in charge), 접수(receipt), 수거(pickup)를 나타내는 서류가 발행된다. 그러므로 근래에 와서는 선적서류 대신에 운송서류(transport documents)라고 하여 이들 서류를 모두 포용하는 용어를 사용하고 있음에 유의하여야 할 것이다. 그러나 무역실무거래에서 대금결제와 관련하여 기본을 이루는 것은 선적서류이다. 여기에서는 이러한 관점에서 선적서류를 중심으로 연구하기로 한다.

1 선화증권(Bill of Lading)

해상운송계약의 추정적 증거서류로서 선적물품에 대한 수령증(receipt)이며또한 소지인에 대하여 운송물품의 인도를 약속하고 있는 증서이므로 물권증권(document of title)의 성격을 갖추고 있다. 그러므로 무역거래에서는 물품의 소유권 이전을 전제로 하고 있으므로 백지배서(blank endorsement) 등에 의하여 유통가능한 형태의(in negotiable form)로 발행되어야 한다.

2 상업송장(Commercial Invoice)

수입업자 앞으로 발행되는 적화명세서이며 또한 물품의 가격, 운임, 포장비 등 모든 비용이 명시되어 있으므로 물품의 총 가격에 대한 청구서(document of request)로서의 기능을 가지고 있다.

3 보험증권(Insurance Policy)

해상보험 또는 기타 부가되는 보험규약의 확인서이며 보험구상을 위한 필수 서류이다. 국제간의 무역거래에서의 물품운송은 운송상의 위험에 의하여 손해가 발생하기 쉬우므로 보험에 의한 이의 보호를 필요로 한다.

4 포장명세서(Packing List)

선적화물의 내용, 포장방법, 개수, 중량을 명시한 명세서로서 수출업자가 작성하며 선적서류의 일부로서 사용되는 경우가 많다.

5 영사송장(Consular Invoice)

수출지국가에 주재하고 있는 영사가 물품에 대하여 발부한 사증으로서 수출. 입국에서의 통관상 제출되는 서류이다.

6 원산지증명(Certificate of Origin)

협정세율의 적용이나 수입국의 무역관련법규에 의하여 수입국에서의 통관상 제출되는 서류이다.

7 기타 서류

공인검량인이 작성하는 용량 또는 중량증명서(certificate of measurement and weight), 검사회사가 발행하는 검사증명서(inspection certificate) 등이 필요하다.

2. 대금지급방법

무역거래에 있어서 대금의 결제방법을 수출업자의 선호순으로 구분하여 보면 다음과 같다.

① 주문지급(C.W.O. : cash with order)

② 화환신용장(documentary credit)

③ 화환어음(documentary bills)

④ 상호계산(open account)

⑤ 위탁판매조건 선적상품지급(payment against goods shipped on consignment)

수출업자의 입장에서는 주문시 또는 상품의 선적준비시 대금을 현금으로 지급받게 되는 것은 가장 이상적이라 할 수 있다. 그러나 이러한 형태의 지급방식은 매도자주도형시장(seller's market)에서는 바람직한 것이나 수입업자의 입장에서는 불리하다는 점에서 매수자주도형시장(buyer's market)에서는 실현성이 불가능하다. 그렇다 할지라도 수입업자의 신용에 의심이 가거나 그에게만 적합성을 가지는 상품을 주문함으로써 상품의 일반시장성이 상실하여 있는 경우에는 주문지급방식(cash with order)을 요구하는 것이 안전하다.

다른 한편 위탁판매조건 선적상품인도지급방식이 있다. 상호계산방식은 수입업자측으로 보아 가장 유리한 지급조건이 된다. 그러나 위탁판매조건의 경우에는 상품이 선적됨으로써 수입업자에게 그 소유권이 이전되지 않을 뿐만 아니라 수입업자측으로서는 아무런 의의와 책임을 부담함이 없이 반품할 수 있다.

상호계산방식은 현대의 무역거래에서 광범하게 이용되고 있는데 수출업자는 수입업자에게 상품을 선적하고 선화증권, 상업송장 등을 송부하여 그 소유권(property)의 증서를 이전하게 되나 일정시까지 대금지급을 연기하는 것이다.

위의 대금지급방식에서 송금방식은 대금의 지급방식에 중요한 영향을 미치게 되므로 무엇보다도 중요하다. 송금방식에는 다음의 네 가지가 있다.

① **전신환**(T/T : Telegraphic Transfer) : 이것은 수입업자의 은행이 수출업자소재지의 거래은행에 전신으로 지시하여 수출업자의 계정에 대변기록하도록 하는 결제방식이다.

② **우편환**(A.M.T. or M.T. : Air Mail Transfer or Ordinary Mail Transfer) : 이것은 자금의 이체를 전신에 의한 방식이 아니라 우편에 의한 방식으로 지시하는 방법이다.

③ **수표**(Check or Cheque) : 수입업자 소재지국의 외국환관리법에 따라 다르지만 수입업자는 그 차변의 부채를 수출업자에 수입업자의 수표를 송부함으로써 차감하여 갈 수 있다.

④ **은행환어음**(Banker's Draft) : 이것은 어느 한 은행이 다른 한 은행을 지급인으로 하여 발행된 수표이다.

위에서의 예는 두 가지 극단적인 지급방식에 관한 것이며, 특별한 경우를 제외하고는 대부분의 수출상품대금은 화환어음(documentary bill) 또는 화환신용장(documentary credit)에 의하여 결제되고 있다. 이 방식은 선화증권과 같은 서류의 인도에 따라 상품의 소유권을 이전하게 되는 서류의 제도에 환어음(bill of exchange)의 특수기능을 가미한 것이다.

화환신용장에 대해 앞에서 설명하였으므로 여기에서는 화환어음(documentary bills)에 대하여만 설명하기로 한다. 화환어음방식은 신용장이 첨부되지 않으므로 은행으로부터의 지급약속이 주어지지 아니하며, 다만 선화증권, 상업송장 및 보험증권 등의 선적서류를 담보로 하여 대금을 추심(collection)하게 된다.

화환어음의 추심에 있어서도 어음대금지급시 서류를 인도하는 D/P(documents against payment)와 어음의 인수시서류를 인도하는 D/A(document against acceptance)의 조건이 있다.

Model Letters

예시 1 차변표의 동봉서한

22nd August, 20____

Messrs. Kim & Lee Co.
C.P.O. Box 2937
Seoul, Korea

Dear Sirs,

I regret to have to inform you that an unfortunate error in our invoice No. B.832 of August 18 has just has just come to light. ① The correct charge for nylon shirts, medium, is $215.00 per dozen and not $210.00 as stated. We are therefore enclosing a debit note ② for the amount undercharged, namely $25.00.

The mistake is due to a typing error and we are sorry it was not noticed before we sent the invoice.

Yours faithfully,
Enc. Debit Note No. D. 75

Registered No. 523807 New York

DEBIT NOTE
NO. D. 75

Telegrams :
Nylons New York

Telephone :
061-973 0965

Albion Works,
Thomas Street,
New York,

August 22, 20___

Messrs. Kim & Lee Co.
C.P.O. Box 2937
Seoul, Korea

Dr.③ to
JOHN G. GARTSIDE & CO., LTD.

20___ Aug. 18	To 5 doz. Nylon Shirts, medium charged on Invoice No. B. 832 at $210 per doz. Should be $215.00 per doz. Difference	US$25.00

요지 John G. Gartside & Co., Ltd.가 Kim & Lee Co.에 보낸 송장에서 다스당 21 달러로 기재되었으나 정확한 금액은 215달러이므로 5다스에 대한 차액 25달러를 더 청구하는 차변표를 동봉하는 서한이다.

용어해설

① **come to light** : 「발견되다」

② **debit note** : 「차변표」

a debit note for the amount undercharged, namely $25.00

「(당사가) 과소청구한 금액 말하자면 25달러에 대한 차변표」

cf. overcharge 「과대청구하다」

debit note는 전표의 발행인이 상대방에 대해서 대금을 청구할 권리가 있는 것으로서 이것을 받은 상대방은 debit note에 기재된 금액을 송금해 주어야 한다. debit note는 발행인(주로 seller)이 송장금액에서 과소청구한 금액이라든지, 견품대금청구, 수수료의 청구 등 기타 소액채권의 청구에 사용되는 전표이다. 또한 Buyer가 Seller에게, 상품을 반환하므로써 이와 관련된 반환품 대금에 대해서도 debit note를 보내어 대금을 청구하여 상환 받는다.

③ **Dr.** : 「차변」 Debit 의 약자이다. 즉 John G. Gartside & Co., Ltd.에 대한 차변잔액을 말한다.

예시 2 대변표의 발송요구

John G. Gartside & Co., Ltd.
Manchester, M 60 2 QA

Dear Sirs,

We have today returned to you by M/S ① "SEA BEAR" one empty packing case, charged on your invoice No. B. 832 of August 18 at $225.00.

A debit note for this amount is enclosed and we shall be glad to receive your credit note ② in return.

Yours faithfully,

Registered No. 523807 New York

CREDIT NOTE
No. C. 521

Telegrams : Nylons New York Telephone : 061-973 0965	Albion Works. Thomas Street. MANCHESTER. M 60 2 QA

August 25, 20___

Messrs. Kim & Lee Co.
C.P.O. Box 2933
Seoul. Korea

Cr. by
JOHN G. GARTSIDE & CO., LTD.

20___ Aug. 18	By one case returned. Charged to you on Invoice No. B. 832	US$225.00

요지 John G. Gartside & Co., Ltd.가 작성한 송장 No. B. 832에서 225 달러를 청구한 빈 포장상자를 반환해 주면서 Buyer인 Kim & Lee Co.가 이 상자에 대한 대가로 대변표를 보내 달라는 서한이며, 위의 대변표는 이 경우에 작성되는 것을 예시하고 있다.

용어해설

① **M/S** : 「기선」 Motor Ship의 약자이다. M/V(= motor vessel)라고도 한다.
② **credit note** : 「대변표」 credit note는 전표의 발행인이 상대방에 대해서 지급해야 할 채무가 있음을 통지하는 것으로서 전표에 기재된 금액이 상대방의 채권으로서 발행인에게 예속되어 있음을 나타낸다. credit note는 Seller가 Buyer에게 원송장상에 과다청구된 금액이라든지, 지급해야 할 견품대금이나 수수료 등의 소액채무를 통지하는 데 사용되는 전표이다. 이 전표는 적색용지를 이용한다.

예시 3 반송상품에 대한 대변표

16th September, 19-
Sudo Electronic Ind., Co.
Seoul. Korea

Dear Sirs,

On the first of this month ① we returned to you by parcel post one cassette tape recorder. Model EK. 76, Serial No. 048617-one of a consignment of one hundred delivered on August 5 and charged on your invoice No. 5624 of August 2.

The customer who bought this recorder had complained about its performance. It was for this reason that we returned it to you after satisfying ourselves that the complaint was justified.

We have received no acknowledgment of the returned recorder or of the letter we sent you at the time. It may be that you are trying to obtain a replacement ② for us. but if so and the replacement is not immediately available, please send us a credit note for the invoiced cost of the returned recorder, namely $45.00.

Yours faithfully,

요지 녹음기를 매입한 고객이 그 성능에 대해 불평을 하였는 바 정당하므로 귀사에 반송하였으나 귀사로부터 아무런 통지가 없는 바 귀사는 대체품을 보내 주려고 애쓰고 있는지 모르나 급히 입수가 불가능하면 반환된 송장금액에 대한 대변표를 보내 주시기 바랍니다.

용어해설

① **on the first of this month** : 「이 달초에」
② **a replacement** : 「대체품」, 「a substitute」라고도 한다.

예시 4 계산서에 의한 대금청구

1st September, 20_____

Kim & Lee Co.
C.P.O. Box 2937
Seoul, Korea

Dear Sirs,

We are pleased to inclose our statement of account ① for all transactions during August. If payment is made within fourteen days you may deduct the customary cash discount of 2(1/2)%

yours faithfully,

Enc. Statement of Account

Registered No. 523807 New York

STATEMENT

Telegrams :
Nylons New York

Telephone :
061-973 0965

Albion Works.
Thomas Street.
MANCHESTER.
M 60 2 QA

31st August. 20_____

Messrs. Kim & Lee Co.
C.P.O. Box 2933
Seoul. Korea

In account with
JOHN G. GARTSIDE & CO., LTD.

Date	Item	Debit	Credit	Balance
20_		US$	US$	US$
Aug. 1	Account rendered			115.53
Aug. 18	Invoice B. 832	148.92		264.45
Aug. 20	Cheque		100.00	164.45
Aug 22	Debit Note D. 75	2.50		166.95
Aug 25	Credit Note C. 521		2.25	164.70
	E. & O.E. ②			

요지 8월중 계산서를 동봉하오며 14일 이전에 지급하시면 2(1/2)% 통상적인 현금할인을 공제하셔도 좋습니다.

용어해설

① **statement of account** :「계산서」 계산서는 일정기간 동안 Seller와 Buyer 간의 거래요약서이다. 이 기간 동안에 Seller는 청구해야 할 송장금액이나 과소청구금액, 견품대금을 debit에 기장하고 Buyer에게 debit note를 발송하며, Buyer가 수표를 보내 주거나 credit note를 보내줄 때에는 credit에 기장하여 차변잔액과 상계시키며, 이렇게 하여 기말에 최종적인 잔액에 대해서 Seller가 debit note, credit note와 함께 statement of account를 동봉하여 보내면 buyer가 수표를 보내주게 되어 대금이 청산된다.

② **E. & O.E.** : Errors and omissions (are) excepted「오류와 누락은 제외함」 송장이나 계산서, 견적서 등에 Seller가 이렇게 기재하면 Seller가 서류상에 있을 수 있는 잘못된 것이나 빠진 것을 정정할 권리를 유보함을 의미하나 이는 일방적인 기재로서 법적인 효력을 발하는 것이 아니므로 작성자가 면책되는 것은 아니다.

예시 5 지급기간의 연기요청

August 8. 20____

Daedong Ind., Co.
C.P.O. Box 1002
Seoul, Korea

Dear Sirs,

We have received your letter of 6th August, reminding us that payment of the amount owing on your June statement is overdue. ①

We were under the impression that payment was not due until the end of this month, when we would have had no difficulty in settling our account. It would seem, however, that we misunderstood your terms of payment and in the circumstances should be grateful if you could allow us to defer ② payment for further three weeks. Our present difficulty is purely temporary. Before the end of this month payments are due to us from a number of our regular customers who are notably ③ prompt payers.

We very much regret having to make this request, but hope you will be able to grant it.

Yours faithfully,

요지 8월 6일자 귀 서신을 받았으며, 귀사의 결제조건을 오해하였으니 3주 더 연기해 주시면 고맙겠습니다.

용어해설

① **overdue** :「기한이 지난, 미불의」 *cf.* overdue account「미결제계정」
A statement of your October account is now overdue a month.
「귀사의 10월분 계산서는 현제 1달이나 기한이 경과되었습니다.」

② **defer** :「연기하다, 미루다」 defer payment「결제를 연기하다」

③ **notably** :「현저히, 두드러지게, 명료하게」

예시 6 일부대금의 지급연기요청

July 25, 20_____

Oriental Trading Co., Inc.
Seoul, Korea

Dear Sirs,

I am replying to your letter of July 23 asking for immediate payment of the $125 due on your No. A.V. 54.

When We wrote promising to pay you in full by 15th of this month, we fully expected to be able to do so, but unfortunately we were called upon ① to meet an unforeseen and unusually heavy demand earlier this month.

We are therefore enclosing a cheque for $50 on account ② and ask you to be good enough to allow us a further few weeks in which to pay you the balance. We now have no special commitments outstanding ③ and fully expect to be able to settle your account in full by the end of August. If you could grant the deferment we should be most grateful.

Yours faithfully,

요지 금일 15일까지 전액 지급한다는 약속을 했습니다만 금월 초 예상치도 않은 드물게 보는 막중한 수요를 충족시키지 않을 수 없었습니다. 일부결제로 50달러의 수표를 동봉하오며 8월 말까지 전액 결제할 수 있을 것으로 생각되니 연기해 주기 바랍니다.

용어해설

① **call upon** :「요구하다, ~에게 부탁하다, ~을 방문하다, ~을 지명하다」
We were called upon to~.「하지 않을 수 없었다」

② **on account** :「일부결제로, 증거금으로」

③ **special commitments outstanding** :「지불된 특별한 부채」

예시 7 잔액결제촉구

July 26, 20_____

Ilshin Ind., co
Seoul, Korea

Dear Sirs,

Thank you for your letter of yesterday sending us a cheque for $100,000.00 on account and asking for time to pay the balance.

As your account is now more than two months overdue we find your present cheque quite insufficient and it is hardly reasonable to expect us to wait a further month for the balance, particularly as we invoiced the goods at a specially low price and told you so at the time.

We sympathize ① with your difficulties, but need hardly remind you that it is in our customers' long-term interests to pay their accounts promptly and thus qualify for discounts, and at the same time build a reputation for financial reliability. We hope therefore that in your own interests you will make arrangements to clear your account ② without further delay and look forward to receiving your cheque for the balance on your account within the next few days.

Yours faithfully,

요지 수표를 보내 주신 어제 서신에 감사드리며 귀사의 어려움에 동정이 갑니다만 신속히 결제하여 할인을 해 줄 수 있도록 하는 것이 당 고객들의 장기적인 이익을 위하는 것임을 상기시켜 드리며 다음 며칠 내로 잔액에 대한 수표를 보내 주시기 바랍니다.

용어해설

① **sympathize** : 「동정하다, 동감하다, 조의를 표하다」
sympathize with (someday or something) 「~에 동정하다」

② **clear your account without further delay** : 「더 이상 지체없이 귀사의 계정을 청산하다」

예시 8

은행수표송부

June 20, 20_____

Koryo Mulsan Co., Ltd.
Seoul, Korea

Dear Sirs,

In full settlements of your invoice No. 8254, we have pleasure in sending you our cheque for $82,620.00 drawn on the Export-Import Bank of Korea. Please send us your official receipt.

Yours faithfully,

요지 송장의 전액결제로 한국수출입은행 앞 수표를 보내 드립니다.

예시 9

I대금영수통지

July 3, 20_____

Tailer's Trading Co.
New York

Dear Sirs,

With your letter of June 20 you sent us your cheque for US$82,620.00

in payment of our invoice No. 8254 and we are now pleased to send you our official receipt.

We hope you have been satisfied with our handling of your order and that we may have the pleasure of serving you another time.

Yours faithfully,

요지 수표를 잘 받았으며 또 다른 기회에 봉사해 드릴 수 있기를 바랍니다.

예시 10 지급지연사유설명

Anam Ind. Co., Ltd
G.P.O. 2900
Seoul, Korea

Dear Sirs,

Your invoice No. 627 for $50,000.00 worth of ① goods supplied on July 20 is due for payment at the end of this month. Most unfortunately, a fire broke out in our despatch department last week and destroyed a large part of a valuable consignment due for delivery to a cash customer. Our claim is now with the insurance company, but it is unlikely to be met for another three or four weeks and until then we are faced with a difficult financial problem. ② I am therefore writing for permission to defer payment of your invoice until the end of September.

As you are aware, my accounts with you have always been settled promptly and it is with the utmost regret that I am now forced to make this request. I hope, however, that you will find it possible to grant it. In doing so you would render me a service I should not forget.

Yours faithfully,

요지 지난 주 당사의 발송부서에 화재가 발생하여 현찰 고객들에게 인도될 대부분의

갔진 적송품이 파괴되어 버렸으니, 9월 말까지 송장금액결제의 연기를 허가해 주시도록 서한을 올립니다.

용어해설

① **worth of** : 「~값어치의」

② **and until then we are faced with a difficult financial problem.**
「또한 그때까지 당사는 어려운 재정문제에 직면하고 있습니다.」

예시 11 잔액결제요청

March 23, 20____

Unsung Foodstuff Co., Ltd.
Seoul korea

Dear Sirs,

We have not heard from you since we wrote on March 10 about the unpaid balance of US$42,562.00 on your account, but have not pressed you for a settlement ① because of your past good record.

To regular customers such as you our terms of payment are 3% one month ② and we hope you will not withhold ③ payment any longer and make it necessary for us to receive these terms to your disadvantage. ④ We therefore look forward to receiving your cheque for the above amount.

Yours faithfully,

요지 귀 계정상의 42,562 달러의 미지급잔액에 대해 3월 10일자의 편지 이후에는 소식을 듣지 못했으며 수표를 보내 주시기 고대합니다.

용어해설

① **but have not pressed you for a settlement** : 「그러나 결제를 하도록 귀사에게 강요하지는 않았습니다.」

② **3% one month** : 「한 달 내에 지급하시면 3% 할인조건」(= subject to a deduction of 3% if paid within one month)

③ **withhold** : 「유보하다, 억제하다」

④ **to your disadvantage** : 「귀사에 불리하게」

예시 12 지급지연에 대한 불평

March 16, 20_____

Hanyang Chemicals Co.
Seoul, Korea

Dear Sirs,

It is very difficult to understand why we have not heard from you in reply to our two letters of February 18 and March 2 about the sum of US$96,012.00 due on our December, 20__ statement. We had hoped that you would at least explain why the account continues to remain unpaid. ①

I am sure you will agree that we have shown you every consideration and now, failing any reply to our earlier requests for payment. I am afraid we shall have no choice but to ② take other steps to recover the amount due.

We are most anxious to avoid doing anything from which your credit and reputation might suffer and even at this late stage are prepared to give you a further opportunity to put matters right. ③ We therefore propose to give you until the end of this month to clear your account.

Yours faithfully.

요지 당사는 2월 18일자와 3월 2일자의 양 서한에 대한 회신으로 어찌하여 귀사로부터의 소식이 없는지 이해할 수가 없으며 귀사의 신용과 평판을 훼손시킬 어떠한 행위도 하고 싶지 않으니 이 달 말까지 청산해 주시기 바랍니다.

용어해설

① **why the account continues to remain unpaid** : 「계정에 왜 계속 미결제되고 있는지」

② **have no choice but to** : 「~할 수밖에 없다」

③ **put ~ right** : 「정정하다, 바르게 하다」
a further opportunity to put matters right
「본건을 해결할 수 있는 또 다른 기회」
Your advice for the claim have put the matters right.
「클레임에 대한 귀사의 조언이 오해를 종결시켰습니다.」

Useful Expressions

1. We inclose a statement of your October account and request you for an immediate remittance.
   귀사의 10월분 계산서을 동봉하오며 즉시 송금해 주시기를 요청합니다.
2. Your attention is again called to your bill of US$500.00 for articles purchased during the month of July, 20__81.
   20__81년 7월 중 매입하신 물품에 대한 미화 5백달러의 청구서에 대헤 다시 한 번 귀사의 주의를 환기시키는 바입니다.
3. As we are expecting substantial remittances from our clients within a month, we can definitely promise a cable remittance not later than May 31.
   한 달 내에 당 고객들로부터 꽤 많은 송금이 기대되므로, 5월 31일까지 전신 송금을 약속할 수 있습니다.
4. Thank you very much for your letter of February 20, enclosing a cheque for US$600.00 for samples of dolls.
   인형 견품 대금으로 미화 600달러의 수표를 동봉해 주신 2월 20일자 귀 서신에 대해서 매우 감사드립니다.
5. Inclosed is a check on the Union Trust Company of New York for one hundred US dollar(US$100) in payment for the merchandise.
   상품대금 지급으로 미화 1백달러의 유니온 신탁회사 앞 수표를 동봉합니다.
6. We are enclosing a receipt of Postal Money Order in payment of the invoice amount.
   송장금액을 지급하기 위해 우편환의 증서를 동봉합니다.
7. We have duly credited this amount to your account and enclose our receipt for this.
   이 금액을 귀 계정에 정히 대변기입하였으며 이에 대한 영수증을 동봉합니다.
8. Your account is now two months overdue. Please favor us with your check for US$200.00.
   귀 계정은 2달이나 기간이 경과되었으니 미화 2백 달러의 수표를 보내주시기 바랍니다.

연습문제

1. 58,670 달러의 수표를 보내주신 10월 10일자 귀 서한에 감사드리며 당사의 정식 영수증을 동봉해 드립니다. 이 수표가 일부결제로 보내진 것인지 말씀이 없기 때문에, 금액 58,670 달러가 당사의 9월분 계산서에 나타난 귀 계정상의 잔액인 88,670 달러에 관한 것인지 궁금합니다. 여하튼 다음 수일 이내로 미 청산 잔액 30,000 달러를 보내 주시기를 고대하고 있습니다.

   힌트 • 일부결제로 : on account in part payment
   • 미청산결제 : the uncleared balance

2. 7월분 귀사의 계산서를 점검해 보고 다음 오류를 알려드립니다.
   ① 7월 5일자 귀사의 대변표 제531호에 기재된 빈 포장상자 반환에 대한 10,200달러의 금액이 기장되지 않았으며,
   ② 송장 제825호에 금액 21,600달러가 한 번은 7월 11일과 또 21일에 2번 차기되었습니다.
   그러므로 귀 계산서상에 나타난 잔액에서 금액 31,800달러를 공제하오며 전액결제로 68,8500달러의 수표를 동봉해 드립니다.

   힌트 • 대차표 : credit note
   • 차기되다 : has been debited

3. 모조 진주(상품)에 대한 폐사와의 지난번 거래와 관련하여 귀사는 화물을 수령하는 즉시 미화 10만달러의 잔액을 전신으로 송금해 주시기로 약속하였습니다. 그러나 폐사는 거래은행으로부터 귀사의 송금에 관한 어떠한 통지도 받지 못했습니다. 이번 선적에 관하여 무엇이 잘못되었는지를 알려주시기 바랍니다.

   힌트 • 모조진주 : artificial pearls
   • 무엇이 잘못되었는지 : what went amiss

4. 10월 30일에 미화 3천달러의 차변표를 보내 드렸습니다만 그 금액이 아직 지급이 되고 있지 않습니다. 12월 말까지 귀사로부터 전액 송금을 받지 못한다면 귀사가 당사에 빚지고 있는 금액에 대해서 연 10%의 이자를 부담시켜야 할 것 같습니다. 상호 원만한 거래관계를 유지하기 위하여 약속을 지켜주시기 바랍니다.

   힌트 • 전액송금 : full remittance
   • 부담시키다 : charge

5. 귀사의 제12호와 함께 9월 30일자 서신을 받았습니다. 귀사의 차변표를 좀더 일찍 지급해 드리지 못한 점은 폐사의 실수로서 매우 죄송스럽게 생각하는 바입니다. 그 계정을 결제하기 위해서 9월 30일까지 귀사의 수수료에 해당하는 미화 3,000 달러의 수표를 동봉해 드립니다.

힌트 • 실수로 : by an oversight

6. 아직까지 미불된 잔액은 미화 3,000 달러이며, 별도 지급하시는 불편을 덜어드리기 위해서 이 금액을 다음 번 7월분 청구 시에 포함시켜 계산서를 작성하여 보내 드릴 것을 알려드립니다.

힌트 • ~ 불편을 덜어드리기 위해서 : to save you the trouble of~

Chapter 11

환어음의 취결

〈환어음〉

- Model Forms
- Model Letters

Chapter 11

환어음의 취결

환어음은 채권자(발행인 ; drawer)가 채무자(초발행인 ; drawee)에게 일정 금액을 일정 미래의 일자에 지정인 또는 회사(영수인 ; payee)에 지급할 것을 요구하는 지시서(written order)이다. 현재 이러한 환어음은 거의 외국무역거래에만 그 사용이 제한되어 있다.

환어음의 취결에는 신용장에 의하는 경우와 그렇지 아니한 경우의 두 가지가 있다. 신용장에 의한 환어음의 발행은 신용장 발행은행의 지급약속에 대한 이행을 요구하게 되는 것이나 신용장에 의하지 아니하는 경우는 어음의 피발행인의 인수(acceptance)를 필요로 하는 추심(collection)에 불과하다. 그러므로 무역거래에서는 선적서류를 담보로 하여 지급을 보장하는 화환어음(documentary bill)이 사용된다. 그러나 선적상품 이외의 수수료(commission) 등 기타 금전의 대차관계를 청산하는 데에는 무담보어음(clean bill)이 사용된다.

환어음의 지급조건은 운송서류 지급도조건(Documents against Payment ; D/P)과 인수도 조건(Documents against Acceptance ; D/A)의 두 가지가 있으며 전자는 일람후 일시 지급하여야만 서류가 인도되며 후자는 일람(인도)후 일정기간이 지난 다음에 지급하는 조건으로 서류가 인도되는 것이다.

만기일에 따라 구분하면 일람출급어음「sight bill(or draft) ; demand bill]과 기한부 어음「usans bill (or draft)]이 있는데, 전자는 어음제시일이 만기일이 되며 후자는 일람 후, 즉 제시 후 일정기간이 경과하여 만기가 되는 경우「at…d/d(=days after date]가 있다.

환어음에는 다음과 같은 사항이 기재된다.

① 환어음임을 표시하는 문언(예 : The First Bill of Exchange)
② 일정한 금액의 지불을 지시하는 문언 : 보통 숫자와 문자가 표기되며 양자 사이에 차이가 있으면 문자의 금액을 어음금액으로 간주한다.
③ 지급인의 명칭 : 어음면의 왼쪽 아래 To…. 이하에 기재되며 신용장에서 draw on 다음에 나오는 은행이나 회사 또는 개인이다.
④ 만기일의 표시 : 어음대금의 지급일을 표시하는데 일람출급일 때는 at sight, 기한부 어음은 at ~ days after sight로 표시한다.
⑤ 지급지 : 어음대금을 지급하는 지역을 기재한다.
⑥ 영수인 : 어음대금을 지급받을 자를 기재하며 기명식, 지시식, 지참인식 및 선택무기명식 등이 있다.
⑦ 어음발행인과 발행지
⑧ 발행인의 기명날인

Model Forms

예시 1 환어음

Bill of Exchange No. 210① August 30. 2007② Seoul, Korea③
at ________ Sight④ of this Original of Exchange ⑤ (Duplicate Unpaid)⑥
Pay to the Order of ⑦ The Hanvit Bank Limited Seoul, Korea U.S.$3,000,0000⑧
The Sum of U.S.Dollars Three Thousand Thirteen and Cents Fifteen Only

Value Received⑨ and same to Charge the Account of ⑩
Coast to Coast Stores, P.O. Box 80, Minneapolis, Minn. 55426

Drawn under Letter of Credit No.⑪ Dated⑫ Issued by⑬
8081 (k-293) July 26. 2007 Bank of American Int'l Bank

To⑭ CP Overseas, Inc. (Chicago)
P.O. Box 5938, Chicago, Illinois 60680 Daeyeong Commercial Co., Ltd.⑮
U.S.A. *W. H. Chang*
Manager

요지 수출업자인 대영상사가 한빛은행을 수취인, CP Overseas, Inc.(Chicago)를 매도인으로 하여 발생한 환어음이다.

용어해설

① **No. 210** : 「어음발행번호」
② **August 30, 2007** : 「어음발행일자」
③ **Seoul, Korea** : 「어음발행장소」
④ **at *** sight** : 「지급조건으로」 일람출급임을 뜻하며, 기한부일 때는 at 60 days after sight와 같이 표시한다.
⑤ **this ORIGINAL of exchange** : 「이 원본」 환어음은 분실에 대비하여 2통을 발행하는 바, 이 중 제1권을 ORIGINAL이라고 하고 제2권을 SECOND 또는 DUPLICATE라고 한다.
⑥ **duplicate unpaid** : 「부본이 지급되지 않았다면」 환어음을 이중으로 매도하는 것을 금지시키는 문언이다.
"second of the same tenor and date being unpaid." 「동일한 지급기간 및 일자의 제2권이 지급되지 않았다면」이라고 기재되기도 한다.
⑦ **pay to the order of** : 「~의 지시에 따라 지급하십시오.」 수취인, 일반적으로 매입발행이 기입되며 여기에서는 한빛은행의 지시에 따라 수취인이 정해지는 지시식(to order) 환어음이다.
⑧ **U.S.$ 3,213.15** : 환어음의 금액, 일반적으로 송장금액과 일치한다. 이 금액은 대문자로 다시 타자되며 숫자와 상이할 때에는 문자가 우선한다.
⑨ **value received** : 「(어음)대금수령」 이는 유상조건임을 명시하는 valuation clause이다.
⑩ **charge the same to account of** : 「동 금액을 ~계정에 청구하시오.」 여기서는 "Coast to Coast Store"의 계정으로 결제됨을 의미하며 수입대금을 지급해야 할 수입상사를 기재한다.
⑪~⑬ **drawn under letter of credit No., dated, issued by,** : ~환어음 발행의 근거가 되는 신용장의 번호, 일자, 발행은행을 기재한다. 일반적으로 신용장에서는 환어음에 이러한 문언을 삽입하도록 요구하고 있다.
⑭ **to~** : 어음의 지급인(payer)을 기재하며 L/C base일 때는 opening bank를 일반적으로 기재하지만 D/P나 D/A 등의 추심결제방식일 때는 수입상사를 기재

한다. 여기서는 CP, 즉 상업어음(commercial paper)을 할인하는 CP Overseas, Inc.가 어음인수인이 되어 있다.

⑮ **Daeyung Commercial Co., Ltd.** : 이 어음의 발행인(drawer)이며 일반적으로 수출상사의 회사명을 기재하고 서명·날인한다.

Model Forms

예시 1

D/P환어음 발행통지

The Sidon Electrical Co.

Dear Sirs,

Se were pleased to receive your order① of 29th June and have arranged to ship the electric shavers by s.s. Tyrania, leaving London on 6th July and due to arrive at Incheon on the 24th. As the urgency of your order left no time to make the usual enquiries, we are compelled to place this transaction on a cash basis and have drawn on y our through Midminster Bank Ltd. for the amount of the enclosed invoice. The Bank will instruct their correspondent② in Incheon to pass the bill of lading to you against payment of the draft.

Special care has been taken to select items suited to your local conditions. We hop you will find them entirely satisfactory and that your present order will be first of many.

Yours faithfully,

Encls.: Copies of Shipping Documents

요지 7월6일에 출항하는 Tyrania호 편에 적송조치하고 귀사 앞 D/P조건의 환어음을 발행하였다.

용어해설

① **cabled order** : 전신 주문
② **their correspondent (bank)** : 동 은행의 환어음취결은행

예시 2

기한부환어음 발행통지

The St. Anne Trading Co.,
Quebec

Dear Sirs,

Your Orer No. B.614

We are pleased to inform you that arrangement have now been made to ship the dress goods you order. The consignment will leave London on the 1st of November by s.s. Manchester trader, due to arrive at Quebec on the 22nd.

In keeping with our usual terms of payments we have drawn on you at 60 days and passed the draft and shipping documents to our bankers. The documents will be presented to you by the National Bank of Canada against y9our acceptance of the draft in the usual way.①

Yours faithfully,

요지 의류상품 적송에 대한 계약을 하였음을 알려 드리며 귀사앞 60일 출급 환어음을 발행하였는바 the National of Canada가 동 서류를 제시해 드릴 것입니다.

용어해설

① **against your acceptance of the draft in the usual way** : 「통상적인 방법에 의한 어음인수에 대하여(….를 하게 되면)」

예시 3

수입업자의 환어음 결제이행

Kyeongjin Ind., Co.
Seoul, Korea

Dear Sirs,

When I received your letter of 18th September enclosing invoice No.

562, I was surprised to find you had included a draft for $671.20 with the request that I would accept it to clear my account, with you.

In all previous dealings I have settled my accounts with you promptly by banker's draft and at no time have you raised any objection to① this method of payment. I therefore see no reason② why a method that has proved satisfactory in the past should now be changed and unless there are special reasons for the change. I am afraid I cannot accept your draft. I am therefore returning it with this letter.

Unless I hear further from you, I shall take it that you agree to continue our former arrangement and will settle your account punctually by banker's draft when payment becomes due at the end of next month.

Yours faithfully,
S. Samson

요지 결제수락요구와 함께 671.20달러의 환어음이 동봉되어 있음을 알고 깜짝 놀랐으며 과거에 만족했던 결제방법이 변경된 이유를 알 수 없습니다. 환어음을 반환해 드리며 소식이 없으면 다음 달 말까지 결제하는 것으로 간주하겠습니다.

용어해설

① **raise any objection to** :「~에 이의를 제기하다.」
② **see no reason** :「이유를 알 수 없다.」

예시 4 환어음의 지급거절 및 반환

5th May, 20_____

H.J. Cooper & Co.,
Dear Sirs,

To our surprise a bill drawn by you for the goods shipped by s.s. Ambassador was presented to us today for acceptance. We naturally refused to take up the bill① since we particularly asked for the goods to be sent on consignment ② and gave no authority for you to draw on us.

Moreover, the goods are still on our hands as we have been unable to find buyers at anything like the prices invoiced. We are at a loss③ to understand why in these circumstances you should draw on us and can only conclude that an error has been made.

We shall continue to do our best to sell the goods though we may have to do so at prices bellow those stated. Meanwhile, we are returning your unaccepted draft with this letter.

Yours faithfully,
Gildong Hong

요지 당사는 위탁판매조건으로 상품을 보내달라고 했는데 놀랍게도 환어음이 제시되었습니다. 상품판매에 계속 최선을 다 하겠으며 인수 되지 않은 환어음을 돌려드립니다.

용어해설

① **take up the bill** :「어음을 인수하다.」
② **on consignment** :「위탁판매 조건으로.」

예시 5 환어음지급기간 연장요구

30th November, 20____

Seongjin Ind., Co.

Dear Sirs,

You informed me on 25th November that you intended to draw on me① at two months for the amount due on your invoice No. S. 256, namely $491.54.

Until now I have had no difficulty in meeting my obligations and have always settled my accounts② promptly. I could have done so now had it not been for the bankruptcy of one of my most important customers. I should therefore be most grateful if you could draw your bill at three months instead of the proposed two. This would enable me to meet a temporarily difficult situation, forced upon me by circumstances that could not be foreseen.

Yours faithfully,
Gildong Hong

요지 가장 중요한 고객 중의 한 사람이 파산 되었으므로 제의하신 2개월 대신에 3개월 출급어음을 발행해 주시면 감사하겠습니다.

용어해설

① **to draw on** :「~을 지급인으로 하는 어음을 발행하다.」
② **account** :「계정, 계산서」

예시 6 어음부도에 대한 소송경고

30th November, 20_____

Shinyoung Electric Co.

Dear Sirs,

I regret to say that our bill No. 325 for $962.72 of 15th December was not met when we presented it to the bank tody.

In view of your earlier promise to meet your obligations on the bill, we are both surprised and disappointed that payment has not been made. We should like to feel that there has been some misunderstanding and ask you to be good enough to explain why the bill was not honoured.①

At the same time, we are making a formal request for payment of the sum due and shall be glad to receive your remittance. Should payment not be made, then I am afrid we shall have no choice but to start proceedings for dishonour.②

Yours faithfully,
Gildong Hong

요지 당사의 어음 제325호가 오늘 은행에 제시했을 때 결제되지 않았으며 지급이 이루어지지 않으면 소송을 개시 할 수밖에 없을 것 같습니다.

용어해설

① **to honour** : 미국에선 Honor이며 「어음을 인수·지급하다.」

② **to have no choice but to start proceedings for dishonour** : 「어음부도에 대한 소송 절차를 개시할 수밖에 없다.」

예시 7

지급거절증서의 작성

The Eagle Press Inc.

Dear Sirs,

Although you gave your unqualified① acceptance to our bill No. 185 of 15th December for $762.72, we write to remind you that it was not met when presented for payment yesterday.

Non-payment has obliged us to make a formal protest of the bill② and we now offer you this further and final opportunity to meet your obligations by payment of the sum of $765.22 to cover the amount for which the bill was accepted and the expenses of protest as follows:

Nominal value of the bill : $762.72
Expenses of Proceeding of protest : 2.50

We hope to receive payment within the next day or two so as to avoid our having to take further proceedings.

Yours faithfully,

요지 결제를 해주지 않았기 때문에 어음에 대한 지급거절증서를 작성하지 않을 수 없었으며 나아가 소송절차를 취하는 것을 피하기 위하여 1~2일내에 지급해 주시기 바랍니다.

용어해설

① **unqualified** : 「무제한의, 무조건의, 무자격의」

Although you gave your unqualified acceptance to our bill No. 185.

「귀사에서는 당사의 어음에 대해 전적인 인수를 하셨지만」

② **make a formal protest of the bill** : 「어음에 대한 정식의 지급거절증서를 장성하다.」 protest 는 동사로서 「단언하다. 주장하다. 이의를 신청하다.」 이나 여기에서는 「거절증서를 작성하다.」 라는 뜻으로 상용하고 있음을 주의해야 한다.

예시 8 수출업자의 거래은행에 대한 화환어음 처리요구

Barminster Bank Ltd.

Dear Sirs,

We have today shipped by s.s. Seafarer a consignment of haberdashery① to the Korea Trading Co., Seoul. Since the standing of this company is unknown to us, we do not wish to hand over② the shipping documents, and therefore enclose a sight draft③ on them together with bill of lading and the other shipping documents. In the circumstances, we shall require payment of the draft in full before the documents are handed over and shall be glad if you will instruct your correspondent in Seoul to arrange for this.

Yours truly,

요지 the Korea Trading Co. 에 잡화적송품을 금일 적송하였는바, 동사의 신용상태에 대하여는 잘 알지 못하므로 서울에 있는 거래은행에 운송서류 양도 전에 전액 지급받을 것을 지시해 주시면 좋겠습니다.

용어해설

① **haverdashery** : 「(미)신사용 장신구, 신사용 양품 장수」
② **hand over** : 「넘겨주다. (=transfer), 인도하다.」
③ **a sight draft** : 「일람출급환어음」

Useful Expressions

1. 수입업자가 수출업자에게
Importer to Exporter

1. We have received your invoice No.~ and agree to accept your draft at 60d/s. for the full invoice amount.
   귀사의 송장 제~호를 받았으며 송장금액 전액에 대하여 일람 후 60일 출급으로 귀사의 환어음을 인수 할 것을 동의합니다.
2. Thank you for your letter of ~. We should be glad if you would agree to draw on us at 30 d/s. documents against acceptance.
   ~일자 귀 서신에 감사드리며, 서류인수도 조건으로 일람 후 30일 출급으로 당사 앞 환어음을 발행하는데 동의하여 주시면 기쁘겠습니다.
3. We are sorry to have to ask for the terms of your bill dated ~ to be extended for on month.
   ~일자 귀사의 환어음기간을 한 달 간 연장해 주시도록 요청하게 되어 송구스럽습니다.
4. We regret that at the moment we cannot meet in full our acceptance, which is due for payment on ~ .
   ~일에 지급하여야 할 인수어음을 당장 전액 상환할 수 없음을 유감스럽게 생각합니다.
5. Please draw on us for the invoice amount and attach the transport documents to your draft.
   송장금액에 대하여 당사 앞으로 환어음을 발행하여 주시고 환어음에 선적 서류를 첨부하여 주시기 바랍니다.
6. We should like to pay by bill of exchange at 60 d/s and should be glad if you would agree to this.
   일람 후 60일 출급 환어음에 의해 지급하려고 하오니 이에 동의하여 주시면 기쁘겠습니다.

2. 수출업자가 수입업자에게
Exporter to Importer

1. We have considered your letter of ~ and are pleased to grant the open account terms asked for.

~일자 귀서신을 숙고해 보고 요청하신 상호계산조건을 허용하여 드립니다.

2. As requested in your telex of ~ , we have drawn on you for the sum of at 60 d/s.
   ~일자 귀 텔렉스에서 요구하신 대로 일람 후 60일 출급으로 금액 ~에 대하여 귀사 환어음을 발행하였습니다.
3. We inclose our invoice No. ~ and as requested, have drawn on you at sight for the invoice amount.
   송장 제~호를 동봉하오며 요구하신 대로 송장금액에 대하여 귀하 앞으로 일람 출급 환어음을 발행하였습니다.
4. Please honour our draft when it is presented.
   어음이 제시되면 인수·지급하여 주시기 바랍니다.
5. We have instructed our bank to hand over the transport documents against acceptance (for payment) of our draft.
   당사의 거래은행에 어음인수도 (또는 지급도)조건으로 운송서류를 넘겨주도록 지시하였습니다.

연습문제

1. 포플린 셔츠감 2,000 야들에 대한 6월 25일자 귀사의 주문에 감사드립니다. 셔츠감은 현재 발송할 준비가 되어 있으며 7월 18일 리버플로 출항하는 Export V5호편에 적송될 것입니다. 운송서류를 동봉하오며 또한 일람 후 30일 출급으로 발행된 당사의 일람출급환어음을 동봉해 드립니다.

힌트 • 포플린 셔츠감 : poplin shirting

2. 당사어음의 지급기간을 2개월에서 3개월로 연장을 요청하여 오신 1월 30일자 귀 서한에 회신합니다. 귀사가 언급하시는 특별한 상황 하에서 또한 과거에 결제를 신속히 하여 주셨음을 감안하여 당사는 귀사의 요구를 받아드릴 용의가 있으며 3개월 지급 환어음을 동봉합니다.

힌트 • 당사발행 환어음의 지급기간 연장 : the extension of the tenor of our draft
• ~할 용의가 있다. : be willing to ~

3. 7월 6일에 2천개의 전기면도기 적송품을 광성전기회사에 적송하였습니다. 그러나 이 회사에 대하여 별로 아는 것이 없고 신용상태에 대하여도 검토하여 볼 수 없었었습니다. 그러므로 서류를 인수도 조건으로 합의한 것은 현명하지 못하다고 사료되므로 일람출급 환어음을 발행하고 선화증권과 보험증권을 첨부하여 보내드립니다.

힌트 • 전기면도기 적송품 : a consignment of electric shavers
• ~은 현명하지 못하다. : it would be unwise to ~

4. 동 상품을 판매하는 데 어려움이 있다고 알고 있으나 여기에서는 잘 팔리고 있습니다. 바이어들로부터 주문을 받은 물량을 통보하오니 귀측의 재고물량을 조속한 시일내에 폐측에 송부하여 주시면 감사하겠습니다.

힌트 • ~하는데 어려움이 있다. : find it difficult to ~
• ~에게 송부하다 : pass on to ~

5. 당사는 FOB 조건으로 계약을 하였으므로 운송 중에 발생한 사고에 대하여는 책임을 지지 않습니다. 죄송하지만 동 상품을 부보하였던 ABC 보험회사에 보상을 요청하시기 바랍니다.

힌트 • ~에 대하여 책임지다 : be responsible for ~

6. 매수인은 그 서류를 검사할 상당한 기회와 이에 필요한 시간을 향유할 권리가 있습니다. 그러나 신용장거래에서 이에 일치하는 제시에 따른 서류가 제시되면 물품을 검사하지 못하였다는 이유로 인하여 그 서류를 수리하여 대금지급을 거절할 수 없다.

힌트 • ~ 할 권리가 있다. : be entitled to ~
• ~ 만을 이유로 : on the plea only that

7. 교역량이 미미함으로 현재 한국과 인도 간을 왕래하는 정기선은 별로 없습니다. 한 달에 4편의 정기선이 일본과 캘커타 간에 있기는 하지만 이중 3편은 공산국적 이어서 한국으로 향하는 화물의 선적은 허용되지 않습니다. 그러나 최근 한국정부의 대 공산국 완화정책으로 어느 국적선에도 수입물품의 선적이 가능하게 되었습니다.

힌트 • 공산국적의 : of communist flag
• 대 공산국 완화정책 : our recent mitigated policy against communist countries

8. 귀사의 환어음에는 하기 서류들을 첨부하여야 하며 이 서류들은 인수도 조건으로 당사에 인도하여야 합니다. 귀측에서 신용장조건에 일치하는 환어음에 서류를 첨부하여 제시하면 만기일에 인수·지급하겠습니다.

힌트 • ~ 이 첨부되어야 한다. : must be accompanied by ~
• 만기에 : at maturity

9. "선플라워"호 편에 선적한 강모 3천 킬로그램의 선적품은 당지에 안전하게 도착하였습니다. 그러나 검역증명서를 보내주시지 않아서 통관이 곤란합니다.

힌트 • 강모 : bristle
• 통관하다 : clear the customs

10. 귀측에의 선적품 대가를 청구하기 위해 당사는 신용장조건에 일치하는 일람 후 60일 출급환어음을 발행 운송서류를 첨부하여 카이로의 Banque de Commerce에 매도하였습니다. 환어음이 제시되는 즉시 인수·지급하여 주시기 바랍니다.

힌트 • 매도하다. : to negotiate
• 인수·지급하다. : to honor

12 Chapter 손해배상청구 및 조정

Chapter 12

손해배상청구 및 조정

1. 손해배상청구(claim)와 그 원인

무역거래에서 상대방의 거래계약의 불이행에서 불만족한 사실이 발견되어 불평불만(complaint & dissatisfaction)의 정도가 심각하여 금전적 보상을 필요로 하는 경우 개관적이고 타당한 근거에 의하여 피해당사자는 손해배상청구를 하게 된다. 이때에 청구자(claimant)는 피 청구자(claimee)에 대하여 계약 불이행으로 인하여 발생한 손해를 보상받기 위한 청구행위를 클레임(claim)이라 한다.

손해배사청구의 원인은 그 성질로 보아 운송기관 및 보험회사에 관련된 것도 있으나 여기에는 매매계약상의 조건에 대한 위반내용을 따지는 매매클레임(trade claim)으로서 거래 당사 간에 발생하는 분쟁의 원인과 그 종류는 다음과 같다.

① 품질면 : 품질불량(inferior quality), 품질상이 (different quality), 물품상이 (wrong goods)

② 수량면 : 착하부족(shortage), 감량(diminution)

③ 인도면 : 선적지연(delayed shipment), 불인도(non-delivery), 화물의 손상(damaged goods), 불완전하조(incomplete packing), 불법선적(illegal shipment)

④ 가격면 : 추가비용(extra expenses), 초과지급(over payment), 지급지연(delayed payment)

⑤ 계약면 : 계약 불이행(breach of contract), 계약취소(cancellation of contract)

⑥ 기 타 : 기제사항의 차이(misdescription), 송장금액의 오류(incorrect invoice amount), 태만(negligence)

2. 조정(conciliation)

Claim의 조정방법에는 당사자 간의 타협하여 문제를 원만히 해결하는 화해(compromise), 제3자의 중재자(arbitrator)에 의하여 해결하는 중재(arbitration) 및 재판에 의하여 해결하는 소송(litigation)이 있으나 소송보다는 중재가 중재보다는 화해가 화보다는 분쟁의 예방(prevention of disputes)이 최선의 방법이다. 매매당사자는 claim을 원만히 해결하기 위하여 계약서에 중재조항(arbitration clause)을 규정하여야 하는데 이때에는 클레임의 제기기간, 해결방법, 중재기관, 중재규칙, 비용부담 등을 명시적으로 다음과 같이 규정하여야 한다.:

1 중재장소의 명시

“Any dispute or claim arising out or relating to this contract shall be settled by the Korean Commercial Arbitration Board."

2 중재규칙의 적용명시

“All dispute, controversies, or differences which may arise between the parties, out of, or in relation to, or in connection with this contract, or the break thereof, shall be finally settled by arbitration in Seoul, Korea in Arbitration Board and under the Law of Korea. The award rendered by the arbitrator(s) shall be final and binding up both parties concerned.”

3 중재자 선정방법 및 비용부담 명시

“All claims and dispute which can not be amicably settled between Sellers and Buyers shall be submitted to arbitration in ~ Arbitrators shall be consisted of two members, one to be named by the Sellers and one by the buyers. Should the arbitrators be unable to agree, shall select an umpire whose decision shall be final and binding. All the expenses to be borne by the loser."

중재의 2요소는 ①중재장소(place of abitration), 중재기관(arbitration body), 중재규칙(arbitration rule)이다. 중재장소가 합의되어 있지 않을 시에는 중재장소를 신청인의 국가로 하는 원고지국가원칙과 피신청인의 국가로 하는 피고지국가원칙이 있다.

3. Claim 에 관련된 서한작성

1 클레인 제기서한

Claim을 제기할 때는 발생즉시 지정된 기간 내에 하여야 하며 흥분한 나머지 상대방의 잘못을 나무라고 일방적인 요구만을 강요하는 것은 오히려 사태를 설상가상으로 악화시키는 결과를 가져오기 쉬우므로 사실에 입각하여 다음의 사항을 세심한 주의를 기우려 진술할 필요하다.

① 잘못된 사항은 정학하게 제시하고
② 주문서번호, 송장번호, 일자 등 및
③ 요구사항을 정확히 통고한다.

Claim 제기 시 서한 작성에 있어서는 Hotchkiss and Drew가 New Business English의 저서에서 감정의 노출이나 풍자어의 사용을 금하며, 무례함이나 힐책 등은 무의미하다고 다음과 같이 지적하고 있다.

"A claim must be courteous, and courtesy does not admit of temper or use of sarcasm. When we feel we have a grievance, it is difficult to remain calm, but rudeness, sarcasm, and vituperation never accomplish anything except perhaps to delay and aggravate settlement."

2 클레임 조정서한

클레임서한을 받으면 일단 처음에는 고객이 불평 또는 손해배상 청구한 데 대하여 감사의 뜻이나 유감 또는 동정의 뜻을 표하고 다음에는 불평이나 요구내용을 조사하고 정당한 경우에는 요청대로 응하고, 부당한 클레임이 확실할 경우에는 그 이유를 제시하여 납득을 시키고 설명을 해 주어야 한다. 끝으로는 이러한 점을 지적해 준데 대하여 감사를 드리고 앞으로는 보다 나은 거래관계와 서비스를 보장하도록 노력할 것임을 피력하여 선린의 관계를 유지하도록 하여야 한다.

Model Letters

예시 1 **상품불만**

2nd May, 20_____

Daedong Ind., Co.,
Seoul, Korea

Dear Sirs,

After carefully examining the dress materials supplied to our order of 5th April, we must express surprise and disappointment at their quality. They certainly do not match the samples you sent us.

Some of them are so poor that we cannot help feeling there must have been some mistakes in making up① the order.

The materials are quite unsuited to the needs of our customers and we have no choice but to ask you to take them back② and replace them by materials of the quality ordered. If this is not possible then I am afraid we shall have to ask you cancel our order.

We have no wish to embarrass③ you and if you can replace the materials we are prepared to allow the stated time for delivery to run from the date you confirm that you can supply the materials we need.

Yours faithfully,

요지 옷감을 세밀히 검토해 보니 귀사가 보내준 견물과 맞지 않으므로 대체해 주시기 바라며 불가능하다면 주문을 취소할 수밖에 없을 것 같습니다.

용어해설

① **make up** : 「공급하다. 조작하다. 형성하다, 조조하다, 보충하다, 작성하다. 분장하다」
② **take back** : 「돌려받다, 취소하다.」
③ **embarrass** : 「난처하게 하다. 곤란하게 하다. 방해하다」

예시 2 전 서한에 대한 회신

25th May, 20____

Freeman Tyler Company
London, EC3V 6AA

Dear Sirs,

We regret very much to learn from your letter of 2nd May that you are not satisfied with the dress materials supplied to your order No. 87.

From what you say it seems possible that some mistake has been made in our selection of the materials meant for you① and we are arranging for our Mr. Kim to call on you later this week to compare the materials supplied with the samples from which you ordered them.

If it is found that our selection was faulty, then you can most certainly rely on us to replace the materials. In any case, we are willing to take the materials back and, if we cannot supply what you want, to cancel your order, though we should do this reluctantly since we have no wish to lose your custom.②

Yours truly.

요지 옷감 선정에서 잘못이 있었던 것 같으며 이번 주말 김 선생을 방문토록 하여 검사하고 결함이 발견되면 대체토록 할 것입니다.

용어해설

① **meant for you** : 당신에 주어진
This present is meant for you. 이 선물은 당신에게 드리는 것입니다.
② **since we have no wish to lose custom** : 귀사의 단골을 놓치고 싶지 않기 때문에

예시 3 만년필에 대한 클레임

10th May. 20_____

Grill & Grossmann
1010 Wien, Austria

Dear Sirs,

We have recently received a number of complaints from customers about your fountain pens. The pens are clearly not giving satisfaction and in some cases we have had to refund① the purchase price.

The pens complained about are part of the batch② of five thousand supplied to our order No. 8562 of 28th March. This order was placed on the basis of a sample pen left by your representative. We have ourselves compared the performance of this sample with that of a number of the pens complained about and there is little doubt that many of them are faulty : some of them leak and others fail to write without making blots.③

The complaints received relate only to pens from the batch referred to. Pens supplied before these have always been satisfactory. We are therefore writing to ask you to accept return of the unsold balance, amounting to 377 pens in all, and to replace them by pens of the quality our earlier dealings with you have led us to expect.

Yours truly,

요지 고객들로부터 귀사의 만년필에 대해 많은 불평을 들었는바 377개에 달하는 매잔품을 반환할 것임을 알려드리며 이를 수락하기를 바라며 종전에 sample로 주었던 펜으로 대체하여주시기를 바랍니다.

용어해설

① **refund** :「환불하다. 되찾다.」
② **batch** :「한 벌, 한 묶음」
③ **fail to write without making blots** :「쓰기만 하면 꼭 얼룩이 지다.」

예시 4

전 서한에 대한 회신

12th May, 20____

Arco London Ltd.
50 Victoria Road
Surrey, KT64NQ

Dear Sirs,

We have received your letter of 10th May and very much regret the difficulties you are having with the pens supplied to your order No. 8562.

All our pens are manufactured to be identical① in design and performance and it is difficult to understand why some of those sold to your customers should have given trouble. From what you say it would seem that a number of the pens included in the latest batch escaped the examination we normally give to all pens in our inspection department where each pen is individually examined before being passed into store.

We understand your problem, but regret that we cannot accept your suggestion to take back all the stock unsold from the batch about which you complain. Indeed, there should be no need for this since it is unlikely ② that the number of faulty pens can be very large. We will of course gladly replace any pen found to be unsatisfactory and on this particular batch are prepared to allow you a special discount of 5% to compensate for your trouble.

We trust you will accept this as being a fair and reasonable solution of the matter.

Yours faithfully,

요지 귀사의 어려움에 대하여 이해하는 바입니다만 귀사의 제안을 수락 수가 없으며 만족스럽지 못한 것에 대하여는 5%의 특별할인을 해드릴 것입니다.

용어해설

① **identical** :「동일한, 동등한, 똑같은」
be identical in design and performance :「디자인과 성능이 동등하다.」
② **unlikely** :「있음직하지 않은, 정말 같지 않은, 가망성이 없는」
It's most unlikely that he should have written such a letter. :「설마 그가 그런 편지를 썼을까.」

예시 5

축음기 레코드에 대한 불만

10th January, 20____

Oskar Karia
1031, Wien
Austria

Dear Sirs,

Our Order No. R. 569

Of the gramophone① records we ordered on 3rd January were delivered yesterday, but I regret to report that eight were badly broken and four others cracked.

The package containing the records appeared to be in perfect condition and I accepted and signed for it without question.② I unpacked the records myself with great care and can only assume that the damage must be due to rough handling in transit.

With this letter I am sending the title labels from the damaged records and shall be glad if you will replace all twelve. Meanwhile, I have put the damaged records aside③ in case you need them to support your claim on the carriers for compensation.

Yours faithfully,

요지 축음기 8대는 심하게 깨지고 다른 4대는 금이 갔으니 12대 모두 교체하여 주시기 바랍니다.

용어해설

① **gramophone** : 「축음기」 Phonograph이라고도 하나 신용어로 record payer라 함.

② **without question** : 「의심할 나위도 없이, 틀림없이」 beyond all question과 같은 뜻
cf. in question(=being talked about) : 「문제가 된, 논의 중인」
out of question(=impossible) : 「불가능한」, (=certainly) 「틀림없는」

③ **put ~ aside** : 「치우다, 따로 두다, 밀어젖히다.」

예시 6 전 서한에 대한 회신

12th January, 20_____

Leone Traders
28 Kingsway
London, WC 2B 6AB

Dear Sirs,

<u>Your Order No. R.569</u>

We are sorry to learn from your letter of the 10th that some of the records supplied to the above order were damaged when they reached you. We will certainly replace them and have in fact already done so, replacements① having been sent by parcel post this morning.

Despite the care we take in packing records sent by carrier there have recently been several reports of damage. To avoid further inconvenience and annoyance to customers, as well as expense to ourselves, we are now seeking the advice of a packaging consultant② and hope he will be able to suggest improvements in our methods of packing.③

We regret the need for you to write to us and hope the steps we are taking will ensure the safe arrival of all your orders in future. It will not be necessary for you to return the broken records and they can be destroyed.

Yours truly,

요지 축음기 레코드 대체품을 소포우편으로 보내 드리며 깨진 것은 반환하실 필요가 없고 처분하셔도 좋습니다.

용어해설

① **replacement** : 「대체, 대신, 교환품」
② **consultant** : 「고문, 상담역, 진단원」
the advice of a packaging consultant : 「포장 관계 상담전문가의 조언」
③ **packing** : 여기에서 packing과 packaging의 의미를 구분할 필요가 있다. packing은 운송을 위하여 짐을 싸는 의미의 하조를 말하며 packaging 상품을 형성하기 위한 내부 포장을 의미한다.

예시 7 손상품에 대한 할인요구

15th August, 20_____

Garment Services
120 Kingsway
Liverpool, L20 6HJ

Dear Sirs,

The carpet you supplied to our order No. C. 395 of 3rd July was delivered by the railway company this morning. We noticed that one of the outer edges of the wrapping had been worn through, presumably as a result of friction in transit,① and when we took off the wrapping were surprised to find that the carpet itself was soiled and slightly frayed② at the edge.

This is the second time in three weeks we have had cause to write to you about the same matter and we find it hard to understand why precautions could not taken to prevent a repetition of the earlier damage.

Although other carpets have been delivered in good condition, this second experience within such a short time suggests the need for special precautions against friction when carpets are sent rail and we hope that in handling our future orders you will hear this in mind.③

The present carpet is usable, but because of its condition we cannot offer it for sale at the normal price and suggest that you make us an allowance④ of 10% on the invoiced cost. This is the amount by which we propose to reduce our selling price. If you cannot do this, then I am afraid we shall have to return the carpet for replacement.

Yours faithfully,
Gildong Hong

요지 포장한 천의 외부 한쪽 끝이 닳아 빠져서 뜯어보았더니 카페트가 오손되고 끝이 다소 헤어졌습니다. 정상적인 가격으로는 이를 판매할 수 없으니 10% 할인 해주시기 바라며, 불가능하다면 대체하도록 반환할 것입니다.

용어해설

① **presumably as a result of friction in transit** : 「추측컨대 운송중의 마찰로 인하여」

② **fray** : 「헤어지다. 비비다. 문지르다.」
be soiled and slightly frayed at the edge : 「오손 (汚損)되고 끝이 다소 헤어지다.」

③ **bear this in mind** : 「이를 명심하다.」

④ **allowance** : 「급여, 수당, 공제, 할인」

예시 8 전 서한에 대한 회신

Messrs. H.J. Cooper & Co., Ltd
20 Fore Street
London, WC1B 3BT

Dear Sirs,

We are very sorry to learn from your letter of 15th August that the carpet supplied to your order No. C.395 was damaged when delivered.

Our head packer① informs us that the carpet was first wrapped in heavy, oiled waterproof paper② and then in double thickness of jute③ canvas. Under normal conditions this should have been enough protection. It is, however, evident that transport by rail calls for special packing precautions and we are grateful to you for pointing this out. In all future consignments by rail end packings will be specially reinforced and this we hope will prevent any future damage.

We realize the need to reduce your selling price for the damaged carpet and readily agree to the special allowance of 10% which you suggest.

Yours faithfully,

요지 카페트가 손상되었음을 아고 죄송스럽게 생각하오며 귀사가 제의하신 10% 특별 할인을 해드릴 것을 쾌히 동의합니다.

용어해설

① **our headpacker** : 「당사의 포장주임」
② **in heavy oiled waterproof paper** : 「강력 방수유지에 의하여」
③ **jute** : 「황마, 인도삼」 - 돛배, 밧줄 등의 원료로 많이 쓰인다.
jute canvass : 「황마포」

예시 9 상품 미도착에 대한 불평

Mutawa Trading Enterprises
P.O. Box 2028, Doha
Qatar

Dear Sirs,

It is now three weeks since we placed our order for printed headed notepaper① and invoice forms. You acknowledged the order on 30th September, but as we have not yet received advice of delivery we are wondering if the order has since been over looked.

When your representative called, he promised early delivery and this was an important factor in persuading us to place the order② with you. The delay in delivery is now causing inconvenience and we must ask you to complete the order immediate, otherwise we shall be obliged to③ cancel it and obtain the stationery elsewhere.

Yours faithfully,

요지 주문한지 3주가 지났는데 아직 인도통지를 접수하지 못하였으니 즉시 송부바랍니다. 만일 그러하지 않을 때에는 주문을 취소하지 않을 수 없습니다.

용어해설

① **printed headed notepaper and invoice forms** : 「편지의 서두 (letterheading)가 인쇄되어 있는 편지지와 송장양식」
② **order** : 「주문, 주문품, 주문서, 지시, 지시인」
order ~ from – : 「–로부터 ~을 주문하다.」
place an order for (on) ~ with – : 「–로부터 ~을 주문하다.」
③ **be obliged to** : 「~ 하지 않을 수 없다.」

예시 10 전 서한에 대한 회신

Panorama Co.
London, WC1R 4TN

Dear Sirs,

Thank you for your letter of the 18th. We quite understand your annoyance at not yet having received the stationery ordered on 26th September.

Orders for printed stationery are at present taking from three to four weeks for delivery and our representatives have been instructed to make this clear to customers. Apparently, you were not told that it would take so long and we regret this.

However, on receiving your letter we put your order in hand ① at once. The stationary will be sent from here tomorrow by express parcel post② and it should reach you within twenty-four hours of your receiving this letter.

It is very unfortunate that there should have been any misunderstanding, but we hope you will forgive the delay it has caused.

Yours faithfully,

요지 문구류를 아직 받지 못한 고충을 이해하오며 주문품 인도에 3~4주가 소요된다는 사실을 알려드리지 못한 점 죄송스럽게 생각하며 이 서한 접수 후 24시간 내에 물품이 도착하게 될 것입니다.

용어해설

① **put ~ in hand** : 「착수하다.」
put your order in hand : 「주문조달을 착수하다.」
② **by express parcel post** : 「빠른 우편으로」

예시 11 인도지연에 대한 물만

Leone Traders
Manama, Bahrain

Dear Sirs,

We regret to have to complain about late delivery of the filing cainets ordered on 2nd July. We did not receive them until this morning though you had guaranteed delivery within a week. It was on this understanding ① that we placed the order.

Unfortunately, there have been similar delays on several previous occasions ② and their increasing frequency in recent months compels us to say that business between us cannot be continued in conditions such as these.

We have felt it necessary to make our feelings known since we cannot give reliable delivery dates to our customers unless we can count on③ undertakings given by our suppliers. We hope you will understand how we are placed and that from now on we can rely upon punctual completion of our orders.

yours faithfully,

요지 7월 2일에 주문한 서류보관용 캐비넷이 늦게 도착하였으며 과거 몇 차례도 그랬던 적이 있으므로 당 고객들에게 확실한 인도일자를 제시할 수 없는 입지에 있습니다. 앞으로 주문이행에 시일을 엄수하여 주시기 바랍니다.

용어해설

① **on this understanding** :「이러한 조건으로」 on this condition의 뜻
② **on several previous occasions** :「지난번 몇몇 경우에」
③ **count on** :「의지하다. 의뢰하다.」

예시 12 전 서한에 대한 회신

FLING EQUIPMENT CO.
Greenfield
Oldham, OL3 7LE

Dear Sirs,

Your letter of 18th July complaining of delay came as a surprise as the absence of any earlier complaints had led us to believe that goods supplied to your orders were reaching you punctually.

It is our usual practice to send goods by the carriers well in advance of promised delivery dates① and the cabinets you refer to, left here on 5th July. We are very concerned that our efforts to give punctual delivery should be frustrated② by delays in transit. It is very possible that other customers are also affected and we are taking up the whole question with the carriers.

We thank you for drawing our attention to③ a situation of which we had been quite unaware until you wrote to us and ask you to accept our apologies for the inconvenience you have been caused.

Yours faithfully,

요지 일찍이 불평이 없었기에 상품이 적시에 도착한 것으로 인식하고 있었으나 귀사의 서한을 받고 놀라지 않을 수 없었습니다. 모든 문제가 운송과정중의 지체에서 발생하였으므로 이들과 신중히 논의하고 있으며 불편을 끼쳐드려 죄송하다는 말씀을 드립니다.

용어해설

① **in advance of promised delivery dates** :「약속한 인도일자 보다 일찍이」
② **frustrate** :「좌절시키다. 헛되게 하다, 타도하다, 실패하게 하다.」
③ **draw attention to** :「~에 주의하다.」

예시 13

불만여부타진

Coast Line Co.
Alexandria
Egypt

Dear Sirs,

We are sorry to notice that we have had no order from you since last April. As you have at no time complained either about our products or about the quality of our service, we can only assume that we have given you no cause to be dissatisfied. If we have, then we should be glad to know of it.

If the cause of your discontinued orders is the present depressed state of the market,① you may be interested in our latest price-list showing a reduction of 7 1/2% on all grocery items,② and we enclose a copy.

We look forward to your custom, which we always valued, and should there be any matter in which we have given you cause to be dissatisfied, hope you will give us the opportunity to put it right.③

Yours faithfully,

요지 지난 4월 이래 귀사로부터 주문을 받지 못 했으며 계속 주문을 하지 않는 이유가 가 시장의 침체현상이 원인이라면 모은 식료품에 대하여 가격인하를 하여 드립니다. 또한 당사의 식료품에 대하여 불만이 있다면 이를 시정할 수 있는 기회를 주시기 바랍니다.

용어해설

① **the present depressed state of the market** :「현재의 침체된 시황」
② **Grocery item** :「식료품류」
③ **put ~ right** :「~를 시정하다. 바로 잡다.」

예시 14

전 서한에 대한 회신

Fernandez Company
Surrey, CR2 4TJ
United Kingdom

Dear Sirs,

We are replying to your letter of 5th July. Since you wish to know why we have placed no further orders with you recently. We are willing to raise a matter that has caused us some annoyance.

On 21st April last we sent you two orders, one for $450 and one for $70. Your terms① provided for free delivery of all orders worth $200 or more, but although you delivered these two orders together you charged us with the cost of carriage.② As the orders were submitted on different forms we grant that you had a perfect right to treat them as separate orders, but for all practical on the same day and delivered at the same time. The fact that you did not do this seemed to us to be a particularly ungenerous③ way of treating a regular customer of many years' standing.

Having now given you our explanation, we should in return welcome your comments.

Yours truly,

요지 최근 주문을 하지 않은 것은 귀사의 결제조건에서 합의 사항과 달리 운송료를 계상하여 청구하였기 때문입니다. 그러므로 귀사의 고객에 대한 태도에 불만이 그 원인이라 할 것이며 이에 대하여 귀사의 의견을 듣고 싶습니다.

용어해설

① **at the time** : 「그 당시에」
② **you charged us with the cost of carriage** : 「귀사는 당사에 운임을 청구하였습니다.」
③ **ungenerous** : 「비역한, 인색한, 옹졸한, 도량이 좁은」

예시 15

품질불량에 대한 불평

Angel Co., Ltd.
Manchester, M60 2QA
England

Dear Sirs,

Since I last wrote to you on 15th May, I have received you consignment of worsted cloth① shipped by s.s. Morning Star and regret to report that it is not of the quality and colour of the sample piece I sent you. Not only is the cloth supplied of poorer quality, but it is also of a lighter shade and when I passed it to my customers, they at first refused to accept it. It was only after much persuasion that② they agreed to take it with an allowance of 3p a yard.

I am enclosing my account sales for this consignment and also for the serge shipped by s.s. Glengarry at the beginning of May, together with a draft on the Bank of Australia for $382.75. As already explained in my letter of May this serge also was unsatisfactory and compelled me to sell at 2p a yard below the invoiced price. There have also been complaints on a number of other occasions.

I hope to be able to send you further orders shortly, but must ask you to make sure that there is no repetition of the difficulties to which these two and some earlier consignments have given rise.③ I cannot always hope to be successful in selling goods that are not exactly as ordered.

Yours faithfully,

요지 소모사직물의 적송품을 수령하였으나 모내주신 견품원단의 품질보다 저질이고 색상도 엷어서 고객에게 할인하여 겨우 인도하는 실정입니다. 이러한 일이 되풀이 되지 않도록 하여 주시기 바랍니다.

용어해설

① **worsted** :「소모사(梳毛絲), worsted cloth는 소모사직물이라고 하는데 소모사는 털실의 섬유방향이 실의 방향에 평행하며 윤이 나고 실 내부에 빈틈이 작다. 이러한 모사를 이용하여 만든 모직물을 소모사직물이라고 하며 serge, gabardine, tropical, mousseline 등이 있으며 주로 양복지로 쓰인다.

② **it was only after much persuasion that ~** :「상당히 설득한 연후에 ~하였다.」

③ **give rise to ~** :「~을 발생시키다. 야기하다.」

Useful Expressions

A. Making Complaints

openings

(a) Delay

1. The goods we ordered from you on~ { have not yet been delivered are now urgently required. / should have reached us a week ago. }

   ~ 일에 귀사에 주문한 상품은 { 아직 인도되지 않았습니다. / 지금 급히 필요합니다. / 일주일 전에 도착되었어야 했습니다. }

2. Delivery of the goods ordered on ~ is now considerably overdue.
   ~ 일에 주문한 상품의 인도기일이 지금 상당히 지났습니다.
3. We regret having to report that we have not yet received the goods ordered on~.
   ~ 일에 주문한 상품을 아직 받지 못하였음을 알려드리지 않을 수 없음을 유감스럽게 생각합니다.

(b) Damage

4. We are sorry to report that one the cases of your consignment was badly damaged when delivered on ~.
   귀사 적송 상자중의 하나가 ~ 일에 인도되었을 때 심하게 파손되었음을 알려드리게 되어 송구스럽습니다.
5. We are writing to inform you that case No. ~ despatched under your advice of ~ was badly damaged when delivered.
   귀사의 ~ 일자 통지에 의거 발송된 상 제 ~ 호는 인도 시 심하게 파손되었음을 통지하기 위하여 서한을 보냅니다.

(c) Quality

6. When we came to examine the goods { despatched by you on ~ we found that ~ / received against our order No. ~ we found that ~ }

~일에귀사가발송하여주신 / 당사의 주문서 제 ~ 호에 의거 수령한 } 상품을 검사해 보고 ~ 을 알게 되었습니다.

7. We have received a number of complaints from several of our customers concerning the ~ supplied by you on ~ .
~ 일에 귀사가 공급하여 주신 ~ 에 대하여 몇몇 폐사 고객들로부터 많은 불평을 접수하였습니다.

Endings

8. We shall be glad if you will look into the matter at once and let us know the reason for the delay.
~ 즉시 문제를 조사하셔서 지연 이유를 알려주시면 고맙겠습니다.
9. We look forward to hearing that the goods will be sent straight away.
~ 상품을 당장 발송해 주신다는 소식이 있기를 고대합니다.
10. We feel there must be some explanation of the delay and await your reply with interest.
~ 지연에 대한 해명이 틀림없이 있을 것으로 사료되며 귀사의 회답을 관심을 가지고 기다리고 있습니다.
11. We assume you will be taking up the matter with the carrier at your end.
~ 귀하께서 그 문제를 귀측의 운송회사와 논의하실 것이라 생각합니다.
12. We shall be glad to learn that you are prepared to make some allowance for the damages and inferior quality of the merchandise we have reported.
~ 폐측이 통보한 바 있는 손해 또는 동 상품의 저 품질에 대하여 다소의 할인을 해주실 요의가 있는지 알려주시면 좋겠습니다.

B. Replying to Complaints

Openings

(a) Delay

1. We are very concerned to learn from your letter of ~ that the goods we sent to your order of ~ did not reach you until ~ .
~ 일자 귀측이 주문에 대하여 폐측이 송부한 물품이 ~ 일에 이르기 까지 귀측에 도착하지 않았다는 ~ 일자 귀측의 서신을 통하여 알게 되었음에 대단히 염려하고 있습니다.

2. We are very sorry that you should have cause to complain about delay in the delivery of ~ .
~ 의 인도지연으로 인하여 귀측에 분만의 원인을 가지게 하였음을 대단히 송구스럽게 생각합니다.

3. We are very disturbed at the complaint contained in your letter of ~ .
~ 일자 귀측 서한에서 거론하신 불평에 대하여 폐측은 극히 우려하고 있습니다.

4. We are sorry to learn
5. We note with regret
6. We very much regret to learn

} that you are not satisfied with the quality of the goods supplied to your order of ~.

~ 폐측은 ~ 일자 귀측의 주문에 공급한 물품의 품질에 대하여 귀측이 불만족하고 있음을

(4) 알고 송구스럽게
(5) 유감스럽게
(6) 매우 유감으로

} 생각합니다.

7. Thank you for your letter of ~ . It has given us the opportunity to put right a most unfortunate mistake.
~ 일자 귀 서한을 감사히 받았습니다. 폐측은 귀 서한을 통하여 가장 불미스런 오류에 대하여 시정할 수 있는 기회를 가지게 되었습니다.

8. We hasten to reply to you letter of ~ and to apologize for the unfortunate mistake you pointed out.
~ 일자 귀 서신에 대하여 화급히 회신하오며 지적하신 불미스런 오류에 대하여 사과드립니다.

Endings

9. We assure you that we are doing all we can to speed up delivery and offer our apologies for the inconvenience the delay is causing you.
   폐측은 인도를 신속히 진행하기 위한 모든 수단을 다하고 있음을 확약하며 아울러 인도지연으로 인하여 귀측에 끼친 불편에 대하여 사과드립니다.
10. We hope you will be satisfied with the arrangements we have now made and apologize for the inconvenience you have suffered.
   폐측이 처리한 조치에 대하여 만족하실 것을 바라며 또한 귀측이 고통을 느끼셨든 불편에 대하여 사과드립니다.

(b) Quality

11. We hope this will now settle the matter to your complete satisfaction.
   폐측은 이 .조치가 그 문제를 귀측이 완전히 만족하는 수준으로 해결하여 줄 수 있기를 바랍니다.
12. We trust you will have no further cause to complain.
   귀측이 더 이상 불평할 이유가 없을 것이라 폐측은 믿고 있습니다.
13. We regret the trouble we have caused you.
   귀측에 끼쳤던 불편에 대하여 유감으로 생각합니다.
14. We trust that the arrangements we have made will satisfy you and look forward to receiving your further orders.
   폐측이 처리한 조치에 대하여 귀측이 만족하리라 확신하며 귀측의 계속적인 주문을 받게 되기를 고대하고 있습니다.

(c) Mistakes

15. We apologize for any inconvenience (or trouble) our mistake may have caused you.
   폐측이 저질른 오류로 인하여 귀측이 겪으신 불편 (또는 어려움)에 대하여 사과드립니다.
16. We apologize once more for the unfortunate mistake and have taken steps to prevent a repetition.
   불미스런 과오에 대하여 다시 한 번 사과드리며 재발을 방지하도록 조치를 취하였습니다.
17. We very much regret having given you any cause to complain and assure you that we shall do all we can to put matters right.
   불평할 만한 것을 끼쳐드려서 매우 유감으로 생각하오며 문제를 바로 잡을 수 있도록 전력을 다할 것을 약속드립니다.

연습문제

1. "메이플라두어"호 편으로 당사의 주문서 제100호에 대한 면직물 10호대가 당사에 도착하였습니다만 물질이 당사가 주문을 하였던 견품보다 불량함을 통지하게 되어 유감스럽게 생각합니다. 당사가 받은 상품에서 절단견물을 동봉해 드리며 귀사의 선적품이 견품에 못 미치고 있음을 인정하실 것입니다.

힌트 • 당사가 귀사에 주문을 하였던 견품 : the patterns on which we passed you the order.
• ~ 에 미치다. : come up to

2. 귀사의 선적품 100상자 중 하나가 심하게 파손된 산태로 도착되었음을 통지하게 된 것을 유감스럽게 생각합니다. 상자번호 55번의 뚜껑이 깨어지고 내용물이 들어있는 상자가 부서져 있습니다. 아마도 어떤 무거운 화물에 눌려 파손된 것 같습니다. 현제 감정 중에 있으며 내용이 밝혀지는대로 다시 통보하겠습니다.

힌트 • 심하게 파손된 상태로 : in a badly damaged condition
• 감정 중에 있다. : be put under survey

3. "미스코리아호" 편으로 적송되어 이제 당사에 도착한 셔츠감 50포대는 매매가 불가능한 상태임이 밝혀졌으며 또한 동 상품은 제약명세와도 일치하지 않습니다. 동 상품은 요구한 품질보다 훨씬 뒤떨어지며, 계획한 목적에 아무런 쓸모가 없습니다. 이러한 상황이므로 계약을 포기하고 동 상품을 귀사에 반환하지 않을 수 없습니다. 당사의 요구에 부응하기 위하여 어떠한 해결책을 강구할 용의가 있는지 즉시 통보바랍니다.

힌트 • ~ 와 일치하다. : be in accordance with ~
• 포기하다. : renounce ; turn down.

4. 당사의 기록을 추적하여 보고 당사의 적송담당직원이 귀사의 주문에 근거가 되는 견품 제12호 대신에 견품10호 조가비 상품을 선적하셨음을 발견하였습니다. 동 상품에 대한 당사의 부주의에 대해 죄송스럽게 생각하며 송장금액에서 1%의 특별할인을 해 드립니다. 귀사에 끼친 불편에 대하여 사과드립니다.

힌트 • 추적하여 보고 : upon tracing
• 조가비 단추 : shell button

5. 당사는 이 포손이 선적회사가 함부로 취급한 데에서 기인되었다고 판단되므로 그들에게 손해배상을 청구하였습니다. 그러나 감정인의 조사에서 포장의 잘 못으로 인하여 발생하였다는 사실을 발견하였습니다. 자세한 사항은 감정인의 감정보고서를 참조하여 주시기 바랍니다.

힌트 • ~에 기인하다. : be due to ~
• ~탓이다. : be attributable to

6. 당사는 2000달라에 해당하는 손실에 대하여 보상하도록 청구하오니 귀사에서 이를 충분히 이해하시고 배상청구를 수락하시고 당사에게 청부할 다음번 송장금액에서 이를 공제하여 주시기 바랍니다.

힌트 • ~에 달하는 : amounting to ~
• 충분히 ~ 하여 수락하다. : be kind enough to accept

7. 가발과 같이 유행에 민감한 상품에 있어서는 규정된 기간 내에 물품을 인도하지 않으면 실기하게 됩니다. 그러므로 비용이 좀 더 추가되더라도 적기에 인도하여 주시기 바랍니다. 만일 상품 인도를 지연하게 된다면 지연된 기간 매일 단가에서 2%식 가격인하를 조건으로 한다는 사실을 계약서에 삽입하여 주시기 바랍니다.

힌트 • 비용이 더 들다. : they cost a little more
• 삽입하다. (추가하다.) : put into ; insert

13 Chapter 각종 기타 통신서한

1. 취직지원서
2. 이력서
3. 추천서
4. 소개장
5. 신원보증장
6. 초청장
7. 축하장
8. 조위장

Chapter 13

각종 기타 통신서한
Miscellaneious Business Letters

1. 취직지원서(Letter of Application)

입사신청서 또는 지원서는 모든 면에서 권유장과 같다고 할 수 있다. 그러므로 지원서는 자기 자시에 대하여 관심을 가지도록 지원의 동기, 과거의 경험, 학력 등과 조회처를 제시하여 지원서의 자격요건에 대하여 확신을 줌으로써 면접의 기회를 통하여 종국엔 원하는 직업에 고용될 수 있도록 설득력 있는 서한을 작성하여야 한다. 지원서는 자기 이외에 수많은 지원자들이 있음을 염두에 두고 작성하여야 한다.

Model Letters

예시 1 **비서직 지원서**

15th May, 20_____

The Personnel Manager,
Leyland & Bailey Ltd.,
Nelson Works
CLAPTON, E5 8HA

Dear Sirs,

I feel I have the necessary qualification and experience needed for the position of private secretary to your managing director, advertised in the Daily Telegraph.

When I left "Woodford County High School at eighteen it was intended that I should go to University College of London to read modern language, but owing to my father's death I was unable to accept the place offered. I then decided to train for secretarial work and, as you will see from the resume① enclosed, successfully completed a two-year course at the Bedford Secretarial College.

My first post, with Badcock, Harris & Co., called for high standards of care and accuracy in shorthand and typewriting, often left college with speeds of 150 and 50 words a minute in shorthand and typewriting respectively, and these I have at least maintained.

As personal secretary to the managing director of Reliance Cables I regularly attend and make reports on meeting and interviews, receive callers and, in his absence, make minor decisions and deal with much of his correspondence on my own initiative. I also make detailed arrangements connected with his attendance at conferences, both in this country and overseas, and deal with many of his personal matters such as payment of accounts, renewal of licences etc.

The kind of work in which your company is engaged particularly interests me, and I welcome especially the opportunity it would afford to use language. Having spend much time on the Continent I speak and write French and German well.

Enclosed are copies of testimonials② by Mr. S. Astins, C.B.E. and Cannon J. Bardsley. These, and the references given in the resume, will I feel sure vouch③ for my ability to get on well with④ people and to work happily and efficiently. I like responsibility, enjoy the challenge of new situations, and derive much pleasure from improving my abilities and from helping others to improve theirs.

I hope I may be granted a interview, when I can explain my qualifications more fully,

Yours faithfully,
Miss Jean Carson

요지 Daily Telegraph의 광고를 보고서 경력있는 여사원이 비서직에 응모하고 있는 지원서

용어해설

① **resume** : 「이력서」
② **testimonial** : 「추천장, 증명서, 감사장」
③ **vouch** : 「보증하다. 책임지다. 증인이 되다.」
④ **get on well with** : 「~와 사이좋게 지내도. 살다.」

예시 2 출판사에 지원

Dear sir,

Junior Clerk Daily Telegraph, 5th August

I should be glad if you would consider my qualifications, particulars of which are contained in the enclosed sheet, for the above post.

I have a special interest in English and in books and ever since I left school eight months ago I have wanted to get a post with are liable publishing firm. Your present vacancy① seems to offer the opportunity I have been waiting for. I enclose copies of testimonial② from Mr. N. Jones, my former headmaster, and Dr. H. Lowery. These, and the references noted in the enclosed sheet, supply evidence of my ability to work efficiently and to get on well with other people.

If appointed③ I am sure I should enjoy the work and hope you will call me for an interview.

Yours faithfully,

요지 출판사 신입사원에 응모 서한

용어해설

① **vacancy** : 「결원, 공간」
② **Testimonial** : 「추천장, 증명서, 감사장」
③ **appoint** : 「지명하다. 입명하다.」 - be appointed to : 「~ 에 임병되다.」

예시 3

외구통신원 지원

Dear Sir,

As soon as I saw your advertisement, in today's time for a foreign correspondent I felt it was just the kind of post for which I have the qualifications and for which I have been looking for some time.

I was born of English parents in Paris and have spend several years in different parts of Germany. I speak and write both French and German fluently and also have a good working knowledge of Spanish.

I am thirty-two years old and married and for the past six years been on the staff① of Messrs. Lambert & Co., shipping and forwarding agents, London EC 2V 7EE, with full responsibility for their foreign correspondence. The firm is not a large one and the amount of foreign correspondence is often not enough to keep me fully occupied② on the kind of work I really enjoy. It is for this reason that I wish to get a similar post with a larger firm, with more work of the kind for which I am well qualified and better prospects.

I enclose a copy of a testimonial from Messrs. Dickens & Wood of Southampton for whom I worked for two years in a similar post. Mr. Lambert, the senior partner③ in my present firm, sympathizes with my wish to make a change and has kindly agreed to my giving his name for reference.

I hope I may be invited to call for interview.

Yours truly,
James Harvey

요지 현재 외국운송대리점에 근무하면서 다른 큰 회사로 옮기려고 하는 지원자

용어해설

① **staff** : 「참모, 막료, 사원」
② **occupy** : 「(시간, 장소)를 자지하다, 시간을 요하다.」 - to keep me fully occupied on 「 ~ 의 업무수행에 나의 대부분의 시간을 소비하게 하다.」
③ **partner** : 「조합원, 사원, 배우자」 senior partner 「상급(출자) 사원」

2. 이력서(Resume ; Personal History)

한국에서서는 입사할 때에 이력서가 거의 필수적알고 할 수 있다. 따라서 영문이력서도 그 중요성에 비추어 양식에 맞게 필요한 사항을 잘 정리하여 보기 좋게 작성하여야 한다. 작성형식은 보통 도표형식으로 하든가 또는 자문형식으로 기하기도 하는 도표형신으로 된 것을 특 Resume, 작문형식으로 된 것을 Personal History라고 하고 Curriculum Vitae(karikjulam vaiti)의 라틴어로 위의 두 가지에 대한 포괄적 의미를 나타내기도 한다.

Model Forms

예시 1 **남자사원 이력서**

Resume

Biodata : ①

Name in Full : Cheol-Su Kim Sex : Male (married)
Date of Birth : July 10, 1975
Permanent Address: 120-30 Shinsa-Dong, Eunpyung-Gu, Seoul, Korea
Present Address: 250-48 Shinsa-Dong, Eunpyung-Gu, Seoul, Korea
Tel: 02) 000-0000 MP: 000-000-0000
e-Mail Address : cheolsukim@------.---

Education :

March 1988 - February 1991 : Daeshin Middle School
March 1991 - February 1994 : Seoul Western High School
March 1994 - February 1998 : Seoul Western University, College of Business, Dept. of International Trade, BBA②
March 1998 - August 2001 : Drafted③ to and discharged from the Army after serving full terms④

Experience :

September 1994 - February 1996 : Part-time Job as an Trade Consultant at the Samdong Trading Company

Extra Curricular Activities : ⑤

Served as a member of student council at the Seoul Western University for two (2) years from 1994 thru 1995.

References :

*Professor Y.S. Kang - Professor of International Commerce, at the Department of International Trade, the Seoul Western University

*Yong-Jin Han - Managing Director of Samdong Trading Company

I hereby declare that the above statement is true and corect in all details.

March 20, 1996

_____Cheolsu Kim______

Cheol-Su Kim

요지 경영대학 무역학과에서 무역학을 전공한 군필자가 무역회사에서 재학 중 무역실무 상담업무를 수행한 시간제근무경력자의 이력서

[주의사항]

이력서를 영문으로 작성할 때에 특히 주의 할 것은 주소지에 관한 사항이다. 한국에서는 본적과 현주소를 병기하고 있는 데 영어의 Permanent Address는 본적에 해당하는 개념에 속하지 않는다는데 문제가 있다. 서양에는 본적이라는 개념의 제도가 없기 때문이다. 그들은 출생과 동시에 출생신고를 대부분 거주의 행정기관 (예 county office)에 하게 되는데 이를 등록지(registered address)라고 하며 출생지(place of birth)가 되는 것이다.

이러한 관점에서 서양에서 permanent address는 본적과는 관련이 없는 즉, "자주 변경되지 않는 주소"를 의미하며 present address는 permanent address 이외에 현재 주거하고 있는 주소이나 자주 변경될 수 있는 주소라는 뜻으로 이해하며 언제 다른 곳으로 이동하게 될지도 모르는 주소가 된다.

예를 들면 서울에 사는 사람이 부산에 있는 직장에 다니기 위하여 현 주소지를 부산으로 옮겼으나 회사의 명령에 따라서 또는 개인사정으로 인하여 다른 곳으로 이동하게 되기도 하는 산업사회에 살고 있음을 실감하게 하는 상황에

있기 때문이다.
그러므로 현주소로 연락하였으나 회답이 없는 경우 이주하였을 것으로 간주하여 Permanent address로 연락이 되는 경우가 있다. 대부분의 경우 본적지에는 친인척이 전혀 없는 경우도 있게 되어 서신이 제대로 전달되지 않게 된다고 할 것이다. 현주소가 일정기간 변경되지 않을 경우 본적지를 기록할 이유가 없으며 다만 현주소가 변경될 가능성이 있는 경우 일정기간 변경되지 않을 확신이 있으며 접수된 서신을 틀림없이 즉시 전달할 의무를 띠고 있는 부모님의 거주지 주소나 친지의 주소지를 기재하는 것은 무방하다고 할 것이다.

[통신수단의 변화]

근년에 들어서서 통신수단의 혁명적 발달로 인하여 지면서신의 역할은 반감되고 전자서류(electronic records)가 Internet를 통하여 eMail의 형식으로 수수되며 쌍방교류통신이 가능하다. 과거에는 지원서를 포함하여 이력서를 지면서류화 하여 우체국을 거쳐 송달되거나 직접 접수하는 것이 고작이었으나 이제는 eMail Address로 컴퓨터 단말기로 손쉽게 전달되어 접수된다. 그러므로 이력서에는 반드시 eMail Address를 기대할 필요가 있으며 또한 휴대전화의 접속번호의 기재 또한 필요하다고 하는 것이다.

용어해설

① biodata : [신상자료]- 성명, 주소, 생년월일, 성별, 결혼관계 등의 인적사항 등을 말한다.
② BBA : Bachelor of Business Administration (경영학사)
cf. : B.A.(Bachelor of Art) - 문학사
B.L.(Bachelor of Law) - 법학사
B.S.(Bachelor of Science) - 이학사
③ drafted to army : 「육군에 징집되다」
④ serving full term : 「전 과정을 복무함」
⑤ extra curricular activities : 「특별과외활동」

3. 추천서(Letter of Recommendation)

한국의 경우 추천서는 다소 형식적이므로 과장된 감이 있음을 볼 수 있으므로 별 영향력이 없는 것 같으나 외국의 경우에는 교수나 직장상사들의 추천서가 큰 역할을 하고 있다. 따라서 추천서는 피 추천자의 개성이나 능력 및 심성에 대하여 거짓 없이 진술할 의무가 있다고 할 것이며 만일 과장된 사실이 기

재되어 이로 인하여 피해가 결과하였다면 도의적 책임을 지는 경우도 있다고 할 것이므로 신중을 기하여 야 할 것이다.

추천서는 관련 수신인이 지정되어 그 소속주체의 업무와 관련하여 합당한 내용이 기재되어 있어야 그 효과를 장담할 수 있다고 하겠으므로 지정을 앞으로 추천서를 작성할 필요가 있다. 그러나 상화에 따라서는 비지정의 경우도 있으므로 이때의 추천서를 수신자 미정의 추천서가 되며 이 경우 수신인은 "관계자 제위"(To Whom It May Concern, 이라 기재하게 된다.

Model Letters

예시 1 사장의 추천서

Personnel Manager
Dongyang Electric Co.
Dear Sir,

Mr. Hansu Kim has been my private secretary for the last five years, and has in every ways how himself to be an efficient and useful assistant.

He is thoroughly familiar with the numerous details which pertain to secretarial work, is willing and painstaking, and a gentlemen of high character.

I feel confident that he will prove an invaluable man to any one who may be fortunate enough secure his services.

Yours faithfully,

March 15, 20____

(signature)
Seongkeun Lee
President

예시 2

직송상사의 추천서 예

To Whom It May Concern,

In accordance with your request, we are glad to write you of Mr. Insoo Han who has been in our employ fo the past five years.

During that period we found him to be a very careful, practical, and thorough businessman.

He is a good accountant and throughly reliable in every way. He has left our employ simply because of some family affair, and has done no undesirable act.

We are confident you will make no mistake in employing him.

Yours faithfully

요지 상사가 부하직원을 위하여 써준 추천서로서 미들만 한 경리담당자이라는 사실을 천명하고 있다.

4. 소개장(Letter of Introduction)

소개장은 말 그대로 소개한다는 내용과 더불어 피 소개장의 능력을 추천한다는 뜻이 숨어있다. 작성요령은 보통 서한에서와 같으나 상황에 따라서 적절히 조화를 이루는 조치가 필요하다. 그러므로 때로는 명함 뒷면에 간단한 소개의 글을 써줄 수도 있다.

Model Letters

예시 1 Buyer 소개의뢰

Dear Sir,

The bearer of this letter is Mr. John Ramsden, our chief buyer for the furnishing fabrics department. Mr. Ramsden is spending two months in Korea in order to develop our business with suitable manufacturers and to make purchases of fabrics for the coming season.

We shall be most grateful if you will introduce him to reliable manufacturers and give him any help or advice he may need. We feel that with your experience and connections and your knowledge of the trade you are the best person we know who is able to do this

We shall very much appreciate our help and be pleased to perform a similar service for you should the opportunity every arise.

Yours faithfully,

요지 구매주임 John Ramsden 씨가 내한하는데 신뢰할만한 제조업자를 소개해줄 것을 부탁하는 서한

예시 2 상담을 위한 출장소개

Dear Sir,

This letter will be handed to you by Mr. Frank Chadwick, our senior representative, who will be spending much of his time during April and May in the Middle East, where we are planning to extend our interests. We feel that we cannot do better than to arrange for him to① get in touch with you upon his arrival in Tripoli. With your knowledge and experience of conditions in Lebanon you are better able to give the help he will need than any one else we know. We hope it would not be too much to ask you to provide Mr. Chadwick with letters of recommendation where you think these would be useful.

We shall regard as a personal favour any help you give Mr. Chadwick and will always be very happy to reciprocate.②

Yours faithfully,

S.Kann Sons Co.,

요지 수출업자인 S.Kann Sons Co.가 판로확장을 위해 출장가는 계획을 소개하고 최선의 편의를 제공할 것을 부탁하고 있다.

용어해설

① **to arrange for ~ to** :「~ 로 하여금 ~ 를 하도록 조치하다.」
② **to reciprocate** :「보답하다. 주고받다. 교환하다.」

예시 3 대리점 소개장

Dear Sir,

Mr. Peter Murumbi, one of our customers in Tanzania, wants to increase his connections in this country and has asked us to help his representative, Mr. Joseph Oneko, by introducing him to the leading import houses in Korea. Unfortunately, we are not sufficiently well known to the Korean import houses to provide Mr. Oneko with the letters introduction he will need, but fill sure that with your connections and facilities you could do so and at the same time help him with information as to the standing of firms① in which he may be interested.

We should be most grateful if you would cooperate with us in this matter and need hardly say that we should welcome the opportunity to help you in a similar, or in any other way.

Yours truly,

요지 Joseph Oneko가 방한함에 있어서 한국의 수입상을 소개하여 줄것을 부탁하는 서한

용어해설

① **standing of firms** :「기업의 신용(재정) 상태」

5. 신원보증장(Letter of Reference)

거래상의 신원조회는 주로 업무와 관련한 능력이라든지 적격여부를 묻기 위한 것이므로 국내에서의 신원조회와는 그 성격을 달리한다. 신원조회장을 작성할 때나 보고할 때 주의하여야 할 점은, 극비로 취급하겠다든가 극비로 취급하여 달라는 부탁을 하여 이후 왕래되는 서신에 대한 책임에 대하여도 명백히 하여 둘 필요가 있다.

Model Letters

예시 1 **번연능력에 대한 조회**

Dear Mr. Lambert,

Mr. James Harvey, at present employed by you as foreign correspondent, has applied to us for① a similar post and has referred us to you② for information about him. We shall therefore be grateful if you will say whether his services with you have been entirely satisfactory and whether you consider him qualified to accept full responsibility for the French and German correspondence in a large and busy department.

He speaks both French and German fluently, but we are particularly interested in his ability to produce accurate translations into these languages of letters that my be dictated to him in English.

We shall be very much appreciate any information you give us. It will of course be treated as strictly confidential.

Yours sincerely,
J. Brodie

요지 영어와 독일어 및 불란서어를 통달하고 있는지에 대한 조회서한

용어해설

① **to apply to ~ for ~** : 「~ 를 위하여 ~ 에 지원하다.」
② **to refer us(me) to ~** : 「우리에게 (나에게) ~을 조회인(처)으로 제시하여 오다.」

예시 2 전 서한에 대한 회답

Dear Mr. Brodie,

I am pleased to be able to reply favorably to your enquiry of 6th April concerning Mr. James Harvey. He is an excellent linguist① and for the past five years has been in sole charge② of our foreign correspondence, most of which is with firms on the Continent, expecially in France and Germany.

His services have been entirely satisfactory and should you engage him you may rely upon him to produce well written and accurate transcripts of letters into French and German. He is a very reliable and steady worker and bears an excellent character. We wish him success but at the same time shall be very sorry to lose him.

Yours sincerely,

요지 James Harvey는 외국어에 능통하여 통신문작성을 맡아 신뢰할 만한 수준으로 착실하게 업무를 수행하였음을 알리는 회신.

용어해설

① **linguist** : 「외국어에 능통한 사람, 언어학자」
② **sole charge** : 「전담」 - be in sole(full) charge of) 「~ 을 전담하다.」

예시 3

불리한 신원조회보고서

Dear Sir,

I am replying to your letter of 18th January in which you enquire about Miss Irene Bell, whom we employed as typist between February and October last year.

We released her because her work fell below the standards we normally require. She was also inclined to be unpunctual and had a disturbing influence on other members of our staff. She is an intelligent young lady and with the exercise of a little self-discipline could do well, but from my personal experience of her I cannot conscientiously recommend her.

Yours sincerely,

요지 전에 근무한 경력이 있는 여사원의 신원에 대하여 부정적인 답변의 서한

6. 초청장(Letter of Invitation)

초청장은 면접용에서와 같이 서한형식의 경우도 있고 reception 및 결혼식 초청과 같이 카드 형식으로 작성되는 경우도 있다.

초청할 때는 총하는 사람의 이름과 직명, 초청받는 사람의 이름, 초청하는 내용 및 시간의 장소를 명기하여야 한다. 특히 만찬이나 reception 및 결혼식의 경우에는 공식적인 모임인가의 여부를 밝히기 위하여 왼쪽 하단에 공적인 경우는 “formal” , 비공식적일 때는 “informal”을 기재하여 “formal”일 때는 정장을 하여야하고 “informal”일 때는 그렇지 아니하다. 참가자수를 미리 알기 위하여 외쪽 하단에 R.S.V.P.(Repondez s'il vous plait 「참석여부 통지요망」)이라는 또는 불참시 전화를 할 수 있도록 regrets only를 표시해 둔다.

예시 1

면접을 위한 처청서한

Dear Miss Wildman,

Mr. Frank Baron, our personnel director, has asked me to write to acknowledge your application for the post of superintendent of our typist' training section and to ask you to come and see him and Mr. Arthur Howard, our office manager, on Friday afternoon, 29th May, at half past three.

Will you please let me know either by telephone whether you will be free to come.

Yours sincerely,

Jean Dotrice
Secretary

요지 사원모집에 응모한 Miss Wildman에게 면접통지의 서한

예시 2

결혼식 초정장(invitation to a wedding)

Mr. and Mrs. John A, Smith
request the honor of
Your company at① the wedding of their daughter
Maria
to
Mr. Thomas F. Williams
On Sunday the Fifth of November
One thousand nine hundred and eight-two
at eleven o'clock
Union Chruch
Seoul, Korea
R.S.V.P.

요지 Maria와 Thomas의 결혼식 초청장

용어해설

① request the honor of your company at ~ :「~에 기하의 참석을 바람.」

예시 3

정찬에의 초청장

The President of Hanil Heavy Industrial Co. Ltd.
and Mrs. Kim, Soonil
request the pleasure of①
Mr. and Mrs. John Smith's Company②
at the dinner on Saturday, the tenth of May
at six o'clock
at Mandara, Hanil Building

Regrets Only③ : 02) 000-0000

Informal

요지 한일 중공어주식회사 사장부부의 존 스미스씨 부부 정찬초대장

용어해설

① request the pleasure of :「~ 을 바라다.」
② Mr. and Mrs. John Smith's Company :「존 스미드의 부부의 참석」
③ regrets only :「불참(사절)시 (전화)」

7. 축하장(Letter of Congratulation)

축하장은 신의를 증진시키는 가장 좋은 방법이다. 축하해 줄 수 있는 승진, 발령, 수상, 창업, 시험합경, 결혼, 생일, 및 출산 등 어러 경우가 있을 수 있다.

축하장을 작설 때는 수신인과의 관계에 따라서 짧고 공적인 입자에서 쓴다

든가 대화식으로 사적 입장에서 쓰는 것이 좋다. 축하의 뜻을 신속하게 전하기 위하서는 앞서 전보문에서 예시한 전보를 이용해도 효과적이다.

예시 1 **이사임명에 대한 축하**

Dear Mr. Roberts,

I am writing to convey my warm congratulations on your appointment to the Board of Electrical Industries Ltd.

My fellow directors and I are delighted that the many years of service you have given to your Company should at last have been rewarded in this way and we join in sending you our very best wishes for the future.

Yours truly,

요지 Robert 씨가 이사로 승진 임명되었음을 추하하는 서한

예시 2 **전무승진축하**

Dear Sir,

Congratulations to you on your promotion to the managing director of your company.

It is a well-deserved recognition of your fifteen years' loyal service and excellent achievement for the company.

I wish that through your new services we could build up mutually satisfactory business relations with you.

Yours sincerely,

요지 회사의 전무로 승진한 고객에게 보내는 축하장

8. 조위장(Letter of Condolence)

영어로 조위장을 쓰는 것은 매우 어려운 일이라 생각되며 글을 쓰는 사람이나 받는 사람과의 관계가 어떠하냐에 따라서 달라지므로 일정한 양식이 없다. 단지 주의해야 할 것은 짧게 요점을 잡아서 과장됨이 없이 성실하게 써서 신곡하게 보내야 한다.

이때 쓰이는 말은 간단한 말로 조위(condolence)나 동정(sympathy)을 표하되 위로가 될 수 있어야 한다. 조위장 역시 그 소식을 듣고 속히 보내야 하며 전보의 형식으로 보내도 좋다.

예시 1 조위문

Dear Mr. Kerr,

I have just learned with deep regret of the death of your wife. There is not much one can say at a time such as this, but those of us at Simpsons who have dealt with you would like you to know that you have our sincere sympathy in your bereavement.①

Please count us among② those who share your sorrow at this sad time.

Yours sincerely,

요지 Kerr씨 부인의 죽음을 애도하여 보내는 서한

용어해설

① **bereavement** : 「사별, 잃음」 *cf.* bereaved : 「가족을 여윈」 bereqave의 과거 및 과거분사는 bereft이다.

② **count (somebody) among ~** : 「~을(사람) ~ 중의 하나로 여기다. 간주하다.」 Please count us among those who share your sorrow.
「저희들도 귀하의 애통함을 함께하고 있는 바입니다.」

예시 2 조위문

Dear Mr. Anderson,

We were distressed① to read in The Times this morning that your chairman had died and I am writing at once to express our deep sympathy.②

I had the privilege of knowing Sir James for many years and always regarded as ablest leaders. We at Johnsons recall his many kindnesses and it was always a pleasure to do business with him. He will be greatly missed by all who know him and had dealings with him.

Please convey our sympathy to Lady Langely and her family.

Yours very sincerely,

요지 어느 기업의 회장의 서거에 대하여 애도의 뜻을 전하는 서한

용어해설

① **distress** : 「고통을 주다. 괴롭히다. 고달프게 하다. n. 고민, 고통」
② **to express our deep sympathy** : 「깊은 애도의 뜻을 표하다.」

찾아보기

■ 공저자 약력

▸ 한주섭

중앙대학교 경영대학장
사회개발대학원장
국제무역연구소장
P.S.Ross & Partner, Principal Consultant
George Washington Uni. Visiting Scholar
대한상사중재원 중재인
국립 순천대학교 석좌교수
일본대학 경제학부 객원교수
한국무역학회 회장 현 고문
한국국제상학회 회장 현 명예총회장
현) 중앙대학교 명예교수

▸ 고용기

중앙대학교 무역학과 경영학사
중앙대학교 대학원 무역학과 경영학석사
University of London, Queen Mary College, Ph.D
중앙대학교 국제물류연구소 전임연구원
한국해양수산개발원 책임연구원
삼성 SDS Consulting Div. e-Biz Consultant
현) 영남대학교 국제통상학부 교수
관세사자격시험 무역영어 출제위원
한국국제무역학회 부회장
한국국제상학회 이사

▸ 장흥훈

중앙대학교 무역학과 졸업(경영학학사)
성균관대학교 무역대학원 석사과정 졸업(경제학석사)
중앙대학교 대학원 무역학과 박사과정 졸업(경영학박사)
Utah State University, College of Business 교환교수
Missouri University, Economics Department 교환교수
한국무역협회, 중앙대, 전주대, 호원대 강사 역임
국토해양부 물류관리사 출제선정위원, 행정고시 출제위원, 관세사시험 출제 및 선정위원,
현) (사)광양만권발전연구원 연구소장, 무역학대사전 편찬위원
한국항만경제학회 부회장, 한국무역학회 부회장
한국국제상학회 수석부회장, 한국물류학회 이사
한국통상정보학회 부회장, 한국무역상무학회 이사, 한국구매자재관리협회 전문위원
순천대학교 무역학과 교수

▸ **한재필**

중앙대학교 무역학과 경영학사, 석사
University of Nottingham,
School of Law, LLM, Ph.D
고려대학교 국제법대학원,
화환신용장 영어원어 강사
단국대학교 국제법무대학원, 국제계약법 강사
동아대학교 경영대학/법과대학 조교수
현) 숭실대학교 경제통상대학 글로벌통상학과 교수
대한국제상사중재원, 중재인
한국국제상학회, 한국무역학회, 한국중재학회
한국통상정보학회, 한국무역통상학회, 이사
국제거래법학회, 한국국제사법학회 정회원

현대무역영어 – 개정판

초　판 1쇄 발행 —— 2008년　3월　5일
초　판 2쇄 발행 —— 2013년　1월 30일
개정판 1쇄 발행 —— 2014년　8월 15일
지은이 —— 한 주 섭·장 홍 훈·고 용 기·한 재 필
펴낸이 —— 전 두 표
펴낸곳 —— 도서출판 **두남**
서울시 강동구 성내로6길 34-16 두남빌딩
신 고 : 제25100-1988-9호
TEL : 02) 478-2065, 2066, 2067, 2311
FAX : 02) 478-2068
E-mail : dunam1@unitel.co.kr
http://www.dunam.co.kr

정가 30,000원

ISBN 978-89-6414-534-0　93320